비장애중심주의를 넘어
장애학 기반 장애이해교육

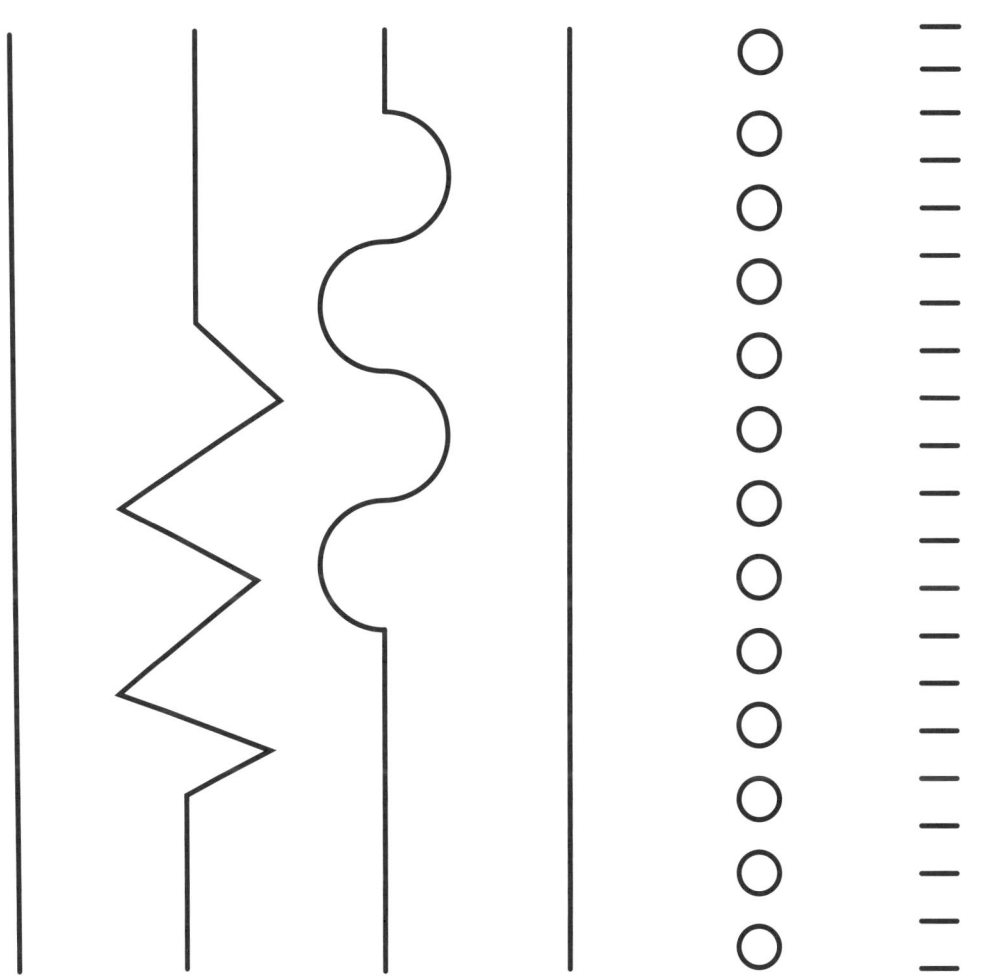

박승희 · 이효정 · 한경인 · 이성아 · 양여경 옮김
Susan Baglieri · Priya Lalvani 지음

PEACH MARKET

Undoing Ableism
Teaching about Disability
in K–12 Classrooms

비장애중심주의를 넘어
장애학 기반 장애이해교육

박승희·이효정·한경인·이성아·양여경 역
Susan Baglieri·Priya Lalvani 지음

Routledge, 2020
피치마켓, 2023

Undoing Ableism
Teaching about Disability
in K–12 Classrooms

Susan Baglieri and Priya Lalvani

Translated by
Seung Hee Park, Hyo Jung Lee, Kyung In Han,
Seong Ah Lee, and Yeo Kyung Yang

Routledge
Peach Market, Seoul S. Korea

Undoing Ableism: Teaching About Disability in K-12 Classrooms
by Susan Baglieri, Priya Lalvani

Copyright ⓒ 2020 Taylor & Francis

the right of Priya Lalvani and Susan Baglieri to be identified as authors of this work has been asserted by them in accordance with sections 77 and 78 of the Copyright, Designs and Patents Act 1988.

All rights reserved.

Authorised translation from the English language edition published by Routledge, a member of the Taylor & Francis Group LLC.

This Korean edition was published by PEACH MARKET in 2023 by arrangement with Taylor & Francis Group, LLC. through KCC(Korea Copyright Center Inc.), Seoul.

이 책은 (주)한국저작권센터(KCC)를 통한 저작권자와의 독점계약으로 피치마켓에서 출간되었습니다. 저작권법에 의해 한국 내에서 보호를 받는 저작물이므로 무단전재와 복제를 금합니다.

비장애중심주의를 넘어
장애학 기반 장애이해교육

초판인쇄일 | 2023년 2월 10일
초판발행일 | 2023년 2월 20일

지은이 | Susan Baglieri · Priya Lalvani
옮긴이 | 박승희 · 이효정 · 한경인 · 이성아 · 양여경
펴낸곳 | 피치마켓
펴낸이 | 함의영
주　소 | (06024) 서울 강남구 논현로168길 39. 2층
전　화 | 02) 3789-0419
팩　스 | 02) 6910-0459
등　록 | 제2018-000031호
E_mail | peachmarket@peachmarket.kr
ISBN | 979-11-92754-14-7 (93370)

＊잘못된 책은 바꾸어 드립니다.

역자 서문

'한 사람'의 존엄성을 되찾고 지켜나갈 결심

이 책은 '한 사람'의 가치와 존엄성이, 장애를 가졌다는 이유로 경시되거나 무시되는 '불편한 진실'을 세상에 알리고, 그 잊혀진 가치와 존엄성을 되찾고 지켜나가기 위해서 학교 교육과정에서 장애에 대한 '교육'의 중요성과 필요성을 성실하게 피력한다.

이 세상에 존재하는 모든 인간 그 누구도, 단 한 명도 빠짐없이, 소홀히 다루어질 수 없다는 보편적 주장을 다시 한번 천명하는 것이기도 하다. 그런데 그런 선언을 말로만 하기가 쉬운데, 이 책은 인간의 존엄성이 위태롭게 '침해받고' 있다고 생각할 때 혹은 위태로운 상황을 '예방하기' 위해 어떠한 행동을 어떻게 취해야 할지 이론적으로 실제적으로 논의한다. 한 사람의 저가치화된 총체적 가치를 되찾고 실추된 이미지를 매력적으로 복원하고 유지하는 데 '교육'이란 방법을 사용할 수밖에 없음의 당위성을 말한다.

이 책의 저자들은 '비장애중심주의'(ableism)를 그만두기, 허물기, 해체하기의 주제를 가지고 학령기 학생들에게 그러한 목표를 성취해내기 위해 학교에서 '장애'를 가르쳐야 한다는 주장과 그 근거를 제공하며 구체적 방법과 다양한 자료들을 제시한다. 유치원에서부터 초등학교, 중학교 및 고등학교 학생들에게 장애를 가르쳐야 한다는 이 책의 주장은 물론 학생뿐만 아니라 일반 사회구성원 역시 장애에 대해 이미 잘못 지각하고 있는 것들이 많기에 다시 새롭게 이해해야 한다는 논의로 확대 가능하며 그 방법론을 제시하는 데 기여하고자 한다.

'ableism'이 '비장애중심주의'로 번역되어 국내에서 사용된 지는 그리 오래되지 않았고, 현시점에서도 '비장애중심주의'는 학술 용어이므로 통일되고 일관되게 사용될 것이 강조될 필요가 있다. 미국 Syracuse 대학교에서 사회학에 기초를 두고 장애를 연구했던, 미국 장애학 1세대 학자라 칭할 수 있는 교수들 Drs. Robert Bogdan, Steve Taylor와 Douglas Biklen은 1970년대 말부터 1980년대에 '장애의 사회학'을 가르치고 논문을 쓰면서, 'handicapism'이란 용어를 정의했었다. 그 1세대 장애학자들의 제자인 나는 1991년에 귀국하여 'handicapism'을 그 당시에 적절하게 국내에 처음 '장애차별주의'로 번역해 티칭이나 글에서 사용했었다. 장애차별주의는 간결히 설명하면, 명백하거나 의심되는 신체적, 정신적, 혹은 행동적 다름(differences) 때문에 사람들의 불공평한 대우를 조장하는 일련의 가정(assumptions)과 실제(practices)의 한 집합으로 정의되었다. 장애차별주의는 장애를 가진 사람들의 경험을 이해하기 위해 편견, 고정관념 및 차별이란 세 가지 용어에 천착한다.

그런데, 장애를 일반적으로 지칭할 때, 장애학 및 특수교육 분야에서 '완곡어법'(예: 다르게 능력 있는, differently abled)이 등장하였고, 'handicap'이란 용어는 오명으로 인식되면서, 일단 'handicap' 용어는 'disability'로 대체되고 있었다. 또한 '사람이 먼저'(people first)인 어구, 즉 'people with disabilities'가 보편적으로 사용되는 변화를 맞이하게 되었다. 또한 미국에서 1990년대 이후 장애학이 활성화되면서 장애 관련 많은 용어들이 새롭게 탄생하고 정의되고 재정의되기 시작하였다. 장애학의 출현과 확대, 그럴 즈음에 'ableism'이란 용어가 우리 곁에 자주 나타나기 시작하였다. 이에 'handicapism'보다는 진전되고 광범위하고 심화된 의미를 가진 장애학의 핵심 용어로 'ableism'을 이해해도 무방하다.

비장애중심주의를 가장 쉽고 짧게 설명한다면, 비장애 즉 장애가 없는 '비장애인' '중심으로' 세상이 움직이고 있음을 지적하며, 능력 있는 몸(able-bodiedness)과 정신에 대한 선호를 나타낸다. 가장 과격하게 말하면, 인간됨(humanness)이 결정되는 기초선을 정의하고, 개인에게 '인간 지위'를 주거나 혹은 거부하는 몸과 정신의 측정치를 정하는 것이 된다. 비장애중심주의가 장애를 가진 사람의 광범위한 삶을 구조화하는 지배적인 이데올로기가 됨에도 당연하게 받아들여지며 대부분 무의식적이며 비가시적으로 남겨진다. 장애학은 이러한 비장애중심주의 이데올로기의 가면을 벗기고 해체해 모든 사람이 그것을 보도록 드러내 보이는 것이 한 목적이다. 장애가 없는 몸과 정신을 가진 것이 한 사람이 질 높은 인간이 되는 것의 여부를 결정한다고 생각하는 믿음을 비판한다(박승희·우충완·박지연·김원영 역, 2016).

이 책은 그 비장애중심주의를 그만두고 해체해 나가야 한다고 제안하며 동시에 장애와 장애로 인한 억압에 대해 사회구성원들이 의문을 제기하고 교사와 학생은 장애를 상호작용적으로 탐구하는 것이 필요하다는 메시지를 전하며 독자들을, 특히 교육자들을 설득한다. 비장애중심주의가 만연한 현 세계를 바꾸어나갈 현재와 미래 사회의 주역인 아동과 청소년을 대상으로 장애학적 관점에서 장애이해교육을 제공한다. 또한 교육의 긍정적 성과를 최대화하는 효과적 교육방법을 다양하고 풍부한 교육용 자료들과 함께 제시하며 더 나은 최선의 교육방법의 탐구를 촉구한다. 이런 연유로 번역자들은 이 책의 제목인 "Undoing ableism: Teaching about disability in K-12 classrooms"을 어떻게 번역할지 몇 달 동안을 심사숙고하여 매우 어렵게 제목을 "비장애중심주의를 넘어"로 최종 정하였다.

책 제목에서 'Undoing'(해체하다)이란 단어의 뜻 자체가 품어낼 수 있는 잠재적 부정적 의미보다는 해체 이후의 '긍정적 대안'을 더 강조하고 싶어서 '해체' 대신 '넘어'로 정하면서, '넘어'란 단어가 아련히 함축하는 '의도적 모호성'의 긍정적 후속결과들을 기대해보고 싶었다. 비장애중심주의를 넘어설 그리고 넘어선 다음의 다양한 대안적 사고와 실제를 개발하고 진전시켜 나가기를 격려하고자 하였다. 비장애중심주의가 만연한 세상이 된 것에 대해 특정 대상을 비난하거나 공격하기보다는 비장애중심주의에 대한 문제의식과 그 해체를 향한 변화를 위해 사회구성원 한 명 한 명 모두가 '공유된 책임'과 '공유된 수고'를 강조하고 싶었다. 그리고 이 책의 부제를 '장애학 기반 장애이해교육'으로 정함으로써 비장애중심주의를 바꾸어 나갈 한 가지 방안으로 교육을 제시하며 이를 통해 학령기 학생들과 일반 시민들이 장애학적 시각을 겸비할 수 있도록 교육하는 희망적 메시지를 전달하고자 하였다.

'장애를 이해한다'는 것, 더구나 '장애를 잘 이해한다', '장애를 긍정적으로 이해한다'는 것이 무엇을 정확히 의미하는지 친절하게 설명하거나 그 과정 중에 맞닥뜨리는 미묘한 혹은 혼란스러운 쟁점이나 논란거리들을 학문적 기초를 가지고 친절히 다루는 자료들이 아직 국내에는 많지 않다. 나아가, 장애를 그렇게 잘 이해하도록 학령기 학생이나 일반대중을 교육하는 내용이나 교수 방법을 구체적으로 제시하는 문헌은 더더욱 귀하다. 아마도, 이 책은 현시점의 우리 사회에서 이러한 귀한 역할을 일부 담당할 수 있다고 생각한다.

이제까지 일반대중에게 장애란 건강하지 않은 '병리적 상태', 소위 장애의 의료적 모델로 이해하는 것이 가장 평범한 것이다. 그런 이해 양상이 재현된 한 예가 다양한 미디어의 장애 관련 보도나 기사에 빈번히 나타나는 어구로, 특정 장애를 '앓고 있다'는 표현에서부터 장애를 일종의 병으로 인식함을 알 수 있다. 그렇다면, 장애가 병리적 상태와 완전히 무관하지는 않지만 병리적 상태로만 축소되지 않고 훨씬 다양한 측면으로 이해되어야 하며, 장애인 본인의 관점과 경험을 중시하며, 다양한 지역의 역사와 문화에 내재된 장애에 대한 해석에 주목해야 한다는 것을 다학문적으로 알려주는 것이 장애학이다.

나는 Ronald J. Berger(2013)의 *Introducing disability studies*를 2016년에 후배 선생님들과 함께 번역해 『장애란 무엇인가: 장애학 입문』으로 출판하였

다. 장애학 서적이 귀한 한국 상황에서 여러 독자들이 그 장애학 입문 책을 반갑게 읽어주었다. 그 책 발간 7년 후 이번에 출판하게 된 이 번역서는 그 책의 후속으로, 장애학과 특수교육에 관심을 둔 국내 전문가들과 일반대중에게 고유한 기여를 할 듯하다. 현재 우리나라는 법적으로 장애인식개선교육(장애이해교육)이 학령기 학생과 직장인 대상으로 요구된다. 전국의 국가 및 공공기관, 학교와 다양한 직장에서 실행될 장애인식개선교육 프로그램을 질 높게 개발하거나 선택해야 하는 담당자들과 강사들에게 12장으로 구성된 이 책의 내용은 유용한 기준과 지침 및 참고 자료가 될 수 있다.

또한 특수교육과 일반교육 분야에서 통합교육을 실행하는 교사들, 교수들 및 연구자들에게도 이 책은 장애와 비장애중심주의에 대한 비판적 탐구, 장애학 기반 장애이해교육의 실제, 비장애중심주의에 맞서는 행동과 통합교육의 이론적 근거로서 장애학적 이론에 다가갈 수 있는 좋은 기회를 제공하리라 본다. 물론 장애에 초점을 두고 탐구할 수 있는 다양한 학문들, 장애학, 특수교육학, 교육학, 사회학, 심리학, 법학, 인류학, 장애인복지학, 공중보건학, 의학 그 외 관련 분야의 대학 및 대학원의 다양한 관련 과목의 교재로서 활용될 가치가 높다고 생각된다.

특별히 이 책은 이론적 및 실제적 측면이 같이 포함되어 있는 내용으로 번역에 까다로운 면이 많았다. 덧붙여, '장애'에 대한 교수 실제에서 사용될 수 있는 영어권의 풍부한 자료(예: 영화, 도서, 방송, 멀티미디어 자료 등)들이 소개되는데 그 제목들을 다 한글화하기는 어려웠다. 이 번역 여정에 함께 참여해주신 이효정 교수님, 한경인 박사님, 이성아 박사님, 양여경 박사생과 '한 번역팀'을 이루며 최선의 '한 단어'를 찾기 위해 협의했던 모든 시간과 탁월한 번역 아이디어에 고개 숙여 감사드린다. 또한 피치마켓 함의영 대표와 편집과 겉표지를 담당하신 조상구, 이나율 선생님께 큰 감사를 드린다. 번역자 모두는 앞으로 발견될 실수를 성실히 퇴고해나갈 것을 약속하며 이제 이 책을 세상에 내보낼 용기를 갖는다.

장애를 이해한다는 것은 적어도 장애를 '지우는 것'(erase)은 아닐 것이다. 물론 장애를 가진 사람의 능력을 향상시키는 의료적 처치, 교육, 다양한 지원은 계속되어야 한다. 장애를 이해한다는 것은 장애를 가진 사람이 장애와 '더불어' 존중받으며 품위 있게 잘 살 수 있는 세상을 만들어가는 단초가 될 것이다. 장애를 가진 '한 사람'이 살아낸 삶의 경험에 대한 존중은 장애를 이해하기 위한 시작 지점이다. '한 사람'의 존엄성을 되찾고 지켜나갈 결심을, 오늘 우리 모두가 하면, 비장애중심주의를 조금은 더 쉽게 넘어서서 긍정적 대안들을 찾아낼 수 있음은 분명하다. 언제나 변화는, '나'부터이다.

박승희
이화여자대학교 교수
2023년 1월

저자 감사의 글

우리는 Montclair 주립 대학교의 과거와 현재 학생들에게 감사를 표하고 싶다. 우리들이 수업 안과 밖에서 참여했던 많은 결정적 대화들과 우리가 계속해서 고심했던 어려운 질문들이 이 책을 위한 영감을 제공하였다. 이 책이 쓰여져야 한다는 절박감을 준 것에 대해 감사를 표한다.

우리가 장애와 비장애중심주의를 탐구하는 수업안을 개발할 때 교사들과 협력하고 학생들과 함께 참여할 많은 기회를 제공한 Montclair 공립학교들, Bradford 초등학교, Renaissance 중학교 및 Montclair 고등학교에 감사를 전한다. Cathy Macysyn과 Marianne Sender에게 통합적 공동체를 만드는 데에 두 분의 지속적 헌신과 반-비장애중심주의 프로그램을 개발하는 목적을 둔 노력에 깊은 감사를 표한다. 이 책은 Renaissance 중학교의 학생들에게 실시한 우리의 초기 탐구와 수업안으로 개발이 되었다.

우리는 이 책의 겉표지 제목인, DisabiliTree를 기여해주신 Sofia McKenzie와 Morgan Godsil에게 특별히 감사한다. 이분들은 Montclair 고등학교의 사회정의센터에서 행했던 반-비장애중심주의 포스터 활동의 한 부분으로서 이 혼합 미디어 콜라주를 제작하였다.

Jessica Bacon, Alicia Brideruck 그리고 Julie Okulicz는 매우 귀중한 자문과 조언을 제공해주었다. 현장 종사자들과 젊은 사람들이 넘어설 수 있도록 장애학/농연구와 교육 사이의 연결점을 수립할 수 있도록 우리를 도와준 것에 감사한다. 교정과, 편집 및 원고의 참고문헌을 준비하는 데 도움을 준 Deanna Mendez에게 감사한다. 그녀가 집필의 최종 단계의 날들에 제공해준 도움과 지원은 정말 고맙게 생각한다. 이 프로젝트가 시작될 수 있도록 열의와 지원을 보내준 Alex Masulis에 대해 우리는 감사한다. 이 책이 제작되어 세상에 출판되게 하는 데 도구적 도움을 준 Misha Kydd와 Karie Paton에게, 그리고 우리가 이 책의 최종 완결선을 통과하도록 도와준 Sara Kehoe와 Olovoa Powers에게 감사한다. 우리는 Routledge의 전체 편집팀원들에게 우리의 매일매일의 작업과 희망을 다른 사람들과 나눌 수 있는 한 형태로 만들어준 모든 도움에 깊이 감사한다.

차례

역자서문. 한 사람의 존엄성을 되찾고 지켜나갈 결심   7
저자 감사의 글   13
일러두기   17

1장. 장애와 비장애중심주의를, 왜 학령기 교육에서 가르치는가?   19
2장. 장애와 비장애중심주의에 대한 교육의 기초   41
3장. 비판적 탐구로서의 교수와 학습   65
4장. 장애와 비장애중심주의에 대한 비판적 탐구 교수 지침   87
5장. 장애 의미의 탐색   105
6장. 사회에서 비장애중심주의 이해   139
7장. 장애와 비장애중심주의의 역사   177
8장. 장애권리운동의 출현   223
9장. 장애 문화와 장애 프라이드   243
10장. 장애권리와 문화에 대한 현대적 관점의 탐색   281
11장. 비장애중심주의에 맞서는 실천에서 우리의 역할   313
12장. 비판교육학과 더불어 비장애중심주의 해체   337

찾아보기   360
역자 소개   366

그림, 표 및 박스 목차

3.1 안전한 장소를 만들자	84
3.2 동의하지 않는 방법	85
4.1 비판적 사고란 무엇일까?	102
4.2 비판적 분석을 위한 심화 질문	103
4.3 비판적 성찰을 위한 심화 질문	104
5.1 장애는 무엇을 의미하는가?	133
5.2 장애는 무엇을 의미하는가?	135
5.3 인터뷰: 장애는 무엇을 의미하나요?	137
6.1 비장애중심주의는 무엇인가요?	170
6.2 인터뷰: 장애와 사회적 통합	171
6.3 접근성 조사: 여러분의 학교는 얼마나 장애 친화적인가요?	174
7.1 장애 역사: Part I	213
7.2 왜 장애 역사에 대해 배우나요?	220
7.3 장애 역사 인터뷰	221
8.1 장애 역사: Part II	240
9.1 장애 문화	273
9.2 장애는 어떻게 보여지나요?	275
9.3 장애의 재현을 분석하기 위한 안내 질문	277
9.4 장애 프라이드	280
10.1 장애권리와 장애 문화에서의 관심 주제	310
11.1 실천하기	335
12.1 학교에서 문제 제기	359

표

5.1 장애인을 설명할 때 권장되는 언어 표현	115

박스

• 왜 유치원, 초등 및 중등 교육과정에서 장애에 대해 가르쳐야 하는가?	36
• 사회정의교육의 핵심 개념	81

일러두기

1. 이 번역서에 나오는 사람들의 영어 이름은 '국립국어원'의 2017년 외래어 표기법과 맞춤법 기준에 의거하여 한글로 번역한 것이다. 예외로 영어 이름 중 이미 국내에서 통용되는 한글 이름이 있는 경우는 그것을 따랐다. 이름 이외 영어 고유명사들(예: 지명 등)의 한글 번역도 국립국어원의 기준과 맞춤법을 따랐다.

2. 이 번역서는 원서의 전체 분량을 빠짐없이 완역한 것이고, 원서 본문의 '진하게', '따옴표', '콜론' 및 참고문헌 인용의 표기 방식은 모두 번역서에서도 그대로 따랐다. 원서의 '이탤릭체' 부분은 번역서에서 고딕으로 표기하되 다음 3.에 명시된 부호를 사용한 경우는 제외하였다.

3. 이 번역서에는 장애인식개선교육, 장애이해교육에 활용 가능한 자료들이 다양하게 소개되는데, 독자들이 자료의 유형을 명확하게 구분할 수 있도록 자료의 각 유형에 따라 다음 표기 부호를 사용하였다. 영화, TV 프로그램, 동영상 자료의 제목은 〈 〉를, 논문(학회 발표 자료집 포함), 기사, 논평, 단편, 보고서, 시 제목은 「 」를, 잡지, 장편(예: 소설), 그림책, 단행본의 제목은 『 』를 사용하여 표기하였다. 이 밖의 자료(예: 웹사이트, 기관명)는 별다른 기호를 넣지 않았다.

4. 이 번역서에는 다양한 장애 관련 단체들이 소개되는데, 이미 국내에서 통용되는 한글 이름이 있는 단체들의 경우는 그것을 따랐다. 국내에서 인지도가 높지 않거나 통용되는 한글 이름이 없는 경우, 역자들 간의 협의를 통해 영어 이름의 의미가 전달되도록 한글 이름으로 번역하거나(예: 놀 권리 단체) 한글로 번역하여 의미 전달에 제약이 생기는 경우는 영어발음을 소리나는 대로 한글로 옮겼다(예: Eye to Eye-아이투아이).

5. 다양한 외국 영화나 드라마 제목 중 국내에서 이미 통용되는 '한글 제목'이 있는 경우 그 한글 제목을 그대로 사용하였고, '한글 제목'이 없는 경우에는 영어의 원제목을 한글로 번역하거나 영어발음을 소리나는대로 한글로 옮겼다(예: Born This Way–본 디스 웨이).

6. 번역은 직역을 우선하였고, 각 장별로 필요에 따라 윤문이 최소한으로 이루어졌다.

7. 장애를 지칭하던 부정적 함축성을 가진 특정 용어들(예: 저능아, 정신지체)은 그런 용어들의 문제를 언급해야만 하는 문장들에서 나오므로 그 언급 의도가 전달되도록 불가피하게 그대로 번역하였다.

8. 번역서에 포함된 역자주는 원서에 없는 내용을 역자가 추가 제공한 것이다.

9. 번역서 맨 뒤의 '찾아보기'는 원서의 찾아보기와는 달리 번역서 본문에서 추출하여 새로 만든 것이다.

1장. 장애와 비장애중심주의를, 왜 학령기 교육에서 가르치는가?

장애는 인간들 사이에서 나타날 수 있는 차이(variation)의 한 형태이며 인간 경험의 한 측면이다. 장애를 가진 사람은 세상에서 가장 큰 소수자 집단으로 자주 묘사된다. 그러나, 비장애중심주의(ableism)의 주제가 우리의 예비교사 학생들, 친구들, 동료들 및 다른 교육 전문가들의 대화에서 나올 때, 우리는 자주 약간 놀란 듯한 표정을 받으며, "비장애중심주의가 무엇인지요?"라는 질문을 받는다. "비장애중심주의"를 부정적이거나 편견적인 믿음에서 나오는 것으로, 장애를 가진 사람에 대한 구조적 억압(systematic oppression)을 초래하는 것으로 묘사하면서, 다음과 같은 질문들과 자주 직면한다: "왜 어린 아동들에게 그렇게 민감한 주제를 소개하려고 하는가?" "아마도 아동들이 두려울 수도?" "장애에 대한 생각은 우울하지 않는가?" "그것은 장애아동을 불편하게 느끼게 하지 않는가?" "장애가 아닌 능력에 초점을 두는 것이 더 낫지 않은가?" "우리는 학교에서 교사들이 또 다른 '주의'(ism)를 가르치는 데 시간을 소요하는 것을 정말 원하는가?" 그리고 대다수가 다음과 같이 자주 질문한다. "만약 아동들이 아예 알아채지 않는다면 누군가가 다르다는 것을 왜 지적하는가?" 장애와 관련된 질문들이 만약 아동들이 공공연히 질문하지 않는다면, 대답할 필요가 없다고 많은 교육자들은 믿으며, 그 대신 어린 아동들이 장애를 "보지" 않는다고 추정한다. 그 결과, 학교에서, 아동의 장애와 다름(difference)에 대한 호기심을 다루는 것을 목적으로 둔 대화가 거의 없다. 그 대신 침묵이 있으며; 속담에 나오는 방 안에 코끼리가 있는 것처럼, 장애란 주제는 언급되지 않은 채로 남겨져 있으며, **비장애중심주의**(ableism) 쟁점은 다루어지지 않는다.

사회 안에서 비장애중심주의

> "평균적 미국인들은 기본적인 시민권을 위해 그들의 일상적인 삶의 하루하루를 투쟁하지 않으며, 투쟁할 필요가 없으며, 그렇게 준비될 필요가 없다. 차별의 모든 많은 경우는 법의 보호가 부족하기 때문에 방어되지 않는다. 과거에는, 장애는 부끄러움의 한 원인이었다. 열등한 시민권에 대한 강요된 수용은 장애인에게서 자존감과 존엄성을 앗아왔다. 이것은 미국인들 우리가 삶을 살아내야만 하는 방식이 아니다."
>
> —Judith Heumann(1988, p.74)

장애 억압과 사람들을 교육할 필요성, 그들이 어리거나 나이가 들었거나, 장애와 비장애중심주의에 대해 교육할 필요성은 공공의식으로부터 멀리 떠나 있다. 사회 안에서 장애에 대해 열린 대화가 거의 없다. 장애는 사회적, 문화적 및 정치적 중요성 주제라기보다는 사적인, 개인적 혹은 의료적 문제로 지각되는 듯하다. 장애가 인간의 취약성과의 직면을 불러일으키고 통제의 잠재적 상실, 허약함 및 의존성에 대한 공포를 일으키기에, 장애에 대한 생각과 장애인을 직면하는 것은 실존적 불안을 일으키기도 한다(Hahn, 1988; Rauscher & McClintock, 1977). 장애의 회피는 또한 문화적 기대, 정상성(normalcy)이란 이상향(ideals) 및 신체적 미적인 특질에 맞추기 위한 바람과 연관되어 있다. Rauscher와 McClintock(1977)은 다음과 같이 기술한다:

> 공공 및 개인적 미디어(media)에 의해 영속되는 건강, 생산성, 아름다움 및 인간 삶에 대한 가치에 대해 깊게 자리 잡은 믿음은, 신체적, 정서적, 인지적 및 감각적 능력이 사회적으로 현재 수용가능한 범위 밖에 있는

사람들에게 자주 적대적인 환경들을 창출하는 것과 결합된다.

(p. 198)

문화적 담론과 사회문화적 실제(practices)는 장애에 대한 혐오에 뿌리내려져 있고, 장애를 경험하는 사람의 관점에서 장애를 가진 삶이 어떠할 것이라는 것을 이해하는 데 부족함을 나타낸다. 회피는 많은 사람들이 장애에 대해 생각을 할 때 느끼는 불편함과 큰 관련이 있다. 비장애인과 장애인이 서로 관계를 맺을 기회의 부족은 학교와 직장 환경들에서 장애인을 역사적으로 배제한 것으로 악화된다.

장애에 대한 확고한 공적 대화의 부재와 다양한 능력 집단 사이에 상호작용할 기회의 부족 가운데, 공공의 이해는 장애에 대한 거대 서사(master narrative)를 구성하는 고정관념과 오해를 자주 반영한다. 거대 서사는 문화적으로 도출되며, 당연하게 여겨지는 "지식" 혹은 정상적이거나 사회에서 바람직하다고 간주되는 것에 대한 우세한 가정이다(Bamberg, 2004). 장애에 대한 거대 서사는 장애를 치유받아야 할, 제거되어야 할, 교정되거나 혹은 극복되어야 할 무엇으로 특징화하며, 장애를 가진 삶을 비극적, 가여운, 그리고 부담스러운 것으로 묘사한다. 장애를 가지거나 가지지 않은 사람들은 이러한 서사를 직면하고 장애를 존재의 바람직하지 않고 열등한 상태로서 이해하게 된다. 예를 들면, 장애를 가진 사람들이 부담스럽거나 슬픈 삶을 산다는 믿음, 그들은 가엽고 동정을 받을 만하다는 믿음, 혹은 그들이 단순히 살아있거나 일상적인 활동들에 참여하는 것으로 용감하고 단순히 영감의 출처가 된다는 것은, 대부분 질문되지 않으며 장애는 개인적 비극으로서 항상 경험되어야만 한다는 가정에 뿌리내리고 있다.

비장애중심주의는 "정신적, 정서적 및 신체적 장애를 가진 사람들을 억압하는 차별과 배제의 만연하는 체계"이다(Rauscher & McClintock, 1997, p.198). 비장애중심주의는 장애를 지속적으로 저가치화하고(devaluing) 장애를 존재가 기본적으로 잘못되었고 바람직하지 않은 상태로서 바라보는 관점의 우세함 때문에 일어난다(Campbell, 2001, 2009). 장애에 대한 비장애중심주의자(ableist) 가정의 확산과 공통성은, 장기간에 걸쳐, 억압의 한 체계로 펼쳐졌다. 인종차별주의(racism), 성차별주의(sexism), 계층차별주의(classism) 및 이성애주의(heterosexism)와 같은 억압의 다른 체계들과 유사하게, 비장애중심주의는 집단의 특성에 기초해 어떤 집단의 내재하는 우월성과 다른 집단의 열등성에 대한 믿음에서 번창한다. 비장애중심주의는 개인적, 문화적 및 제도적 수준들에서 겉으로 드러난 방법과 미묘한 방법으로 작동한다. 이 세가지 수준들 각각에서, 비장애인에게 이용가능한 유리함은 영속되고, 장애를 가진 사람들에게는 불리함이 생성된다. 다른 종류의 구조적 억압들과 같이, 편견은 비장애중심주의의 핵심이며, 차별은 한 결과이다. 아래 목록은 비장애중심주의가 사회에서 나타나는 예들을 묘사한다.

제도적 수준:

- 많은 가정에서 계단 사용을 요구한다; 그 집들은 램프 시설(ramps)이 없다; 많은 지역에서 휠체어 접근가능한 아파트 건물이 쉽게 유용하지 않다.
- 많은 사업체 시설들은 이동성, 시각 혹은 청각 손상을 가진 개인들이 완전하게 접근가능하지 않다.
- 음식점들은 점자로 메뉴를 전형적으로 제공하지 않는다.
- 학교에서, 교수(instruction)는 다수에 맞춰진 속도로 자주 제공되며 학생들은 특정 활동들 – 주로 읽기와 쓰기에서 그들의 학습을 나타내보이도록 기대된다. 그러한 기대에 충족하기 위해 지원이 필요한 사람들은 도움이나 조정을 받기 위해서, 첫째로 자주 낙인적인 장애 표찰(disability label)을 받아야만 한다.

- 많은 학교들에서, 장애학생을 위한 적응형 공학(adaptive technology)의 부족함이 자주 있으며; 유사하게 장애인들이 지방 정부 미팅이나 위원회에 참여할 수 있도록 하는 접근성과 적응형 공학이 부족하다.
- 장애학생의 교육을 위한 분리된 혹은 "전일제 특수학급"(역자주: self-contained, 일반학급에 통합이 안 되고 모든 수업을 특수학급에서만 함) 교실의 계속되는 실재는 많은 장애학생들을 그들의 또래들로부터 분리되게 하는 결과를 초래한다.

문화적 수준:

- 문화적 서사는 사람들이 무엇을 할 수 있어야 하고 그들이 그것을 어떻게 해야하는 것을 규정함으로써, 그래서 "정상적" 행동의 변수에 맞지 않는 사람들을 주변화함으로써(marginalizing) 정상성의 제한된 정의(definitions)를 유지시킨다.
- 자립성과 개인성은 많은 문화들에서 높게 가치있는 것이며; 상호의존성 혹은 돌봄을 필요로 하는 것은 덜 바람직한 삶으로 생각된다.
- 문화적 규준(norms)은 바람직한 몸과 아름다움의 기준을 지시하며; 이런 문화적으로 구조화된 이상향들은 재상산되며 미디어를 통해 구체화된다.
- 장애인들은 미디어, 문학, 대중문화 등에 많이 재현되지 않는다. 그들이 포함될 때는, 고정관념 방식으로 자주 재현된다.
- 우리의 문화적 어휘목록은 장애를 가진 사람에 대해 부정적 용어들로(예: 느린, 멍청한, 바보, 지체된), 타인성(otherness)을 구체화하는 데에만 기여하는 완곡어법들(예: 특수한, 핸디케이퍼블–handicapable), 그리고 비장애중심주의자들의 은유들(예: "궁색한 변명–a lame excuse", "진실을 보지 못하는–blind to the truth", 역자주: lame, blind라는 장애 용어 사용)로 가득하다.

- 산전 유전 검사의 널리 퍼진 관례화는 정상적 아기에 대한 인식을 구체화하며, 장애 아기를 가진 것은 바람직하지 않으며 혹은 "비극"이라는 믿음을 지지한다.

개인적 수준:

- 사람들은 장애를 가진 삶은 "비극"이거나 최중도의 상실로 특성화하거나, 혹은 "장애인이기보다는 죽는 게 더 낫다"라는 것을 믿는 듯하다.
- 장애를 가진 사람들은 긍휼함과 동정의 대상이 될 만하거나 그들은 영감을 주는 근원이라는 믿음은 평범한 것이다.
- 장애아동의 부모에 대해 "성인(saints)", 용기가 있는 혹은 장애 자녀를 갖도록 "선택된" 것이라는 믿음은 평범하게 지지된다.
- 교육자들을 포함한 많은 사람들은, 특수교사들은 다른 교사들과 비교하여 동정, 지구력 및 인내의 비상한 수준을 소유해야만 한다고 믿는다.

출처: Baglieri & Shapiro, 2017; Lalvani, 2011, 2013; Ostiguy, Peters, & Shlasko, 2016.

이러한 예들은 장애인들에 의해 편견이나 차별로 경험된다. 심지어 많은 사람들이 그들을 그렇게 쉽게 해석하지 않을 때라도 그러하다. 비장애중심주의는 공공의식 밖에 대부분 실재한다. 그것이 실재한다는 인식이 거의 없고, Chodorow(1999)가 "허용가능한 편견"으로 묘사하듯이, 의식되지 못하는 것이며, 사회에서는 심지어 수용이 되는 것이다. 장애인이 된 것은 비정상적이며, 장애를 가진 사람들은 모든 상황에서 "맞추어질 것"을 기대할 수 없다는 것, 혹은 장애인의 삶은 상실, 비극, 투쟁에 의해 필수적으로 형성된다는 것, 그리고 손상을 없애는 바람은 비장애중심주의의 지속성에 기저를 이루는 공통적 오해와 가정을 가리킨다.

우리는 빈번한 질문인 "아동들이 아직 알아차리지도 못한다면, 누군가가 다르다는 것을 왜 지적해야 하나?" 심지어 어린 아동들도 이 세상에서 장애 혹은 장애의 표지들을 인식해왔던 것 같다. 그 아동들이 학교 들어갈 시기에, 많은 아동들은 휠체어를 탄 이웃들, 장애인 보조동물(service animals), 혹은 여러 방식으로 자신들과 다른 듯한 사람들에 대해 호기심에 찬 질문들을 한다. 현대의 대중매체는 아동들에게 장애인의 특성을 점점 더 담아내는 것을 겨냥하고 있다. 예를 들면, Sesame Streets는 2017년에 자폐를 보이는 인형, 줄리아를 소개하였다. 아동들에게 장애를 가르치도록 고안된 그림책을 찾기는 쉬우며, 동화에서 안대, 난쟁이들, 갈고리들 및 척추장애인의 등장은 오래된 전통이다. 대부분 아동들은 많은 공공 장소에 걸려있는 파란 휠체어 상징을 접근성의 국제적 상징으로 아마도 관찰해왔을 것이다. 장애가 교실에서 언급이 안된 상태로 남겨져있으면, 그것은 적절성이 거의 없는 주제라는 암묵적 메시지를 보내나 비장애중심주의가 지속되는 것은 그것이 우리 모두에게 적절한 주제라는 것을 시사한다. 아동들은 다름(differences)을 알아차리지 못하거나 혹은 그 다름이 문제가 안 된다고 추정함으로써, 자기 자신, 가족 구성원 및 타인들에게 있는 인간의 다름에 대한 공감을 스며들게 할 기회와 그들이 좀 더 통합적 공동체를 수립하는 데 참여할 수 있는 미래를 지원할 기회를 우리는 놓치게 된다.

학교 안에서 비장애중심주의

자기 자신과 다른 사회적, 문화적 및 정체성 집단의 구성원들에 대한 태도는 직접 접촉, 타인으로부터 받은 암묵적 및 명시적 메시지, 그리고 문화적 서사(cultural narratives)에서 타인에 대한 묘사의 의미를 만듦으로써 형성이 된다. 아동들은 다양성에 대한 공감을 얻을 수 있고 이질적 환경 속에서 그들 자신의 경험의 결과로 사람들 집단들에 대한 지식을 개발할 수 있다. 그러나, 많은 학교들에서 비장애아동들과 장애 표찰을 가진 아동들은 지속된 상호작용과 의미있는 관계를 개발할 충분한 기회를 가지지 못할 수 있다. 왜냐하면, 장애의 어떤 유형은 학령기 인구들 사이에 아주 드물기 때문이다. 의미 있는 상호작용이 드문 것의 더 강력한 이유는 많은 장애학생들이 미국 학교들에서 분리된 "전일제 특수학급"에서 계속해서 교육을 받는다는 것이다. 자폐, 지적장애 및 중복장애로 표찰된 학생들은 부분적으로 혹은 완전히 분리된 학습 환경에서 교육을 받을 확률이 훨씬 높다(Morningstar, Kurth, & Johnson, 2017; US Department of Education, 2013). 이러한 배치의 뿌리에는 일반교육과 특수교육이 평행된 우주로서 기능하는 교육의 이원화된 체계(a bifurcated system)의 실존인데, 이 각각은 교사들, 양성 프로그램 및 교사자격증의 각각의 체계를 가진다. 학습자의 두 가지 구별되는 유형, 즉 장애가 있거나 없는 학습자에 대한 근본적인 함의와 함께 정상(normal)이라 여겨지는 학습자와 비정상(abnormal)이라 여겨지는 학습자가 있다(Connor & Ferri, 2007; Linton, 1998).

이 이원화된 체계에서, 학생들은 능력에 따라 분류가 되며 많은 학생들은 물리적으로 분리된 학습 환경에 배치된다. 모든 아동이 함께 교육받는 통합교육을 위한 수십 년의 분투에도 불구하고, 많은 학교의 교육에서 "통합되었다"는 것은 학업을 "따라가고" 규준적 행동에 대한 가치 기준을 충족하는 학생만을 위한 특혜처럼 간주된다(Lalvani, 2013; Valle & Connor, 2011). 이러한 방식으로, 일반교육과 특수교육의 이원화된 체계는 어떤 학생들의 **타인성**(otherness)이 구조화되고 다른 사람의 **정상성**이 확인되는 하나의 통로가 된다. 분리된 교실의 실재 자체가 어떤 사람은 충분히 달라서 그들은 누구나처럼 같은 공간에서 교육될 수 없다는 아이디어를 강화한다. 비장애중심주의는 그러한 분리를 지원하고 승인하는 교육적 담론을 통하여 일반학급에서 학생을 배제시킬 결정을 하는 데 중요한 역할을 한다(Storey, 2007). 장애아동과 비장애아동 사이의 이러한 분리는 장애 낙인(disablility stigma)을 강화하고 능력이 다양한 아동들 사이의 상호작용을 위한 자연적 기회들을 차단함으로써 비장애중심주의가 확산되도록 한다.

낙인은 어떤 정체성에 부여된 가치와 연결된 하나의 강력한 현상이다. 낙인은 하나의 다름을 인지하고, 그 다름에 대해 후속하는 저가치화를 포함한다(Dovido, Major, & Crocker, 2000). 낙인화하는 것은 일종의 심리적 및 사회적 위계를 수립하는 데 기여하고, 낙인화된 사람들은 거의 항상 편견과 사회적 거부의 대상이 된다(Goffman, 1963). Goffman(1963)은 그의 기초 연구에서 낙인이 물리적 환경들에 의해 생성되는 방식들을 논의하였다. 특수교육의 맥락에서, 장애학생은 타인(other)으로 표시나게 되는데, 그들에게 부여된 표찰을 통해서만이 아니고, 그들에게 할당된 물리적 공간에 의해서, 혹은 이러한 공간들과 연관된 것에 의해서도 그러하다. 그래서, 분리된 물리적 공간의 실재는 학교와 사회 전반에서 그 자체가 장애에 붙여진 낙인을 영속시키며, 특별히 지적장애를 가진 사람들에게 그러하다(Smith, 2010). 결과적으로, 장애아동과 비장애아동은 그들이 서로 분리되어 다른 공간과 장소에 속한다는 메시지를 받는다.

장애로 인한 분리를 학교에서 끝내기 위한 요청은 분명하다. 많은 학교들과 학교지역구들은 더 통합하는 방향으로 움직이고 있고, 특별히 학습장애학생과 덜 "심각한" 장애학생의 경우에 그러하다(McLeskey, Landers, Williamson, & Hoppey, 2010). 이질적인 환경에서 교육의 경험은 장애와 다양성의 이해와 수용을 개발할 기회를 제공할 수 있다. 그러나 장애에 대한 혐오의 사회차원적 더 광범위한 맥락의 상황에서 아동들을 함께 단순히 "배치하는 것"은 이러한 성과를 성취하기가 쉽지 않다. 연구 문헌은 장애학생의 또래 수용은, 그들이 일반교실에 물리적으로 실재할 때에도 조차 지속적인 염려가 된다고 지적한다. 장애인으로 표찰된 학생은 학교에서 지속적으로 주변화가 되며 그들의 교실에서 사회적 주변부로 남게되며, 비장애학생과 비교가 될 때 사회적 고립에서 더 큰 위험에 놓인다(Kasari, Locke, Gulsrud, & Rotheram-Fuller, 2011; Rossetti, 2014). 또한 장애학생은 희롱과 괴롭힘을 경험할 확률이 훨씬 높으며,

그들이 경험한 괴롭힘은 더 자주 일어나며 그 성격이 더 만성적이며, 그들의 장애와 자주 직접적으로 연관된다(Saylor & Leach, 2009; Wall, Wheaton & Zuver, 2009; Holzbauer, 2008). Allport(1970)의 집단 간 편견에 대한 그의 고전적 연구에서, 그는 물리적 근접성 하나로는 집단 간 편견을 감소시키기에 충분하지 않다고 설명하였다. 학생들은 장애에 대한 정보를 충분히 제공받지 못하며, 그들은 일상의 삶을 특성화하는 장애로 인한 분리에 의해 전달되는 강력한 메시지를 질문하거나 파기할 도구를 제공받지 못한다. 장애에 대해 가르치는 것은 오랜 시간에 걸친 인간 관계의 많은 부분을 구조화해온 비장애중심주의를 허무는 것에 필수적이다. 지난 세기는 장애에 대한 오리엔테이션에서 중대한 변화를 안내하였다. 차별을 끝내고, 접근성을 증진하고, 장애인의 시민권의 실현에 헌신하는 것에 대한 관심은 공공정책에 반영이 되어왔고 소송들에서 명령되어왔다. 그러나 필요로 하는 것은 **문화적** 변화이다. 그 안에서 장애인에 대한 관점과 의견은 비극의 가정(assumptions of tragedy)에 중심을 둔 것에서부터 권한부여되며 복합적이고 다양한 것으로 이동하는 장애에 대한 거대 서사를 아마 다시 쓰는 것일 것이다.

우리가 비장애중심주의를 가르치는 이유

이 책은 공저자, Priya가 다양한 능력의 학생들이 있는 통합학교(inclusive school)에서 아동과 교사가 함께 수행한 일련의 수업안 시리즈로부터 저술되었다. 학교에서 진행된 수업은 교육에서 통합성(inclusivity)이 단순히 장애학생을 일반교육에 배치하고, 다름에 대해 숨기고, 그 다름을 알아채지 못하는 척하거나 혹은 그 다름에 대해 질문하는 것을 피하는 것이 아니라는 이해에 기초하였다. 이러한 환경에서 추구되는 통합성은 집단이 다름을 인정하는 가운데 참여하며 장애인의 삶에서 한 파괴적 힘이 되는 비장애중심주의에 대한 이해를 개발할 수 있는 한 지점인 것이다.

다른 사람에 대한 좋음 혹은 심지어 친절을 나타내는 것은 교사와 아동들이 불공평성에 대해 이해하고 정의(justice)를 향한 일에 참여하는 것과 완전히 같지는 않다. 편견의 감소는 다른 집단들의 구성원들이 동등한 지위를 가지도록 하고 공동 목표를 추구함에 있어서 서로 협력하기 위해 제도적으로 지원될 때 가장 일어나기 쉽다(Allport, 1979). Priya는 비장애인 여성으로 그녀의 전문적 배경을 이전에 시설수용화되었던 지적장애 표찰을 가진 사람들과 일하는 사람으로, 그리고 장애아동의 한 엄마로서 동일시를 하였다. 공저자, Susan은 장애인으로 표찰된 젊은 청년들의 고등학교 교사로서 일하는 동안 장애 권리와 문화의 중요성을 목격한 한 비장애인으로 동일시하였다. 그녀의 9학년 전일제 특수학급의 많은 학생들을 위해, 성공의 첫 번째 열쇠는 장애를 "극복하려고" 노력하는 것으로부터 혹은 특수한 교수 테크닉으로부터 오는 것이 아니었다. 성공은 한 청년이 "특수교육 프라이드"(Sped pride)를 공표하는 것을 통하여 처음 상상될 수 있는 것이었다. 이 집단에게 있어서 장애로 분리된 한 학교에서 소속감을 느끼는 것은 분리되는 문제에 대해 의견을 내고 그들에게 부여된 표찰(label)을 사용하는 힘을 요구하는 것과 함께 시작하였다. 우리로 하여금 배제를 명명하고 학교에서 더 광범위한 접근과 참여의 추구를 가능케 하는 집단적 의견표명이었다. 자기효능감과 자기수용이 따라오고, 그것들과 함께 아주 많은 것들이 가능할 수 있었다.

우리 저자들은 비장애중심주의에 대해 가르친다. 왜냐하면 우리는 우리의 개인적 경험을 통해서 그리고 사회로부터 배제나 학교에서 주변화를 경험하였던 사람들과 함께 일한 것을 통해서, 장애인의 억압에 대한 질문에 사회가 실패한 해로운 결과뿐 아니라 장애의 이해를 변화시키는 "아–하" 순간을 가질 때 이러한 아이디어의 힘을 목격해왔기 때문이다. 우리는 교사 교육자, 연구자 및 어머니로서 역할들을 통하여 학교와 사회에서 모든 종류의 분리를 반대하기 위해 일한다. 비장애중심주의를 가르치는 것에 대해 교사들을 위한 책을 쓰는 것은, 특별히 사회정의교육(social justice education)의 실제에 헌정된 많은 자료집들 사이의 간극에 반응하는 것이기도 하다.

왜 여러분은 비장애중심주의를 가르칠 것 같은가?

너무나 자주 장애를 혐오하거나 지우게(erasure) 하는 장애에 대한 문화적 서사에 대해 교사는 휘둘리지 않는다. 우리 중 많은 사람들은, 비장애중심주의자 사회(ableist society)의 산물들로서 ― 비장애인과 장애인은 비슷하게, 우리와 다른 사람들과의 접촉을 피하며, 남이 쳐다보는 것에 당황하며, 너무 좋게 행동하거나, 혹은 유사점을 강조하고 "누구나 어떤 것에 대해서는 어려움을 가지고 있다"라고 생각하며 말하는 것을 친절이라고 상상한다. 전문 분야에 있다면, 교육자들은 아동들을 두 가지 구별되는 집단들, 장애를 가진 자와 가지지 않은자, 또한 자주 물리적으로 서로 분리되는 집단들을 구분하는 일종의 평행 시스템(a parallel system)을 지속하는 데 연루되어 있다(Connor & Gabel, 2013). 교사들이 학생들에게 비장애중심주의를 인식하거나 대항할 도구들을 제공하도록 준비되는 것은 드물다. 통합성에 진정으로 헌신하는 교사들 조차도 그들의 교육과정 안에서 장애에 대한 토론을 다루는 데 자주 염려와 두려움을 느끼거나 잘 준비되어 있지 않다고 느끼면서 어떤 다른 사람은 이 주제에 대해 더 많이 안다고 믿는다(Ware, 2001). 만약 여러분이 왜 비장애중심주의에 대해 가르쳐야 하고 혹은 비장애중심주의에 대해 가르칠 수 있을지 여부에 대해 의구심이 든다면, 학교에서 장애 교육과정(disability curriculum)을 포함시키는 것에 대해 제기된 다음의 공통적 질문과 코멘트에 대해 고려해보자.

1. "장애는 특수교육의 관심 아닌가요?"

미국에서 장애학생의 교육은 특수학급 혹은 특수학교에서 전통적으로 일어나며, "일반교육"과 분리된 그리고 장애 관련 자격증과 준비가 된 교사들에 의해 관리 감독된다. 이 평행시스템은 한 담론을 창출하는 데 전문가들은 장애는 장애학생의 교사만의 문제이고 관심사인 것으로 추정한다. 특수교사들이 장애학생들을 위해 일하기 때문에 특수교사들이 장애와 비장애중심주의에 대해 단순히 가르치는 것이라고 추정해서는 안된다. 특수교육 분야 안에서 조차도 장애에 대한 솔직한 토론을 하는 것에 대단한 불편함과 피하고자 하는 것이 있다. 예를 들면, "특수교육요구"(special needs) 혹은 "학습에서 다른 점"(learning differences)을 가진 학생으로 묘사되는 것에 평범한 선호도가 있다. 학교들은 장애 용어를 지움으로써 장애의 낙인에 반응한다. 그런데 그렇게 함에 있어서, 그들은 손상 혹은 장애는 부끄러운 것임을 강화하고, 학습자들이 긍정적 사회적 정체성, 강력한 역사, 권리 및 재정 지원혜택에 연관된 한 정치적 집단(역자주: 장애인 집단을 의미)에 자신이 가지는 구성원 자격을 이해하는 것을 못하게 한다. 비장애중심주의에 반대해 일하는 것은 다름을 인간 차이의 범주 내에 있는 자연적이고 수용가능한 것으로 이해하는 것을 포함하며, 학교와 사회가 사람들을 "장애인"으로 표찰하는 한, 어린 학생들과 함께하는 데 있어서 이 용어를 지우는 것은 해가 될 수 있다.

2. "그들은 아예 어떠한 다른 점을 알아차리지 못해요"

오늘날 학교에 있는 지속적인 신화(myth)는 어린 아동들은 우리가 편견적으로 인식하는 방식으로 그들 사이의 다른 점을 알아차리거나 반응하지 않는다는 인식에 실재한다. 장애 주제에 대해 교실에서 어떻게 논의되는지, 혹은 학생들 사이의 다른 점에 대해 호기심이 있는 학생들로부터 제기된 질문들을 어떻게 다루는지에 대해 예비교사와 현직교사와의 대화에서, "우리는 어떤 것도 말할 필요 없어요―우리 학생들은 그들 학급 동료들에 대해 어떠한 다른 점을 알아차리지도 않아요" 혹은 "아동들은 장애에 대해 어떤 질문도 하지 않아요—그들은 아주 수용적입니다!"라고 교사들이 진술하는 것은 보통 있는 일이다. 유사하게 한 교사는 "각 학생을 같게" 대우하며 혹은 그들 학급에 한 방문자는 "어느 아동이 장애를 가졌는지 알아낼 수 없다"고 주장하는 것은 평범한 것이다. 이러한 진술들이 비록 좋은 의도였다하더라도, 우리는 아동들이 어떠한 다른 점을 지각하지 않는다는 기본 주장과—인종에 대해 "인종불문주의"(color blind) 지향과 비슷하게, 그리고 아동이 인간 차이에 대해 질문하지 않을 때 아무 질문이 없다는 뜻이라고 믿는 것, 우리는 이 두 가지를 모두 문제가 있다고 생각한다. 아동들은 그들의 학급동료들 사이에서 알아차린 다른 점에 대해 호기심을 보이며 그들 동료가 의사소통하고, 학습하고 혹은 움직이는 방식에 대해 질문을 가질 확률이 높다(Lalvani, 2015). 그들의 질문의 결여는 그들이 다른 점에 대해 호기심이 없다는 것이 아니라 오히려 그들이 어떤 종류의 다른 점에 대한 그들의 호기심에 대해 침묵하는 것을 아마 배웠다는 것을 의미하는 것으로 봐야한다.

3. "그러나 우리는 벌써 장애이해교육의 날을 하고 있어요"

만약 학교들이 장애 주제에 대해 다루는 노력을 조금이라도 한다면, 너무 익숙한 "장애이해교육의 날"(disability awareness day)을 구실로 보통 행해진다. 이것은 일반적으로 아동들에게 장애에 대한 정보를 알리는 의도를 가진, 일련의 단순하고 생색내기식 활동들이 포함되는데, 이 활동들은 기껏해야 비장애학생들에게 "기분 좋은" 순간들을 제공하고 최악의 경우는 비장애중심주의 고정관념을 강화하는 것으로 끝난다. 동정이나 영감의 메시지에 초점을 두는 경향을 가진 특별한 행사들은 그래서 아동들로 하여금 정체성, 지역사회 구성원 자격 및 시민권과 관련된 쟁점들에 대해 비판적으로 생각할 것을 가르칠 기회가 결여되어 있다. 이러한 수업에서 장애는 개인 안에 위치하며, 개인적, 문화적 및 제도적 수준들에서 작동하는 비장애중심주의와 불가분하게 연관된 것이라기보다는 개인적 다른 점으로 논의된다. 그 결과로, 이러한 노력은 장애 억압의 구조적 특성과 어떤 사람들을 배제하는 데 있어서 한 사람의 개인적 공모(complicity)에 대한 "인식"을 고양시키는 데 보통 실패한다.

4. "나는 장애에 대해 전문가가 아니에요"

장애는 항상 인간의 경험 안에 들어와 있었다. 고대 문화에서 영아살해로부터, 19세기에서 20세기의 우생학(eugenics)과 안락사 정책에서 1950년대와 1960년대에 일어난 국제적 장애권리운동까지, 장애는 역사와 문화에서 지속적으로 실재하였다. 이러한 일의 발생과 중요성에도 불구하고, 미국에서 장애인의 집단적 역사는 일반적으로 공공의 인식 밖에 남겨져 있다. Burch와 Sutherland(2006)가 지적하였듯이, 미국 고등학교 졸업생의 대부분이 장애 역사에 대한 어떠한 지식과 장애권리운동의 실재에 대한 어떠한 인식이 없는데 그것은 학교에서 이러한 것에 대한 언급이 거의 없거나 없기 때문이다. 소수의 교육자들이 장애 역사에 대한 지식이 있는데 그것을 가르치기에 자원이 부족하다. 덧붙여, 장애 주제에 대해 학급에서 언급하는 두려움은 학교 교육과정에서 장애 역사를 다루는 데 추가의 장벽을 나타낸다. 여러분이 장애와 비장애중심주의에 대해 가르치는 데 준비된 전문가라고 느끼지 않는다면 여러분은 혼자가 아니며, 배우는 데 더 좋은 시간은 없다. 웹(Web)에는 무료 혹은 저렴한 자료로 넘쳐난다. 장애와 장애 역사에 대한 연구는 미국 사람들과 미국의 경험에 대해 도발적인 통찰력을 제공하며, 그것은 권력과 특혜가 작동하는 방식에 대한 미묘한 이해를 제공하며 동시에 우리로 하여금 미국 사회가 인간의 다름에 대해 어떻게 반응해왔는지 복잡한 쟁점들을 탐구하게 한다(Burch & Sutherland, 2006; Kudlick, 2003).

반-비장애중심주의자 교육: 통합교육을 향하여

장애에 대한 이야기는 의심없이 지속되는 구조적 억압의 하나이나, 그것은 또한 장애인의 급진적 행동의 힘, 장애인의 주체성(agency)과 권한부여(empowerment)와 장애 문화와 정체성의 진전에 대한 이야기이기도 하다. 동시에, 1950년대와 1960년대의 시민권과 여성운동과 같이, 장애권리운동에 참여한 사람들은 장애인이 겪는 학대에 대한 공식적인 인정을 요구하였다(Connor & Gabel, 2013; Fleischer & Zames, 2011). 그들의 노력은 장애인의 분리와 차별을 인정하고 다루는 법률의 통과와 그들이 미국에서 대우되는 방식들에서 급격한 변화를 시작하는 것으로 이끌었다(Rauscher & McClintock, 1997). 덧붙여, 최근 수십년 동안에, 장애권리운동에 동일시하는 많은 장애인들은 "장애" 용어를 긍정적 방식으로 다시 요구해왔다. 그들은 장애인이라는 것이 내재적으로 부정적 경험이고, 장애인은 교정될 필요가 있다라는 인식을 거부하며; 그 대신, 그들은 자신을 손상에 의해서라기보다 사회차원적, 환경적 및 태도적 장벽으로 인한 장애인으로 바라본다(Rauscher & McClintock, 1997). 이러한 관점에서부터, **장애 프라이드**(disability pride)의 현상은 뿌리가 내려지며 견인력을 지속해서 얻어내고 있다.

미국은 학교에서 학생의 분리, 억제 및 학대의 긴 역사를 가진 것으로 여겨진다. 아동들을 통합적으로 교육해야만 한다는 인식이 가중되고 있고, 교육과정과 교수법 관련 실제(practices)에서 변화가 지각할 수준이다. 보편적 학습 설계(Meyer, rose, & Gordon, 2014)와 문화적으로 지속가능한 교수법(Paris & Alim, 2017)은 학습자들 사이의 다양성을 추정하는 교육실제와 교수법의 알려진 예들이다. 학생들 사이의 다른 점을 교수적 설계에서 "문제"로서가 아니라 그것에 필수적인 것으로서 접근한다. 인종, 성, 젠더 정체성, 사회적 계층, 장애 및 성적 정체성에 대한 교육에서 불공평성과 학대에 대한 관심은 교사교육에서 분명하다. 많은 교사교육 프로그램은 교사들이 제도적 인종차별주의를 인정하고 반응하는 성향, 교육과정 및 교수법을 개발하도록 준비시키기 위해 점점 더 노력한다. 예를 들면, 인종, 다양성 및 공평성에 대한 대화는, 교사들이 인간의 다름과 불의(injustice)에 대한 사회적 구조(social construction)와 관련된 복잡한 쟁점들을 탐구하도록 할 때, 필수적인 것으로 자리매김 된다(Choi, 2008; King, 1991; Sleeter, 1996; Tatum, 1997; Ware, 2008). 다문화적, 반-인종차별주의 및 사회정의 교육과정들에 대한 중요한 요청은 K-12(유치원부터 고등학교 3학년, 12학년) 학교 교육과정을 재편하고 개정하는 데 선두 중심 위치에 있어왔다. 사회정의 교육자들은 "인종불문주의 이데올로기"(color blind ideology)를 비판해왔고, 인종과 인종차별주의에 대한 대화 주변의 침묵을 끝내려고 노력한다(Bonilla-Silva, 2003; Choi, 2008; Schofield, 2004). 학교에서 미국 교육과정에 재현된 불공평성과 정의 및 주장과 관점의 확대에 대한 열린 대화는 많은 이들에 의해 요청이 가중되고 있다(Bank & Banks, 2012; Gill, 2004; Nieto, 2000; Snyder & Broadway, 2004; Ware, 2001; Winans, 2006).

학교 정책들은 성, 젠더, 인종, 계층, 장애, 성적 지향 및 언어의 견지에서 통합과 공평성을 요구하는 것으로 보임에도 불구하고, 비판적 학자들은 배제와 사회적 및 경제적 위계의 유지가 확고히 자리 잡힌 시스템에 대해 많은 일들이 행해져야 한다고 지적한다(Annamma, Connor, & Ferri, 2013; Erevelles, 2000; O'Laughlin & Lindle, 2015; Oliver & Barnesm 2012; Waitoller & Thorius, 2015). 개혁의 수고는 변화를 요청하는 역사적으로 예속된 관점과 주장을 하는 사람들에 의해 쉽게 지휘된다. 그러나, 통합과 정의를 향한 일은 사회의 모든 구성원에 의해 공유된 수고(shared labor)가 되어야만 한다. 모든 사람들은 분리가 자연적인 듯, 결정된 듯, 세상의 방법인 듯한 과거의 견인력을 인정하고 대항해야만 한다. 모든 사람들은 구조적 불의의 희생자들의 사회적 혹은 경제적 조건에 대해 그들을 탓하는 담론을 비판적으로 질문해야만 한다. 우리가 우리 다음 세대의 리더, 사색가, 법률가 및 근로자들에게 **무엇을** 가르치고 **어떻게** 가르치는가의 두 가지 모두에서 변화는 필수적이고 핵심적인 개혁이다.

심화학습을 위한 성찰과제

> **왜 유치원, 초등 및 중등 교육과정에서 장애에 대해 가르쳐야 하는가?**
> - 장애는 인간 다양성의 자연스럽고 지속되는 측면이며, 인간 차이의 한 형태이다; 장애인은 미국에서 가장 큰 소수집단 중의 하나이다.
> - 장애는 인종, 젠더 및 사회적 정체성의 다른 측면들과 관련된다.
> - 장애인은 사회에 많은 기여를 해왔다.
> - 장애에 대한 무지는 고정관념, 편견 및 차별로 이끈다.
> - 문학, 예술 및 대중매체는 장애에 대한 부정적인 묘사로 가득 차있다. 고정관념을 제거하기 위해서는, 그것들이 기초한 가정과 믿음을 첫째로 검토하는 것이 필요하다.
>
> 출처: Ferguson(2001)

1. 위에 있는 박스는 학교교육에서 장애에 대해 가르치는 5가지 이유들의 목록이다. 여러분은 장애에 대해 가르치는 것에 왜 흥미를 가집니까?
2. 여러분이 어렸을 때, 장애에 대해 어떻게 이해하였습니까? 장애에 대한 자신의 가장 초기 기억을 떠올려 보십시오. 장애 혹은 비장애중심주의에 대한 여러분의 흥미와 아이디어를 형성하였던 경험들의 목록을 만들어보십시오.
3. 여러분이 탐색해나가는 것에 대해 이 책이 돕기를 희망하는 질문들의 목록을 기록해보십시오.

참고문헌

Allport, G. (1979). *The nature of prejudice: 25th anniversary edition*. New York: Basic Books.

Annamma, S. A., Connor, D., & Ferri, B. (2013). Dis/ability critical race studies (DisCrit): Theorizing at the intersections of race and dis/ability. *Race, Ethnicity, and Education*, 16(1), 1–31.

Baglieri, S., & Shapiro, A. (2017). *Disability studies and the inclusive classroom: Critical practices for embracing diversity in education*. New York: Taylor & Francis.

Bamberg, M. (2004). Considering counter narratives. In M. Bamberg & M. Andrews (Eds.), *Considering counter narratives* (pp. 351–371). Amsterdam, The Netherlands: Benjamins.

Banks, J., & Banks, C. A. M. (2012). *Multicultural education: Issues and perspectives*. Hoboken, NJ: Wiley.

Bonilla-Silva, E. (2003). *Racism without racists: Colorblind racism and the persistence of racial inequality in the United States*. New York: Rowman & Littlefield.

Burch, S., & Sutherland, I. (2006). Who's not yet here? American disability history. *Radical History Review*, 94, 127–147.

Campbell, F. (2001). Inciting legal fictions: Disability's date with ontology and the ableist body of the law. *Griffith Law Review*, 10(1), 42.

Campbell, F. (2009). *Contours of ableism: The production of disability and abledness*. New York: Palgrave Macmillan.

Chodorow, N. (1999). Homophobia: Analysis of a "permissible" prejudice. *The Public Forum*. Retrieved from www.cyberpsych.org/homophobia/noframes/chodorow.htm

Choi, J. (2008). Unlearning colorblind ideologies in education class. *The Journal of Educational Foundations*, 22(3/4), 53–71.

Connor, D. J., & Ferri, B. A. (2007). The conflict within: Resistance to inclusion and other paradoxes in special education. *Disability & Society*, 22(1), 63–77.

Connor, D. J., & Gabel, S. L. (2013). "Cripping" the curriculum through academic activism: Working toward increasing global exchanges to reframe (dis)

ability and education. *Equity & Excellence in Education*, 46(1), 100–118.

Dovido, J. F., Major, B., & Crocker, J. (2000). Stigma: Introduction and overview. In T. F. Heatherton, R. E. Kleck, M. R. Hebl, & J. G. Hull (Eds.), *The social psychology of stigma* (pp. 1–28). New York: Guilford Press.

Erevelles, N. (2000). Educating unruly bodies: Critical pedagogy, disability studies, and the politics of schooling. *Educational Theory*, 50(1), 25–47.

Fleischer, D., & Zames, F. (2011). *The disability rights movement: From charity to confrontation*. Philadelphia, PA: Temple University Press.

Gill, M. (2004). Disability counter-narrative: Transforming ideas among high school students. *Disability Studies Quarterly*, 24(4).

Goffman, E. (1963). *Stigma: Notes on the management of spoiled identity*. New York: Simon & Schuster.

Hahn, H. (1988). The politics of physical differences: Disability and discrimination. *Journal of Social Issues*, 44(1), 39–47.

Heumann, J. (1988). "Americans with Disabilities Act of 1988: Joint Hearing before the Subcommittee on the Handicapped of the Committee on Labor and Human Resources United States Senate and the Subcommittee on Select Education of the Committee on Education and Labor of the House of Representatives. One-Hundredth Congress. Second Session on S.2345: to establish a clear and comprehensive prohibition of discrimination on the basis of handicap. September 27, 1988." Washington, DC: U.S. Government Printing Office.

Holzbauer, J. (2008). Disability harassment observed by teachers in special education. *Journal of Disability Policy Studies*, 19(3), 162–171.

Kasari, C., Locke, J., Gulsrud, A., & Rotheram-Fuller, E. (2011). Social networks and friendships at school: Comparing children with and without ASD. *Journal of Autism and Developmental Disorders*, 41, 533–544.

King, J. E. (1991). Dysconscious racism: Ideology, identity, and the miseducation of teachers. *The Journal of Negro Education*, 60(2), 133–146.

Kudlick, C. J. (2003). Disability history: Why we need another "other." *The American Historical Review*, 108(3), 763–793.

Lalvani, P. (2011). Constructing the (m)other: Dominant and contested narratives on mothering a child with Down syndrome. *Narrative Inquiry*, 21(2), 276–293.

Lalvani, P. (2013). Privilege, compromise, or social justice: Teachers' conceptualizations of inclusive education. *Disability & Society*, 28(1), 14–

27.

Lalvani, P. (2015). Disability, stigma and otherness: Perspectives of parents and teachers. *International Journal of Disability, Development and Education*, 62(4), 1–15.

Linton, S. (1998). *Claiming disability: Knowledge and identity*. New York: New York University Press.

McLeskey, J., Landers, E., Williamson, P., & Hoppey, D. (2010). Are we moving toward educating students with disabilities in less restrictive settings? *The Journal of Special Education*, 46 (3), 131–140.

Meyer, A., Rose, D. H., & Gordon, D. (2014). *Universal design for learning: Theory and practice*. Wakefield, MA: CAST.

Morningstar, M. E., Kurth, J. A., & Johnson, P. E. (2017). Examining national trends in educational placements for students with significant disabilities. *Remedial and Special Education*, 38 (1), 3–12.

Nieto, S. (2000). Placing equity front and center some thoughts on transforming teacher education for a new century. *Journal of Teacher Education*, 51(3), 180–187.

O'Laughlin, L., & Lindle, J. C. (2015). Principals as political agents in the implementation of IDEA's least restrictive environment mandate. *Educational Policy*, 29(1), 140–161.

Oliver, M., & Barnes, C. (2012). *The new politics of disablement*. New York: Macmillan International Higher Education.

Ostiguy, B., Peters, M., & Shlasko, D. (2016). Ableism. In M. Adams, L. A. Bell, D. Goodman, & K. Joshi (Eds.), *Teaching for diversity and social justice*. New York: Taylor & Francis.

Paris, D., & Alim, H. S. (2017). *Culturally sustaining pedagogies: Teaching and learning for justice in a changing world*. New York: Teachers College Press.

Rauscher, L., & McClintock, J. (1997). Ableism curriculum design. In M. Adams, L. A. Bell, & P. Griffen (Eds.), *Teaching for diversity and social justice* (pp. 198–229). New York: Routledge.

Rossetti, Z. (2014). Peer interactions and friendship opportunities between elementary students with and without autism or developmental disability. *Inclusion*, 2(4), 301–315.

Saylor, C., & Leach, L. (2009). Perceived bullying and social support students accessing special inclusion programming. *Journal of Developmental and*

Physical Disabilities, 21(1), 69–80.

Schofield, J. W. (2004). The colorblind perspective in schools: Causes and consequences. In J. A. Banks & C. A. McGee Banks (Eds.), *Multicultural education: Issues & perspectives* (7th ed., pp. 247–267). New York: Wiley.

Sleeter, C. E. (1996). *Multicultural education as social activism*. Albany, NY: SUNY Press.

Smith, P. (2010). *Whatever happened to inclusive education: The place of students with intellectual disabilities in education*. New York: Peter Lang.

Snyder, V. L., & Broadway, F. S. (2004). Queering high school biology textbooks. *Journal of Research in Science Teaching: The Official Journal of the National Association for Research in Science Teaching*, 41(6), 617–636.

Storey, K. (2007). Combating ableism in schools. *Preventing School Failure: Alternative Education for Children and Youth*, 52(1), 56–58.

Tatum, B. D. (1997). *"Why are all Black kids sitting together in the cafeteria?" and other conversations about race*. New York: Basic Books.

U.S. Department of Education. (2013). *35th annual report to congress on the implementation of the individuals with disabilities education act*. Washington, DC: Author.

Valle, J. W., & Connor, D. J. (2011). *Rethinking disability: A disability studies approach to inclusive practices*. New York: McGraw-Hill.

Wall, J. R., Wheaton, J. E., & Zuver, D. (2009). Walk a mile in their shoes: Bullying and the child with special needs. AbilityPath.org.

Waitoller, F. R., & Thorius, K. K. (2015). Playing hopscotch in inclusive education reform: examining promises and limitations of policy and practice in the US. *Support for Learning*, 30 (1), 23–41.

Ware, L. (2001). Writing, identity, and the other dare we do disability studies? *Journal of Teacher Education*, 52(2), 107–123.

Ware, L. (2008). Worlds remade: Inclusion through engagement with disability art. *International Journal of Inclusive Education*, 12(5–6), 563–583.

Winans, A. E. (2006). Queering pedagogy in the English classroom: Engaging with the places where thinking stops. *Pedagogy: Critical Approaches to Teaching Literature, Language, Composition, and Culture*, 6(1), 103–122.

2장. 장애와 비장애중심주의에 대한 교육의 기초

1장에서 우리는 학교 교육과정이 장애에 대해 침묵하고 학교와 사회에서 장애인에 대해 부정적으로 반응하는 것을 문제화하면서 비장애중심주의 개념을 소개했다. 이 장에서는 비장애중심주의를 이해하기 위한 지식 기반의 기초를 구성하는 장애, 비장애중심주의, 공평성 및 정의에 대한 이론적이고 개념적인 방향을 탐구한다. 장애의 두 가지 모델에 대한 개요를 제공하고 장애의 사회적 모델에서 출발한 교육탐구의 한 영역인 교육에서의 장애학(DSE: Disability Studies in Education) 분야를 설명한다.

장애의 사회적 구성

> 인류는 다른 모든 형태의 의미가 그러하듯 사회적 인정에 의존한다. 오직 인간만이 "인간"이라는 단어를 포함해 사물의 의미를 결정할 수 있다.
> – Michael Bérubé(1996, p. 85)

인간 사이의 다름은 항상 의미를 만드는 계기가 되었다. 시각장애, 청각장애, 기형, 심신 허약에 대한 언급은 종교, 철학, 문학기록에서 훨씬 더 먼 과거로 거슬러 올라간다(Stiker, 1999). 일반적으로 알려진 역사에서 인간의 차이에 대한 초기 대응에는 영아 살해와 유기가 포함되었으며, 이는 장애나 기타 바람직하지 않은 조건을 가진 사회 구성원을 제거하는 방법으로 실행되었다고 지적한다. 그러나 현재 우리가 장애와 연관 짓는 많은 특성이 항상 같은 방식으로 여겨진 것은 아닐 수 있다는 증거도 있다(Davis, 1999; Edwards, 1996; Trent, 1994). 다름이 의미하는 것과 암시하는 것은 문화와 시대에 따라 다양하다. 시각장애는 신성한 형벌 그리고 신성한 선물과 연관된다. 청각장애는 배척의 계기이자 공동체가 수어를 사용하도록 사회적으로 진화한 이유로 취급되기도 한다(Kusters, 2009). 발작은 영적 세계와 고귀하고 명예로운 관계를 나타내는 표시이자 뇌의 장애로 여겨져 왔다(Fadiman, 2012). 이러한 생각 중 어느 것이 그럴듯하고 어느 것이 터무니없이 보이는지를 우리가 무심코 판단할 때 우리 세계를 형성하는 장애에 대한 패러다임이 드러난다. 장애를 도덕적 또는 영적 의미가 깃든 경험으로 인식하는 것은 근대 사회에서 발견되는 가장 일반적인 이해이다(Goodley, 2017). 그러나 장애의 의료적 모델(medical model)과 사회적 모델(social model)은 서구 과학과 철학을 지배하는 전통 안에서 장애를 이해하는 두 가지 방식이다. 이들 모델 사이 분열의 중심에는 논쟁의 여지가 있는 정상성 개념이 있다.

 장애에 대해 사람들이 인식하고, 해석하며, 의미를 부여하는 다양하고 경쟁적인 패러다임은 역사적 신념과 사건에 뿌리를 둔다. 이러한 패러다임 혹은 의미 체계는 진리, 지식 및 권위에 대한 "당연한" 가정을 반영하는 이해와 신념으로 구성된다. 언어, 행동 및 물질적 인공물에 대한 분석은 어떤 문화에서 가장 높게 평가되거나 지배적인 진리로 여겨지는 지식의 유형과 사고방식에 대한 통찰력을 제공한다. 계몽주의 시대 이후 서구사회의 생각과 전통을 지배해 온 패러다임은 객관성에 대한 관찰, 논리에 대한 합리성, 진리에 대한 개연성의 관찰로부터 탄생한 경험주의이다. 수학적 사고와 자연과학의 성장은 서구 사회의 전통이 이 세계와 그 안에서 살아가는 인간에 대한 의미를 만드는 방식을 형성했다.

 인간 특성의 의미를 만들기 위해 정상분포곡선(normal curve) 혹은 종형 곡선을 적용하는 것은 19세기 후반 인물인 프란시스 골턴(Francis Galton)에 의해 대중화되었다(Dudley-Marling & Gurn, 2010; Gallagher, 2010). 이 연구 이전에는 코카시안의 신체적 특징과 두개골 크기 및 모양을 유색인종과 비교한 역사가 오랫동안 유럽인종인 백인의 지적 우월성을 정당화하거나 유색인종에 대한 식민지화와 노예화를 합리화하는 생물학적 근거처럼 사용되었다(Gould, 1996; Hayman, 1998). 인간의 가치와 존엄성을 지능과 피부색으로 연결하는 것, 그리고 유전과 유전학이라는 새로운 과학은 우생학으로 알려진 최악의 상황을 만들었다. 인간의 특성이 정상분포곡선을 따라 순위 매겨짐으로써 차이는 일탈로 규정되었고 일탈은 유전자 풀(genetic pool)에서 근절 혹은 제거되도록 표시되었다. "정신박약"(feeble-mindedness), 아프리카계 사람들, 아시아와 유럽에서 온 이민자들에 대한 공포를 조장하도록 구성된 프로파간다(propaganda)는 사회에서 장애인과 "부적합"하다고 여겨지는 사람들을 제거해야 한다고 부추겼다(Carey, 2009; Pernick, 1996). 이 시대의 우생학자들이 퍼뜨린 사회다원주의와 생물학적 결정론은 흔히 혹은 통계적으로 일반화된 인간 특성이 바람직하고 허용될 수 있는 것이며, 장애인의 출산은 방지하고 상류층 구성원 간의 출산은 장려하며, 다른 인종 간의 결혼은 금지함으로써 편차는 식별되고 제거되어야 한다는 개념을 구체화했다.

생물학적 사실로서의 정상성에 대한 집착은 어떤 사람이 다른 사람보다 우월하다고 주장하는 강력한 수단이 되었으며, 이는 오랫동안 인류 역사에 구축된 사회적, 문화 및 인종적 계층화를 우생학을 통해 과학과 법으로 바꾸어 놓았다. 미국에서 장애인은 대규모 시설 수용, 감금, 강제불임시술의 대상이 되었으며 이는 공익을 위해 새롭게 정당화되거나 필요하다고 인식되기까지 하였다(Baker, 2002; Davis, 2013). 유럽에서는 나치 정권이 사회에서 유전적·도덕적으로 불순한 자들을 없애기 위해서라며 수행한 ("불치병"으로 여겨지는) 장애인, 게이와 레즈비언, 유대인, 집시, 기타 민족 및 종교 집단의 대량 투옥과 학살을 정당화하기 위해 우생학을 사용했다. 세계는 1940년대 유럽에서 1,700만 명이 홀로코스트로 집단 학살되는 것을 목격했다. 수백만 명이 학살된 홀로코스트와 미국에서의 여성 강제불임시술은 사회가 정상과 비정상, 여러 유형의 사회적 다양성(social diversity)에 대한 바람직함과 바람직하지 않음의 경계를 통제하는 힘의 극단적이고 끔찍한 예이다.

홀로코스트는 누가 적합하고 부적합한지에 대한 신념을 사회가 통제하고 강요하는 방식의 파괴적인 예이다. 그러나 정상성과 비정상성에 대한 개념은 장애인으로 간주되는 사람들을 돕겠다는 사회적 반응을 형성하기도 했다. 미국에서는 1800년대 후반에 미국의사협회(American Medical Association)가 설립되면서 의학을 유익하다고 입증된 과학적 방법의 사용이 특징인 조직화된 학문으로 방향 전환시켰다. 검증된 방법이 널리 보급되고 속임수와 사기가 노출되면서 대중이 양질의 치료와 의료 서비스를 이용할 수 있게 되었다. 공중보건의 개념은 1900년대 초에 생겨 일반 대중의 건강을 분석하고 다루는 것이 문제를 식별하고 전염병 확산을 줄이는 데 도움이 될 것이라는 생각을 촉진했다. 정기적으로 의사와 보건 전문가를 방문하여 질병과 질환을 인식하고 예방하며 줄이는 것이 권장되는 관행이 되었다. 정신의학 역시 1800년대를 거쳐 성장했다. 이 시기까지 가족과 지역사회는 "미친" 것으로 여겨지는 대부분의 사람들에 대한 책임이 있었고 가장 관리하기 힘든 구성원들만 시설에 보내졌다. 그러나 점점 더 넓은 범위의 특성을 가진 사람들이 "광기"를 치료하기 위해 치료와 처치가 수행될 수 있는 장소로 새로운 명성을 얻은 보호시설과 수용시설에 수용되었다. 심리학 발전에 공헌한 "정신질환"(mental illness)이라는 용어는 1900년대 초에 소개되었다. 오늘날 장애를 다루는 것과 관련된 많은 분야와 직업은 20세기 전반에 걸쳐 현대적인 형태로 형성되었다.

질병, 질환 및 장애를 이해하고 해결하는 데 대한 관심은 인류 기록 전체와 역사 및 문화 전반에 걸쳐 명백하다. 그러나 19세기와 20세기 초반에 걸쳐 주요한 전환은 의학, 심리학, 교육학을 통한 생리적, 심리적 일탈의 치료와 처치로 향했다. 우생학 시대에는 유전이라고 생각되는 형질의 통제를 통해 장애를 종식하려는 노력과 함께 장애를 가지고 살아가는 사람들에 대한 교육과 치료적 처치를 개발하려는 노력이 존재했다. 일부 노력은 장애를 치료하기 위한 것이었고, 또 다른 노력은 장애인으로 간주되는 사람들이 자기관리, 가사 및 기타 작업을 수행할 수 있도록 교육하는 것을 목표로 했다. 교육은 일반적으로 시설에서 이루어졌으며 교육이나 치료가 장애인의 사회 복귀를 가능하게 할 것인가에 대해서는 양가적이었다. 장애인으로 간주되는 사람들에게 복잡한 상황이 전개되고 있었다. 고칠 수 있는 질병에 대한 건강관리와 치료에 초점을 둔 공중보건이 점점 강조되었다. 정신질환과 정신박약의 개념은 치료와 교육을 통해 해결할 수 있는 상태로 받아들여졌다. 초점은 비정상적인 몸과 마음의 근원, 원인 또는 기능을 치료하는 것이었다. 장애의 원인을 치료하기 위한 연구 캠페인, 장애인을 치료하고, 교육하고, 주거를 제공하기 위한 시설과 프로그램, 그리고 이러한 노력을 위한 공공 및 민간 자원의 공급이 모두 21세기 초에 일어났다. 이러한 측면은 개인의 능력, 기능 및 사회적 행동을 보다 "정상적"으로 개선하는 데 중점을 두고 장애를 해결하며 장애인의 삶을 개선하는 방법의 특성을 형성했다. 장애에 대한 의료적 모델의 시대가 도래한 것이다.

장애를 설명하는 두 가지 모델

의료적 모델

장애를 설명하는 **의료적 모델**은 장애를 신체, 인지, 혹은 감각 손상의 결과로 인한 생물학적 기능 제한을 특징으로 하는 일탈로 개념화했다. 의료적 모델은 정상적인 것과 병리적인 것이라는 두 가지 상태를 구별하며, 여기서 **정상**이란 병리 혹은 생물학적 문제가 없다고 일반적으로 확인된 것이다(Hardman, Drew, & Egan, 1996). 의료적 모델은 개인의 몸과 마음에 결손이 있는 장애를 이해하는 것에 뿌리를 두고 있다(Shakespear, 2010). 장애의 생물학적-신체적-심리학적 특성에 초점을 두며, 장애가 개인의 몸 혹은 마음에 있다고 보는 이 모델은 장애를 과학과 의학을 통해 알 수 있고 많은 사람에게 일반화될 수 있는 방식으로 경험되는 객관적인 현실로 제시한다. 손상은 도구와 프로세스를 사용하고, 치료 과정을 지시할 수 있는 전문가와 임상의에 의해 진단된다. 의료적 모델에서 일차적으로 강조하는 것은 손상의 영향을 줄이기 위해 개인을 치료하는 것이다. 진척 상황은 손상의 특성에 반응하는 중재, 처치, 치료법의 개발로 측정되므로 유사한 손상이 있는 광범위한 사람에게 사용할 수 있다. 전문가와 장애인의 관계는 장애가 치료의 대상이자 목표인 전문가-환자로 규정된다. 서양 의학과 심리학은 특이한 몸과 손상을 도덕적 또는 영적 결함의 지표로 보거나 신성한 계시로 이해하는 것에서 생물학적, 심리적 차이에 뿌리를 둔 것으로 보는 관점으로 전환했다. 이러한 이해는 궁극적으로 장애에 대한 사회적 반응을 처벌에서 치료로 변화시켰다.

사회적 모델

장애를 설명하는 의료적 모델에서 개인의 손상은 결손의 대상이자 원인이며 치료 대상으로 규정된다. 그러면서 개인에게 장애는 주로 고치거나 교정하고, 극복하거나 제거해야 하는 것으로 이해한다(Saxton, 2000). "문제"의 원인을 개인에게 둠으로써 의료적 모델은 장애인 삶의 성과와 기회에 대한 어떠한 사회적 책임도 면제해왔다(Byrom, 2004). Linton(1998)은 다음과 같이 설명한다.

> 장애의 의료화는 인간의 다양성을 규준으로부터의 일탈, 결손인 병리적 상태, 더 중요하게는 개인의 부담이며 개인적인 비극으로 간주한다. 사회는 장애에 의학적 의미를 부여하는 데 동의하면서 의료 기관의 범위 안에서 문제를 유지하기 위해 공모한다. 장애인의 삶을 제한하는 사회

적 절차와 정책을 "다루기"보다 이를 계속 개인의 문제로 유지하고 그런 상태에 있는 사람으로 다루는 것이다.

(11쪽)

1960년대와 그 이후 영국과 미국에서 일어난 장애권리운동으로부터 장애인을 위한 삶은 어떠해야 하는가에 대해 분석하고, 설명하며, 반박하는 강력한 목소리와 관점이 등장했다. 장애를 설명하는 **사회적 모델**이 탄생한 것이다. 사회적 모델은 우리의 몸, 우리의 능력, 우리가 배우고 의사소통하는 방법에 있어 사람 사이에는 광범위한 다양성이 있다는 것을 인정한다. 그러한 차이는 자연스럽고 불가피하며, 항상 존재해왔다. 따라서 개인적인 삶의 성과와 삶의 질은 개인차라는 특성에 의해서만 결정되는 것이라기보다 의학뿐만 아니라 사회·문화 영역에서 사회가 그러한 차이에 어떻게 반응하는지에 의해서도 결정된다.

아마도 사회적 모델 중 가장 익숙한 개념 틀은 소수집단모델(minority group model)일 것이다. 이 모델에서 장애인은 편견, 차별, 분리에 대한 고찰을 통해 가장 잘 이해되는 집단역사를 지닌 소수집단으로 여겨진다(Hahn, 1997; Linton, 1998; Davis, 2006; Oliver, 1990). 소수집단모델은 **손상**(impairment)과 **장애**(disability) 간 개념 차이를 구분한다. **손상**은 흔하지 않거나 특이한 신체 또는 정신의 개별적인 특성이며, 특정한 사회적 맥락의 요구에 따라 개인이 삶에 필요한 활동에 참여하는 방식에 영향을 준다. **장애**란 손상이 있는 개인이 사회적 혹은 환경적 장벽으로 인해 생활 활동에 참여할 수 없을 때 발생한다. 예를 들면, 걸을 수 없는 상태는 손상이지만 편견이나 낮은 접근성이 사회생활 참여를 방해할 때 휠체어를 사용하는 사람은 **장애인**(disabled)이 된다. 소수자모델에서 손상은 위협적일 수는 있으나 동시에 손상 그 자체는 사회의 물리적·태도적 장벽에 의한 제한보다는 훨씬 적은 문제일 수 있다고 인식된다(Smith, Gallagher, Owen, & Skirtic, 2009). 다시 말해, 장애인에게 가장 심각한 문제는 신체 및 정신의 손상이 주는 영향의 결과가 아니라 주로 그들이 직면할 가능성이 있는 부정적 태도와 제도적 장벽의 결과이다(Hosking, 2008; Hahn, 1997). 소수자모델과 기타 사회적 모델을 구성하는 기본 개념은 장애의 경험이 개인의 손상과 마찬가지로 사회적 태도, 공공 관행 및 정책과 관련이 있다는 것이다. 사회적 모델은 문화적, 정치적, 경제적, 역사적 요인들이 어떤 특성은 "정상적인" 것으로, 다른 특성은 "비정상적인" 것으로 구조화하는 역할을 한다는 점을 인식하고 설명한다. 그러한 평가의 함의는 정상으로 간주되는 사람들의 요구와 참여는 기대되고, 따라서 허용되며, 반대로 비정상으로 간주되는 사람들의 요구는 기대되지도, 광범위하게 다루어지지도 않는다는 것이다.

장애의 사회적 모델 지지자들은 의학, 연구, 또는 웰니스(wellness)를 거부하는 것이 아니라 정치적 목소리, 사회적·환경적 접근성과 차별 철폐가 장애인의 삶에 미치는 중대한 영향에 대해 주의를 기울이도록 하는 것을 목표로 한다. 더 나아가 장애에 대한 의료적 모델에 대한 비판은 전문가 개입이 장애인의 삶에 휘두른 지배 및 권위와도 관련이 있다. 건강과 웰빙을 추구하는 것은 모든 사람에게 가능해야 하지만 모든 사람은 추구의 형태와 한계를 결정하는 데 참여할 수 있어야 한다. 장애인의 경우 더 "정상적"이 되기 위한 노력으로 웰빙을 추구하지 않을 수 있다. 따라서 비판은 정상성의 개념과 그것이 어디에 존재하는지에 대해 의료적 모델과 사회적 모델이 상반된 관계에 있다는 점에 있다. 정상성의 구성은 문화적 특성에 적합한 사람과 그렇지 않은 사람을 식별하는 문화적 압력을 나타낸다(Davis, 2013). 그러므로 명칭(labels)은 규준으로부터의 일탈을 표시하고, 문제로 구성되며, 그러한 일탈의 원인이라 믿는 문제를 해결하기 위해 여러 치료를 개발하게 한다. 일탈이 수정될 때까지 비정상으로 간주되는 사람들에 대한 배제, 추방, 부정이 허용된다. 대조적으로 개인을 정상으로 만들어야 한다는 강박보다는 사회가 접근 가능하고 유연해지는 방법에 좀 더 초점을 맞춘다면 특이하거나 흔하지 않다는 것이 더 이상 배척과 분리의 계기가 되지 않을 것이다.

　인간이 움직이고, 감지하며, 생각하고, 느끼고, 행동하고, 배우며, 상호작용하는 다양한 방식에 영향을 주는 차이는 항상 인간에게 실재해왔다. 일탈을 근절하든 우리 존재의 일탈을 치료하든 간에, 신체와 정신의 비정상성은 분류되고, 순위가 매겨지며, 명명될 수 있고 자신과 사회를 위해 바람직하지 않은 것이라는 메시지는 오랫동안 분명했다. 정상성의 개념은 사회적 위계를 세우고 특정 집단의 권리 부정을 정당화하는 데 사용되어 왔다(Baynton, 2013). 그러나 정상성은 보편적 정의가 없는 하나의 사회적 구인(social construct)이므로 의미는 사회적으로 파생되고 경계는 유동적이다. 문화적 맥락에서 그러한 특성은 총체적으로 합의되고 집단 구성원에 의해 재합의된다(Harry, 1992, 1997). 민주주의 사회에서 비정상성이 배제와 강탈을 정당화한다는 생각을 공언하는 것은 과학, 평등 혹은 가치에 대한 것이 아니라 자신이 거주하는 문화 안에서 거의 항상 뚜렷하게 배제되어 온 사람들에 대한 억압과 예속을 합리화하는 과학적 설명의 사용을 보여준다(Gould, 1996; Ferri & Connor, 2005). 다시 말해, 편차에 표찰을 붙이는 데 사용되는 기술은 어떤 사람이 속할 수 있는지 그리고 누가 소속되지 못하는지를 지시하는 사회에서 사회적·문화적 관행의 일부이다. 장애의 소수자모델이 처음 일으킨 생각을 넘어 앞으로 나아가는 장애학은 이제 과거와 현재 문화에서 장애의 구성을 탐구하는 탄탄한 학문 분야를 조직하기 위해 주어진 이름이다.

장애학과 교육

장애학은 장애 경험을 문화에 의해 형성된 사회정치적 산물로 바라보는 간학문적 연구 분야이다(Linton, 1998; Davis, 2006). 장애학 분야에 참여하는 학자와 활동가는 장애의 생생한 경험이 역사적, 정치적, 사회 및 문화적 요인에 어떻게 자리 잡고 있는지를 조사한다. 장애학 분야의 사람들은 손상의 본질, 원인 및 치료 파악에 관심을 두기보다 인간의 다양성에 대해 우리가 어떻게 의미를 부여하는지와 다양한 사회의 모든 구성원을 위한 접근과 기회를 가능하게 하는 사회적, 경제적, 정치적 의식 창출에 더 관심이 있다(Linton, 1998). 장애학적 관점은 정상성이라는 개념 자체가 개인의 생물학적, 심리학적 측면을 이해하는데 유용한 개념이라는 것을 거부한다. 그러한 판단에는 항상 권력을 가진 자들의 이익과 이상을 반영하는 가치가 담겨 있다(Lyotard, 1984). "정상"이란 어떤 문화 안에서 하나의 관계이며, 이는 어떤 사회 안에서 하나의 정치적 위치이다(Davis, 1995). 장애학은 손상과 장애화(disablement)가 경험되고 의미를 갖는 맥락에 초점을 둔 장애와 인간 차이의 본질에 대한 맥락화된 해석을 제공한다. 존재하고, 움직이며, 의사소통하는 모든 방식은 다양한 인간 편차의 일부로 인정된다. 몸과 마음을 "정상" 혹은 "비정상"으로 정하는 것은 사람의 몸에 내재된 진리를 표현하는 것이라기보다 개인을 분류하고 순위화하는 역할을 한다.

장애에 대한 의료적 모델로 구조화된 미국 교육체계는 수십 년간 비판의 대상이 되고 있다. Sarason과 Doris(1979), Barton(1986), Taylor(1988), Skrtic(1991)은 일반교육과 특수교육의 분리에 대한 초기 비평가였다. 이들은 다양한 주장과 분석방법을 사용해 장애아동과 비장애아동의 분리가 장애학생에게 유익하지 않다는 점을 지적했다. 그들이 관찰한 특수교육 체제는 민주주의와 다원주의를 중시한다고 주장하지만 사회에서 아동을 분리하고 사회적, 경제적 계층을 보존하는 기능을 하는 교육 모델을 유지하는데 주로 기여했다. 교육과 특수교육의 분야와 직종이 점차 심화되어 분리되면서, 일부 특수교육 학자들은 부모, 아동, 장애인 관점에서의 경험에 초점을 둔 연구를 무시하거나 폄훼하는 의료적 모델 전문 지식과 접근 방식의 지배에 점점 불만을 갖게 되었다. 교육에서의 장애학(DSE: Disability Studies in Education) 분야는 학교에서 교육과 장애를 이해하는 데 있어 사회적 모델의 중요성을 강조하기 위해 등장했다. 특수교육은 많은 사람에게 미치는 영향을 연구함으로써 효과가 입증된 대규모 연구에서 개발된 실제(practices)의 사용을 강조하는 의료적 모델을 반영한다. 교육에서의 장애학(DSE) 학자들은 개인의 장애 경험을 형성하는 다양한 요인에 주목하면서 "장애인이 자기 삶에 대해 말하는 것을 듣는 것이 장애를 가장 잘 이해할 수 있다"고 주장한다(Smith et al., 2009, p. 245). 전통적인 특수교육의 주요 목표는 교육적 성취와 기회 증진을 위해 손상을 교정하고 학생을 "정상화"하는 것이다. 반면, 교육에서의 장애학(DSE) 지지자들은 더 나은 학교 졸업 후 기회와 성과는 장애로 인한 낙인을 줄이고, 학교에서의 비장애중심주의에 맞서며, 학급에서 모든 아동을 완전히 수용하고 참여하도록 하는 데 도움이 되는 학습 환경을 만드는 데 있다고 주장한다. 교육에서의 장애학(DSE)은 학교에서 아동을 이름 붙이고, 분류하며, 분리하는 것에 대한 집단 반발로 등장했으며 학교와 사회에서 비장애중심주의적 담론과 관행으로 인해 야기된 피해를 되돌리기 위한 노력에 기반을 두고 있다(Brantlinger, 2009). 교육에서의 장애학(DSE)은 장애의 사회적 모델을 활용하는 비판적 학문이다. 교육에서의 장애학(DSE) 목표는 학교에서 장애와 장애화(disablement)를 경험하게 하는 맥락을 분석함으로써 교육을 탐구하고 졸업 후 그리고 학교 밖 지역사회에서의 생활에 대한 관계와 의미를 이해하는 것이다.

교육 분야의 의료적 모델에 대한 장애학적 비평

미국에서 교육과 관련된 관행은 장애의 의료적 모델 프레임에 깊이 뿌리박혀 있으며 이에 의해 주도된다. 특수교육 체계의 개발은 장애에 대한 의료적 모델의 접근 방식을 반영한다. 그 목적은 개별 아동에 존재하는 일탈을 진단하고 문제를 교정하거나 고치기 위해 또는 아동을 정상화하기 위해 개별화된 치료를 제공하고자 개발된 교육의 한 분야로 규정된다(Baglieri & Shapiro, 2017). 미국 교육에서 장애는 개인의 문제로 간주한다. 손상으로 인해 제기되는 중심 딜레마는 아동이 학습하고 적절히 행동하는데 있어 "정상적인" 방법을 회복하거나 이에 근접할 수 있도록 개인의 결손이나 일탈을 가장 잘 치료하는 방법에 있다. 장애아동은 개인적인 문제가 있는 존재로 교육의 딜레마이자 난제에 해당하는 대상이다(Ware, 2005).

전문가의 처치를 통한 회복과 정상성 추구 과정에서 장애아동은 종종 다른 아동과 분리되어 전문화 혹은 개별화된 교육과정과 교육을 제공받는다. 그러나 전일제 특수학급은 결국 일반학급에 "맞지 않다"고 여겨지는 아동을 "처리하는 장소"로 끝날 수 있다(Valle & Connor, 2011, p. 33). 전일제 특수학급 환경은 학습자가 성취할 수 있도록 하는 교육을 제공하기보다 높은 장기 결석률과 낮은 학생 참여율 그리고 그러한 환경이 제공한다고 약속한 차별화 교수(differentiated instruction)의 증거가 거의 없다는 점에서 오랫동안 비판받아 왔다(Valle & Connor, 2011). 또한 전일제 특수학급에서 아프리카계 미국인, 라틴계 및 아메리카 선주민(Native American) 남아가 과도하게 대표되는 문제는 이러한 환경이 미국 학교에서 사실상 인종차별의 형태로 등장했음을 나타내는 걱정스러운 문제로서 오랫동안 확인되고 있다(Ferri & Connor, 2005; Orfield & Losen, 2002). 전일제 특수학급의 분위기는 수준을 낮춘 희석식 교육과정 및 학생에 대한 낮은 기대와 관련되어 있으며, 이로 인해 장애아동에게는 교육 기회가 제한된다(Brantlinger, 2006; Gabel & Connor, 2014). 교실 분위기는 아동의 학습 및 발달과 관련이 있다(Sapon-Shevin, 2007). 이러한 환경에 배치된 학생들은 자신에 대한 기대치가 다르고 더 낮다는 점을 이해하게 되며, 결손 기반 정체성의 내면화는 낮은 학업 성취도와 자존감에 대한 자기충족적 예언(self-fulfilling prophecy)으로 이어질 수 있다.

교육에서 장애라는 표찰은 특수교육 또는 일반교육의 장소와 연결된다. 장애가 있다면 여러분은 "**특별한 장소, 특별한 조건에서 특수교사** 및 여러분과 비슷한 이들과 함께 학습해야 한다"(Hulsebosch, 2009, p. 373). 전문가로서의 특수교사 배출은 다른 전문가들이 장애학생을 자신의 관심사와 책임에서 벗어나게 할 수 있다. 결과적으로, 분리되거나 "특수한" 환경에서 많은 장애학생을 교육하는 일반적인 관행은 크게 변하지 않은 채로 남아 있다. 장애를 개인의 생물학적 현실로 개념화하는 의료적 모델의 우위는 의심의 여지가 없다. 교육자와 특수교육자들은 병리적 시선의 대안에 대해 잘 알지 못하거나 회의적이다(Fisher, 2007). 교육에서의 장애학(DSE) 이론가들은 아마 여기에 통합교육의 중단, 출발, 느린 진행과 실패에 대한 설명이 있을 것이라고 제안한다(Baglieri, Valle, Connor, & Gallagher, 2010). 의료적 모델에서 통합교육은 일반교육 환경에서 특수교육 지원과 서비스를 제공해 장애학생이 "통합"되면서도 "특별한" 상태로 남을 수 있게 하는 것을 목표로 하는 실제이다. 이런 어중간한 배치는 장애로 표찰된 학생이 학급 구성원으로서 완전한 자격을 획득하는 것을 방해할 뿐만 아니라 모두를 위한 접근과 의미 있는 학습으로 전환할 수 있는 참여교육학으로 교육을 움직이는 데 실패한 듯하다(Graham & Slee, 2008; Miller, 2001 ; Slee & Allan, 2005). 장애학과 장애의 사회적 모델은 교육에서의 통합성(inclusivity)에 대한 장벽의 지속성을 이해하는 개념을 제공한다. 장애학생은 교육정책과 실제에서 해결되지 않은 채로 내버려 둔 여러 겹의 불리함과 중첩된 형태의 억압을 경험한다(Liasidou, 2013). 장애학과 사회적 모델은 교육의 통합성에 대한 장벽의 지속성을 이해하기 위한 개념인 비장애중심주의를 제공한다(Hehir, 2002).

 교육에서의 장애학(DSE) 학자들은 비장애중심주의적 태도와 관행의 유산을 해체하기 위해 학교의 급진적인 변화가 필요하다고 주장한다. 교육에서의 장애학(DSE) 분야를 지배하는 주제는 비장애중심주의 및 그와 결탁해 많은 사람의 교육 기회를 막는 기타 억압체계를 인식하고 이에 대항하여 행동할 필요성이다(Annamma, Connor, & Ferri, 2013; Valle & Connor, 2011). 교육에서의 장애학(DSE)에서 통합교육은 모든 아동을 위한 기본적인 시민권이자 도덕적 의무로 이해된다. 통합교육은 "일반"교육에 포함되는 것을 "정상적인" 방식으로 배우고 행동할 수 있는 아동이 얻는 특권으로 바라보기보다는 모든 아동이 속해 있다고 가정하는 방식으로 교육환경을 재구성하려는 노력으로 개념화된다. 다시 말해, 아동을 학교에 맞추려고 애쓰는 것이 아니라 학교가 아동에게 맞출 수 있다는 것이다. 교육에서의 장애학(DSE)과 기타 비판교육학 분야에서, 학교가 통합을 달성하기 위해 필요한 조정은—반복하지만—급진적이며, 민주주의와 다원주의에 대한 새로운 헌신이 필요하고 여기에는 교육과정, 평가 및 재정 조달의 재구성이 포함되어야 한다. 통합교육은 의미 있는 학습과 사회 경험에 참여할 기회를 통해 모든 아동에게 교육 자원에 대한 공평한 접근과 소속감을 제공한다(Baglieri & Shapiro, 2017). 개념적으로 교육에서의 장애학(DSE)이 말하는 통합교육의 목표는 모든 구성원이 자원에 대한 공평한 접근과 분배로부터 혜택받을 수 있고 모든 구성원이 자기결정적이고 상호의존적인 사회를 만들기 위해 노력하는 사회정의교육(social justice education)과 일치한다(Bell, 2016). 교육의 한 가지 목적이 우리가 하는 것처럼 민주적이고 이질적인 사회에 참여할 수 있도록 시민들을 준비시키는 것이라고 믿는다면(Harkavy, 2006), 앞으로 나아가는 하나의 방법은 비장애중심주의에 맞서고 이를 허무는 것이다.

교육 분야에서 비장애중심주의 해체하기

장애학은 장애인에 대한 역사적 억압, 장애권리 공동체의 급진화, 장애 프라이드와 장애 문화 출현에 주목한다. 최근 수십 년 동안 미국에서 장애인을 이해하고 대우하는 방식에 급격한 변화가 있었는데, 이는 적지 않은 장애인권 활동가와 **장애권리운동**의 결과이다. 1950년대와 60년대의 시민권 및 여성권리운동과 함께, 장애인과 연대단체는 장애인의 시설수용화, 시민권의 부정, 공적 담론에서의 장애의 주변성(marginality)에 도전하기 위한 권리운동을 유사하게 전개했다(Fleischer & Zames, 2011; Connor & Gabel, 2013). 장애권리운동은 차별에 반대하고 모든 사람이 지역사회에 접근할 수 있게 하며 장애가 있는 사람들이 인식되는 방식의 변화를 촉진하는 것을 목표로 하는 법적·사회적 실천주의(activism)를 지속하고 있다. 이러한 유산에도 불구하고 학교 교육과정에서 장애 역사의 누락은 흔하게 일어난다. "장애를 못 본 척하기"는 학생과 관계를 맺는 편견 없는 방식으로 간주되며, "모든 학생을 똑같은 방식으로 대하기"가 공정한 것으로 이해된다. 정책, 교육학, 그리고 장애학생을 가장 잘 교육할 수 있는 방법과 장소에 대한 논쟁은 수십 년 동안 법원, 학교 및 연구에서 계속되고 있다. 교육에서의 장애학(DSE)과 통합교육에서 잘 다루어지지 않는 방향은 학교 교육과정 자체에서 장애와 비장애중심주의를 주제로 비판적 토론을 하는 것이 필요하다는 것이다(Ferguson, 2001).

교육과정과 교육 의식에서 장애가 누락되는 것을 해결하기 위해 우리는 사회정의 교육자 헌신의 확장을 제안한다. 사회정의교육 체제는 권력과 특권의 역동성을 전면에 내세운다. 사회정의 교육자들은 사회가 인종, 계급, 성별, 성적 취향 및 능력을 포함해 구성된 범주에 기초하여 역사적으로 뿌리를 두고 제도화된 사회 계층화의 산물임을 인식한다(Cochran-Smith, 2004). 그들은 학교에서 반편견교육과정(anti-bias curricula) 교육을 통해 불의에 맞서고 사회의 다양한 "주의"(isms)를 해체한다. 진보적인 다문화 교육자들은 반인종주의 및 반식민주의 교육과정과 교수를 통해 소수자 공동체 구성원들이 경험하는 편견과 차별을 줄이려고 하는 유사한 목표를 언급한다(예: Banks & Banks, 2012; Nieto, 2000). 비장애중심주의는 이미 진행 중인 반편견 노력으로 그리고 그 노력과 함께 해결될 수 있다. 아동이 민주사회에 참여하도록 준비시키기 위해서는 역사적으로 소외된 다양한 집단의 문화와 역사에 대해 배우는 것이 필수적이다.

많은 장애인권 활동가들은 장애인을 권력과 특권에 대한 관계가 역사적으로 억압받거나 주변화된 다른 공동체의 구성원과 유사한 소수집단 구성원으로 규정한다. 이는 모든 소수집단이 동일한 방법이나 같은 정도의 억압을 받았다는 것은 아니지만 불의라는 공통요인이 있으며, 각 집단이 시민권에 접근하기 위해 고군분투했던 경험과 관련될 수 있다(Lawrence-Brown, 2014). 편견, 선입견, 차별, 열등하다는 편견(assumed inferiority)은 모든 소수집단에 공통적인 억압과 예속의 도구이다. 그러나 사회정의 교육자는 이러한 개념이 장애와 어떻게 관련되어 있는지 잘 모를 수 있다. Connor와 Gabel(2010)은 사회정의에 대한 대화에서 사실 장애는 자주 "논의 석상에서 외면당해왔다"(p. 202)고 지적한다. 그러한 회피가 장애와 관련되고 결손으로 묘사되는 인종의 오랜 역사에 대한 저항을 반영하고(Gould, 1996) 분리된 특수교육이 학교에서의 사실상 인종적 분리를 가능하게 하는 방식(Ferri & Connor, 2005; Sleeter)을 반영할 수 있다는 것을 이해할 만하다(Ferri & Connor, 2005; Sleeter, 1986). 특수교육을 통해 발생하는 인종적 분리는 "특수교육" 체계와 반인종차별주의 노력을 반대 상황에 놓이게 했다. 그러나 장애학 교육자와 사회정의 교육자는 억압적인 시스템과 결탁한 비장애중심주의, 인종차별주의, 계급차별주의의 복잡한 방식을 밝히고 비판교육학을 통해 이러한 문제를 해결하기 위해 협력할 수 있다(Waitoller & King Thorius, 2016). 사회정의와 관련된 교육과정과 교육에서 장애 억압을 다루는 데 실패하는 것은 미국 학교와 사회에서 작동 중인 억압의 상호교차 시스템(intersecting systems)을 이해하는 데 중요한 관점을 누락시키는 것이다.

장애의 사회적 모델은 비장애중심주의에 대한 이해를 촉진한다. 실천주의와 여러 관점은 장애인을 결손의 렌즈(Lawrence-Brown, 2014)로 보게 하고 결과적으로 사회에서 비장애인에게는 가능한 기회, 경험, 자원에 대한 접근과 혜택을 덜 받게 하는 방식에 도전하는 사회적 모델을 가져왔다. 사회적 모델은 손상과 장애에 대한 개인의 경험이 인종, 성별, 계급, 언어, 지리적 위치, 종교, 성정체성 및 다른 많은 집단 정체성과 관련된 교차하는 정체성과 경험에 의해 영향을 받는다는 점을 강조한다. 교육자들은 장애를 복잡성과 다양성으로 구성된 인간 차이의 지속되는 조건의 일부로 시급히 자리매김해야 한다. 교사가 적극적으로 장애를 다양성의 한 형태로 자리매김하고 학생들이 낙인, 편견, 오해 없이 다름을 수용하도록 지원할 때 우리는 비장애중심주의를 인식하기 시작할 수 있다(Connor & Gabel, 2010). 장애인에 대한 문화적, 사회적, 환경적 장벽을 이해함으로써 우리는 비장애중심주의를 붕괴시키기 시작할 수 있다. 교육에서의 장애학(DSE) 입장에서 교사는 장애와 정상성의 구성을 재고할 수 있고 학생들이 동일한 작업을 수행할 수 있는 공간을 만들 수 있다(Ferri & Bacon, 2011). 교육과정 안에서 장애와 비장애중심주의에 대한 비판적 담론을 의도적으로 육성하는 것은 학생과 교사가 지속적인 억압체계에 맞서 변화하게 한다. 이러한 방식으로 교사와 학생은 학교와 사회에서 통합성을 구축하고 그들을 둘러싼 상호이질적인 세계에서 다원적이고 민주적인 가능성을 상상하기 위해 노력한다.

심화학습을 위한 성찰과제

의료적 모델
- 장애는 손상의 결과이다.
- 장애는 결손 혹은 신체적, 감각적, 또는 지적 기능성에서의 제한이다.
- 정상적, 병리적이라는 두 개의 구분되는 상태를 식별한다.
- 장애는 제거되고, 고쳐지거나 치료되어야 하는 것으로 이해된다.
- 장애는 필연적으로 낮은 삶의 질을 초래한다고 여겨진다.
- 장애인 "문제"의 근원은 개인의 신체와 정신에 있다.
- 장애인이 존재하는 사회적, 정치적, 역사적 맥락을 고려하지 않는다.
- 손상을 개선하거나 고치고, 가능한 그 개인이 좀 더 "정상적"이게 하는 데 중점을 둔다.

사회적 모델
- 장애는 손상과 환경 요인 간의 상호작용 결과이다.

- 장애는 여러 맥락에서 사회문화적으로 구성되는 현상이다.
- 정상이라는 생각을 거부한다. 정상성은 사회문화적으로 정의된 것으로 이해한다.
- 장애를 자연스럽고, 불가피한 인간의 편차로 바라본다.
- 장애인의 삶의 질은 사회차원적 태도, 실제 혹은 유용한 테크놀로지의 영향을 받는다.
- 장애인에게 있어 "문제"의 근원은 사회와 구조적 장벽 혹은 비장애중심적인 태도와 실제에 있다.
- 장애인은 역사적으로 억압을 경험해 온 소수집단 중 하나로 간주된다.
- 낙인, 부정적 태도 및 구조적 장벽을 줄이고, 사회적으로 모든 측면에서 장애인을 위한 접근을 늘리는 데 초점을 둔다.

출처: Linton (1998); Shakespear (2010)

1. 장애에 대한 의료적 모델과 사회적 모델 간 차이를 구분하는 위의 핵심 요약을 검토한다. 두 모델은 여러분의 일상 혹은 전문 영역의 경험과 어떤 관련이 있는가?
2. 의료적 모델과 사회적 모델 중 어떤 설명이 여러분에게 가장 의미 있으며, 그 이유는 무엇인가?
3. 많은 사람이 세상에 "정상"이라는 것은 없다고 말한다. "정상"이라는 것이 신화(myth)라고 느끼면서도 "비정상"이라는 것을 암시하는 세상에서 고려해야 할 복잡성은 무엇인가?
4. 의료적 모델의 관점을 반영한 교수전략이나 교실 환경을 구조화하는 방법의 예는 무엇인가?

참고문헌

Annamma, S. A., Connor, D., & Ferri, B. (2013). Dis/ability critical race studies (DisCrit): Theorizing at the intersections of race and dis/ability. *Race, Ethnicity, and Education*, 16(1), 1–31.

Baker, B. (2002). The hunt for disability: The new eugenics and the normalization of school children. *Teachers College Record*, 104(4), 663–703.

Baglieri, S., & Shapiro, A. (2017). *Disability studies and the inclusive classroom: Critical practices for embracing diversity in education*. New York: Taylor & Francis.

Baglieri, S., Valle, J. W., Connor, D. J., & Gallagher, D. J. (2010). Disability studies in education: The need for a plurality of perspectives on disability. *Remedial and Special Education*, 32(4), 267–278.

Banks, J., & Banks, C. A. M. (2012). *Multicultural education: Issues and perspectives*. Hoboken, NJ: Wiley.

Barton, L. (1986). The politics of special educational needs. *Disability, Handicap & Society*, 1(3), 273–290.

Baynton, D. (2013). Disability and the justification of inequality in American history. In L. Davis(Ed.), *The disability studies reader* (pp. 1–17). London: Taylor & Francis.

Bell, L. A. (2016). Theoretical foundations for social justice education. In M. Adams, L. A. Bell, D. Goodman, & K. Joshi (Eds.), *Teaching for diversity and social justice*. London: Taylor & Francis.

Bérubé, M. (1996). *Life as we know it: A father, a family, and an exceptional child*. New York: Pantheon Books.

Brantlinger, E. A. (2006). The big glossies: How textbooks structure (special) education. In E. A. Brantlinger (Ed.), *Who benefits from special education? Remediating (fixing) other people's children* (pp. 45–75). Mahwah, NJ: Erlbaum.

Brantlinger, E. (2009). Impediments to social justice: Hierarchy, science, faith, and imposed identity (disability classification). In W. Ayers, D. Stovall & T. Quinn (Eds.), *Handbook of social justice education* (pp. 400–416). New York: Routledge.

Byrom, B. (2004). A pupil and a patient. In S. Danforth & S. Taff (Eds.), *Crucial readings in special education* (pp. 25–37). Upper Saddle River, NJ: Pearson.

Carey, A. C. (2009). *Century America*. Philadelphia, PA: Temple University Press.

Cochran-Smith, M. (2004). *Walking the road: Race, diversity, and social justice in teacher education*. New York: Teachers College Press.

Connor, D. J., & Gabel, S. L. (2010). Welcoming the unwelcome: Disability and diversity. In T. K. Chapman & N. Hobbel (Eds.), *Social justice pedagogy across the curriculum*. New York: Routledge.

Davis, L. J. (1995). *Enforcing normalcy: Disability, deafness, and the body*. London: Verso.

Davis, L. J. (1999). Crips strike back: The rise of disability studies. *American Literary History*, 11(3), 500–512.

Davis, L. J. (2006). Constructing normalcy. In L. Davis (Ed.), *The disability studies reader* (pp. 9–28). New York: Routledge.

Davis, L. J. (2013). Introduction. In L. Davis (Ed.), *The disability studies reader* (pp. 9–28). New York: Routledge.

Dudley-Marling, C., & Gurn, A. (Eds.). (2010). *The myth of the normal curve*. New York: Peter Lang.

Edwards, M. (1996). Ability and disability in the Ancient Greek military community. In E. Makas & L. Schlesinger (Eds.), *End results and starting points: Expanding the field of disability studies* (pp. 29–33). Portland, ME: The Society for Disabilities Studies and The Muskie Institute of Public Affairs.

Erevelles, N., & Minear, A. (2010). Unspeakable offenses: Untangling race and disability in discourses of intersectionality. *Journal of Literary & Cultural Disability Studies*, 4(2), 127–145.

Fadiman, A. (2012). *The spirit catches you and you fall down: A Hmong child, her American doctors, and the collision of two cultures*. London: Macmillan.

Ferguson, P. (2001). *On infusing disability studies into the general curriculum. On point . . . Brief discussions of critical issues*. Washington, DC: Special Education Programs (ED/OSERS).

Ferri, B. A., & Bacon, J. (2011). Beyond inclusion: Disability studies in early childhood teacher education. In B. Fennimore & A. Goodwin (Eds.), *Promoting social justice for young children* (pp. 137–146). New York: Springer.

Ferri, B. A., & Connor, D. J. (2005). In the shadow of Brown: Special education and overrepresentation of students of color. *Remedial and Special Education*, 26(2), 93–100.

Fisher, A. (2007). Creating a discourse of difference. *Education, Citizenship and Social Justice*, 2(2), 159–192.

Fleischer, D., & Zames, F. (2011). *The disability rights movement: From charity to confrontation*. Philadelphia, PA: Temple University Press.

Gabel, S. L., & Connor, D. J. (2014). *Disability and teaching*. New York: Routledge.

Gallagher, D. (2010). Educational researchers and the making of normal people. In C. Dudley-Marling & A. Gurn (Eds.), *The myth of the normal curve* (pp. 25–38). New York: Peter Lang.

Goodley, D. (2017). *Disability studies: An interdisciplinary introduction* (2nd ed.). Thousand Oaks, CA: SAGE.

Gould, S. J. (1996). *The mismeasure of man*. New York: W.W. Norton & Company.

Graham, L. J., & Slee, R. (2008). An illusory interiority: Interrogating the discourse/s of inclusion. *Educational Philosophy and Theory*, 40(2), 277–293.

Hahn, H. (1997). Advertising the acceptable employable image. In L. Davis (Ed.), *The disability studies reader* (pp. 172–186). New York: Routledge.

Hardman, M., Drew, C., & Egan, M. (1996). *Human exceptionality: Society, school, and family* (5th ed.). Needham Heights, MA: Allyn & Bacon.

Harkavy, I. (2006). The role of universities in advancing citizenship and social justice in the 21st century. *Education, Citizenship and Social Justice*, 1(1), 5–37.

Harry, B. (1992). Making sense of disability: Low-income, Puerto Rican parents' theories of the problem. *Exceptional Children*, 59(1), 27–40.

Harry, B. (1997). Leaning forward or bending over backwards: Cultural reciprocity in working with families. *Journal of Early Intervention*, 21(1), 62–72.

Hehir, T. (2002). *Eliminating ableism in education*. Harvard Educational Review, 72(1), 1–33.

Hayman, R. L. (1998). *The smart culture: Society, intelligence, and law*. New York: New York University Press.

Hosking, D. L. (2008). *Critical disability theory*. 4th Biennial Disability Studies

Conference, Lancaster, UK.

Hulsebosch, P. (2009). Bodies, disability, and the fight for social justice in education. In W. Ayers, D. Stovall, & T. Quinn (Eds.), *Handbook of social justice education* (pp. 373–376). New York: Routledge.

Kusters, A. (2009). Deaf utopias? Reviewing the sociocultural literature on the world's "Martha's Vineyard situations." *Journal of Deaf Studies and Deaf Education*, 15(1), 3–16.

Lawrence-Brown, D. (2014). Critical pedagogies, inclusive schooling, and social justice. In D. Lawrence-Brown & M. Sapon-Shevin (Eds.), *Condition critical: Key principles for equitable and inclusive education* (pp. 33–50). New York: Teachers College Press.

Liasidou, A. (2013). Intersectional understandings of disability and implications for a social justice reform agenda in education policy and practice. *Disability & Society*, 28(3), 299–312.

Linton, S. (1998). *Claiming disability: Knowledge and identity*. New York: New York University Press.

Lyotard, J. (1984). *The postmodern condition: A report on knowledge*. Minneapolis: University of Minnesota Press.

Miller, H. M. (2001). Including "the included." *The Reading Teacher*, 54(8), 820–820.

Nieto, S. (2000). Placing equity front and center some thoughts on transforming teacher education for a new century. *Journal of Teacher Education*, 51(3), 180–187.

Oliver, M. (1990). *The politics of disablement: A sociological approach*. New York: St. Martin's Press.

Orfield, G., & Losen, D. (2002). *Racial inequality in special education*. Cambridge, MA: Harvard University Press.

Pernick, M. S. (1996.) *The black stork: Eugenics and the death of "defective" babies in American medicine and motion pictures since 1915*. New York: Oxford University Press.

Sapon-Shevin, M. (2007). *Widening the circle: The power of inclusive classrooms*. Boston, MA: Beacon Press.

Sarason, S. B., & Doris, J. (1979). *Educational handicap, public policy, and social history: A broadened perspective on mental retardation*. New York: Free Press.

Saxton, M. (2000). Why members of the disability community oppose prenatal diagnosis and selective abortion. In E. Parens & A. Asch (Eds.), *Prenatal testing and disability rights*. Washington, DC: Georgetown University Press.

Shakespeare, T. (2010). The social model of disability. In L. Davis (Ed.), *The disability studies reader* (pp. 266–273). New York: Routledge.

Skrtic, T. (1991). The special education paradox: Equity as the way to excellence. *Harvard Educational Review*, 61(2), 148–207.

Slee, R., & Allan, J. (2005). Excluding the included: A reconsideration of inclusive education. In J. Rix, K. Simmons, M. Nind, & K. Sheehy (Eds.), *Policy and power in inclusive education: Values into practice* (pp. 13–24). New York: Routledge.

Sleeter, C. E. (1986). Learning disabilities: The social construction of a special education category. *Exceptional Children*, 53(1), 46–54.

Stiker, H. J. (1999). *A history of disability*. Ann Arbor: University of Michigan Press.

Smith, R. M., Gallagher, D., Owen, V., & Skrtic, T. (2009). Disability studies in education: Guidelines and ethical practice for educators. In J. Andrzejewski, M. P. Baltodano, & L. Symcox (Eds.), *Social justice, peace, and environmental education: Transformative standards*. New York: Routledge.

Taylor, S. J. (1988). Caught in the continuum: A critical analysis of the principle of the least restrictive environment. *Journal of the Association for Persons with Severe Handicaps*, 13(1), 41–53.

Trent Jr, J. W. (1994). *Inventing the feeble mind: A history of mental retardation in the United States*. Berkeley: University of California Press.

Valle, J. W., & Connor, D. J. (2011). *Rethinking disability: A disability studies approach to inclusive practices*. New York: McGraw-Hill.

Waitoller, F. R., & King Thorius, K. A. (2016). Cross-pollinating culturally sustaining pedagogy and universal design for learning: Toward an inclusive pedagogy that accounts for dis/ability. *Harvard Educational Review*, 86(3), 366–389.

Ware, L. (2005). Many possible futures, many different directions: Merging critical special education and disability studies. In S. L. Gabel (Ed.), *Disability studies in education* (pp. 103–123). New York: Peter Lang. Foundations for Teaching About Disability 25

3장. 비판적 탐구로서의 교수와 학습

1장과 2장에서는 비장애중심주의의 개념을 소개하고 비장애중심주의를 문화적, 사회적 변화의 장으로 이해할 수 있도록 기본 개념을 설명했다. 분별력 있는 의료 및 사회적 모델은 장애인을 위한 기회, 공평, 정의가 문화에 의해 "비정상"으로 여겨지는 사람들을 위해 사회적, 물리적 환경에서 장벽을 만드는 잘못된 인식을 해결하고 태도를 변화시킴으로써 추구될 수 있음을 보여준다. 이 장에서는 사회정의교육을 설명하고 장애와 비장애중심주의에 대한 비판적 탐구에 참여하기 위한 개념과 방법을 제안하고자 한다.

사회정의교육

> "우리는 어떤 세상을 만들기 원하며, 그런 세상을 위해 학생을 어떻게 교육해야 할까요?"
>
> – Mara Sapon-Shevin(2003, p. 26)

사회정의 관점은 근본적으로 자원이 공평하게 분배되고 모든 개인이 자기 결정적인 구성원이라는 사회 비전에 기반을 두고 있다(Bell, 2016). 또한 그러한 사회에서는 다양성의 가치에 대한 인식이 존재하며 사회적 상호성(reciprocity)은 사람들 사이에서 지침이 되는 윤리이다(Brantlinger, 2009). 이러한 비전을 바탕으로 사회정의교육은 학생에게 개인, 지역사회 혹은 제도적 차원에서 불의(injustice)와 관련된 문제를 조사 및 분석하고 공정성과 통합성의 원칙에 따라 사회를 재구조화하는 데 필요한 도구를 제공하고자 한다(Bell, 2016). 불평등과 불공평이라는 다른 개념을 고려하는 것은 사회정의교육에 유용하다. **불평등**(inequality)은 대개 사람들이 소유하거나 제공받는 자원과 재료의 차이에 대해 인식하는 것을 의미한다. 사람들이 동일한 재료나 자원을 갖고 있지 않다는 것은 불평등이다. 사회정의교육에서 **불공평**(inequity)은 일반적으로 자원과 재료의 **부당한 분배체계**를 의미한다. 여러 불평등이 인식될 때 주로 불공평이 그 원인으로 설명된다. 사회정의교육에서 이상적으로 교육기회의 평등을 위해 일한다는 것은 불공평의 근원을 이해하고 변화시키려는 노력에 기초한다. 교육이 사회에 있는 모든 젊은이들에게 혜택을 주기 위해서는 교육 시스템이 학습기회의 불평등에 기여하는 학교와 사회의 복합적이고 복잡한 요소를 조사하고 해결하는 데 목적이 있어야 한다. 불공평의 지속을 이해하기 위해 사회정의 교육자들은 억압의 본질을 이해할 필요가 있다고 강조한다.

억압(oppression)이라는 용어는 개인의 편견이 제도적 관행과 융합되는 제한적이고 만연하며 누적되는 과정을 의미한다. 억압은 사회 전반에 걸친 선입견, 차별, 편견, 편협성에서 비롯된다. 억압의 지속은 사회적 위계질서와 집단 간의 불공평을 자연스럽고 심지어 법, 경제 정책, 사회적 관습 또는 교육 관행에 의해 승인된 것처럼 보이게 한다(Bell, 2016). 제도가 불공평의 수용 위에 세워진 만큼 억압은 문화에 내재되어 있으며, 억압에 종속된 자와 다른 이들의 억압으로부터 혜택 받는 자 모두의 정신에 주로 내면화되어 있다(Fanon, 1968; Freire, 1970). 억압은 사람 간의 불평등이 합리적이고 자연스러우며 당연한 일부로 받아들여질 때 가장 고도화된다. Brantlinger(2009)가 설명하는 바와 같이 지배집단이 권력을 쥐고 있고, 우리와 그들 사이의 구별은 본질적이며 되돌릴 수 없다고 믿을 때 그 권력은 극대화된다. 여기서 지배집단의 지위는 다른 집단들의 종속에 의존하는 것으로 이해된다. 다시 말해 권력은 상대적이고 관계적이다. 사회정의 교육자들은 사회적 불평등을 유지하는 권력과 특권의 불균형에 주목할 필요가 있다고 주장한다(Hackman, 2006). 사회정의교육은 불공평과 불의에 대한 인식과 분석을 배양할 뿐만 아니라 현장 실천가들이 자신과 타인의 억압에 맞서 행동할 것을 촉구한다. 이를 위해 개인이 다른 사람들과 협력하여 자신의 지역사회에서 변화의 주체가 되도록 참여시키는 것을 목표로 한다.

사회정의교육은 평등이라는 유토피아적 이상에 의존하지만, 그 지지자들은 정의를 실천하는 것이 완벽하게 질서 정연한 사회적 관계의 달성에 의해서만 성취되는 것은 아니라고 주장한다. 오히려 사회정의교육은 민주적이고 다원적인 참여를 통한 변화를 위해 서로 고군분투하는 데 있다. 다양한 관점에 주의를 기울이고, 다른 사람들과 집단적으로 협력하고, 사회적 행동을 취함으로써 정의와 공평의 문제를 비판적으로 검토하는 것이 사회정의교육에서 가르치고 배우는 목표이다.

비판교육학

사회정의교육의 뿌리는 해방적, 변혁적, 비판적인 교육학과 관련된 접근 방식에서 기인할 수 있다. 이러한 각 접근 방식은 칼 마르크스(Karl Marx)의 저서와 철학을 연구하고 확장하는 데 기반을 둔 철학 운동인 비판이론과 연결되어 있다. 이 운동의 일반적인 목적은 자본주의 사회를 비판하고 사회·경제적 계층 구조 내에서 자신의 억압에 가담했거나 적어도 저항하지 않은 사람들이 소유한 "허위의식"을 드러내는 것이었고 지금도 마찬가지이다. 비판이론은 억압에 대한 현대적 정의를 체계적이고, 권력자의 힘 있는 위치를 계속 유지하도록 구성된 문화, 사회, 교육 및 경제 제도에서 수행되는 조직적인 것으로서 구조화한다. 후기 구조주의적 관점을 포함해 다른 많은 철학들이 억압과 탄압이 사회에서 순환하는 다양한 방식을 제시한다. 일반화는 소위 구조주의 철학이 사회 제도—정부, 교육, 종교, 경제, 가족 및 의학—에 속한 권력에 초점을 두고 권력의 위계적 관계를 지속시키는 이데올로기를 사람들에게 주입하는 방법일 수 있는데, 후기 구조주의 철학은 사람들이 일상적인 상호작용에서 권력 관계를 유지하고, 중단하며, 방해하는 방식을 조사한다. 변화에 대한 구조주의 철학은 제도에 의해 강요된 이데올로기의 해체를 강조하며 후기 구조주의 관점은 미시적, 거시적인 상호작용과 관계에서 순환하는 권력에 대한 주의를 강조하는 것이라고 할 수 있다. 장애의 사회적 모델은 다양하며 비판이론과 후기 구조주의 철학에 뿌리를 두고 있다. 교육에서 비판이론은 비판교육학의 개념을 형성하는데, 이는 교육의 목적과 목표가 참여자들로 하여금 제도적 억압에 대한 자신의 관계를 인식하고 비판하도록 하는 것임을 강조한다. 비판교육학의 기원은 교육자로서 파울로 프레리(Paulo Freire)의 업적과 그의 1970년 저서인 『페다고지: 억압받는 자들의 교육학』과 관련이 있다. 그 후로 비판교육학의 사상들은 다양한 맥락에서 광범위하게 확산되고, 확장되었으며, 비판받고 다양한 방식으로 해석되었다(Darder, Baltodano, & Torres, 2008).

비판교육학의 핵심 전제는 중요한 지식은 모든 사람에 의해 소유되며, 지식은 "전문가"로 여겨지는 사람들에게서만 나오는 것이 아니라 많은 출처에서 나온다는 것이다. 이러한 관점은 학습이란 사회제도가 구조화되는 방식에서 혜택받는 사람들에 의해 중요하게 여겨지는 지식과 관점의 축적이라고 간주하는 **은행저금식 교육 모델**(banking model of education)에 도전한다. 다시 말해 정부, 교육, 가족, 종교, 경제, 의학 분야에서 특권을 가진 사람들이 이러한 제도에서 권력을 잡고 자신의 지위와 권력을 옹호하는 신념, 이해, 행동을 전파하는 것이다. 인간관계에 대한 지배적인 관점을 강요할 가능성이 있는 문화적으로 승인된 지식을 단순히 축적하는 대신, 비판교육학은 참여자가 자신의 이해가 거대 서사(master narratives)와 충돌하는 예를 식별하도록 초대한다. 타인과의 대화는 억압과 권력에 대한 개인과 집단의식을 해방 혹은 **변혁시킬** 수 있는 집단 간에 공유된 경험을 드러낼 수 있다(Freire, 1979). 그런 집단의식은 사회적 행동을 통해 변화를 이끌 수 있다. 전통적으로 비판교육학은 한 집단이 불평등 문제를 제기하고 자신의 반문화 지식과 경험을 검토할 때 분명해질 수 있는 억압의 본질을 비판하며 분석하기 위해 고안된 실천이다.

사회정의교육과 반편견교육의 지지자들은 불평등에 대한 의식을 높이고 학생들이 교실 수업과 사회의 광범위한 문제를 연결할 수 있도록 학교에서 여러 비판교육학의 활용을 발전시키고 있다(Delpit, 1995; Ladson-Billings & Tate, 1995). 사회정의 관점을 가르치는 것은 학생이나 교사의 즉각적인 개인적 경험의 표층에 있을 수도 혹은 아닐 수도 있는 불평등과 억압에 대한 이해를 키우고 주제를 다루려는 구체적인 목표를 나타낸다. 사회정의교육에서 페다고지(Pedagogy)는 모든 연령대의 아동이 공평과 형평성의 문제에 자주 깊은 관심을 갖고, 교사와 학생이 숨겨진 편견을 조사하고 "진리"로 여겨지는 억압체계를 인식하는 데 참여할 수 있다는 전제에 기초한다(Lawrence-Brown, 2014; Kuby, 2013). 사회정의 입장에서 교육이란 불평등과 불공평에 대한 비판적 성찰과 대화를 촉진하고, 사회정치적 요인이 집단의 성과를 형성하는 방식을 분석하며 참여자들이 개인과 사회적 변화를 위해 행동하도록 억압체계에서 자신의 관계와 역할을 고찰하게 격려하는 것이다.

비장애중심주의에 대한 비판적 탐구

사회정의교육과 페다고지에 대한 비판적 접근은 비장애중심주의에 대한 비판적 탐구가 속한 계보와 틀을 제공하는데 이 책의 많은 개념, 도구 및 기술은 이렇게 상호 교차하는 학습 과정과 관련이 있다. 교육학에 대한 비판적 접근에는 학생들이 외양을 파헤치고, 당연하게 여겨지는 가정에 도전하며, 상황이 왜 그런지 또는 어떻게 다를 수 있는지를 질문하도록 격려하는 다양한 교수법이 포함될 수 있다(Lawrence-Brown, 2014, p. 35). 우리가 이 책에서 채택한 관점은 대부분의 교사와 학생이 비장애중심주의에 대해 생각한 경험이 제한적이며 그들의 장애에 대한 지배적인 관점이 의료적 모델과 관련이 있다는 것이다. 교사와 학생 집단에는 장애가 있는 사람과 없는 사람이 포함되어 있으며, 그 장애가 다른 사람에게 명백할 수도 혹은 알려져 있지 않을 수 있다고 가정한다. 비장애인과 장애인 모두 억압체계에서 역할하고 있으며, "비장애인은 억압자"와 "장애인은 억압받는 자"처럼 간단하지 않다. 장애인과 비장애인 모두 억압이 발생하는 개인적, 문화적, 제도적 맥락에 참여한다. 이 장에서는 교육에 대한 사회정의 접근 방식을 사용해 학생에게 비장애중심주의를 해체하도록 가르치는 데 유용한 교육학적 개념을 분석한다.

교사 역할

사회정의 교육자는 중립적인 입장을 취하지 않고 억압과 불의에 관련된 문제에 대해 학습자와 함께 해결하려고 노력한다. 그들은 자기 삶의 경험과 정체성이 자신의 관점을 형성한 방식에 대해 솔직하다. 우리는 가르치고 배우는 데 함께하는 사람들을 설명하기 위해 다양한 용어를 사용한다. 교사, 학생, 학습자, 참여자는 각각 역할을 설명하는 방식이지만 교사와 학생은 모두 참여자이며 교수와 학습은 공유 행위라고 가정한다.

문제 제기

교육에서 탐구는 개방형 질문에 의해 시작되는 학습 추구를 의미한다. 질문은 학습자에 의해 제기될 수 있으며, 학습자는 지식과 개념을 찾기 위해 조사한다. 학습자가 조사할 수 있도록 교사가 개방형 질문을 제시할 수도 있다. 탐구 기반 교수와 학습에서는 모든 학습자가 같은 생각에 도달하는 것은 아니며 탐구가 개인과 집단에 의해 형성된 접선과 확장으로 이어질 수 있다는 점을 인정한다. **비판적 탐구**는 표면적으로 명백해 보이는 것 너머를 보기 위해 세계와 우리의 경험에 대해 질문하는 것을 말한다. 비판적 탐구에서 참여자들은 자신과 사회에 대해 질문하지만 그 질문들은 탐구자에게서 시작된 것이 아니거나 우리가 "자연스럽게" 묻는 유형의 질문이 아닐 수도 있다. 이러한 주제에 대해 질문하는 것은 주로 불편하거나 고통스럽기 때문에 실제로 불의와 억압이 지속된다. 이 책에서 탐구로서의 연구 영역과 주제를 설명하는 것은 비판적 탐구와 **문제 제기**의 교육학적 개념과 목표를 반영한다. 비판적 교육학에서 문제 제기는 질문이나 문제로 시작해 학습 경험을 구조화하는 연습을 말한다. 그런 다음 참여자는 자신의 이해와 지식을 바탕으로 질문/문제를 설명하고, 공유하며, 탐색한다. 다음 구성요소는 다른 사람들과의 대화에 참여하고 타인이 그 질문/문제를 이해하는 법에 대해 더 배우고자 하는 것이다. 사회정의교육에서 참여자는 자신과 타인에 대한 이해와 경험을 형성하는 개인적, 문화적, 제도적 "현실"을 인식하기 위해 비판적 분석에 참여하도록 안내된다. 서로의 참여를 통해 집단은 문제/질문을 해결하는 방식으로 조건을 변환하는 방법에 대한 아이디어를 도출하기 위해 노력하고 자신과 타인에 대해 더 많이 알게 되면서 파생된 이해에 주의를 기울인다. 그런 다음 참여자는 행동한다.

탐구 교수학습과 비판교육학은 **구성주의 학습 이론**에 기반한 접근으로, 아동은 자신이 접하는 정보와 삶의 맥락을 연결함으로써 학습한다(Comber, 2003; Kuby, 2013). 구성주의 접근에서 학생들은 자신의 학습 설계자로서 자리매김하며, 그들은 배울 때 타인과 교류하고, 내용을 숙고하고, 배우는 것과 자기 경험을 연결하도록 권장된다(Allen, 2013). 예를 들면, 이 접근을 사용하는 교사는 다음과 같은 질문을 제기할 수 있다. 이 정보가 여러분에게 의미하는 바는 무엇인가? 이 내용에 대해 여러분은 어떻게 생각하는가? 자기 개인의 삶 혹은 지역사회에는 어떤 의미인가? 정보가 교사로부터 학생으로 전달되는 은행저금식 교육 모델을 사용하는 대신 교사와 학습자 간 상호 공유하기가 있으며, 학생이 탐구의 방향을 안내할 수 있다. 이러한 방식으로 학생들은 사회 세계에 대한 객관적인 "진리"를 이해하려고 하기보다는 자신이 배우고 있는 것에 대한 의미 형성에 참여한다. 자신의 이해와 타인의 이해 사이의 차이를 인식함으로써 그들은 사회문화적, 정치적, 역사적 맥락에 있는 다양하고 변화하는 해석이 있다고 생각한다(Danforth & Smith, 2005).

비판적 탐구에서는 모든 참여자가 공유하는 관점, 경험, 질문을 강조하고, 추구하며, 탐구해야 한다. 교실 환경에서 탐구와 비판적 탐구를 촉진하는 기술은 교사의 목표와 학생의 질문에 대해 깊이 생각하고 의미를 두는 것이다. 하나의 정답이 있는 질문은 탐구에 적합하지 않다. 매우 구체적인 학습 목표가 있다면 탐구가 다양한 방향으로 이어질 수 있고 면밀하게 구성된 목표로 깔끔하게 해결되지 않을 수 있음을 고려해야 한다. 반편견교육은 지배적인 관점에 깊이 뿌리를 둔 억압에 맞서기 위해 특별히 자리하고 있다. **탈학습**(unlearning)과 **해체하기**(undoing)에 참여한다는 것은 참여자가 자기 자신으로부터 벗어나야 함을 의미한다. 비장애중심주의 문제를 제기할 때 집단의 사고를 자기 경험 너머로 밀어붙이기 위해(문제가 시작부터 집단에 의해 제기되거나 생성되지 않았다는 가정 하에) 교재와 자료 사용에 크게 의존할 가능성이 가장 높다. 사회정의교육에 대한 사전 지식과 경험이 있는 집단은 비장애중심주의에 대한 자기 주도적이고 보다 유기적인 비판적 탐구에 참여할 수 있는 도구와 분석 렌즈를 가질 수 있다. 이런 맥락에서 이 책의 "탐구"는 교사와 학생의 여정에 사용하도록 제안된 자료가 있는 개방형 탐구 혹은 촉진처럼 접근될 수 있다. 또한 우리의 탐구문제들은 사회정의교육에서 비판적 탐구를 처음 배우는 집단을 위해 보다 구조화된 방식으로 활용될 수 있다.

권력과 헤게모니

억압을 살펴볼 때 인간 상호작용은 협상과 권력의 분배로 생각할 수 있다. **권력**은 사람들 간의 개인적이고 일상적인 상호작용과 의학, 심리학, 정책, 경제 및 종교와 같은 광범위한 기관과의 개인 및 집단 상호작용에 존재한다. 개인 혹은 집단에 대한 권력의 행사는 일정할 수도 있고 상황에 따라 변할 수도 있으며, 권력의 방향이 변할 수도 있고 권력이 집단 간에 재분배될 수도 있다. 사람들은 어떤 관계와 맥락에서는 권한이 있다고 느끼고 다른 상황에서는 권한을 박탈당했다고 느낄 수 있다. 억압은 한 집단이 다른 집단에 대해 권력을 행사하는 것이 장기간에 걸쳐 여러 맥락에서 광범위하고 지속적일 때 경험된다. 권력이 분산되지 않거나 항상 같은 방향으로 흐를 때 상황은 집단이나 개인에게 억압적이거나 억압적으로 느껴질 수 있다. 모든 개인—장애인과 비장애인—은 권력을 행사하며 상황에 따라 다른 시간에 다른 방식으로 배치될 수 있다. 다시 말해, 장애인은 비장애인과 다른 장애인에 대해 권력을 행사할 수 있으며, 비장애인은 다른 비장애인과 장애인에 대해 권력을 행사할 수 있다. 권한부여(empowerment)와 권한박탈(disempowerment)은 여러 상황과 다양한 관계 속에서 경험할 수 있다. 권력을 제거하는 것은 가능하지 않지만 권력을 공유하고 많은 사람에게 분산하며 이동할 수 있게 하는 것은 가능하다.

사람에 대한 지배와 통제 또는 대인관계 역학을 인식하는 것은 권력에 대한 이해의 일부이다. 그러나 억압과 비장애중심주의의 지속성, 범위와 깊이를 이해하는 데 필수적인 개념은 **헤게모니**(hegemony)이다. 비판이론에서 헤게모니는 한 집단이 다른 집단을 지배하는 것에 대한 규범과 생각이 개인, 사회 및 문화 의식에 너무 깊이 박혀 있어 지배가 논리적이고 수용 가능한 것처럼 보이는 것이다. 헤게모니는 피억압자와 억압자 모두가 한 집단이 다른 집단에 대해 갖는 힘이 합리적이고 상식에 뿌리를 두고 있다고 믿게 되는 상태이다. 비장애중심주의에서 장애는 바람직하지 않고 비정상적이며, 역기능적이라는 생각이 우리의 역사, 문화적 서사, 물리적 환경 및 사회적 행동에 새겨져 있다. 장애인과 비장애인 모두 장애인이 장애 때문에 사회에 참여할 수 없다는 사실을 받아들일 수 있다. 장애와 관련해 헤게모니 또는 헤게모니적 사고의 예는 다음과 같다.

> 장애인이 학교에서 잘하지 못할 때, 무직이고 불완전 고용 상태에 있을 때, 시설에 거주하고, 노숙자이며, 친구가 거의 없을 때 이것은 그들의 장애로 인한 사실이자 한계라고 설명한다.

많은 사람에게 손상의 존재는 분리, 구분, 빈곤, 모욕, 그리고 어떤 경우에는 장애인 학대에 대한 완벽히 합리적인 설명이다. 이러한 생각은 비장애인이 장애인보다 이동의 자유, 자기 주도, 교육과 고용 기회를 더 받을 **자격**이 있음을 자연스럽게 수용하도록 부추긴다. 장애인이 교육받지 못하고 실업 상태에 있을 때 우리는 그들이 억압적인 시스템의 희생자가 아니라, "자기충족적 예언"의 희생자라고 설명하는데 예를 들면 그들이 장애를 극복하기 위해 충분히 노력하지 않았거나 고용되기에는 장애가 너무 심하거나 그들을 고용하는 것은 기업에 해가 될 수 있기 때문이라는 것이다. 미국장애인법(Americans with Disabilities Act, 1990)에서는 비용이 너무 부담된다면 작업장에서 환경적인 장벽을 줄이는 것을 피할 수 있다. 교육 영역에서 일반교육 환경에 있는 장애학생의 통합에 대해 자주 제기되는 우려는 장애학생의 존재가 비장애학생이 받아야 할 자원과 관심을 빼앗을 것이라는 점이다. 제한을 두자는 아이디어 혹은 장애인의 기회와 접근은 향상시킬 수 있지만 비장애인에게 특권을 주는 세상의 조건을 바꾸는 변화라는 문제를 발견하는 아이디어는 많은 이들에게 상당히 수용 가능하거나 합리적으로 보인다. 이러한 논리를 수용하는 것은 Parekh(2017)가 "능력이라는 착각"이라고도 하는 정상성의 헤게모니에 의해 형성된 의식을 나타낸다. **비장애중심주의**는 특히 장애를 가졌거나 장애가 있는 것이 장애가 없는 것 혹은 장애가 없는 몸/장애가 없는 마음과 비교해 열등한 상태라고 믿기 때문에 억압이나 권한 박탈이 발생하는 경우이다. 헤게모니는 자신 그리고/혹은 다른 사람의 억압을 합리화하는 의식 상태를 특징으로 하는 방식이다. 권력은 개인이나 집단이 다른 사람을 지배하는 것이다. 헤게모니는 장애인과 비장애인 간의 불평등을 자연스럽고 기대되며 수용 가능한 것처럼 보이게 한다. 권력은 비장애중심주의를 통해 장애인의 권한을 박탈하고 억압하는 데 사용된다.

상호교차성

억압체계는 교차하며 중첩된다. 예를 들면, 흑인이자 장애인이면서 성소수자인 사람은 단일 체계에서 억압받는 사람보다 더 크게 누적된 영향을 받으면서 자신의 다중 정체성과 관련된 억압을 경험할 가능성이 높다. 다중 억압이 더 크게 누적된 영향을 주는 이유는 지배에서 벗어날 여유가 거의 없기 때문이다. 인종차별의 영향이 적은 상황에서는 이성애주의(heterosexism)가 더 영향력이 있을 수 있다. 이성애주의가 덜 작동하는 곳에서는 비장애중심주의가 상당히 두드러질 수 있다. 또한 억압체계는 서로 결탁하기 때문에 하나의 억압체계가 차별을 가할 수 없는 곳에서는 다른 억압체계가 작동할 수 있다. 예를 들면, 아프리카계 미국인이 투표권을 얻었을 때 인두세가 도입되어 정치참여가 어려워졌다. 인종주의가 더 이상 허용되지 않자 이번에는 계급차별주의가 동일한 지배 목표를 달성하는 데 사용되었다. 우리는 또한 어떻게 개인이 어떤 시스템에서는 억압받지만 다른 시스템에서는 특권을 누리는지를 이해하기 위해 상호교차성을 고려할 수 있으며, 이는 억압의 누적 영향에 대해 생각하는 데에도 유용하다. 예를 들면, 유색인종 아동은 백인 아동보다 분리된 교육 환경에 배치될 가능성이 더 크다. 이 경우 백인으로 권력의 문화에 참여하는 것이 비장애중심주의의 영향을 줄이는 것으로 보인다. 흑인이면서 장애로 낙인찍힌 학생들은 교육에서 비장애중심주의를 통해 허용되는 전면적인 분리교육을 경험할 가능성이 더 크다. 주어진 맥락에서 **어떤 억압의 근원이 작용하고 있는지** 파악하는 것은 불평등과 불공평을 분석하는 데 중요하고 필수적이다. 그러나 억압을 풀기 위한 노력이 억압에 대한 논의를 방해할 수 있다는 점을 고려하는 것도 중요하다.

"억압 쌓기"와 "억압 올림픽"에 참여하는 것은 어떤 유형의 억압이 혹은 억압의 조합이 어느 정도 중요한지를 비교하는 두 가지 개념이다. 이러한 종류의 비교는 집단과 개인이 특권과 억압에 대한 토론에서 권한을 왜곡하거나 주장하는 데 사용할 수 있다. 문화에서 이것은 특정한 원인이나 싸움이 다른 반억압활동보다 더 어렵거나 혹은 더 중요한 위치에 있을 때 발생한다. 예를 들면, 장애인권운동의 악명 높은 슬로건은 "나는 버스 뒷자리까지 갈 수조차 없다"였는데 이는 장애차별을 인종차별보다 더 시급하거나 중요하게 여기는 것으로 해석될 수 있다(역자주: 1955년 백인 승객을 위해 뒷자석으로 이동하라는 버스기사의 지시를 끝까지 거부한 로자 파크스가 체포되면서 시작된 승차거부운동을 빗댄 슬로건). 이 슬로건은 아마도 권리운동은 서로 동등하다는 대중의 인식을 위해 선택되었겠지만 그런 생각을 보여주고 있다. 토론에서 억압 쌓기는 개인적인 전략으로 사용될 수 있다. 예를 들면, 장애가 없는 여성은 성차별에 대한 경험을 언급함으로써 비장애중심주의와 관련된 자신의 특권이나 자격에 주목할 수 있다. 비장애중심주의에 대한 토론에서 흑인 남성은 자신에게 가장 개인적인 억압에 주목하도록 권위를 주장하거나 인종차별에 대한 대화로 전환할 수 있다. 비장애중심주의에 대해 구체적으로 가르칠 때 모든 종류의 억압을 검증하고 상호교차성을 다루며 여러 억압의 누적 효과를 검증하는 데 주의를 기울일 수 있다. 어떤 종류의 억압이 더 나쁘거나 더 시급하게 해결해야 하는지 알아내는 데 노력을 들이기보다는 억압에 사용된 도구 간의 공통점, 다양한 억압을 이해하는 데 사용되는 개념의 유사성, 하나의 억압 유형에 대한 경험이 다른 종류의 억압을 이해하는 데 도움을 주는 방식을 강조하는 것이 더 나은 전략이다.

안전한 공간

"안전한 공간"이라는 개념은 학대, 괴롭힘, 적대감 및 가치판단으로부터 피난처를 제공하는 장소와 공간을 표시하기 위한 의식적인 노력이 필요함을 인식한다. **안전한 공간**은 물리적 장소 혹은 경험이나 지역사회와 결부된 규범과 기대라고 할 수 있다. 가치판단과 편견 없는 존중의 공간을 전달하고자 하는 것이다. 모든 교실과 학교가 교사와 학생에게 안전한 공간으로 느껴지도록 노력해야 한다. 그러나 반편견교육과정을 가르칠 때, 존중하고 건설적으로 상호작용하기 위한 지침을 수립하고, 재정립하며, 서로에게 상기시키는 것은 가치 있는 일이다.

집단 구성원들은 중요한 대화를 유도할 수 있는 상충된 생각들을 가질 수 있지만 사람들은 공격을 받는다고 느끼면 의사소통을 차단할 수도 있다. 개인은 새롭고 도전적인 아이디어를 배우거나 새로운 관점을 접할 때 취약함을 느낄 수 있으므로 프라이버시(privacy)를 존중하는 조치를 취하면 모두 안전하게 아이디어를 시도하고 진행 중인 생각을 공유할 수 있다. 안전한 공간을 만드는 데에는 다음과 같은 지침이 있다.

- 대화에 참여하려는 모든 사람이 대화할 수 있도록 격려하고 집단이 소수의 참여자와 관점에 의해 지배되지 않게 대화할 때 순서를 주고받도록 구성한다. 순서 주고받기 방법 중 하나는 참여자들이 자신의 관심사를 공유하게 하고 그들의 이름을 차례대로 적는 것이다. 또 다른 예로 "나보다 3명 먼저"는 이미 공유한 사람은 다른 3명이 공유할 때까지 기다려야 차례가 돌아오도록 하는 구조이다.
- 다른 사람의 프라이버시(privacy)를 존중하라. 자신이 배운 것을 다른 사람과 토론하는 것은 괜찮지만 다른 사람의 말은 외부에 공유해서는 안 된다거나 혹은 반드시 익명으로 공유해야 한다는 규칙을 만든다.

- "나"(I) 진술문(예: "나는 느낀다", "나는 생각한다", "나는 동의하지 않는다")을 사용하여 우리는 스스로 말하며, 다른 사람도 나와 똑같이 느낄 것이라고 가정할 수 없음을 서로 상기시킨다.
- 인신공격을 피함으로써 동의하지 않는 것은 사람이라기보다는 그 사람의 생각이 되게 한다. 이견에 대한 대화를 시작하기 위해 다음과 같은 문장이 있다.
  a. "여러분의 관점에 대해 좀 더 알고 싶습니다. 왜 그렇게 느끼는지 설명해 주시겠습니까?"
  b. "여러분의 생각에 동의하는지 잘 모르겠습니다. 어떻게 이 관점에 도달하게 되었는지 말씀해 주시겠습니까?"
  c. "여러분의 관점을 들었으니, 제가 믿는 것을 좀 더 말해도 될까요?"
- 참여자들이 "동의하지 않음에 동의"할 수 있는 방법을 마련한다. 모든 집단에게는 격렬하고 힘든 대화가 결투처럼 느껴지기 시작할 수 있는 지점이 있을 것이다. 참여자들이 서로 동의하지 않는다는 것에 동의할 수 있는 시스템을 마련한다.
- 개인과 집단이 휴식을 취할 수 있는 시스템을 마련한다. 누구든지 잠깐 조용히 통화할 수 있거나 조용한 방이나 장소로 가서 휴식을 취할 수 있도록 하는 지침을 마련한다.
- 집단 상황에서 모든 사람이 공유하도록 권장하는 경우라면 통과(pass)를 허용하거나, 읽고 답변을 작성하게 하거나, 다른 사람이 대신 읽어주도록 답변을 작성한다.
- 답변을 평가하기보다 답변한 것에 대해 서로 감사한다. 예를 들면, "좋은 답변이네요."가 아니라 "공유해 주셔서 감사합니다."와 같이 말한다. 동의라기보다는 공유를 격려하기 위해 고개를 끄덕인다.
- 바디랭귀지(눈 굴리기, 큰 한숨, 머리 흔들기/끄덕임) 또는 "쯧쯧"과 같은 행동이 참여를 방해하거나 방해할 수 있다는 것을 모두가 인식하도록 돕는다.

만남

사회정의교육에서는 주변화를 경험한 사람들이 사회 계층 구조의 본질에 대한 주요 통찰을 제공할 수 있으며 이와 관련된 주제를 탐색할 때 그들의 관점이 반드시 포함되어야 하며 신뢰할 수 있는 것으로 취급되어야 한다는 인식이 있다. 따라서 사회정의교육의 기본 기술은 참여자를 자신과 경험, 이야기, 관점이 다른 사람들과의 만남에 참여시키는 것이다. 사람들과의 실제 만남 외에도 서사, 영상, 이야기는 학습자가 세상을 경험하는 다른 방법을 접할 수 있는 다양한 방법을 제공할 수 있다. 장애와 비장애중심주의를 공부하려면 자기 경험, 관점, 삶을 설명해 주는 장애인과 만나기 위한 충분한 기회가 필요하다.

대화와 공유

교육학에 대한 비판적 접근의 핵심 요소는 대화 참여와 공유이다. 집단이 새로운 관점을 접할 때 질문, 대답, 반응이 있게 마련이다. 참여자들이 자신과 다른 사람들이 배운 것을 어떻게 이해하고 있는지를 공유하고 고려하는 것이 중요하다. 대화에 대해 고려해야 할 또 다른 중요한 측면은 억압이 침묵과 고립에서 성행한다는 것이다. 집단 공유에 참여하면 생각을 공공 영역으로 가져오도록 의사소통할 수 있는 공간이 생긴다. 또한 수업 외 대화 모델로서 장애와 비장애중심주의에 대해 이야기하는 연습을 하는 것 역시 모두에게 좋은 방법이다.

비판적 분석

"비판석"이라고 할 때 주요 개념은 제시된 아이디어를 이해하고, 관점과 시각을 식별하고, 관점을 구성하는 기본 가정을 분석하며, 생각과 관점의 진실성과 중요성을 평가하는 것이다. 사회정의교육에서 비판적 분석은 특히 불공평과 억압을 식별하고 해결하기 위해 "주류" 문화와 반대되는 관점에서 사회 문제를 살펴보도록 학생을 참여시킨다. 일반적으로 비판적 탐구에서 분석은 누군가 공유한 읽을거리, 비디오, 또는 이야기/경험을 통해 아이디어를 만나는 것과 관련이 있다.

비판적 성찰

학습에서 성찰은 경험이나 생각을 회상하고 의미화하기 위해 어떤 경험에 대해 다시 생각해보는 것을 말한다. 비판적 성찰은 의미뿐 아니라 그것이 자신에게 왜 그리고 어떻게 의미가 있는지를 고려하는 데까지 성찰을 확장한다. 비판적 성찰은 비판을 내면으로 향하게 한다. 비판적 분석의 목적이 세상의 다양하고 상충되는 관점을 분별하는 것이라면, 비판적 성찰은 자기 생각과 행동에서 어떤 다양하고 상충되는 관점이 분명히 드러나는지 분별하는 것을 의미한다. 비판적 성찰을 하는 동안 학습자는 성찰 주제와 관련해 자신의 관점을 명명하고 평가한다. **의식화**는 비판이론의 개념으로 Freire(1970)에 의해 사용되었는데 이는 우리의 경험과 관점을 형성하는 사회·정치적 구성을 비판적으로 의식하게 되는 것을 의미한다. 비장애중심주의를 이해하고 장애 억압에 기여하는 개인적, 문화적, 사회적 요인을 분별하는 것은 세상을 완전히 새로운 방식으로 보는 것처럼 느껴질 수 있다. 의식화되는 것은 새롭거나 다른 관점을 이해하게 될 때 "아하" 순간처럼 느껴질지도 모른다. 때때로 의식화는 딜레마에 의해 유발된다(Mezirow, 1991). 방향을 잃게 하는 딜레마는 한 사람이 기존 지식이나 경험에 도전 혹은 반하는 새로운 정보에 직면할 때 발생한다. 비판적 성찰에 참여하는 것은 새로운 아이디어와 이해를 수용 혹은 거부하게 하는 딜레마를 해결하려는 의도적이고 의식적인 노력으로 이어질 수 있다. 또한 사람들은 이전 아이디어와 새로운 아이디어를 동시에 가질 수 있으며, 이는 때때로 인지 부조화로 설명된다. 비판교육학은 주로 학습자에게 지배적인 관점에 도전하는 생각을 제공함으로써 혼란스러운 딜레마를 유발하도록 설계된다.

실천하기

사회정의교육과 비판교육학의 궁극적인 목표는 단순히 사회의 불공평을 인식하는 것이 아니라 사회를 **변화**시키는 것이다. 이러한 교수 방식에서 학생들은 불의에 의문을 제기하는 성향을 가질 뿐만 아니라 사회 변화의 주체로 자리매김한다. 이 책에는 참여자가 긍정적인 변화에 영향을 주기 위해 추구할 수 있는 활동의 예가 포함되어 있다. 그러나 지역사회에서 의미 있는 변화를 위한 최고의 아이디어는 교실, 학교 및 주변 상황에 대해 개인적이고 복잡한 지식을 가진 집단과 그 구성원에게서 나올 가능성이 높다.

심화학습을 위한 성찰과제

사회정의교육의 핵심 개념
사회정의교육은
- 자원이 공정하고 공평하게 분배되는 사회를 지향한다.
- 인간의 다양성과 사회적 상호성의 가치를 인식한다.
- 사회적 불평등을 지지하는 권력과 특권의 불균형에 대한 주의를 촉구한다.
- 억압체계의 만연함을 인식한다.
- 학생과 교사에게 불의의 양상을 인식하는 도구를 제공한다.

- 사회에서 가장 소외된 사람들을 포함하는 여러 관점에서 문제를 탐구한다.
- 교육자들에게 특권의 맥락과 불의의 문제에 대한 입장을 취하도록 촉구한다.
- 인종, 젠더, 사회계층, 장애, 성소수자(LGBTQ), 기타 사회적 정체성의 상호교차성을 인정한다.
- 사회 변화를 만들기 위해 개인이 연대하게 한다.

출처: Bell, 2016; Brantlinger, 2009; Lawrence-Brown, 2014

1. 사회정의교육의 핵심 개념을 검토한다. 그룹 혹은 학급에서 함께 해보는데 가장 편안한 요소에 표시한다. 무엇이 가장 어려울 것이라고 생각하는가?
2. 비판적 탐구에 참여하면서 학생들과 함께 무엇을 배울 것이라고 생각하는가?
3. 이 장에서 가장 고민되는 혹은 좀 더 배우고 싶은 개념을 하나 이상 골라 좀 더 찾아보자!
4. 자신의 그룹 활동 상호작용은 어떠했나? 대화와 비판적 탐구 활동 준비를 시작하기 위해 지침, 설정, 알림 목록이나 일정을 만든다.

참고문헌

Allen, J. (2013). A critical inquiry framework for K–12 teachers: Lessons and resources from the rights of the child. In J. Allen & L. Alexander (Eds.), *A critical inquiry framework for K–12 teachers*. New York: Teachers College Press.

Bell, L. A. (2016). Theoretical foundations for social justice education. In M. Adams, L. A. Bell, D. Goodman, & K. Joshi (Eds.), *Teaching for diversity and social justice*. London: Taylor & Francis.

Brantlinger, E. (2009). Impediments to social justice: hierarchy, science, faith, and imposed identity (disability classification). In W. Ayers, D. Stovall, & T. Quinn (Eds.), *Handbook of social justice education* (pp. 400-416). New York: Routledge.

Comber, B. (2003). Critical literacy: What does it look like in the early years? In N. Hall, J. Larson, & J. Marsh (Eds.), *Handbook of early childhood literacy* (pp. 355–368). London: Sage.

Danforth, S., & Smith, T. J. (2005). *Engaging troubling students: A constructivist approach*. Thousand Oaks, CA: Corwin.

Darder, A., Baltodano, M. P., & Torres, R. D. (2008). *The critical pedagogy reader* (2nd ed.). New York: Routledge.

Delpit, L. (1995). *Other people's children: Cultural conflict in the classroom*. NewYork: TheNewPress.

Fanon, F. (1968). *The wretched of the earth*. New York: Grover Press.

Freire, P. (1970). *Pedagogy of the oppressed*. New York: Herder & Herder.

Freire, P. (1979). *Pedagogy of the oppressed*. New York: Herder & Herder.

Hackman, H. (2006). Five essential components of social justice education. *Equity & Excellence in Education*, 38(2), 103–109.

Kuby, C. (2013). Critical inquiry in early childhood education: A teacher's exploration. *Voices of Practitioners*, 8(1), 1–15.

Ladson-Billings, G., & Tate, W. F. (1995). *Toward a critical race theory of education*. New York: Teachers College Press.

Lawrence-Brown, D. (2014). Understanding critical perspectives: Who benefits? In D. Lawrence- Brown & M. Sapon-Shevin (Eds.), *Condition critical: Key principles for equitable and inclusive education* (pp. 33–50). New York: Teachers College Press.

Mezirow, J. (1991). *Transformative dimensions of adult learning*. San Francisco, CA: Jossey-Bass.

Parekh, G. (2017). The tyranny of "ability." *Curriculum Inquiry*, 47(4), 337–343.

Sapon-Shevin, M. (2003). Inclusion: A matter of ©social justice. *Educational Leadership*, 61(2), 25–28.

안전한 장소를 만들자

우리가 한 말은 우리끼리만 간직한다

우리는 교대로

다른 사람들이 이해할 수 있게 천천히 부드럽게 말한다

다른 사람에게 공유할 것이 있는지 물어본다

우리는 다른 사람들이 의미하는 바를 이해하려고 노력한다

우리는 다른 사람의 관점에서 사물을 보려고 노력한다

우리는 서로 생각을 공유해 준 것에 감사한다

동의하지 않아도 괜찮아

무언가를 모르는 것도 괜찮아

실수해도 괜찮아

마음이 바뀌어도 괜찮아

"미안해" 또는 "이해가 안가"라고 말해도 괜찮아

도움을 요청해도 괜찮아

잠시 쉬어도 괜찮아

Copyright material from Susan Baglieri and Priya Lalvani (2020), *Undoing Ableism: Teaching About Disability in K-12 Classrooms*, Routledge

동의하지 않는 방법

토론 중에 서로 의견이 맞지 않을 때가 있습니다. 다음은 의견이 다름을 인정하고 대화를 존중하며 생산적인 토론이 되도록 말할 수 있는 몇 가지 방법입니다.

추가 설명 요청하기
- "여러분의 관점에 대해 더 알고 싶습니다. 왜 그렇게 느끼는지 설명해 주시겠어요?"
- "내가 여러분의 생각에 동의하는지 잘 모르겠어요. 어떻게 여러분이 그런 관점에 이르렀는지 말해줄 수 있나요?"

생각 공유하기
- "잘 들었습니다. 그럼 제가 믿고 있는 것에 대해 좀 더 말해도 될까요?"

생각이 다르다는 것에 동의하기
- "저는 동의하지 않지만, 여러분의 관점은 존중해요. 이 문제에 대해 다시 이야기할 수 있기를 바랍니다."
- "우리가 서로 동의하지 않는다는 것을 알 수 있었습니다. 아마도 우리가 각자의 관점을 설명하는 자료를 찾고 교환하면서 여기에 대해 좀 더 이야기할 수 있을 것 같아요."

자신의 입장 확인하기
- "그 관점은 이해하지만 제 경험/정체성/감정이 그 생각과 충돌하기 때문에 받아들이기가 어려워요."
- "저는 설명하는 것과 유사한 경험이 없기 때문에 관점을 이해할 수가 없어요."
- "이런 관점을 생각해 본 적이 없어서 내가 어떻게 느끼는지 생각할 시간이 더 필요해요."

Copyright material from Susan Baglieri and Priya Lalvani (2020), *Undoing Ableism: Teaching About Disability in K-12 Classrooms*, Routledge

4장. 장애와 비장애중심주의에 대한 비판적 탐구 교수 지침

이 책은 장애가 학교 교육과정에서 탐구될 수 있고 탐구되어야 한다고 주장한다. 비장애중심주의 렌즈를 통해 장애 연구에 참여하는 것은 인식하는 것 그리고 교육과정에 장애를 일상적으로 주입하는 것 이상으로 사고, 학습, 행동을 나아가게 하려고 노력한다. 장애에 대한 주제를 교육과정에 인식하고 포함시키는 것은 다원적 교육과정의 중요한 부분이지만, 젊은이들이 문화와 사회적 관행에 깊이 뿌리를 둔 편견, 선입견, 차별을 없애는 데는 충분하지 않을 수 있다. 이 장에서는 탐구 주제를 교수에 활용하는 방법을 설명한다.

탐구와 주제의 조직화

> "최첨단 지식은 알려진 것이 아니라 알려지지 않은 것에 있으며, 아는 것에 있는 것이 아니라 질문하는 데에 있다."
>
> – R. Thompson(1989, p. 61)

각 장은 비판적 탐구를 위한 중심 주제에 따라 배정되었다. 반복해서 질문할 수 있고 시간과 연구에 따라 심화될 수 있는 광범위하고 지속적이며 계속되는 개념을 지적하기 위해 필수 질문이 제공된다. **도입 및 배경정보**로 각 장을 시작하며 이는 탐구를 촉진하는데 도움이 될 수 있는 개요를 제공하기 위한 것이다. 이러한 서론은 교수를 준비하기 위한 추가적인 연구 지침으로도 생각할 수 있다. 또한 각 주제에 대한 독자의 관점과 이해를 심화하기 위해 **핵**

심 요약 또는 질문과 추천 자료를 제공한다. **탐구 들어가기**라는 제목의 내용은 교육의 목적과 의도를 형성하는 데 있어 고려할 수 있는 유용한 내용에 중점을 둔다. 여기서는 활동을 조직하는 방법에 대한 팁, 질문과 대화 형성을 위한 일반적인 제안, 나올 수 있는 잠재적으로 까다로운 질문에 대한 설명을 제공한다. **활동 제안**은 주제에 대한 탐구를 시작하거나 심화하는 데 사용할 수 있는 아이디어와 자료에 대한 주제 목록이다. 복사해 사용할 수 있는 **부록**은 교수와 학습의 일부로 사용할 수 있는 간단한 자료를 모은 것이다.

탐구의 속도와 순서

주제와 탐구는 순서대로 소개하거나 순서에 상관없이 사용할 수 있다. 일반적으로 순서는 하나의 탐구가 다음 탐구에 참여하는 데 유용한 사전 지식과 배경을 제공하도록 설계된다. 그러나 학생들의 관심과 질문은 활동의 흐름을 명확하게 안내해야 한다. 마지막 장인 "비판교육학과 함께 비장애중심주의 해체를 향하여"는 가장 열려 있으면서도 시급한 교실과 학교의 구체적인 연구를 제안한다는 점은 지적할 가치가 있다.

    어떤 집단은 비판적 탐구와 사회정의행동에 대한 가장 진실하고 개인적인 경험을 위해 그곳에서부터 시작하기를 원할 수 있다. 이 책의 사용자는 계획을 세우기 전에 "무엇이 어디에 있는지"에 대한 감을 잡기 위해 이 책을 미리 완독할 것을 제안한다. 가장 주된 노력은 특정 주제 안에 자료와 활동을 배치하고 가장 이해를 잘 이끌어 낼 수 있는 배경지식을 연결하는 것이었다. 즉, 여러 장(chapters)과 활동이 보완적인 지점에서 기존 학습 과정에 "추가"될 수 있다는 것이다. 교육과정의 공통 요소와 잘 통합될 수 있는 내용에 대한 제안은 다음과 같다.

교양 과목

가족, 직업, 지역사회 등에 대한 주제 단원을 수행할 때 장애를 포함한다. 5장과 9장은 학생들에게 장애를 소개하는 데 유용한 자료 모음을 제공한다.

10장은 시사 문제를 연구하기 위한 아이디어를 제공한다.

사회 및 역사

5장은 세계보건기구(WHO)의 장애 정의에 대해 강조하고 국제연합(UN)에 대해 탐구할 때 다룰 수 있다. 지역사회 다양성에 대한 구성 단원을 가르칠 때 관점과 자료를 제공한다.

6장은 다양한 억압체계에 대한 연구와 잘 연결된다.

7장과 8장은 장애 역사와 장애권리운동 관점을 강조한다. 10장은 당파주의(partisanship)와 로비 측면에서 미국의 정책 결정에 대한 탐구를 보완할 수 있는 시사점과 몇 가지 선택 사항을 제공한다.

문학

모든 장은 비판적 문해력(critical literacy)과 다중 문해력(multiple literacies) 개발 및 실습에 사용할 수 있는 자료를 제공한다.

5장과 6장에서는 로이스 로리(Lois Lowry)의 『기억전달자』(The Giver), 올더스 헉슬리(Aldous Huxley)의 『멋진 신세계』(Brave New World), 해리포터 시리즈와 같은 작품을 읽을 때 "정상", "비정상", "장애", "능력"의 의미를 어떻게 하면 쉽게 분석할 수 있는지 논의한다.

9장에서는 문학작품 분석과 일반도서에 적용된 장애와 비장애중심주의에 대한 분석적 렌즈를 사용하는 방법을 구체적으로 강조한다.

창의교육(STEM): 발명가, 엔지니어링, 혁신

5, 6, 11장은 접근성 디자인, 보조도구 및 테크놀로지를 강조하는 영역으로 구성되어 있다. 이 영역은 아이디어를 촉발하거나 제품 개발, 건축, 다양한 유형의 엔지니어링 및 소프트웨어 개발에서 과거의 혁신을 탐구하기 위한 자료가 될 수 있다.

생물학 및 생명과학

1장과 2장은 학생들에게 신체와 환경의 관계에 대해 생각해 볼 수 있는 기회를 제공한다.

7장은 과학적 과정과 사회문화적 맥락의 관계에 대한 질문을 제기하는 자료와 함께 우생학 운동에 주목한다. 유전과 인간 게놈(genome) 측면에서 생명윤리에 대한 고려는 장애를 탐구함으로써 선명해진다.

수학, 통계 및 측정

6장에서는 접근성 조사를 수행해서 다양한 단위를 사용한 선형 측정을 강조할 수 있는 방법과 삼각법을 사용해 계단과 단을 교체하는 데 필요한 경사로 및 측정값을 계산하는 방법에 대해 설명한다.

7장과 10장에서는 통계와 그래프를 사용해 미디어의 장애에 대한 표현을 추적하는 것부터 시설 폐쇄에 대한 통계에 이르기까지 다양한 유형의 데이터를 전달하는 자료를 제공한다.

예술

9장에서는 장애 문화와 장애 창작자가 순수 예술에 기여한 바를 연구할 수 있는 풍부한 자료를 제공한다. 시각 예술, 무용, 연극이 포함된다.

비판적 문해력

비장애중심주의를 허무는 일은 여러 곳에서 활발히 진행되고 있다. 장애인의 권리와 문화를 발전시키기 위한 노력은 이를 홍보하기 위해 뉴스와 정보 매체에 한때 의존했지만 인터넷은 더 많은 사람이 자신의 이야기, 경험, 일을 공유하는 장이 되었다. 현재 인터넷에서 사용할 수 있는 엄청난 양의 콘텐츠는 비판적 문해력에 참여할 수 있는 환상적인 기회를 제공한다. 우리는 관점 혹은 시각을 어떻게 분별하는가? 정보와 데이터의 신뢰도를 어떻게 평가하는가? 다양한 관점의 존재는 정책, 법률, 권리, 의미와 정체성, 그리고 끊임없이 변화하는 사회 문화의 윤곽과 관련 주장을 비판하고, 평가하며, 성찰할 수 있는 의미의 틀을 어떻게 향상 혹은 발전시키는가?

탐구를 위한 추천 자료 선정 방법

오랜 기간에 걸쳐 많은 자료에 대한 검토를 통해 우리 저자들은 장애와 비장애중심주의에 대해 가르치는 방법에 대한 다양한 관점과 권장 사항이 있다고 자신 있게 말할 수 있다. 주정부 산하 교육부, 장애 단체, 박물관, 반편견 자료 제공자, 개별 교육자, 장애인과 비장애인 모두가 가상환경과 오프라인 환경에서 교육 콘텐츠에 기여하고 있다. 일부 포괄적인 안내서에는 훌륭하다고 생각되는 구성요소가 포함되어 있지만 피해야 할 실제도 있다. 많은 안내서가 훌륭한 아이디어를 제공하지만 오래된 자료를 사용한다. 전반적으로 비장애중심주의 해체라는 신조에 부합하는 훌륭한 자료와 아이디어를 찾는 것은 분석적 렌즈 없이는 착수할 수 없는 작업이다. 다음은 장애의 의미에 대한 학습 안내를 위한 자료를 평가할 때 우리가 했던 몇 가지 질문이다.

1. 자료의 목적(예: 책, 비디오, 수업/활동 아이디어 또는 교수 자료)은 무엇인가?
   - 교육을 위한 것인가?
   - 픽션인가, 논픽션인가, 아니면 창작 논픽션인가?
   - 독자/시청자에게 장애에 대한 어떤 감정이나 태도를 유발하려고 의도되었는가?
   - 이 자료의 대상 독자는 누구인가?

2. 장애인은 가족, 학교, 직장 및/또는 지역사회 맥락에서 참여자로 보이거나 그려지고 혹은 묘사되는가?
   - 장애인이 다양한 관계(예: 가족, 친구, 형제자매, 동료, 전문가, 지원 제공자 등)에서 다른 사람들과 상호작용하고 있는 것이 보이는가?
   - 다양한 장소에 장애인이 등장하는가?
   - 그 자료는 독자/시청자가 다양한 차원에서의 장애인 삶에 대해 배울 수 있게 하는가?

3. 자료가 장애인의 목소리와 시각에 대해 어떤 입장을 취하는가?
   - 장애인이 교재의 주인공 또는 화자인가?
   - 교재가 장애인이 자신의 삶과 경험에 대해 어떻게 생각하는지 강조하고 이해하도록 하는가?
   - 교재가 연령, 인종, 성별, 지역 및 기타 맥락적인 요인을 묘사된 관점의 영향력 있는 요소로 고려할 수 있을 만큼 충분한 정보를 제공하는가?
   - 교재를 누가 개발했으며, 이것이 묘사된 정보 유형에 어떤 영향을 줄 수

있는가?
- 해당 출처가 정확성과 진정성, 그리고 장애인이 갖고 있는 현재 관점과 관련성이 있다는 점에서 신뢰할 수 있는지 어떻게 확인할 수 있는가? 혹은 관점이 다소 독특하거나 구체적인 맥락이 있는 것으로 보이는 경우 다른 출처가 다양한 관점을 제공하도록 보장하는 교재는 무엇인가?

4. 장애와 관련된 다양한 경험을 설명하기 위해 자료가 한 사람 이상의 경험을 어떻게 묘사하는가?
   - 자료는 장애가 장애 유형 및 범주 안에서 그리고 그 전반에 걸쳐 다양하다는 것을 이해할 수 있도록 하는가? 다시 말해, 자폐성 장애에 대한 묘사가 하나뿐인가 아니면 다양한가?
   - 장애에 대한 묘사가 특징이나 특성을 희화화하거나 편견으로 기능하게 하는 방식으로 제한되어 있는가? 장애가 다양하다는 것을 진술하는 것과 이를 동일한 자료에서 보여주는 것은 또 다르다.

5. 청중은 어떤 지식 혹은 메시지를 얻을 수 있는가?
   - 긍정적
     - 장애는 자연적/정상적/예상되는 것이다.
     - 모든 사람은 서로 다르다. 누구나 각자의 방식으로 참여할 수 있다.
     - 모두가 속해 있다.
     - 장애인은 도움을 주고받는다.
     - 장애인은 관계와 지역사회로부터 혜택을 받으며, 기여한다.
     - 장애를 가진 삶은 다른 삶과 마찬가지로 기복이 있고 도전과 기쁨이 있다.
     - 장애가 자신과 타인에게 수용된다.

- 부정적
  - 차이와 장애를 지우는 자료. 여기에는 "우리는 모두 똑같다" 또는 "장애는 장애인에게 영향을 주지 않는다."와 같은 메시지가 포함될 수 있다. 모두가 속해 있고 동일한 권리나 욕구를 갖는다고 말하는 것과 모든 사람이 똑같다거나 모든 사람은 장애가 있다고 말하는 것 사이에는 미묘하지만 중요한 차이가 있다.
  - 장애는 주로 개인의 노력이나 노고를 통해 "극복"될 수 있고, "극복"되어야 하며, "극복"해야 한다고 강조하거나 장애는 치료할 수 있거나 사라질 수 있음을 강조하는 자료. 도전, 투쟁, 승리, 타인의 수용과 자기 수용을 묘사하는 것은 장애에 대한 역동적인 관점을 제공하는 반면, 장애가 순전히 개인의 의지에 의해 "물리칠 수 있다"는 것을 보여주는 것은 문제가 있다. 보조도구, 적응 전략 또는 다양한 종류의 도움이나 지원을 통해 장애가 있는 사람들이 살아가고, 일하며, 배울 수 있도록 하는 방법을 강조하는 것이 좋다.

이러한 질문에 따라 우리는 이 책에서 추천하는 자료를 선택하기 위해 많은 책과 멀티미디어 자료를 검토했다. 그러한 구체적인 자료의 사용을 통해 특정한 탐구 맥락이 가장 잘 설명되었을 때 추천했다. 주요 목표는 장애가 묘사되는 **맥락**을 식별하고 고려할 수 있도록 하는 것이다.

이를 위해 권장 교재 및 자료는 다음을 위해 노력한다.

- 분석하는 동안 적절히 고려할 수 있도록 화자의 관점을 명확하게 한다.
- 장애를 투쟁이나 완화, 고난이나 기쁨에 전적으로 초점을 맞춘 것으로 묘사하지 않고 사람들의 장애와 손상에 대한 경험의 복잡성을 제공한다.
- 장애와 관련된 차이점과 유사성에 대한 메시지가 복합적이어야 한다. 사람들은 서로 다르기보다는 좀 더 비슷하지만, 우리 모두 같지는 않은 경

우이다. 모든 사람은 다양한 능력과 차이를 가지고 있지만 모든 사람이 장애가 있는 것은 아니다.
- 다른 사람과 함께 일상생활 활동에 참여하는 장애인을 묘사한다.
- 다른 사람과의 관계 및/또는 다른 사람과의 관계에서 장애인을 묘사한다. 그리고
- 적응, 처치, 치료 및 예후에 대한 메시지가 복합적이어야 한다. 치료보다는 적응을 보여주고, 환경적 요인과 타인의 사회적 행동에 주의를 기울이며, 정상성이나 회복을 바라는 마음으로 해결하기보다 장애의 수용에 대한 묘사를 선호한다.

모든 기준을 충족하는 자료는 거의 없다. 따라서 주제에서 권장되는 자료를 탐색할 여러 자료를 함께 사용하는 것이 중요하다. 우리는 이 책의 출판 당시 간행되었거나 공개적으로 이용 가능한 저작물만을 포함시켰다. 두 명의 비장애인이 비장애중심주의에 대한 글을 쓰면서 하나의 책무는 장애인에 의해 생산된 관점과 작품을 확대하는 것이다. 가능하면 장애인, 농인 또는 신경다양성으로 식별되는 사람들에 의해 생산된 작품과 자료를 추천했다. 그러나 이런 선택은 오랫동안 사람들이 찾을 가능성이 있고 학교에서 가르치는 것과 관련해 쉽게 이해되고 수용될 가능성이 있는 자료를 선택하는 것과 균형을 이루고 있다. 때때로 권장 사항은 내부자, 학자 및 장애 문화의 열렬한 추종자가 비장애중심주의, 관점 또는 문화에 대한 가장 포괄적이고 복잡하거나 심도 있는 조사로 인식할 수 있는 것과 다를 수 있다. 장애, 신경다양성, 비장애중심주의에 대한 입문 자료를 통한 관심이 탐구자들을 보다 깊이 있는 연구로 인도할 수 있기를 희망한다. 여기에서 고려된 기준은 자료목록을 개발할 때, 학생들과 함께 자료를 검토할 때 사용할 수 있다.

추천 자료 선정의 어려움

정보 매체, 엔터테인먼트, 뉴스, 소셜미디어, 예술 및 문학에서 장애와 장애인을 찾는 것은 매우 쉽다. 아카데미상을 수상한 영화와 배우에 대한 열람; 고전 문학, 동화, 회고록 및 아동도서; 범죄 및 의학 드라마, 인간 관심사 및 기타 텔레비전 프로그램; 뉴스 미디어는 미국 문화에 장애 묘사가 부족하지 않다는 것을 보여줄 것이다. 그러나 모든 종류의 문화상품에서 장애에 대한 묘사는 다양하지 않다. 휠체어를 사용하는 사람, 보청기 및/또는 수어를 사용할 수 있는 청각장애인/농인, 시각장애인에 대한 묘사는 장애를 상징하거나 대표하기 위해 가장 많이 나타나는 장애의 예이다. 그러나 미국 청소년들 사이에서 "장애"로 여겨지는 이동성, 청각 및 시각장애는 실제로 상당히 드문 경험이다. 따라서 장애인과 관련해 대중적 의식 속에 살며 문화적 기준과 상징으로 대표되는 대다수는 청소년들 사이에서 가장 흔하지 않은 정체성과 경험을 나타낸다. 이는 이러한 장애 경험이 중요하지 않다는 것이 아니라 장애 묘사와 관련 범위의 경험이 협소하다는 것을 지적하는 것이다.

교수자료를 선택할 때 두 번째 어려움은 문화상품이 장애를 "극복하는" 장애인, 따라서 "고기능"(high functioning)으로 묘사하거나 비극적으로 무능력한 "저기능"(low functioning)으로 묘사하는 경우가 자주 있다는 것이다. 예를 들면, 자폐인을 별나지만 뛰어난 개인으로 묘사한 인기 있는 문화상품(Pourre, Aubert, Andanson, & Raynaud, 2012)이나 정신질환이 있는 사람을 극단적 범죄자 혹은 희생자가 되기 쉬운 것처럼 묘사하는 텔레비전 범죄 드라마(Parrot & Parrot, 2015) 또는 "중증 장애인"으로 여겨지는 사람들의 죽음이 불가피하거나 용인될 수 있는 결말로 묘사되는 "안락사" 사례에 대한 뉴스 미디어 보도(Perry, 2017)와 대조된다. 교수와 학습을 위한 자료를 검토할 때 고려해야 할 중요한 점은 장애의 유형과 장애를 경험하는 방식 모두에서 장애의 대표성이 협소한 경향이 있다는 것이다. 문화상품은 "가장 정상적인 것"과 "가장 정상적이지 않은 것"이라는 극단을 강조하고 훨씬 더 전형적인 일상의 경험을 배제하는 경향이 있다. 즉, 가장 묘사가 적고 매우 결여되어 있는 평범한 경험이 바로 장애라는 개념이다. 자료 선정의 세 번째 어려움은 교차하는 정체성과 경험에서 나오는 표현 및 관점과 관련이 있다. 다양한 피부색과 젠더를 가진 청소년을 대상으로 하는 자료를 찾는 것이 점점 더 가능해지고 있지만, 정체성과 경험의 복잡성에 대한 통찰력을 제공하는 자료는 드물다. 다시 말해 장애에 대한 이야기는 장애에 대해서만 다루려는 경향이 있으며 주로 인종, 성별 및 기타 정체성을 동시에 포함하며 통합된 것으로 다루지 않는다.

장애에 대한 교육 자료 선정에 관한 어떤 지침들은 부정적인 묘사를 피하고 긍정적인 묘사를 장려할 것을 권장한다. 그러나 부정적, 긍정적으로 판단되는 것이란 상당히 주관적이다. 만화책과 영화로 나온 〈데어데블(Daredevil)〉은 맹인 캐릭터가 슈퍼히어로이기 때문에 긍정적인가? 〈투페이스(Two-Face)〉나 〈글래스(Mr. Glass)〉와 같은 다른 만화나 영화 인물들은 악당이기 때문에 부정적인가? 매들린 스튜어트(Madeline Stuart)는 다운증후군이 있는 패션 모델이기 때문에 그에 대한 언론보도는 항상 긍정적인가? 다운증후군 어린이의 출생을 줄인 산전 검사 관행에 대한 언론 보도는 항상 부정적인가? 장애에 대한 "부정적" 표현과 "긍정적" 표현의 이분법을 만드는 것은 요점을 완전히 놓칠 수 있는 방식으로 장애화의 문화적 맥락을 단순화한다. 어떤 경험이나 묘사도 한 개인이나 하나의 문제에 대해 전적으로 긍정적이거나 부정적인 것은 없으며, 쟁점을 넘나들거나 어떤 유형의 집단 정체성을 공유하는 개인이라도 괜찮다. 어떤 표현이 긍정인지 부정인지에 대한 비판을 강조하기보다 탐구와 분석은 문화의 산물이 의사소통하는 차이, 장애, 장애화에 대한 신념에 대해 평가할 수 있다. 비장애중심주의에 기여하는 것은 다른 사람들에 대한 장애 묘사의 영향, 빈도, 공통점이다. 장애 경험을 "긍정적인" 방식으로만 묘사하거나 장애를 "눈치 채지 못하게" 묘사하려고 애쓸 필요는 없다. 다양성은 장애를 평범하고 폭넓게 복합적으로 이해하는 문화를 형성할 것이다.

비판적 탐구의 촉진

이 책은 전통적인 의미의 수업 계획을 제공하지 않는다. 각 주제에 대한 연구는 **탐구 시작하기**로 여는 것을 권장한다. 탐구 동아리는 학생 모둠이 학습과 조사를 이끌 수 있는 사전 지식, 질문, 아이디어를 공유하고 생성하는 열린 대화이다. 이 시간 동안 수집된 응답은 그 집단의 기존 지식, 경험 및 이해를 바탕으로 흥미롭고 의미 있으며 적절할 것 같은 후속 활동 정보를 제공하고 안내할 수 있다. 각 장의 다양한 자료, 주제 및 활동은 그 집단이 탐구할 수 있는 다양한 가능성을 제공한다. 비판적 탐구의 전반적인 개념은 교수와 학습 조직에 대해 다음과 같은 가정을 발전시킨다.

- 교사와 학생은 함께 질문하고 주제 및 활동의 흐름을 형성하는 데 참여한다.
- 대화에 참여하고 아이디어를 공유하는 것은 정규 및 주요 교육의 일부이다.
- 대화의 목적은 집단으로서 아이디어, 해석 및 의미를 구성하고 수집하며 생성하는 것이므로 개방형 토론을 위한 충분한 시간이 제공된다.
- 학생들은 자신의 관점과 해석을 적용할 수 있도록 학습할 자료에 직접 참여한다. (이는 교사가 정보의 유일한 출처인 은행저금식 교육과 대조된다.)
- 모든 학생에게 다양한 자료에 참여할 기회가 제공된다. 스테이션 교수, 선택, 차별화 교수 방식은 다양한 도서와 텍스트 유형 및 기타 매체를 동시에 탐색하는 구조를 만드는 방법이다. 그림책은 모든 학년과 연령에서 사용할 수 있다고 가정하는데 자료 세트는 주로 개인이 중심 의제/주제에 대한 대화와 공유에 기여할 정보와 아이디어를 제공하는 다양한 자료를 탐색할 수 있도록 하는 형식의 다양성이 특징이다.
- 학생들은 자료와 상호작용하면서 비판적이고 다중적인 문해력을 개발하

고 연습하는데 관점, 자료의 목적, 자료의 유형을 고려함으로써 자료 유형에 따라 분석과 해석의 틀과 전략을 사용할 수 있다. 예를 들면, 자세히 읽기는 텍스트에 유용한 기술일 수 있고, 시각적 사고(visual thinking) 전략은 이미지/삽화에 사용될 수 있으며, 내러티브 분석 기술은 영화와 이야기 형태의 작품에 유용할 수 있고, 귀납적 또는 연역적 추론을 이끄는 전략은 문제를 통한 생각하기 등에 적용될 수 있다.

대화, 비판적 분석 및 비판적 성찰을 시작하고 심화하는 방법에 대한 아이디어를 얻기 위해 탐색할 많은 자료가 있다. "쌍(pair)으로 생각하기"와 소크라테스식 세미나는 대화와 토론 기반 교수를 위한 일반적인 접근 방식이다. 토론 기반 실제의 이론과 실천에 대한 자세한 설명을 제공하는 많은 가이드북과 자료가 있다. 쉽게 구할 수 있는 자료를 위해 웹사이트와 팟캐스트 **컬트 오브페다고지**(Cult of Pedagogy)에는 "수업 토론 전략 주요 목록"이 있다. Jennifer Gonzalez (2015)가 작성한 대화 구조화를 위한 15가지 아이디어는 www.cultofpedagogy.com/speaking-listening-techniques/에서 찾을 수 있다. 비판적 분석과 성찰을 위한 아이디어의 질을 높이고, 탐구하고, 심화하고, 확장하기 위한 질문은 다음과 같다.

비판적 분석을 장려할 수 있는 몇 가지 일반적인 질문과 촉진 내용은 다음과 같다.

- 관점은 무엇인가?
- 작가/창작자/발표자가 이루고자 하는 것은 무엇이라고 생각하는가?
- 이 자료/작품의 목적은 무엇인가?
- 여기에 어떤 쟁점이나 문제가 있는가?
- 어떤 증거나 자료가 제공되었나?
- 고려해야 할 복잡성에는 어떤 것이 있는가?

- 이 자료와 이러한 경험을 구성하는 데 도움이 되는 개념은 무엇인가? 이 명제 혹은 논의를 어떻게 검증하거나 시험할 수 있는가?
- 다른 사람의 관점에서 어조, 의도 혹은 정보는 어떻게 변할 것인가?
- 이 자료/작품은 삶에 대해 우리를 어떻게 가르칠 수 있는가?
- 여러분의 관점이나 주장을 어떻게 정당화할 수 있는가?
- 더 많은 이해를 돕기 위해 어떤 세부 사항이나 기타 정보가 필요한가?
- 이 자료/작품을 이해하는 데 가장 관련이 있거나 중요한 정보 혹은 기타 요소는 무엇인가?
- 일관성이 있는 것 혹은 일관성이 없는 것은 무엇인가?

집단 대화를 통해서든 개인의 생각과 표현을 통해서든 비판적 성찰을 촉진하는 몇 가지 질문은 다음과 같다.

- 이 정보를 내가 어떻게 보거나 바라보고 있는가? 객관적으로? 주관적으로? 그러면 나는 관점을 바꿔야 할까?
- 이것은 나의 일상적인 일과 어떤 관련이 있는가?
- 가장 잘 이해가 되는 아이디어는 무엇이며 그 이유는?
- 어떤 문제가 익숙한가? 왜 그러한가?
- 이것은 현재 사건과 어떤 관련이 있는가?
- 어떤 사람/경험이 어떻게 여러분 자신을 생각나게 하는가? 왜 그러한가?
- 자료/작품이 여러분에게 어떤 영향을 미쳤는가? 설명하시오.
- 여러분을 놀랍게 하거나 혼란스럽게 하는 아이디어나 경험은 무엇인가? 설명하시오.
- 믿지만 실행하기 어려운 아이디어는 무엇인가?
- 만약 여러분이 이 주제에 대해 창작한다면 그 이야기와 생각은 어떻게 바뀔 것인가?

연구가 탐구 동아리나 사전 지식과 질문에 대한 열린 대화로 시작할 수 있는 것처럼, 주제 탐구를 마무리하는 데 탐구 동아리를 활용할 수 있다. 마무리 **성찰 동아리**는 집단이 처음에 제기된 응답과 질문을 검토하고 새로운 지식, 이해, 아이디어를 성찰하기 위해 이를 명료화하고, 확장하며, 수정할 수 있다. 참여자들이 새로운 혹은 수정된 아이디어를 이끈 논쟁과 예시를 들어 자신의 응답을 뒷받침하도록 격려하는 것이 좋다. 학습자가 계속되는 질문과 지속적인 질문의 기초로 사용할 수 있는 새로운 질문을 기록하도록 권장한다.

참고문헌

Parrott, S., & Parrott, C. T. (2015). Law and disorder: The portrayal of mental illness in US crime dramas. *Journal of Broadcasting & Electronic Media*, 59(4), 640–657.

Perry, G. (2017). *The descent of man*. New York: Penguin Books.

Pourre, F., Aubert, E., Andanson, J., & Raynaud, J. P. (2012). Asperger syndrome in contemporary fictions. *L'Encephale*, 38(6), 460–466.

Thompson, R. (1969). Learning to question. *The Journal of Higher Education*, 40(6), 467–472.

비판적 사고란 무엇일까?

1) 여러 관점에서 문제를 바라보기
- 이것은 누구의 관점인가요?
- 누구의 관점이 누락되었나요?
- 누구의 관점이 포함되어야 하나요?

2) 다음과 같은 질문하기

- 이것은 모두에게 공평한가요?
- 이것이 왜 옳은가요?
- 이것은 누군가를 다치게 하나요?
- 이것이 이야기의 전부인가요?
- 왜 이런 방식인가요?
- 어떻게 하면 다를 수 있었을까요?
- 누가 결정하나요?
- 이것은 어떻게 규범이 되었나요?

3) 생각하기의 새로운 방법을 떠올리기
- 이 문제에서 나의 역할은 무엇인가요?
- 어떻게 달라질 수 있을까요?
- 바꾸려면 어떻게 해야 할까요?

Copyright material from Susan Baglieri and Priya Lalvani (2020), *Undoing Ableism: Teaching About Disability in K-12 Classrooms*, Routledge

비판적 분석을 위한 심화 질문

비판적 분석이란 더 깊은 의미를 찾아내기 위해 노력하는 것을 의미합니다. 우리는 그 의미가 우리가 생각하는 것처럼 보이는 이유와 방법을 알아내기 위해 비판적으로 분석합니다. 그러한 생각에 동의하는지 혹은 동의하지 않는지를 판단하기 위해 평가합니다. 다음은 분석하기와 평가하기를 위한 몇 가지 질문입니다.

1. 관점 또는 관점들은 무엇인가요?
2. 작가/창작자/발표자가 이루고자 하는 것은 무엇이라고 생각하나요?
3. 이 작품의 의도는 무엇인가요?
4. 여기에는 어떤 쟁점 혹은 문제가 있다고 보나요?
5. 어떤 증거 혹은 데이터가 제공되는가요?
6. 우리가 고려해야 할 복잡성에는 어떤 것들이 있나요?
7. 이 데이터, 이러한 경험을 구성하는 데 도움이 되는 개념은 무엇인가요?
8. 이러한 입장 혹은 논쟁을 어떻게 검증하거나 조사할 수 있나요?
9. 다른 사람의 관점에서 어조, 의도 혹은 정보는 어떻게 변할까요?
10. 이 작품/활동은 삶에 대해 어떻게 가르쳐 줄 수 있나요?
11. 자신의 견해나 주장을 어떻게 정당화할 수 있나요?
12. 좀 더 이해하기 위해 어떤 세부 사항이나 기타 정보가 필요한가요?
13. 이 작품/활동을 이해하는 데 가장 관련이 있거나 중요한 정보와 기타 요소는 무엇인가요?
14. 일관성이 있거나 일관성이 없는 것은 무엇인가요?

Copyright material from Susan Baglieri and Priya Lalvani (2020), *Undoing Ableism: Teaching About Disability in K-12 Classrooms*, Routledge

비판적 성찰을 위한 심화 질문

비판적 성찰은 비판적 분석을 우리 자신의 신념, 의견, 지식에 적용할 때 일어납니다. 우리는 우리가 생각하는 이유와 우리가 하는 일을 믿는 이유, 그리고 새로운 정보가 우리의 생각이나 신념을 바꿀 수 있는지를 비판적으로 성찰합니다. 다음은 비판적 성찰을 할 때 묻는 몇 가지 질문입니다.

1. 나는 이 정보를 어떻게 보거나 간주하고 있나요?
   - 이 정보는 어떻게 주관적인가요?
   - 이 정보는 어떻게 객관적인가요?
2. 이것은 나의 일상적인 경험과 어떻게 관련되나요?
3. 나에게 가장 의미가 있는 아이디어는 무엇이며 그 이유는?
4. 어떤 문제가 익숙하게 느껴지나요? 왜 그러한가요?
5. 이것은 현재 사건과 어떤 관련이 있나요?
6. 이것이 어떻게 내 경험을 생각나게 하나요?
7. 작품 혹은 자료가 나에게 어떤 영향을 미쳤나요? 설명해보세요.
8. 나를 놀라게 하거나 혼란스럽게 한 아이디어나 경험은 무엇인가요? 설명해보세요.
9. 내가 믿고 있지만 실행하기 어려운 아이디어는 무엇인가요?
10. 만약 내가 이 주제에 대해 창작한다면 이야기와 아이디어는 어떻게 바뀔까요?

Copyright material from Susan Baglieri and Priya Lalvani (2020), *Undoing Ableism: Teaching About Disability in K-12 Classrooms*, Routledge

5장. 장애 의미의 탐색

탐구 주제: 장애는 무엇을 의미하는가?

필수 질문

- 왜 어떤 사람은 "정상적"으로, 또 다른 사람은 "장애인"으로 생각되는가?
- 사람 사이의 다름이 사회에서 의미 있거나 중요하게 되는 방법은 무엇인가?
- 사람 사이의 다름이 항상 인간 경험의 일부분이 되어야 하는 이유는 무엇인가?

도입 및 배경정보

> 나는 몸이 불편한 사람이 아니야 —
> 나는 굽은 손으로 얻어 맞았어
> 나는 혀가 갈라진 프랑스식 키스야
> 나는 당신이 두려워하는 마지막을 위해 정형외과 신발을 꿰맸어
> 나는 다른 사람들과 달라 —
> – Cheryl Marie Wade의 "I Am Not One of The"에서 발췌(1987)

장애의 의미는 시대와 문화를 거쳐 다양해져 오고 있다. 장애의 의미는 지리

적이고 문화적인 위치, 종교, 경제적 상태 및 과학의 영향을 받는다. 사람들이 장애를 어떻게 다루고 경험하는가는 그들의 성, 인종 및 사회계층과 연관이 있다. 예를 들면, 정규교육이 제한된 지역에서는 읽기 학습의 어려움이 아동에게 장애로 다루어질 가능성이 낮지만 읽기 평가가 널리 퍼져 있는 문화적 맥락에서는 읽기 학습의 어려움이 장애로 분류될 가능성이 높다. 부유한 지적장애 청년에게 열려있는 고용과 자립생활의 선택권은 가족의 재산이나 사회적 지위가 낮은 사람들의 것과 크게 다르다. 예를 들면, 인도와 이탈리아의 몇몇 회사에서 수행하는 친장애 고용의 실제는 그들의 지역사회가 일하는 장애인을 인식하고 배치하는 방식에 영향을 준다(Ferrucci, 2014; Friedner, 2015).

당대의 장애에 대한 정의는 장애인이 자기 자신을 어떻게 인식하고, 기능, 기회 및 억압을 어떻게 경험하는지에 대한 맥락의 중요성을 인정한다. ICF(The International Classification of Functioning, Disability and Health)는 UN 세계보건기구(WHO)가 개발하고 승인한 체제이다. ICF는 2001년에 WHO에 의해 처음 채택되어 매년 재검토 및 개정되고 있다. ICF의 목적은 건강과 장애를 정의하고 측정하기 위한 기준, 국제 언어 및 개념적 기반을 제공하는 것이다. 이러한 수단이 미칠 수 있는 영향의 예는 손상의 성격과 장애인 삶의 질에 대한 광범위한 국제적 청사진을 제공하는 2011년 『세계장애보고서』(*World Report on Disability*)에 설명되어 있다. 관련된 권고안은 무장애(barrier-free) 환경, 교육 및 고용을 조성하고 가능하게 하기 위한 공중보건 및 재활, 보조 및 지원을 다룬다. WHO는 장애에 대해 다음과 같이 기술한다.:

> 장애는 손상, 활동 제한 및 참여 제약을 포괄적으로 일컫는 용어이다. 이는 한 개인의 건강 상태와 개인의 맥락적 요소들(환경과 개인적 요소) 사이의 상호작용의 부정적인 측면을 나타낸다.
>
> (p. 4)

다른 목적들을 가지고 창출된 장애 정의의 다른 유형들이 있을 수 있다. 예를 들면, 2008년 ADAAA(The Americans with Disabilities Act Amendments Act, 미국장애인법의 개정법)에서는 미국 사법제도가 장애에 기초한 차별에 대한 법적 의미를 정의하였고, 이는 차별의 발생 여부를 판단할 수 있도록 고안되었다. ADAAA는 다음과 같이 기술한다.:

> '장애'란 한 개인에 관해 다음을 의미한다.—
> (A) 한 개인의 하나 또는 그 이상의 주요한 일상생활에 상당히 제한적인 신체적 또는 정신적 손상; (B) 한 손상에 대한 기록; 또는 (C) 그러한 손상이 있는 것으로 간주되는 것....
> 주요 생활활동은 자신을 돌보고, 일하고, 보고, 듣고, 먹고, 자고, 걷고, 서고, 들고, 구부리고, 말하고, 호흡하고, 학습하고, 독서하고, 집중하고, 생각하고, 소통하고, 일하는 것을 포함하지만 이것들에 한정되는 것은 아니다...
> [A] 주요 생활활동들은 면역계 기능, 정상적인 세포 성장, 소화기, 장, 방광, 신경계, 뇌, 호흡기, 순환기, 내분비 및 생식 기능을 포함하는 주요 신체 기능의 작동을 또한 포함하지만 이것들에 한정되는 것은 아니다.
>
> (42 U.S. Code § 12102, Ch. 126)

정의 유형의 마지막 예는 장애인교육법(IDEA, 2004)에 제시되었다. IDEA에서 장애에 대한 정의의 목적은 손상을 지닌 아동을 교육하는 학교의 책임을 기술하는 것이다. 손상을 지닌 일부 아동들은 특수교육 서비스를 필요로 하는 반면, 손상을 지닌 다른 아동들은 그렇지 않을 수 있다. IDEA는 손상의 유형, 평가 절차, 손상과 교육과의 관계에 대한 진단평가를 장애 정의의 일부로 설명한다. IDEA는 다음과 같이 기술한다.:

(1) 장애가 있는 아동은 §300.304~300.311에 따라 정신지체, 청각장애(농 포함), 말 또는 언어장애, 시각장애(전맹 포함), 심각한 정서장애(이하 "정서장애"라 함), 정형외과적 손상, 자폐, 외상성 뇌손상, 기타 건강장애, 특정 학습장애, 농-맹 또는 중복장애로 인해 특수교육 및 관련 서비스가 필요한 것으로 평가되는 한 아동을 의미한다.

(20 U.S.C. 1401(3); 1401(30))

연구 수행과 사회차원적 개선, 인권침해 판단 및 교육 서비스를 제공하기 위해 장애를 정의하는 것은 특정 목적과 연관된 이해를 산출한다. 중요한 점은 이 문서들 각각의 정의가 시간이 지남에 따라 계속 변화되고 있다는 것이다. 장애가 사람들의 삶에 미치는 영향에 대한 최신 이해를 더 잘 반영하도록 정의들은 변한다(WHO, 2011). 또한 이 정의는 법원이 손상의 실재보다 차별의 성격에 초점을 맞추도록 더 잘 지시하기 위해, 그리고 평가 과정을 최신화하거나 문화적으로 수용된 용어를 정책적인 용어와 일치시키기 위해 변화된다; 예를 들면, 2010년 로사의 법(Rosa's Law of 2010)에서는 미국 연방 문서 언어에 "정신지체"를 "지적장애"로 대체했다. 여기에 제공된 각 정의의 한 가지 중요한 특징은 한 개인의 손상을 한 특정 맥락 또는 환경에서 의미 있는 것으로서의 개인의 손상에 대한 관심이다.

장애는 개인의 제한성과 타인과의 상호작용이나 특정 신체적, 사회적, 인지적 환경의 요구에서 물리적 환경이 어떻게 그들을 가능 또는 불가능하게 하는지에 대한 것을 모두 포함하는 경험이자 정체성이다. 한 개인은 항상 손상을 가지고 있을 수 있지만, 손상이 불가능하게 하는 정도는 다양할 수 있다. 장애가 개인과 환경 사이의 상호작용이라는 생각은 장애의 **사회적 모델**로서 잘 알려져 있다. 사회적 모델의 개념은 1980년대 장애 활동가 이자 영국 장애학의 첫 번째 교수인 마이클 올리버(Michael Oliver)에 의해 만들어졌다. 장애의 사회적 모델은 장애의 **의료적 모델**에 반대하기 위해 활용된다. 장애의 의료적 모델은 개인의 문제를 판별하고 손상의 원인을 감소, 재활 또는 치료하는 것을 목표로 하여 장애를 다루는 실제를 형성한다. 반면, 사회적 모델은 장애인의 사회참여에 장벽이 되는 정치적, 경제적, 환경적, 문화적 조건들을 강조한다. 사회적 모델의 지지자들은 개인적 손상의 교정만을 추구하기 보다는 오히려 장애인의 삶의 질에 부정적으로 영향을 미치는 물리적, 태도적 조건들을 경감하는 것을 목표로 한다. "의료적 모델과 사회적 모델 사이의 실행 가능한 절충안"을 제공하기를 희망하면서 ICF는 "'생리심리사회적 모델'(bio-psycho-social model)로서 홍보되고 있다"(WHO, 2011, p. 4).

　장애의 사회적 모델은 탐구와 이해를 위한 기회의 한 세계를 열어준다. 특히 서양의학의 영향을 많이 받은 문화에서 의료적 모델의 확산은 오랫동안 장애에 대한 논의를 치료사, 의사 및 기타 전문가의 언어와 관점에 의해 형성되는 진단과 치료에 대한 주제로 밀려나게 했다. 태도와 물리적 및 사회적 환경에 대한 사회적 모델의 새로운 강조는 장애에 대한 논의와 이해가 전문가만이 아니라 우리 모두 사이에서 일어날 수 있게 한다. 장애에 대한 논의를 시작하는 것은 어색하게 느껴질 수 있다. 우리는 아마도 의학적 용어에 대한 우려나 부적절한 단어를 사용함으로써 타인의 기분을 상하게 하는 것에 대한 두려움과 관련된 문화적 "부담"을 갖고 있다. 불편함의 또 다른 원인은 장애에 대해 말하는 것을 금기시하는 특성이다. 금기는 많은 전통이 손상을 악이나 죄와 연결시켜 온 종교적 또는 영적 역사에 뿌리내려질 수 있다. 또한 문화적 역사는 손상을 기괴함, 폭력, 수치심과 연결해왔다. 덧붙여, 장애는 종종 부정적인 용어나 개인 또는 사적인 문제로 생각된다. 그래서 우리는 침입적이고, 환영받지 못하거나 다른 사람의 시선을 의식하게 하는 주제를 끄집어내거나 추구하는 것을 피한다. 우리는 지나치게 개인적이거나 다른 사람이 우리를 동정하게 될 수 있는 우리 자신의 일부분을 공유하는 것을 피한다. 장애가 대화에서 제외될 수 있는 많은 이유가 있다. 그러나 비장애중심주의 해체는 모두에게 장애에 대한 대화에 참여하기를 요구한다.

심화학습을 위한 성찰과제

- 여러분은 어떤 면에서 장애에 대해 말하는 것이 편안하고 자신 있는가? 그리고 어떤 면에서 장애에 대해 말하는 것이 자신 없거나 불편한가?
- 여러분에게 "능력"과 "무능력" 또는 "정상적"과 "비정상적"은 무엇을 의미하는가? 여러분이 속한 그룹에서 여러분의 경험은 여러분의 삶에 어떤 영향을 미쳤는가?
- 여러분의 직장을 생각해보라. 장애가 있는 직원, 학생, 또는 부모에 대한 서면 혹은 공식적 정책은 장애를 어떻게 설명하는가? 어떤 종류의 대화 또는 무언의 대화가 여러분의 직업 세계에서 장애가 어떻게 간주 되는지에 영향을 미치는가? 이는 장애의 의료적, 사회적 모델을 어떻게 반영하고 있는가?
- 앞서 설명한 장애의 정의와 이전 장에서 설명한 논의를 다시 살펴보라. 장애가 어떻게 설명되는지에 대한 정의들 사이의 차이점은 무엇인가? 이는 여러분의 장애에 대한 이전의 이해와 어떤 관련이 있는가?

추천 자료

- 『장애 주장하기: 지식과 정체성』(*Claiming Disability: Knowledge and Identity* by Simi Linton, 1998, New York University Press)
- 『짧은 버스: 정상을 넘어선 여행』(*The Short Bus: A Journey Beyond Normal* by Jonathan Mooney, 2008, Holt Paperbacks)

탐구 들어가기

비장애중심주의의 이해를 향하여 "장애는 무엇을 의미하는가?"라는 주제의 목적은 학습자를 작동 어휘(working vocabulary) 개발에 참여하게 하고, 학습자에게 장애의 사회적 모델과 관련된 개념을 소개하는 것이다. 이전에 설명한 공식적인 정의 외에도 장애의 사회적 모델에 대한 생각이 담긴 광범위한 진술은 다음과 같다. :

- 모든 사람은 서로 다르다.
- 사람은 다른 강점, 약점, 재능, 능력 및 장애를 가진다.
- 사람은 다른 방법과 다른 종류의 도움을 받아 일할 수 있다.
- 손상은 사람이 어떤 것을 하기 어렵게 만드는 구체적 특성이다.
- 손상은 사람이 몸을 움직이고, 의사소통하고, 감지하는 방식 또는 사람이 생각하고, 행동하고, 배우거나 느끼는 방식에 영향을 미칠 수 있다.
- 손상은 개인적 생활 맥락의 다른 많은 측면에 따라 다른 방식으로 다른 사람에게 영향을 미칠 수 있다.
- 장애는 손상으로 인해 대부분의 다른 사람들이 할 수 있는 생활에 필수적인 일을 하기 어렵게 만드는 것이다.
- 손상을 가진 사람이 더 쉽게 이동하고, 감지하고, 배우고, 참여할 수 있는 장소가 만들어지면 장애를 가진 것에 대한 영향이 줄어들 수 있다.

교육 대상에 대한 고려

여러분의 학급, 학교, 지역사회에는 장애학생이 있다. 어떤 장애학생은 장애인으로 정체성이 발달하고 있거나 이미 발달 되어 있을 수 있고, 또 다른 장애학생은 그렇지 않을 수도 있다. 장애학생은 개인적인 방법으로 그 무리와 동일시할 수도 있고 그렇지 않을 수도 있다. 덧붙여, 장애에 대한 학습의 주요 아이디어는 장애인이 모두 서로 다르다는 것을 강조하는 것이다. 만약 학급 구성원이 장애와 관련하여 자신이나 다른 사람들과 공유할 수 있는 경험이 있다면, 그들의 경험은 여러 경험 중 하나임을 강조할 것을 명심하라. 자신과 타인에 대한 학생의 이야기를 존중하고, 거기에 관심을 기울이는 것과 장애가 되는 경우와 장애를 이해하는 방법은 여러 가지가 있다는 인식을 유지하는 것 사이에서 균형을 찾아라.

장애 정의하기

사람들은 장애의 사회적 모델에서 장애가 차이 및 다양성과 어떻게 연관되는지에 대해 다양한 관점을 가지고 있다. 어떤 사람들은 그들이 움직이고, 감각을 느끼고, 생각하고, 감정을 느끼는 방식을 장애나 손상으로 묘사하는 것에 반대한다. 그리고 사람들은 "손상" 또는 "장애"로 분류되어서는 안 되는 인간 다양성의 자연스럽고 예상되는 측면으로 세상을 경험하는 방식의 범위를 이해한다. 이러한 관점은 사람들이 그들 자신이나 다른 사람들을 학습장애 대신 학습의 차이를 가지고 있다고 묘사할 때 소통될 수 있다. 이 예에서 학습에 대해 다르게 "잘못된 것"은 없다고 소통하는 것이 목적이다. 언어를 바꾸는 것은 "장애"라는 용어가 오랫동안 추론해 온 부정적인 의미에 대한 반응일 수 있다. 장애의 사회적 모델을 사용하는 다른 사람들은 사람들이 세상을 경험하는 방식의 범위가 자연스럽고, 예상되며, 사람들 사이의 다양한 차이점들의 일부라는 것에 동의한다. 또한 특정 차이점을 "장애"로 설명하는 것을 선호한다. 우리가 "장애"라는 용어 사용을 추천하는 몇 가지 이유가 있다. 첫째, 장애는 이미 정치적이고 경제적인 맥락, 사회적 관계, 과학 및 의학, 그리고 집단 정체성 면에서 특정한 의미를 지닌다. 심지어 한 개인은 좋아하는 단어를 사용하여 자신에 대한 정보를 생각하거나 표현하기를 선택할 수 있으며, 시민권, 교육 및 고용 혜택, 공공 서비스, 목표로 정한 사회적, 교육적, 여가기회, 그리고 장애 또는 장애인이라는 용어 및 개념과 연결된 사회적 및 정치적 정체성을 고려하는 것 또한 중요하다. 둘째, 비장애중심주의를 해체하는 것의 큰 부분은 장애에 대한 해로운 인식을 인지하고 바꾸는 것이다. 비장애중심주의에 반대하는 사람은 모든 사람들의 경험과 권리를 가치 있게 여긴다. 경험을 가치 있게 여긴다는 것은 우리가 장애와 손상의 완전성과 다차원성을 다양한 사회의 속성으로 인식해야 한다는 것을 의미한다. 우리는 부정적인 의미 때문에 장애라는 단어를 지우려고 하기보다 장애의 의미를 바꾸는 작업을 추천한다.

우리는 "특별하다", "예외적이다", "도전적이다", "다른 능력 있다"와 같은 완곡한 표현을 사용하는 대신 장애라는 단어를 사용할 것을 강력히 추천한다. 편안하고 공통적인 작동 어휘를 시작하는 한 지점으로서, "people with disabilities"와 "disabled people"이라는 "장애인" 용어가 일반적으로 수용된다. 사람이 하지 않는 것보다 하는 것을 강조하는 것 역시 선호된다.

장애에 대한 대화를 시작할 때 언어 관습이 시간에 따라 변하고 장소에 따라 다양하다는 것을 고려하는 것이 중요하다. 개인 또는 그룹(장애가 있거나 없거나)은 개인 또는 그룹은 특정 장애 또는 손상이 명명되는 방법에 대해 특정 선호도를 가질 수 있다. 예를 들면, 어떤 사람들은 스스로를 자폐적(autistic)이라고 언급하고, 다른 사람들은 스스로를 자폐를 가진 사람(people with autism)이라고 생각하는 것을 더 선호한다; 어떤 사람들은 스스로를 **장애를 가진 것**(*having disabilities*)으로 말하는 반면, 또 다른 사람들은 자랑스럽게 **장애인**(*disabled people*)으로서 자신을 인지한다. 자신을 "불구"(crip)라고 언급하는 것은 일부 장애인들이 집단 내 정체성으로 사용하지만, "불구자"(cripple)는 더 이상 장애의 일반적인 기술어로 사용되지 않는다. 뉘앙스와 선호의 목록은 광범위하고 중요하며 여러분이 상호작용하는 장애를 가진 특정 개인들에게 물어볼 수 있는 것이다. 학생과 교사는 잘못된 것을 말할까 봐 걱정하기 때문에 탐구에 들어가면서 가장 중요한 것은 의사소통의 두려움에서 자유로워져야 한다는 것이다. 일반적으로 받아들여지는 손상과 장애의 의미와 장애에 대해 말하는 방식을 다루는 것은 대화를 중단하기보다는 대화를 시작하고, 확장하고 또는 심지어 복잡하게 만드는 데 도움이 되어야 한다.

학교에서 장애를 언급하는 데 사용되는 몇 가지 일반적인 용어에는 "특수한", "특수한 요구", "학습에서 다름" 및 "다른"이 포함된다. 각 개인은 다른 사람과 다를 뿐만 아니라 다양한 방식으로 독특하고 특별하다. 이렇기 때문에, 우리는 교육자들에게 장애인을 "장애"라고 말하는 대신 "다른" 또는 "특수한"이라고 지칭하는 것을 염두에 두라고 조언한다. "Matt는 다르다" 또는 "사람들은 모두 다르다는 것을 배울 것이다"라고 말하기보다 "Matt가 다른 사람들과 다를 수 있는 한 가지 방식은 그가 한 장애를 가지고 있기 때문이다. 매트의 장애는 자폐라고 불린다"와 같이 말할 것을 추천한다. "사람들은 모든 종류의 다름을 가지고 있다. 우리는 장애라고 불리는 사람들 사이의 다름에 대해 배울 것이다"라고 말하며, 학습 주제에 대해 모호함이 없도록 보장한다. 학생들이 이미 장애에 대해 배우고 장애와 연관 지을 수 있는 단어를 알아내기 위해, 특정 학교와 지역사회에서 장애인과 장애아동에 대해 이야기할 때 사용되는 공통된 언어를 고려하라. 우리는 완곡한 표현에서부터 '장애'로 옮겨가기 위해 학급에서 언어를 바꿀 것을 추천한다. 학생과 가족에게 어떤 단어를 사용하거나 어떤 단어에 익숙한지 물어보라. 여러분은 사람들이 다른 단어를 사용하여 장애에 대해 말한다고 단언할 수 있고, "이 수업에서 우리는 장애를 말하는 것을 배울 것이다"라고 단언할 수 있다. 또한, 장애에 대해 말하는 것은 모든 유형의 사람에 대해 배우고 존중하는 하나의 방법이며 그것은 기분 나쁘게 느낄 것이 아님을 강조하는 것은 중요할 수 있다.

〈표 5.1〉 장애인을 설명할 때 권장되는 언어 표현

추천	비추천	목적
People with disabilities **Person with** a disability; Disabled **people** Disabled **person**	The disabled, the handicapped, the deaf, the blind Special, handicapable, challenged, differently abled Handicapped, crippled	사람에 대해 이야기할 때 비인격화하는 언어를 피한다. 완곡한 표현도 피한다. 왜냐하면 이것들은 명확하지 않고, 깔보는 듯한 태도로 해석될 수 있으며, 직접적인 언어로 장애에 대해 말할 때 수치심을 암시한다.
They **have** a disability. She **is** a blind person. He **is** an autistic person. She **is a person with** autism. They **have** a learning disability.	He **suffers** from . . . She is **afflicted** with . . . They are a **victim** of . . . He was **stricken** with . . .	장애를 가진 삶에 가치를 부여하거나 혹은 평가하는 동사들을 피한다.
Nondisabled	Normal	"정상적"이란 그것의 구어체 사용에 주어진 적합성의 평가로서 해석될 수 있고, 그것은 상대적 용어이다.
Unexpected, unusual	Abnormal, defect, defective	위와 같이 "비정상"은 평가를 의미한다.
They use a wheelchair. **He uses** a communication board (or sign language, etc.). **She uses** earphones to listen to words.	They are **confined** to a wheelchair/wheelchair-bound. He can't talk. She can't read.	한 사람이 하지 않거나 할 수 없는 일보다는 하는 일에 초점을 둔다.

* 역자주: 장애인을 묘사하는 언어 표현은 원서에 사용된 영어를 그대로 이 번역서에 담아내는 것이 용어의 미묘한 뉘앙스를 독자에게 더 잘 전달할 수 있어서 영어 원문을 그대로 제시함.

Copyright material from Susan Baglieri and Priya Lalvani (2020), *Undoing Ableism: Teaching About Disability in K-12 Classrooms*, Routledge

손상에 대한 지식 vs. 장애인에 대한 학습

장애 유형이나 장애, 상태, 질병, 증상 및 진단의 특정한 종류에 대한 교수적 아이디어는 장애 의식을 고취하기 위해서 어린 학생들을 위해 고안된 많은 교수 자료, 자원 및 책에서 찾을 수 있다. 그러나 손상에 대한 지식을 찾는 것과 장애인의 삶에 대해 배우는 것 사이에는 결정적인 차이가 있다. 장애 인식 활동과 자료에의 접근법이 갖는 손상의 특성에 초점을 맞춘 문제는 손상의 유형에 따라 엄청난 차이가 있다는 것이다. 개인의 나이; 성별; 거주지; 정보접근권; 지원; 교통 및 그들이 갖는 기술; 기타 특성은 손상의 어떤 유형에 대한 개인의 경험에 크게 영향을 미친다. 손상 유형에 따라 사람들이 그들의 장애를 경험하는 다양한 방법을 인식하는 것은 장애의 사회적 모델을 이해하는 데 중요한 구성요소이다. 그러므로, 우리는 학습자가 장애의 특정한 "유형"에 대한 정보에 주로 초점을 맞추는 단순한 연구 프로젝트나 인식에 초점 맞춰진 활동에 참여하는 것에 대해 회의적이다. 대신에, 우리는 전체 사람, 더 복잡한 탐색을 통해 손상에 대한 인식이 찾아지게 되도록 권고한다. 우리는 장애 유형의 특징, 원인 및 예후에 대한 개인적인 검색보다는 특정한 사람의 삶과 경험에 대한 학습을 권장한다. 다시 말해, 우리는 학생들이 손상의 조건보다는 장애를 가진 사람에 대해 배울 것을 추천한다.

장애 모의체험과 장애 역할극에 대한 참고사항

손상 유형에 대한 정보를 강조하는 것에 더하여, 장애 모의체험을 장려하는 활동 또한 찾을 수 있다. 장애 모의체험 활동은 참가자들이 장애를 가진 사람의 생활이 어떤 것인지 "경험"하는 것을 목표로 한다. 장애 모의체험 경험은 다양한 형태를 갖는다. 어떤 것은 참여자에게 영어 외의 언어로 잘 알아들을 수 없는 글, 반전된 단어 또는 글을 제시한다. 다른 것은 학생에게 귀마개나 안대를 착용하게 하거나 휠체어를 타보게 한다. 그리고 또 다른 것은 학습자를 과제를 전달하거나 완성하는 것에 대한 불안이나 좌절감을 느끼도록 고안된 과제에 참여시킨다. 일반적으로 장애 모의체험은 문제가 있다. 그것은 사람들의 공감을 얻는데 극적이고 매우 영향력이 있거나 상호작용적인 듯 보이는 때 조차도 문제가 많다. 장애 모의체험이 문제가 되는 이유 중 하나는 참여자가 필연적으로 손상을 경험하게 된다는 역기능이 있다는 것인데, 이는 평생 장애를 가지고 있거나 장애에 적응하게 된 사람들이 경험하는 것과는 동등하지 않다. 참여자는 장애인을 향한 비극, 연민 또는 영웅적인 영감의 감정을 불러일으킬 수 있는 손상이 완전한 상실과 파괴라는 생각을 가지고 떠날 수 있다. 장애 모의체험이 문제가 되는 또 다른 이유는 참여자가 장애 경험과 정체성에 대해 무례하고 거만하다는 것이다. 예를 들면, 참여자가 눈가리개를 하고 이리저리 갈팡질팡하면서 경험하는 혼란, 좌절, 불안 또는 심지어 재미의 일시적인 감정은 사람들의 삶의 양상과 활동에 집중하는 것을 감소시킨다. 장애 모의체험이 방지되어져야 하는 세 번째 이유는 참여자가 비장애인이라고 가정하기 때문이다. 남녀노소 모든 집단에는 장애인이 있을 것이다. 다수의 장애인은 다른 많은 것 중에서도 학습장애나 주의력, 감정 또는 인지에 영향을 미치는 장애와 같이 다른 사람들에게 쉽게 드러나지 않을 수 있는 장애를 가지고 있다. 장애인을 그들의 일상 경험에 대한 장애 모의체험에 참여시키려고 시도하는 것은 당황스럽고, 어색하고, 불쾌하고, 심지어 억압적일 수 있다. 우리는 장애 모의체험 활동의 사용을 강력히 막고 있다. 대신에, 우리는 지역사회에서 장애를 가지고 사는 것이 어떤 것인지 설명하거나 보여주기 위해 구성된 교육 프로그램을 제공하는 지역 장애인 발표자나 자문위원을 고용할 것을 권고한다. 장애인이 그의 경험을 묘사하는 널리 이용 가능한 비디오를 상영하는 것도 장애 모의체험 활동에 대해 선호되는 대안이다.

자료의 구축

"장애는 무엇을 의미하는가?"를 가르치기 위한 자료 구축의 목적은 학습자들이 자신의 지식과 지각을 직면하고, 비판적으로 질문하고 조정하는 기회를 제공하도록 장애인의 특성에 대한 정보의 출처를 제공하는 것이다. 장애인을 조명하는 소설, 논픽션, 창작 논픽션(creative nonfiction), 전기 영화(biographical movies), 다큐멘터리 및 수많은 단편 비디오는 모두 비판적 사고와 토론을 생성하는 데 유용한 출발점이 되는 정보와 이해를 제공할 수 있다.

이 주제를 위한 자료 선택시 핵심 사항:

- 장애가 있는 주인공, 관점 및 내레이터를 특성화하는 자료에 의존하라.
- 자료로 제공된 정보가 정확한지 확인하고/또는 학습자가 오래된 정보를 식별하도록 설명하거나 안내할 준비가 되어 있는지 확인하라.
- 한 가지 경험이 모든 경험의 상징이 되지 않도록 확실히 하기 위해서, 장애 및 손상의 다양한 유형에 걸친 다양한 경험을 강조하는 다양한 자료들을 사용하라.
- 자료의 내레이터, 저자 및 제작자에게 주의를 기울이라. – 어떻게 그들의 관점과 입장이 묘사되는 경험과 아이디어에 영향을 미칠 수 있나?

탐구 시작하기: 장애는 무엇을 의미하는가?

1. 전체 그룹을 모아서 접근성에 대한 국제적인 상징의 이미지를 보여준다.
2. 색상과 모양, 그리고 상징이 묘사하는 실생활의 요소에 주목하여 그 이미지를 묘사하기 위해 그룹에 초대한다.
3. 언제 어디에서 상징을 본 적이 있는지 여부, 그리고 그것이 의미하는 것이

무엇인지 그룹이 묘사하도록 한다.

4. 반응이 느려지면 주어진 한 반응을 참조하라. 국제장애인접근성표지(ISA, International Symbol of Access)를 소개한다. 이것은 장애인을 돕기 위해 만들어진 유용한 정보, 보조, 서비스 또는 물리적 장치가 있다는 것을 사람들에게 보여주기 위해 사용된다.

5. 국제적인 상징은 장애인이 지역사회에 참여할 수 있도록 준비가 되어 있다는 것을 지역사회가 알리는 한 방식이라고 설명한다. 그룹이 장애를 공부하게 될 것이라고 소개한다.

6. 2인 1조 또는 소그룹 학생들에게 다음 사항에 대해 토론하고 답변을 기록할 것을 요청한다. 정답 또는 오답이 없으며, 활동이 각자의 생각과 현재의 지식 및 질문을 공유하기 위한 것임을 그들에게 확인한다.:

  - 장애를 가진 사람이라는 것은 무엇을 의미하는가?
  - 장애가 없는 사람이라는 것은 무엇을 의미하는가?
  - 장애를 가진 사람과 장애를 가지지 않은 사람의 삶에서 비슷하고 다른 방식에는 무엇이 있는가?
  - 장애가 있는 사람과 장애가 없는 사람의 삶이 비슷하면서 다른 이유는 무엇인가?
  - 여러분이 장애와 장애인에 대해 가지고 있는 질문은 무엇인가?

7. 그룹을 다시 모으고 그룹 응답을 제시/검토한다. 모든 사람이 반응을 비교하고 대조할 것을 격려한다.

    탐구 시작하기의 성과는 학습자가 장애와 비장애중심주의에 대해 학습하기 위해 가져오는 초기 이해와 질문들이다. 탐구하고, 끝날 때까지 그룹은 그들의 초기 답변을 다시 검토하고, 수정된 답변을 기록하고, 질문을 추가해야 한다. 대형 포스터/게시판 또는 공통 유인물/전자 문서를 작성하여 모든 구성원이 수정 및 추가사항을 추적할 수 있도록 한다. 개정과 추가는 한 그룹으로 할 수 있다.; 그룹은 추가 또는 수정에 대한 합의를 필요로 하지 않는다.-이는 개별적인 추가사항을 반영할 수 있다.-그러나 모든 변경은 모두에게 명백해야 한다. 각각의 학습과제는 탐구 시작하기를 재검토하는 것으로 결론을 내릴 수 있다. 교사는 학생의 질문과 반응을 듣고, 학습자가 오해와 직면해서 수정하고, 반응을 복잡하게 하며, 질문을 하고 해결할 수 있도록 학습활동들을 지도할 수 있다.

8. 시작 후에는 조사와 학습을 심화시키는 활동을 선정할 수 있다.

활동 제안: 장애는 무엇을 의미하는가?

1. 장애 정의하기

제안된 어휘와 개념: 장애, 능력, 손상, 핸디캡, 정상적, 다름, 비정상적, 사회적 모델, 의료적 모델, 장애인.

a. 학습자가 장애와 관련되어 알고 있는 용어들을 산출하도록 촉진하라.
b. 단어 목록을 제공하고 개인, 소그룹 또는 전체 그룹에게 단어와 개념 사이의 관계를 보여줄 "마인드맵 형식의 단어장"(word web)을 만들도록 요청하라. 개념들이 서로 연관될 수 있는 다양한 방법들을 비교하고 대조하라.
c. 학습자가 아이디어와 의미를 산출하도록 돕기 위해 두 개 또는 세 개의 단어를 선택하고, 교차 단어의 연관성을 산출하도록 벤다이어그램 그래픽 조직자를 제공하라.
d. 학습자가 마인드맵 형식의 단어장 또는 벤다이어 그램을 조직할 수 있도록 장애와 관련된 물건들이나 용어들의 이미지 뱅크(image bank) 또는 워드 뱅크(word bank)를 제공하라.
e. 사전들, 정책들, 웹 소스(Web sources), 또는 전기/체험기(memoirs)로부터

장애의 정의를 찾아서 장애가 정의되는 다양한 방법을 분석, 비교 및 대조하도록 학습자를 안내하라.

f. WHO, ADA 또는 IDEIA의 장애 정의(또는 기타 정의)를 사용하여 장애, 손상 및/또는 핸디캡 사이의 정의와 연관성을 직접적으로 가르쳐라.

2. 장애의 사회적 모델 교수하기

한 사람은 장애를 가지고 있다는 것을 어떻게 알 수 있는가? 어떤 사람은 질병, 부상, 사회적 맥락에서의 변화(즉, 새로운 장소로 이동하거나 새로운 기대를 갖는 것) 또는 노화로 인해 장애를 얻는다. 다른 사람들은 그들 자신을 다른 사람들의 다른 경험과 직면시키고 비교시킴으로써 장애에 인식을 하게 된다. 그리고 또 어떤 사람은 다른 사람이 말하는 것을 들어서 장애를 알게 된다. 부모, 의사, 교사, 또는 다른 전문가는 누군가가 장애를 가지고 있는지 여부를 결정하는 사람으로 인식될 수 있다. 특히 더 나이가 많은 학생일수록, 장애와 정상성을 이해하는 방식과 관련된 권력과 특권의 문제에 관심을 가질 수 있다. 여러분은 학생들에게 **누가** 장애를 결정하는지, 그리고 장애에 대한 지배적인 묘사가 장애인의 관점을 반영하는지 여부에 대해 고려할 것을 요청할 수 있다. **장애**와 **정상성**의 구조에 대한 당연한 가정을 문제화하고 이러한 가정을 이분법적 방식으로 정의하려는 시도에 내재된 어려움에 주의를 기울이는 것이 유용할 수 있다. 학생들에게 손상이 있다고 한 사람이 반드시 "장애를 가지게" 되는 것인지 여부에 대해 질문하도록 요청하라. 그리고 한 환경에서의 태도, 접근성 및 편의시설은 손상을 가진 한 사람이 "장애인"이 **되는** 정도를 어떻게 결정하는지 질문하도록 요청하라.

대화 길잡이: "장애란 무엇인가?", "누가 장애를 가지고 있고 그들은 그것을 어떻게 알 수 있는지 누가 결정하는가?" 학생들은 짝을 지어서 자신의 반응을 짝과 공유한 후 대그룹과 공유할 수 있다. 반응들은 장애와 정상성의 정

의가 다양한 방법에 대한 논의를 유발시키는 발판으로 사용될 수 있다. 다음 자료는 대화를 더 촉진하고 사회적 및 의료적 모델의 개념을 소개하는 데 도움이 될 것이다.

a. "의료적 모델 vs. 사회적 모델"("*Medical Model vs. Social Model*" by National Kids As Self Advocates, no date, published by KASA)

www.fvkasa.org/resources/files/history-model.php

대략 450개 단어

이 자료는 한 페이지의 유인물로 다운 받을 수 있다. 문구에 번호를 매겨서 장애의 두 가지 모델의 견해를 간략하게 강조한다.

b. 사회적 모델에 대한 논의를 불러일으킬 수 있는 **두 편의 짧은 풍자 영화**는 Talk and Jeremy the Dud에서 찾아볼 수 있다.

〈장애권리위원회의 강연〉(TALK BY THE DISABILITY RIGHTS COMMISSION, UK, 2007

파트 1/2 (5분): www.youtube.com/watch?v=FZfOVNwjFU0

파트 2/2 (5분): www.youtube.com/watch?v=A9a2ZqLhuAw

파트1의 수어와 자막버전: www.youtube.com/watch?v=vSG6LGutkHo

이 짧은 풍자 영화는 장애인이 충만하고 활동적인 삶을 살고 있고, 비장애인이 동정받는 소수인 세상에서 비장애인이 항해하는 모습을 그리고 있다. 짧고, 생각을 자극하며 문맥과 환경의 중요성을 강조하기 위해 잘 디자인된 작품이다. "장애란 무엇인가? 정상적이란 무엇인가?"

〈JEREMY THE DUD〉(WRITTEN AND DIRECTED BY RYAN CHAMLEY, 2017년 11월 1일, ROBOT ARMY가 제작 및 출판하고, GENU KARINGAL ST LAURENCE가 제시함.)

www.youtube.com/watch?v=qFcFpWzIQNk

대략 20분

이 단편 영화는 "특별한 것이 없는" 사람인 Jeremy가 선입견과 차별에 직면하는 "Duds" 안에서의 세상에서 직업을 찾으려고 노력하는 내용이다. 2분짜리 예고편은 여기에서 볼 수 있다: www.youtube.com/watch?v=HFd-VNhlkjM8

3. 독서토론과 멀티미디어 탐색

다양한 장애인의 삶과 경험을 담은 다양한 이야기를 읽고, 동영상을 시청한다. 맥락이 없는 특징이나 손상에 대한 설명보다는 그들의 삶의 맥락에서 들려주는 장애인에 대한 이야기와 설명에 초점을 맞춘다. 분석할 측면에는 성격묘사, 설정, 내레이터의 관점/시점, 작가/영화 제작자의 목적이 포함된다.

분석을 위한 안내 질문은 다음과 같다:

a. 책/비디오에 나오는 사람 또는 장애인의 특징은 무엇인가?
b. 이 책/비디오에 나오는 사람들이 장애를 가지고 있다는 것을 어떻게 아는가?
c. 사람들이 그들의 손상으로 인해 삶에서 어려움을 겪는 부분의 예는 무엇인가? 다른 사람이 그들에게 반응하는 방식 때문에 어려움을 겪는 부분의 예는 무엇인가? 장소나 환경이 그들이 쉽게 그곳에 있을 수 있도록 설계되지 않았기 때문에 어려움을 겪는 부분의 예는 무엇인가?
d. 장애인이 그들의 세계와 관계를 탐색할 수 있는 방법은 무엇인가?
e. 작가/저자/프로듀서/감독은 여러분이 무엇을 알고 이해하기를 원하는가?

학습 구조화하기:

a. 스테이션 또는 센터를 사용하여 학습자가 다양한 책 및 미디어와 상호작용할 수 있도록 하라.
b. 그룹의 학년/나이에 상관없이 다양한 그림, 챕터, 그리고 다른 책들을 제공하라. 모든 권장 자료에 대해서도 유사한 분석을 수행할 수 있다.
c. 북클럽 그룹을 만들어서, 학습자가 탐색할 다양한 자료를 선택할 수 있도록 하라.
d. 모든 자원과 자료들을 망라한 분석을 가능케하기 위해 모든 옵션들에 대해 동일한 분석 촉진(analysis prompts)을 사용하라. 모든 자원에 대해 엄격하고 종합적인 분석을 창출하도록 동일한 반응 방법들을 사용하고 수합하라. 다양한 자원들에 대해 분석의 지점들을 비교하고 대조하라.

독서토론과 멀티미디어 탐색을 위한 추천 자료

『모든 나의 줄무늬』(ALL MY STRIPES BY SHAINA RUDOLPH와 DANIELLE ROYER, 2015, MAGINATION PRESS)

　40쪽, 그림책

　한 얼룩말은 엄마에게 학교에서의 어려움에 대해 이야기하고, 그의 엄마는 그의 자폐 줄무늬를 포함한 모든 줄무늬가 그를 온전하게 만든다고 설명한다.

『얼굴 자서전』(AUTOBIOGRAPHY OF A FACE BY LUCY GREALY, 1994; 2016 EDITION BY FIRST MARINER BOOKS)

　241쪽

　유명한 시인이 특별한 얼굴로 어린 시절과 성인기를 거치는 여정에 대해 쓴 호평을 받은 회고록이다. 아름다움에 대한 관념과 자기 가치를 찾기 위해 고군분투하는 것이 주제이다. ※ 일반적인 핵심 추천도서 목록에 있음.

『자폐와 혼자 있는 사람의 신화』(AUTISM AND THE MYTH OF THE PERSON ALONE BY DOUGLAS BIKLEN, 2005, NEW YORK UNIVERSITY PRESS)

341쪽, 8개 챕터

대화하기 위해 타이핑을 하는 성인에 대한 에세이와 인터뷰 모음이다. 많은 사람은 타자 치는 것을 배우기 전과 후에 다른 사람에 대한 인식과 자신에 대한 그들의 관점이 어땠는가를 강조한다.

『크립티크』(CRIPTIQUES, 편집 BY CAITLIN WOOD, 2014, MAY DAY)

270쪽, 25개 에세이

장애인이 그들의 경험, 정체성, 세상에서의 위치에 대해 쓴 주제별로 되어 있는 짧은 에세이 모음이다.

『아침에 아빠와 나』(DAD AND ME IN THE MORNING BY PATRICIA LAKIN, 1994, ALBERT WHITMAN & COMPANY)

32쪽, 그림책

농아인 한 소년은 자연을 느끼는 것에 대한 감사와 기쁨에 집중하며, 아버지와 함께 보낸 시간을 묘사한다.

〈쥴리아와 로지타와 함께 인사하는 다른 방법〉("DIFFERENT WAYS TO SAY HELLO, WITH JULIA AND ROSITA" BY SESAME STREET, 2018) youtube.com/watch?v=AoLtttqsNz 81:29 minutes, video

세서미 스트리트(역자주: Sesame Street, 미국의 유명한 어린이 tv프로그램)의 등장인물들은 다양한 의사소통 방식을 사용하여 서로 인사한다.

『나를 특별하다고 부르지 마세요』(DON'T CALL ME SPECIAL BY PAT THOMAS, 2002, B.E.S. PUBLISHING)

34쪽, 그림책

학교에서 분명히 나타날 수 있는 장애와 교육 지원의 종류를 설명하는 정보 책. 이것은 포괄적이고 사려 깊게 제작된 그림책이다.

『농아』(EL DEAFO BY CECE BELL, 2014, HARRY N. ABRAMS)

252쪽

내레이터가 보청기를 얻는 것, 우정을 찾는 것, 그리고 자랑스러운 정체성을 설명하는 그래픽 소설이다.

『나무 속의 물고기』(FISH IN A TREE BY LYNDA MULLALY HUNT, 2015, PUFFIN BOOKS)

288쪽

내레이터인 앨리는 난독증이 있음을 알게 되었던 6학년 때의 사회적, 학업적 어려움을 독자들에게 경험하게 해주는 주제별로 풍부하고 미묘한 소설이다.

『개를 데리고 여행하다』(HAVE DOG WILL TRAVEL BY STEPHEN KUUSISTO, 2018, SIMON AND SCHUSTER)

195쪽

저자와 그의 안내견 사이의 유대감을 묘사한 풍부하고 가슴 아픈 회고록.

〈인빈서블 시리즈〉(INVINCIBLE SERIES BY OPEN SKY PICTURES, 2015)

https://vimeo.com/112746319

(시즌 1, 3 완결편: 대략 45분) 각 에피소드: 6-20분

진행자 Daniel Ennett이 여행, 인터뷰, 장애인과 관련된 다양한 활동을 하는 모습이 담긴 영상 시리즈. 시리즈 1은 2015년에 개봉되었으며 3개의 에피소드인 장애와 예술, 장애와 일, 장애와 스포츠로 구성되었다. 시리즈 2에는 다음이 포함된다: 테크놀로지, 장애와 관계, 날개를 가진 개, 장애와 MMA,

이 시리즈는 전문적으로 제작되고 다듬어졌다.

〈어린이 만남 시리즈〉(*KIDS MEET* SERIES BY HIHO KIDS, 2017−PRESENT)
www.youtube.com/playlist?list=PL2etPlnTb9sXwY7EgbEdYcfpl4SOeek3_

2−8분

어린아이부터 10대까지 모든 연령대의 아이들이 다양한 정체성과 경험을 가진 사람들을 만나는 비디오 시리즈이다. 12개 이상의 짧은 비디오에는 장애인들이 나온다.

『콘서트에 가는 모세』(*MOSES GOES TO A CONCERT* BY ISAAC MILLMAN, 2002, SQUARE FISH)

40쪽, 글과 삽화

청각장애인이며 미국 수어를 사용하는 모세는 반 친구들과 함께 콘서트에 참석한 이야기를 들려주며 교향악단의 음악가들을 만나게 된다. 모세가 등장하는 책의 시리즈가 있다.

『호기심 벌레가 꿈틀꿈틀』(MRS. GORSKI, I THINK I HAVE THE WIGGLE FIDGETS BY BARBARA ESHAM, 2018, LITTLE PICKLE PRESS) (역자주: 위 한글제목의 번역서가 출간됨.)

29쪽, 그림책

Sheldon은 자신이 '호기심 벌레'(wiggle fidgets)를 가지고 있다는 것을 알게 된 자신의 이야기를 하고, 어떻게 그가 교실 생활을 하는 방법을 개발했는지를 이야기한다.

〈특별한 아이들의 특별한 책〉(*SPECIAL BOOKS BY SPECIAL KIDS* BY SBSK, SPECIAL BOOKS BY SPECIAL KIDS, 2015 − PRESENT) www.youtube.com/channel/UC4E98HDsPXrf5kTKIgrSmtQ

1-20분

Chris Ulmer가 장애 또는 장애가 될 상황에 있는 사람을 인터뷰하는 비디오 시리즈이다. 인터뷰 대상자들은 때때로 가족과 동행하며, 대부분의 아이들이나 젊은 사람들이 등장하는 반면, 다른 인터뷰는 어른들과 함께한다. 시리즈 전반에 걸쳐 매우 다양한 관점이 있다.

『특별한 사람들, 특별한 방법』(SPECIAL PEOPLE, SPECIAL WAYS BY ARLENE MAGUIRE, 2000, FUTURE HORIZONS, INC.)

그림책

사람들이 서로 다르지만 내면은 같다는 면을 묘사한 운율 그림책.

『그림으로 생각한 소녀: 템플 그랜딘 박사의 이야기』(THE GIRL WHO THOUGHT IN PICTURES: THE STORY OF DR. TEMPLE GRANDIN BY JULIA FINLEY MOSCA, 2017, THE INNOVATION PRESS)

40쪽, 그림책

동물과학과 축산업에 기여한 주제인 혁신을 강조하는 전기적 이야기이다. (같은 사람에 대한 다른 자료를 위해 『그림으로 생각하기』(THINKING IN PICTURES)와 짝을 이룰 수 있음.)

『내가 점프하는 이유』(THE REASON I JUMP BY NAOKI HIGASHIDA, 2007; 2016 EDITION BY RANDOM HOUSE)

135쪽

의사소통을 위해 알파벳 그리드(grid)를 사용하는 일본에 사는 13세 소년인 저자는 자폐인 것에 대한 자신의 생각과 이해를 묘사한다.

『그림으로 생각하기』(*THINKING IN PICTURES* BY TEMPLE GRANDIN, 1995; 2006 EX-PANDED EDITION BY VINTAGE BOOKS)

270쪽

저자는 자신의 자폐에 대한 이해와 어떻게 자신의 사고방식이 동물과학과 가축을 다루는 획기적인 기술의 발전을 가능케 했는지 강조하면서 유년기와 성인기를 거치는 자신의 여정을 묘사한다.(동일한 인물에 대한 다른 자료를 위해 『그림으로 생각한 소녀』(*The Girl Who Thought in Pictures*)와 짝을 이룰 수 있음.)

4. 도서/멀티미디어 탐구를 활용한 활동

a. 이미지 분석하기

- 명백하거나 설명되는 손상 그리고 장애화(disablement) (물리적 환경, 사회적 기대 또는 조직 – 의사소통 및 언어, 태도)를 창출하는 맥락을 명명하기에 사용되는 이미지를 제공하라. 가장 쉬운 이미지는 휠체어를 사용하는 사람이 계단과 마주치는 모습을 묘사한 것이다.

- 다양한 활동에서 장애인의 다양한 이미지를 제공/검색 및 분석한다. 시각적 사고 전략(Visual Thinking Strategies)(https://vtshome.org/)을 사용하여 맥락, 표현 등에 주의를 기울인다. 그것이 도전이 되게 하라: 삶의 맥락과 활동 목록을 제공하고, 학생들이 광범위한 활동들을 하는 장애인의 이미지를 찾도록 도전하라. 그것이 창의적이고 성공적이 되게 하라. 예들은 사무실에서 일하고, 밖에서 일하고, 친구들과 어울리고, 보조원과 함께, 가족과 함께, 데이트하고, 집에서, 의사나 치료사 만나기, 수영하고, 스카이다이빙하고, 레스토랑에서, 학교에서 등을 포함한다.

b. 다양한 손상이 평가 또는 진단되는 방법을 설명하기 위해 청각사, 의사 또는 기타 전문가가 사용하는 **도구를 전시하거나 보여준다.**

c. **짝이 되는 한 활동을 만들어라.** 손상이 있는 사람이 세상에 접근하거나 탐

색할 수 있는 다양한 방법과 손상 유형의 짝을 맞춘다. 예를 들면:
- 청각장애: 보청기, 수어, 서면 지침 또는 시각적 단서/표지, TTY 시스템, 자막방송과 오픈 캡션.
- 자폐, 감각 민감성: 헤드폰, 어두운 조명, 조용한 곳.
- 의사소통 및 언어장애: 타이핑 및 포인팅(하이테크 및 로우테크), 텍스트-음성 변환 기능을 사용하는 의사소통 시스템.
- 시각장애: 확대-인쇄 자료; 고대비(high-contrast) 색상; 오디오 내비게이션, 음성 설명, 점자 보도블럭(횡단보도와 기차 승장강의 울퉁불퉁한 조각); 음성 신호등; 점자.
- 읽기/특정 학습 장애: 이미지/상징이 있는 표지; 명확하고 간단한 텍스트; 텍스트의 충분한 간격; 텍스트-음성 변환 장치.
- 이동 장애: 엘리베이터, 경사로, 목발, 지팡이, 휠체어.

d. **게스트(Gusets)**. 교육 프로그램을 제공하는 게스트 발표자 또는 장애 자문가를 고용한다. 장애학생, 교사 또는 학교 커뮤니티의 구성원을 게스트 발표자로 초대한다.

5. 실천과 사회참여를 위한 아이디어

a. **인터뷰**. 학생에게 가족이나 이웃과의 인터뷰를 안내하는 활동지를 제공한다. 가족이나 이웃과의 인터뷰를 통해 받은 답변은 다음 수업에서 공유할 수 있다. 학생이 수집한 정의가 손상에 초점을 두는지 혹은 인간의 자연적 차이로서 장애에 초점을 두는지의 여부에 대해 토론에 참여한다. 학생들은 그들의 가족, 친구, 이웃이 장애를 어떻게 이해하는지를 통해 무엇을 배우는가?

b. **프로젝트**. 학습자는 장애에 대해 배운 내용을 공유하는 데 사용할 수 있는 정보 포스터, 유인물, 비디오, 브로셔 또는 프레젠테이션을 만들기 위

해 청중을 선택할 수 있다.

성찰 동아리: "장애는 무엇을 의미하는가?"에 대한 결론

탐구의 주제를 마무리하는 것은 탐구 시작하기에서 제시된 질문과 아이디어로 되돌아감으로써 이루어질 수 있다.:

- 장애를 가진 사람이라는 것은 무엇을 의미하는가?
- 장애가 없는 사람이라는 것은 무엇을 의미하는가?
- 장애를 가진 사람과 장애를 가지지 않은 사람의 삶에서 비슷하고 다른 방식에는 무엇이 있을까?
- 장애가 있는 사람과 장애가 없는 사람의 삶이 비슷하면서 다른 이유는 무엇인가?

결론적으로, 활동을 통해 조사와 탐구 과정을 거치면서 반응과 이해가 어떻게 변화해 왔는지에 대한 대화를 격려하는 것이 유용하다. 필수 질문에 대한 성찰은 마칠 때 검토될 수 있다.

- 왜 어떤 사람은 "정상적"으로, 또 다른 사람은 "장애인"으로 생각되는가?
- 사람들 사이의 다름이 왜 항상 인간 경험의 일부분이 될 것인가?

이러한 질문들은 토론에 더 복잡성을 가져올 수 있는데, 그것들은 시작하는 토론에서는 나타나지 않을 수 있는 다양한 각도들로 접근될 수 있기 때문이다.

참고문헌

Americans with Disabilities Act Amendments Act, Pub. Law. No. 110–325 (2008).

Ferrucci, F. (2014). Disability and work inclusion in Italy: Between unfulfilled promises and new disability culture. *Modern Italy*, 19(2), 183–197.

Friedner, M. I. (3222015). *Valuing deaf worlds in urban India*. New Brunswick, NJ: Rutgers University Press.

Individuals with Disabilities Education Improvement Act, Pub. Law. No. 108–446 (2004).

Wade, C. M. (1999). I am not one of the. *Radical Teacher*, 47, 30.

World Health Organization & World Bank. (2011). *World report on disability*. Geneva, Switzerland: World Health Organization.

장애는 무엇을 의미하는가?

여러분의 생각을 나타내는 단어를 쓰거나 그림을 그리세요. 선을 긋고, 박스를 추가해서 단어들과 아이디어 사이의 관계를 나타내세요.

장애

Copyright material from Susan Baglieri and Priya Lalvani (2020), *Undoing Ableism: Teaching About Disability in K-12 Classrooms*, Routledge

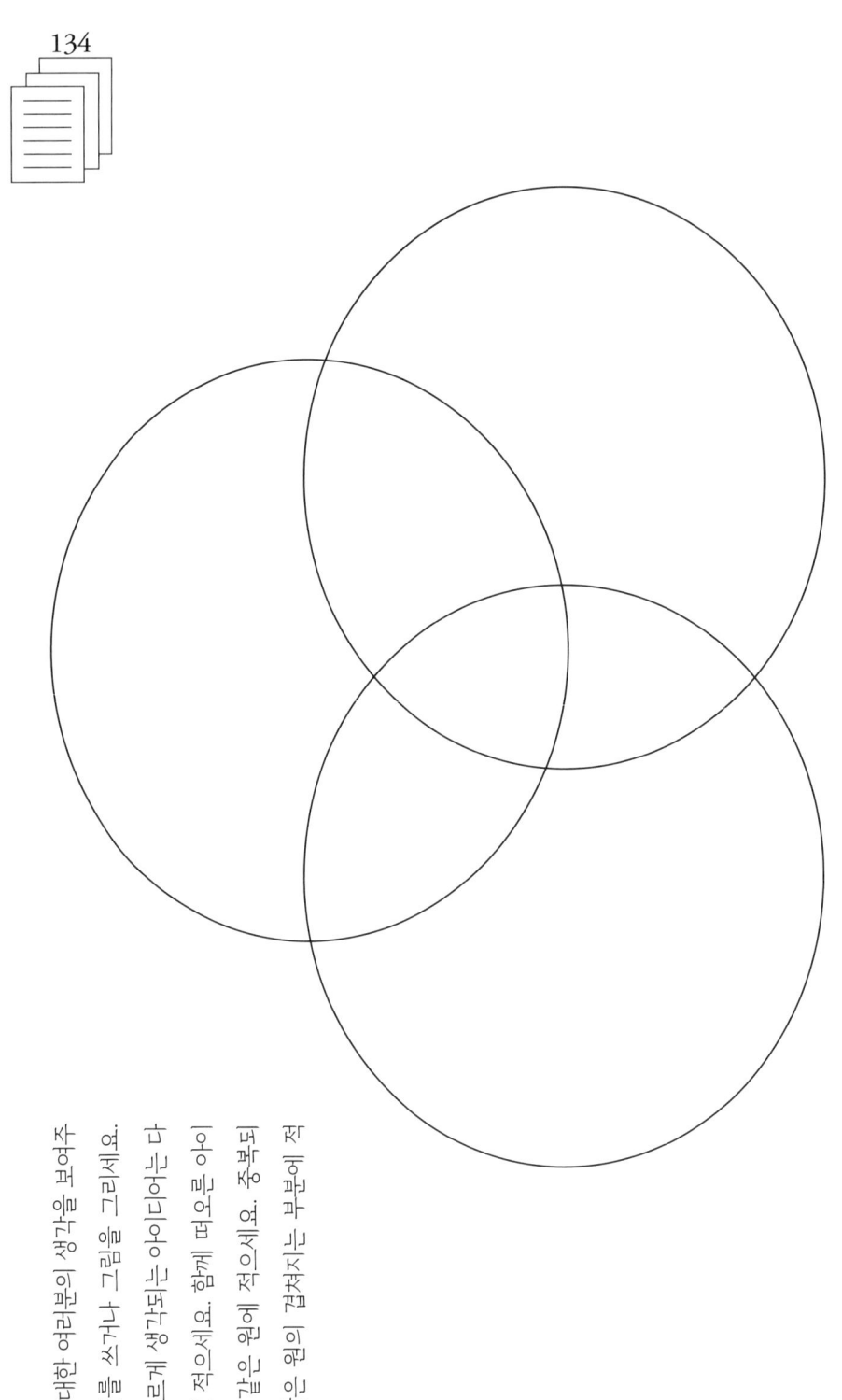

장애에 대한 여러분의 생각을 보여주는 단어를 쓰거나 그림을 그리세요. 서로 다르게 생각되는 아이디어는 다른 원에 적으세요. 함께 떠오른 아이디어는 같은 원에 적으세요. 중복되는 생각은 원이 겹쳐지는 부분에 적으세요.

Copyright material from Susan Baglieri and Priya Lalvani (2020), *Undoing Ableism: Teaching About Disability in K-12 Classrooms*, Routledge

135

이름 _____ 날짜 _____

장애는 무엇을 의미하는가?

지침: 각 질문을 읽고, 그것을 생각한 후, 여러분의 답을 쓰거나 그림으로 그려보세요.

1. 장애는 무엇인가요?

2. 장애를 가진 것을 누가 결정하며 그들은 그것을 어떻게 아나요?

Copyright material from Susan Baglieri and Priya Lalvani (2020), *Undoing Ableism: Teaching About Disability in K-12 Classrooms*, Routledge

3. "정상적"의 의미는 무엇인가요?

_____
_____
_____
_____
_____
_____

4. 어떻게 한 사람이 장애를 가지고 있으면서 동시에 "정상적"일 수 있나요?

_____
_____
_____
_____
_____
_____

5. 성찰: 여러분의 응답을 어떻게 결정했나요?

_____
_____
_____
_____

Copyright material from Susan Baglieri and Priya Lalvani (2020), *Undoing Ableism: Teaching About Disability in K-12 Classrooms*, Routledge

이름 _____ 날짜 _____

인터뷰: 장애는 무엇을 의미하나요?

지침: 3명의 다른 사람을 정해서 각 사람에게 아래의 질문을 이용해서 인터뷰를 하세요. 인터뷰하는 동안 여러분의 대화를 필기하거나 오디오 또는 비디오 녹화를 할 수 있습니다. 이 활동지에 주요 생각을 적으세요. 각 인터뷰에 대해 한 활동지를 이용하세요. 이 활동지의 3부 복사가 필요할 것입니다.

여러분이 무엇을 하는지 소개하기 위해, 아래와 같이 설명할 수 있어요:

안녕하세요. 저는 학교에서 장애 주제에 대한 비판적인 조사에 참여하고 있습니다. 저는 여러분에게 장애인과 관련된 여러분의 경험과 생각에 대해 몇 가지 질문을 하고 싶습니다. 만약 특정 질문에 대답하고 싶지 않다면 안 해도 됩니다. 몇 가지 질문을 해도 될까요?

1) 여러분이 인터뷰하는 사람을 묘사하기:
여러분이 인터뷰한 사람을 어떻게 알게 되었나요?(예: 부모, 형제, 자매, 친척, 친구, 이웃)

_____

2) 여러분이 인터뷰한 사람이 각 질문에 대해 어떻게 응답했는지에 대한 주요 아이디어를 적은 것이나 녹음한 것을 검토하세요.

Copyright material from Susan Baglieri and Priya Lalvani (2020), *Undoing Ableism: Teaching About Disability in K-12 Classrooms*, Routledge

1. 자기소개를 해주세요. 여러분이 어떻게 살고 어떻게 세상을 바라보는지를 이해하는 데 중요한 여러분과 여러분 삶에 대한 이야기는 무엇인가요?

2. 장애는 무엇인가요?

3. 한 사람이 장애를 가지고 있는지를 누가 결정하나요?

4. 누군가가 장애를 가진 것을 사람들은 어떻게 알 수 있나요?

5. 한 사람이 장애를 가지면서 또한 "정상적"일 수 있는가요? 왜 그런가요? 또는 왜 그렇지 않은가요?

6장. 사회에서 비장애중심주의 이해

탐구 주제: 비장애중심주의는 무엇인가?

필수 질문

- 비장애중심주의는 다른 종류의 선입견, 편견 및 차별 체계와 어떻게 관련되는가?
- "장애가 없는 몸의 특권"(able-bodied privilege)은 정상이 무엇인가에 관한 우리의 생각을 어떻게 지속시키는가?

도입 및 배경정보

> "때때로 장애인들은 비장애중심주의의 특정 순간을 극복한다—우리는 낮은 기대들을 넘어서고, 접근성 부족의 문제를 해결하고, 요양원이나 장기간의 정신건강 시설을 피하고, 가까스로 경찰의 만행과 감옥에서 벗어난다. 그러나 나는 장애를 극복하는 것 자체가 우리 대부분에게 실제로 가능한 것인지는 잘 모르겠다."
>
> – Eli Clare(2017)

"장애란 무엇인가"라는 질문을 탐색함으로써 장애의 의미와 장애인의 삶을 탐구하는 것은 개개인의 손상과 장애의 경험처럼 장애가 다양하다는 것을 이해하게 한다. 그러면 무엇이 사람들을 모아 장애인 집단으로 알려지게 하는가? 활동가이자 작가인 Simi Linton(1998)은 "[장애인들]은 모두 한데 묶여있으며, 이는 우리의 집단적 증상 목록이 아니라 사회 및 정치적 환경에 의해 서서히 하나의 집단이 되었다"고 주장한다(p.4).

장애 외에 매우 다양한 개인들 간에 공통적인 경험을 만들어내는 사회적, 정치적 환경은 비장애중심주의이다. 인종주의, 성차별주의, 계급차별주의, 이성애주의 등과 비슷한 비장애중심주의는 특정 사람들의 천부적 우월성과 타인의 천부적 열등함에 대한 믿음에서 비롯된다. 비장애중심주의는 비장애인의 "장애가 없는 몸"(able-bodied)이나 "장애가 없는 마음"(able-minded)이 장애나 손상을 지닌 것보다 본질적으로 더 낫다는 믿음을 나타낸다. 비장애중심주의의 결과는 고용, 교육, 여가, 건강 관리 및 정치 참여에서 장애를 가진 사람에게 불리한 차별이다. 다시 말해 장애가 부정적이고 바람직하지 않으며, 비정상적이라는 신념이 일반적이기 때문에 많은 사람들은 장애인이 일상의 활동에 참여하거나 뛰어나지 못하는 것이 정상적이거나 용인되는 것으로 생각한다. 장애인이 사회생활을 할 수 없을 것이라는 생각은 너무 흔하여 사실 비장애중심주의가 존재한다는 것도 거의 인식할 수 없는 것 같다. 비장애중심주의는 Chodorow(1999)가 말한 "허용되는 편견"으로 여전히 남아−사회에서 의식되지 않고, 심지어 수용되기도 한다.

비장애중심주의는 개인적, 문화적 및 제도적 차원에서 인식될 수 있다. 개인적 선입견, 편견 및 배제는 자주 장애와 낙인에 대한 오해, 불확실성, 두려움 또는 당혹감과 관련 있다. 한 사람과 그들의 장애 경험에 대한 지식 및 경험이 없다면, 비장애중심주의의 맥락이 장애를 가진 개인과의 상호작용을 피하거나 심지어 잔혹하게 행동하는 것을 용인할 수 있게 한다. 개인적 차원에서 사람들은 장애인을 조롱하거나 피하는 것이 정당하다고 생각할 수 있는데 장애인은 조롱받아야 마땅하거나 조롱을 인지하지 못한다는 생각 또는 너무 달라서 관심을 가지거나 상호작용할 수 없다는 생각 때문이다. 장애 낙인—손상과 차이의 부정성(negativity)과 비바람직성의 연관성—은 회피와 학대를 용인되는 반응이 되게 한다. 장애인의 역량과 능력에 관한 잘못된 인식은 배제를 용인되는 반응이 되게 한다. 장애인에 대한 이러한 반응들은 어떻게 지역사회에 받아들여졌는가?

문화적 차원에서 사회차원적 가치, 규준, 행동의 영향과 그것들이 사회생활에서 어떻게 비장애중심주의 표현을 반영하고 영향을 미치는지 설명할 수 있다. 다양한 공공장소에서 예상되는 사회적 행동에 대해 생각해보면 된다. 도서관, 콘서트, 교실에서 행동하는 방식들은 무엇인가? 바쁜 도시에서 인도를 지나가는 것은 얼마나 빠른가? 얼마나 천천히 또는 빠르게 친구 간에 대화하거나 상호작용을 해야 하는가? 교실에서 토론하는 것은? 음식을 주문하거나 돈을 내는 동안은? 다양한 맥락에서의 공통적인 사회적 규범과 행동을 살펴보면 장애인이 외부인, 침입자, 부적응자나 방해자로 위치할 수 있게 하는 속도, 의사소통 및 언어, 사회적 행동을 둘러싼 가치가 드러나기 시작한다. 문화의 영역에서 비장애중심주의는 사회적 규준이나 전통적인 기대를 융통성 없이 수행할 때 지속된다. 어떤 사람들은 딱 맞지 않거나(just dont fit in) "기대되는 수행 수준"(up to speed)이 아니라는 생각이 강화되고 자연스럽게 인식될 때 장애인을 배제하고 환영하지 않게 만드는 가치의 표현으로 이해될 수 있다.

제도적 차원에서 비장애중심주의자의 문화와 가치는 개인의 편견 및 선입견과 결합해 체계적 차원에서의 차별을 만들어낸다. 이는 광범위한 정치적, 사회적 및 경제적 체계 내에서 환경을 구축하고 상호작용을 구조화하는 관행에 깊이 배어 있다. 공공장소에서 개인이 계단을 올라가야 할 때나 필수적인 지침이 텍스트로만 제공되는 경우에, 구축된 환경은 휠체어를 사용하는 사람 또는 텍스트를 읽거나 보기 어려운 사람에게 장애가 된다. 건강보험이나 공공지원 서비스가 장애인이 재활센터에 거주할 수 있도록 지원을 제공하지만 자립생활이나 고용을 위한 지원을 제공하지 않는 경우, 장애인의 무능력에 대한 가정은 비장애중심주의에 뿌리를 둔 경제 및 돌봄 체계의 발전에 영향을 미친다. 학습과 교육의 기회가 특수교육을 통해 "분리되지만 평등하다"(separate but equal)고 여겨질 때, 비장애중심주의는 학급과 학교에서 누가 배울 수 있고 누가 속해 있는지에 관한 사회차원적 가정에 만연하다.

비장애중심주의는 개인적, 문화적, 제도적 실제가 서로 연결되고 교차하여 장애인이 가질 수 있는 더 적은 삶의 기회를 자연스럽게 보이게 하며 인간관계 및 상호작용의 모든 수준에서 명백하다. Lennard Davis(1997)는 지금까지 연구의 대상으로 "장애인"에 지나치게 초점을 뒀지만 "문제"는 장애를 가진 사람이 아니라 장애인의 "문제"를 만들어내기 위해 "정상성"이 구성되는 방식이라고 주장한다. 장애의 의료적 모델은 손상의 상태를 주요한 문제와 결손으로 정의한다. 장애의 사회적 모델로 비장애중심주의를 살펴보면 우리의 초점을 바꿀 수 있고 장애화를 창출하는 데 결탁하는 사회, 문화, 제도적 구조와 관습에 의문을 던지고 도전할 수 있다. 다시 말해 문제는 손상이나 장애가 아니라 오히려 특정 개인과 집단이 장애가 되도록 우리의 세상이 구축된 방식에 있다.

특권에 맞서기

비장애중심주의의 존재는 장애가 없는 몸의 특권이 만연한 것과 연결될 수 있다. Peggy McIntosh(1998)는 우세 집단(예: 백인, 남성, 이성애자) 특권 현상을 판별하고 표찰하였으며, 우세 집단에 속해 있기에 일부 사람들이 누리는 장점으로 설명한다. 나아가 그녀는 **규범적 경험**으로 추정되는 것에 대한 문화적 수용을 통하여 우세하지 않은 집단에 억압이 지속되는 방식을 설명한다. 이러한 인식은 장애가 없는 몸의 특권 개념으로 확장될 수 있다; 우리는 살아가거나 존재하는 일부 방법이 정상적이라고 믿도록 사회화되었고, 결과적으로 우리를 둘러싼 물리적 및 사회적 세상은 비장애인이 움직이고, 소통하거나 배우는 방식과 일치하도록 구조화된다. 덧붙여 무엇이 정상적인가에 관한 우리의 믿음은 제도적으로 허용되고 정책이나 규칙 속에 명시되어 있다. 예를 들면 학교 교육의 실제는 배우기 위해 적절히 앉아있고, 텍스트를 읽음으로써 배우고, 구어로 의사소통해야 한다는 가정에서 시작된다. 따라서 대안적인 방식으로 이동, 학습, 의사소통하는 사람들은 불리하게 위치하지만, 그들의 "실패"는 물리적 환경과 사회적 규준이 우세한 다수에게 유리하게 설정된 방식보다 개인이 지닌 손상의 결과로 본다. 장애가 없는 몸의 특권에 대한 다른 예들을 고려해보라:

- 비장애인은 직장, 지역사회 행사나 교실에 갈 때 건물에 물리적으로 접근 가능하다는 것을 추정할 수 있다. 비장애인은 그 장소에 있는 문의 폭이나 화장실 칸에 대해 미리 생각할 필요가 없을 것이다; 비장애인은 간편히 정보와 텍스트에 접근 가능하다고 가정할 수 있다; 비장애인은 수어 통역사를 구할 수 있을지 또는 다른 사람들과 의사소통할 수 있을지에 대해 궁금해하지 않을 것이다.
- 비장애인은 단지 그들의 삶을 산다는 이유로 사람들이 "용감하다"고 여기지 않을 것임을 당연히 예상할 수 있다. 또한 비장애인은 신체적 실재(physical presence)나 신체의 움직임으로 인해 불편해하지 않을 것이라고 예상할 수 있다.
- 비장애인은 친밀하거나 성적인 관계를 맺고자 하는 그들의 욕망(또는 능력)에 대해 아무도 의심하지 않을 것이라고 추정할 수 있다.
- 비장애인은 자동차, 집, 상점 등이 비장애인의 신체 유형에 "맞게" 지어질 것임을 예상할 수 있다; 미디어와 엔터테인먼트는 비장애인이 접근할 수 있는 형태로 이용 가능할 것이다.

비장애 및 장애 학습자가 가정과 체계에 따라 사람들이 다른 특권을 부여받고 억압받는 여러 방식을 접하고 생각하는 데 참여하는 것은 반편견 교수가 부당한 측면과 이에 대한 우리의 다양한 경험에 주목하게 하는 방법이다.

비장애중심주의 인식과 반박

개인적 차원에서 비장애중심주의자 신념(ableist beliefs)과 사회적 실제를 인식하고 반박하는 두 가지 기본적 접근방법이 있다. 먼저 장애에 관한 낙인과 오해의 인식을 목표로 한다. 두 번째는 차이와 장애를 재평가하고, 관련지어 어떻게 비장애중심주의가 작동하는지 이해하는 것을 목표로 한다. 낙인과 오해에 직면하는 것은 일반적으로 장애인이 삶의 활동에 참여할 수 있고/또는 가능하게 될 수 있다는 이해로 이어진다. 이 일의 많은 부분은 장애인이 살아가는 풍요롭고 다양한 삶을 접하고 배우면서 시작된다. 도구, 도움, 지원 체계를 이해하고 장애인이 어떻게 일하고 노는지 아는 것은 장애와 장애인에 관한 개인의 이해를 바로잡는 데 필요한 정보 및 지식을 제공할 수 있다.

두 번째 접근은 문화와 문화 속 관점 및 견해에 대한 더 깊은 탐구이다. 우리는 장애인을 배제하기 위해 "정상"으로 추정되는 것이 어떻게 기능하는지 분석함으로써 주변에 일어나는 비장애중심주의를 인식하는 방법을 배울 수 있다. 이것은 사회적 규준, 구축된 세상의 특징, 사람들이 단순히 "있는 그대로"로 당연히 여길 수 있는 직장과 여가생활에 대한 기대 같은 것의 고찰을 포함하기 때문에 어려울 수 있다. 많은 장애인에게 비장애중심주의의 경험은 장애인의 능력에 대한 부정확한 가정에 뿌리를 둔 다른 사람들의 편견과 선입견에 기반한다. 비장애인뿐만 아니라 장애인이 무언가 할 수 있다는 것을 증명하는 것은 차별에서 벗어나는 한 단계이다. 그러나 많은 사람에게, 비장애중심주의를 끝내는 것은 중요하다고 여겨지는 가치에 대한 도전을 의미하지만, 사회생활과 개인생활의 참여를 제한할 필요는 없다. 이는 장애가 고통, 피로, 불안, 무능으로 느껴질 수 있는 구체적이고 실제적인 경험인 속도,

힘, 독립성, 정서적 안녕이나 지적능력에의 차이 및 한계와 관련있는 경우이다. 장애인의 삶을 가치 있고 훌륭한 삶으로 보는 일은 각기 다른 생활 방식, 학습 방식, 일하는 방식을 위한 공간을 만들어야 하는 문화적 변화에 깊은 뿌리를 두고 있다. 그러나 사회생활 및 개인생활에 모두 참여하는 것이 중요하기 때문에 각기 다르게 행동하는 장애인을 포함시키는 것은 상당히 어려운 문화 운동이다. 특히 직장과 학교와 같이 경쟁적이고 부담이 큰 분위기인 경우에 그렇다. 우리의 세상을 비판적으로 살펴보는 것은 종종 우리 자신의 가치에 대한 의문을 제기하는 것을 의미한다.

요약하면, 비장애중심주의는 사회에 만연하고 사회생활의 사회적, 경제적 및 정치적 측면에 영향을 미치기 때문에 억압의 구조이다. 비장애중심주의는 인종차별주의, 성차별주의와 같은 다른 억압의 구조와 마찬가지로 편견, 선입견 및 비슷한 특성을 공유하거나 공유하고 있을 것이라고 추정되는 집단에 대한 지속적인 차별로 인해 발생한다. 비장애중심주의는 개인적, 문화적, 제도적 차원에서 공공연하고 미묘한 방식으로 작동된다. 비장애중심주의 해체하기는 낙인, 오해, 편견, 선입견의 해체를 요구한다. 그러나 비장애중심주의 해체하기는 또한 모든 종류의 삶에 대한 재평가를 요구한다. 비장애중심주의를 해체하기 위해 우리는 사회가 무엇을 가치 있게 여기는지 성찰하고 비판해야 한다. 또한 장애인들이 사회생활 및 개인생활의 모든 측면에서 배우고, 일하고, 참여하고, 즐기고, 기여할 수 있도록 이러한 가치들의 관계를 검토해야 한다.

심화학습을 위한 성찰과제

- 여러분은 어떻게 다수 및 소수집단의 일원으로서 여러분의 정체성 및 경험과 관련된 선입견, 편견 또는 차별을 인식하고 다뤄왔는가?
- 여러분의 이해와 실제는 사회적 행동, 속도, 독립성, 지적능력과 관련된

특정한 가치를 어떤 방식으로 반영하는가?
- 새로운 학습이 여러분의 이해와 행동을 변화시켰던 "아-하"의 순간을 촉발한 예는 무엇인가? 배우고 변화했던 과정은 어땠는가?

추천 자료

- 「지적장애의 끝에서」("At the End of Intellectual Disability" by Christopher Kliewer, Douglas Biklen, Amy Petersen, 2015, *Harvard Educational Review*: April 2015, Vol. 85, No. 1, pp. 1–28)
- 『비장애중심주의의 윤곽: 장애와 비장애의 생산』(*Contours of Ableism: The Production of Disability and Abledness* by Fiona Kumari Campbell, 2009, Palgrave MacMillan)
- 『페미니스트, 퀴어, 크립』(*Feminist, Queer, Crip* by Alison Kafer, 2013, Indiana University Press)
- 「현대의 비장애중심주의와 장애 편견」(*Modern Ableism and Disability Prejudice*, Webinar presented by Carli Friedman, The Council on Quality and Leadership, 2018) https://c-q-l.org/resource-library/webinars/modern-ableism-and-disability-prejudice
- 『정상분포 곡선의 신화』(*The Myth of the Normal Curve*, edited by Curt Dudley-Marling and Alex Gurn, 2010, Peter Lang, Inc.)

탐구 들어가기

비장애중심주의를 가르치는 목적은 비장애중심주의가 체계적이고, 널리 퍼져있으며 패턴화되어있다는 것을 이해하기 위함이다. "비장애중심주의"(ableism)와 "비장애중심주의"(역자주: disableism, 영국에서 ableism과 동일한 의미로 사용됨)의 정의는 편견, 선입견, 차별을 포함한 개념을 이해하고 구분하는 것을 필요로 한다. 아이디어에 관련된 용어와 개념화의 다양함을 인식하면서 활동 어휘를 개발하는 것은 유용하다. 다음은 개념들에 대한 간단한 안내이다:

- **비장애중심주의**(Ableism)는 장애인을 차별하는 체제이다.
- **비장애중심주의**(Disableism)는 특히 영국에서 사용되는 것과 같은 것을 의미할 수 있다(역자주: Ableism과 Disablem 두 용어는 동일하게 한글로 비장애중심주의로 번역될 수 있고, 가장 핵심적 의미는 장애차별주의를 의미한다).
- **차별**(Discrimination)은 공통적인 특성에 기반하여 인간 범주나 집단을 부당하게 대우하는 것이다.
- **편견**(Prejudice)은 근거 없는 견해나 신념에 기반하여 사람에 대해 이미 가지고 있는 생각들이다.
- **선입견**(Bias)은 편파적인 견해나 신념에 기반하여 한 사람이나 집단을 다른 사람보다 선호하는 것이다(역자주: prejudice나 bias 두 단어 모두 국내에선 '편견'으로 차이없이 번역되어 사용된다).
- **접근 및 접근성**(Access and Accessibility)은 다양한 장애인이 참여할 수 있는 장소, 자료나 경험의 특징을 말한다.

장애를 대하는 차별은 손상과 관련하여 현재나 과거 또는 개인이나 집단이 경험한 것으로 인식되는 불공정한 대우와 관련될 수 있다. 이것은 장애인이 스스로 손상이나 장애를 가졌다고 생각하지 않을지라도 비장애중심주의가 사람들에게 영향을 미칠 수 있는 하나의 이유이다. 예를 들면, 보통과 다른 형태의 팔이나 얼굴 특징을 가진 사람은 어떤 손상된 기능을 경험하지 않을 수 있지만, 다른 사람들에게 손상되었다고 인식됨에 따라 부당한 대우를 받을 수 있다. 암에서 살아나거나 HIV 양성인 사람은 직무수행에 어려움을 겪지 않을 수 있지만, 기업이 그 사람을 건강하지 않거나 일할 능력이 부족하다고 가정 또는 추정할 수 있기 때문에 구직과정에서 차별받을 수 있다. 부정적으로 다루어질 때 발생하는 차별은 하나의 특성이 행동이나 능력을 보여주거나 예측한다는 가정에 기반하고, 이는 공공, 정치적 또는 경제적 체계에 참여하는 동등한 기회의 거부로 이어진다. 차별은 편견에서 비롯되며, 선입견으로 이어질 수 있다. 그러면 비장애중심주의는 실제 손상이 있거나 있다고 여겨지는 사람들에 대한 구조적 차별이며, 그 이유는 그들이 손상으로 표찰되거나 판별되지 않은 사람들에 비해 능력이 낮거나 열등하다고 여겨지기 때문이다.

비장애중심주의와 접근성을 이해하는 핵심은 개인의 신체와 정신이 기능하는 방식과 일상 활동에 참여하는 방식을 구별하도록 학생을 지원하는 것이다.

- 누군가 읽기에 어려움을 지닌다고 해서 그들이 책에서 배우고 즐길 수 없는 것은 아니기 때문이다.
- 누군가 움직임에 어려움이 있다고 해서 그들이 움직임이 요구되는 활동들을 즐길 수 없다는 것은 아니기 때문이다.
- 누군가 빛이나 소리에 압도된다고 해서 그들이 콘서트, 춤이나 스포츠 이벤트를 즐길 수 없는 것은 아니기 때문이다.
- 거의 모든 경험은 참여를 증진시키기 위한 대안적인 환경이나 방식의 확장으로 접근 가능하거나 좀 더 쉽게 접근할 수 있다. 장애인이 활동과 경험에 동등하게 참여하는 것에 관한 이해를 수립하는 것은 (a) 장애인이 일할 수 있도록 사용할 수 있는 도구와 전략에 대한 학습 (b) 환경이 장애인을 좀 더 접근 가능하고 환영받을 수 있게 만드는 방법에 대한 학습과 관련 있다.

비장애중심주의와 접근성을 이해하기 위한 손상과 장애의 구별

비장애중심주의에 관한 학습을 시작할 때, "손상"과 "장애" 용어를 구별하는 것은 어떤 학습자들에게 도움이 될 수 있다. 비록 이러한 용어들이 종종 상호교환적으로 사용되지만 장애의 사회적 모델에서 그 용어들은 동일하지 않다. 여기서 손상은 부상, 질병 또는 선천적인 상태의 결과로서 신체적, 감각적 또는 인지적 기능성의 상실이나 감소를 의미한다. 장애의 경험은 사회가 손상에 반응하는 방법, 손상을 지닌 사람이 어떤 일을 하고 활동에 참여하거나 의미 있는 관계를 형성하는 것을 막는 환경적 또는 사회적 장벽들을 포함한다. 손상을 지닌 사람들이 존재하는 물리적 또는 태도적 장벽 때문에 공간, 활동, 관계에 접근이 거부되면 **장애화**를 경험하게 된다. 다시 말해서 그들의 신체 밖에 위치될 수 있는 요소들에 의해 장애가 만들어진다. 다음의 예를 고려해 보자:

- 난독증과 같은 학습장애를 가진 사람은 텍스트를 읽기 어렵게 만드는 손상을 지니고 있다. 그러나 난독증이 있는 사람은 텍스트의 오디오 버전에 접근하거나 시각적 단서와 함께 또는 다른 형식으로 제시되어 텍스트의 이해를 돕게 될 때 문제로서의 난독증을 경험하지 않을 수 있다. 그러나 텍스트로 제공되는 정보에 접근하는 다양한 방법이 없으면 난독증이 있는 사람은 **장애화**를 경험할 수 있다.
- 시각장애인은 시각적 손상을 지녔지만, 점자 문자나 다른 기술 기기와 조정을 통해 지역사회나 직업생활의 모든 측면에 접근할 수 있을 때 제한된 시력은 문제가 되지 않을 수 있다. 만약 시각장애인이 물리적 접근 제한이나 시각장애인에 대한 편견으로 인해 지역사회 참여, 취업, 의미 있는 관계 형성의 기회를 거부당한다면, 이러한 것들이 어려울 것이다; 시각장애인은 환경의 결과로서 장애인이 될 것이다.

이러한 경우, 비장애화(enablement)와 장애화(disablement)는 특정한 맥락의 경험들이다. 사람들은 어떤 것에 의해 **비장애**가 될 수 있고, 주어진 상황에서 존재하는 어떤 종류의 도구와 가변성에 관련된 또 다른 것에 의해서 **장애**가 될 수 있다. 장애 손상의 사회적 모델에서 손상 자체는 신체나 정신의 한계지만 사회 내에서 발견되는 물리적, 사회적, 태도적 장벽에 의해 초래되는 제한보다 훨씬 더 적고 덜 의미 있는 제한을 초래할 수 있다(Smith, Gallagher, Owen, & Skrtic, 2009). 다시 말해 손상이 있는 사람에게 가장 중요한 문제는 종종 손상이 신체/정신에 미치는 영향의 결과가 아니라 그들이 직면할 수 있는 부정적인 태도와 제도적 장벽의 결과이다(Hosking, 2008; Hahn, 1997). 장애에 대한 대부분의 현대적인 정의와 마찬가지로—이전 주제에서 제시했던—장애화는 개인의 신체/정신의 기능과 일상 활동에 원만하게 상호작용하고 참여하는 것을 막는 환경이 구성되는 방식 간의 상호작용이다. 장애의 사회적 모델에서 강조하는 것은 손상이 장애가 되는 방식을 줄이기 위해 모든 사람이 접근 가능하고, 유연하고, 편안하도록 사회적 및 물리적 환경을 구성하는 것이다.

비장애중심주의 교수를 위한 자료의 구축

비장애중심주의를 가르치기 위해 고안된 자료들을 모으는 목적은 장애와 관련된 선입견, 편견, 차별을 분석할 기회를 제공하는 자료를 찾아내기 위한 것이다. 책과 기타 미디어가 이러한 목표에 일반적으로 접근하는 두 가지 기본 방법이 있다: 일부 자료들은 생산적이고 참여적인 역할과 관계 안에서 장애인을 묘사함으로써 장애의 낙인을 벗기기 위해 고안되었다. 다른 자료들은 직접적으로 장애에 대한 오해를 지적하거나 편견의 예를 제공하는 것을 목표로 한다. 두 가지 접근 모두 장애와 비장애중심주의에 대한 지식과 관점을 잠재적으로 수정하고 조정하도록 잘못된 인식을 접하고 발견하며, 비판적인 성찰을 시작하는 데 사용될 수 있다.

이 주제의 자료를 선택할 때의 핵심 사항이다:

- 비장애중심주의를 판별할 수 있는 기회를 만들기 위해 선입견, 편견, 차별을 특징으로 하는 자료를 선택한다.
- 사회적 및 물리적 환경에 좀 더 쉽게 접근할 수 있게 하는 방법을 강조하거나 포함하는 자료를 선택한다.
- 비장애인과 장애인의 학습 및 행동을 설명하는 자료로 비장애중심주의를 허물고 접근성을 구축하는 것은 모든 사람이 변화에 참여해야 한다는 것을 강조한다.
- 장애를 "놀라운" 장치로 사용하는 자료를 의도적으로 이용한다. 일상적인 활동에 참여하는 사람을 보여주고 나중에 그 사람이 장애인임을 밝히는 자료들이다. 이는 잘못된 인식을 강조하기 위해 사용되어야 하기에 잘못된 인식에 대해 토론하는 것이 중요하며, 의도하지 않게 잘못된 인식 자체의 자연스러움을 강화하지 않는 것이 중요하다. (예: *Susan Laughs* [Willis, 1999]; *Just Because* [Elliot, 2014])

까다로운 주제

누구나 편견과 선입견을 가질 수 있다

장애의 경험은 비슷한 유형의 손상을 지닌 사람들 간에도 매우 다양하고 다른 유형의 손상을 지닌 사람들 간에도 매우 다양하다. 장애에 대한 오해, 선입견, 편견 및 가정은 장애인과 비장애인이 똑같이 가질 수 있다. 비장애중심주의에 대한 책임이 오직 "장애가 없는" 사람들에게만 있다고 시사하는 것처럼 보이는 일반화나 추론을 주의한다. "장애인"이라는 광범위한 사회적 집단

내 사람들이 다른 장애인과 비장애인에 대해 오해와 편견을 가지고 있는 것은 분명히 사실이다.

도덕적 난제: 가치와 능력에 대하여

아마도 비장애중심주의를 뒷받침하는 가장 어려운 윤리적, 도덕적 난제는 손상이 학교, 직장, 사회에 장애인들이 참여할 기회를 제한하고 배제하는 정당한 이유인지에 대한 질문일 것이다. 기업은 느린 사람보다 더 빠른 사람을 선택하지 않을까? 학교는 학업 성과에 따라 아동들을 조직하고 성취도가 높은 학생들에게 상을 줘야 하지 않을까? 어떤 곳은 시끄럽고 어두울 수밖에 없지 않나? 저자를 포함한 장애학 분야의 사람들은 한 사회의 사람들이 가치와 능력을 지니는 방식과 정책적, 경제적, 도덕적 실제가 사회 모든 구성원의 안녕에 관심을 기울이지 않는 방식들에 대해 비판적으로 탐구할 수 있는 질문들을 계속 고심하고 있다. 다시 말해서 이러한 질문들은 자본주의, 민주주의 및 성과주의와 같은 체제의 중요한 신념을 비판할 수 있다. 이후 챕터의 내용들은 이러한 아이디어에 대한 추가적인 검토를 이끌 수 있지만 명확하거나 쉬운 해결책은 없다. 그러나 간단한 해결책과 정답없이 궁금함을 유발하는 교실에서의 탐구 활동은 혼란 속에서 성공적인 시도이다.

탐구 시작하기: 비장애중심주의는 무엇인가?

1. 그림이 있는 책과 그림이 없는 책, 아동부터 성인을 대상으로 다른 목적을 가진 다양한 "수준"의 책과 텍스트를 선택하라. 더 다양할수록 좋다.
2. 모든 종류의 책을 나열하여 설명하고, 책들의 차이를 지적하라. (예: 어떤 것은 길고, 어떤 것은 짧음; 어떤 것은 그림이 있고, 어떤 것은 없음; 어떤 것은 정보와 사실을 얻기 위함, 어떤 것은 이야기임; 등)

3. 학생 모둠에게 질문들을 숙고하고 토론하도록 요청하라:
    a. 읽기에 어려움이 있는 사람이 여전히 책을 즐길 수 있다고 생각하는가?
    b. 잘 볼 수 없는 사람이 책을 즐길 수 있는 방법은 무엇인가?
    c. 읽기에 어려움이 있는 사람이 책을 즐길 수 있는 방법은 무엇인가?
4. 대화가 줄어들면서, 모든 사람이 책으로 이야기를 즐기고 정보를 얻을 수 있지만 사람마다 책에서 배우고 즐기기 위해 다른 방법이 필요하다는 것을 강조할 수 있다. 때로 사람들은 읽기를 위해 도움을 필요로 하거나 다른 사람이나 컴퓨터로 책을 읽을 수 있다는 것을 강조할 수 있다. 때로 사람들은 오디오북, 점자, 큰 활자를 선호하거나 필요로 한다. 누구나 책을 이용할 수 있도록 다양한 형태로 책을 이용가능하게 하는 것은 사회의 몫이지만, 때로 책이 다양한 형태로 되어있지 않아 모든 사람이 쉽게 이용할 수는 없게 되어있고 이것이 어떤 유형의 장애를 가진 사람들에게 문제가 된다는 점을 지적하라. 간혹 사람들은 장애인을 위한 책을 만드는 것에 대해 생각하지 않는데, 왜냐하면 장애인은 읽을 수 없거나 읽지 않아도 된다고 생각하고 혹은 사람들이 읽고 싶어 할 수 있는 다양한 방식들을 고려하지 않기 때문이다. 책을 넘어서 장애인은 비장애인이 하는 방식으로 배우고, 일하고, 친구를 사귀고, 살아갈 수 없거나 그러면 안 된다고 생각하기도 한다.
5. 학생 모둠이 "비장애중심주의"를 조사할 것이라고 소개하라. 이 주제에 대한 대화를 안내하는 질문은 다음과 같다:
    a. 비장애중심주의가 무엇을 의미한다고 생각하는가? 이것을 나타내는 다른 말은 무엇인가?
    b. 편견은 무엇을 의미한다고 생각하는가?
    c. 차별은 무엇을 의미한다고 생각하는가?
    d. 편견과 차별의 예는 무엇이 있는가?
    e. 장애인이 직면하는 편견이나 차별의 종류는 무엇이라고 생각하는가?

f. 장애인이 부당한 대우를 받을 수도 있는 방식은 무엇인가?

g. 장애인이 부당한 대우를 받을 수도 있는 방식에 대해 할 수 있는 질문은 무엇인가?

6. 탐구 시작하기 이후, 학생 모둠의 사전 지식과 흥미에 따라 조사 및 학습을 심화시키는 활동을 선정할 수 있다.

활동 제안

1. 비장애중심주의의 정의와 이해

주요 개념: 비장애중심주의, 수용, 접근, 선입견, 차별, 오해, 편견, 고정관념, 낙인

주요 개념들은 선수 활동이나 사전 교수로 소개될 수 있으며, 비장애중심주의를 주제로 하는 자료들을 다루는 동안, 다룬 이후에 강조될 수 있다. 직접교수, 배운 단어를 적어 벽에 붙이기(word walls), 마인드맵 형식의 단어장(word webs), 그래픽 조직자, 정의와 개념의 그룹 만들기 모두는 학생 모둠 간 활동 어휘를 만드는 방법이다. 학습자들은 개념을 설명하기 위해 단어 및/또는 그림을 사용할 수 있다. 개념에 초점을 두는 목적은 학생 모둠이 탐구하는 중에 사용하고 적용할 공통적인 어휘를 개발할 수 있게 하는 것이다.

2. 도서와 멀티미디어 자료로 비장애중심주의 학습

비판적 탐구는 참여자들이 자신과 타인의 지식, 경험에 관한 통찰력과 이해를 증진시키도록 다양한 관점과 아이디어를 접하고 설명, 분석, 대화에 참여하는 것을 필요로 한다. 참여자가 자신의 관점을 설명하고 분명하게 표현하며, 새로운 아이디어를 채택, 거부 및/또는 고심하는 과정에 대한 주장과 근

거를 개발하도록 지원하는 것이 중요하다. 비장애중심주의 학습에 사용할 수 있는 많은 도서와 멀티미디어 자료들이 있다. 비장애중심주의에 대한 탐구는 장애와 비장애중심주의에 대한 다양한 관점과 묘사를 강조할 기회를 제공하며 학습자의 아이디어, 예시 및 경험을 통해 확장될 수 있다.

자료와 함께 사용할 논의/탐구 길잡이

- 묘사된 모든 사람의 경험 및/또는 행동을 서술하시오.
- 묘사되거나 설명된 행동에서 사람들에게 영향을 미칠 다양한 요인들—설명됐거나 여러분이 생각한 것일 수 있음—을 분석하시오.
- 편견, 선입견, 배제, 학대 및/또는 차별이 묘사 및/또는 설명된 예는 무엇인가?
- 장애와 장애인의 삶에 관한 어떤 가정과 잘못된 인식들이 비장애중심주의에 기여하는 행동으로 이어질 수 있는가?
- 왜 이러한 가정이나 잘못된 인식이 존재한다고 생각하는가?
- 어떤 종류의 신념과 행동들이 장애인에 대한 편견, 선입견 또는 차별에 기여하는 것처럼 보이는가?
- 제시된 관점의 요점을 설명하시오. 이러한 관점이 여러분과 어떻게 비슷하고 다른가? 다른 지식, 정체성 및 경험은 어떻게 사람들이 다양한 관점을 갖도록 이끌 수 있는가?
- 어떻게 개인이 장애에 대한 잘못된 인식과 가정을 뛰어넘을 수 있는가?
- 사람들이 개인적 및 사회적 방식으로 비장애중심주의에 맞서는 방법의 예는 무엇인가?

추천 자료

「#비장애중심주의」("#*Ableism*" by Leah Smith, Center for Disability Rights – New York, no date)

http://cdrnys.org/blog/uncategorized/ableism/

대략 800개 단어

비장애중심주의가 사고와 행동에 어떻게 영향을 미치는지 간략한 예시와 함께 비장애중심주의에 대해 에세이 형식으로 기술한다.

「관점: 행복과 장애」("*A Point of View: Happiness and Disability*" by BBC A Point of View, June 1, 2014, BBC News Magazine)

www.bbc.com/news/magazine-27554754

대략 1500개 단어

장애인의 삶은 행복하지 않다는 잘못된 인식을 탐구하는 조사 자료와 연구를 강조하는 신문기사이다.

『자연스러운 사건』(Accidents of Nature by Harriet McBryde Johnson, 2006, Henry Holt & Co.)

17세 Jean이 장애 청소년을 위한 여름 캠프에 참여하면서 공동체, 정체성, 반비장애중심주의 사고를 발견하게 되는 성장소설이다. 정상성, 회복, 치유, 실천주의에 대한 관점이 독자에게 잘 드러나는 주제이다.

『아빠, 재키, 그리고 나』(Dad, Jackie, and Me by Myron Uhlberg, 2005, Peachtree Publishers)

제목대로 Jackie Robinson의 야구 경력을 따라 한 소년과 소년의 아버지의 경험을 묘사한 그림책이다. 독자들은 Robinson과 서술자인 청각장애인 아버지에 대해 대중들이 어떻게 반응하는지 앎으로써 인종주의와 비장애중심주의/건청중심주의 간의 유사점에 대한 세심한 뉘앙스에 동의할 것이다.

「장애인은 "바로잡을" 필요가 없다—비장애중심주의를 바로잡는 것이 필요하다」("Disabled People Don't Need to Be "Fixed"—We Need a Cure for Ableism" by Wendy Lu, Everyday Feminism, May 21, 2018)

https://everydayfeminism.com/2018/05/a-cure-for-ableism/

대략 1300개 단어

작가는 모든 장애인이 손상이 치유되길 원할 것이라는 생각을 불식시키기 위하여 자신의 경험과 다른 사람의 논평을 묘사한다.

『좋은 왕과 나쁜 왕』(Good Kings Bad Kings by Susan Nussbaum, 2013, Algonqin Books)

이 소설은 장애 아동 및 청소년을 위한 거주시설의 거주자와 직원들의 삶과 경험을 그린다. 독자는 다양한 인물과 인물 간 관계, 시설에서 일하는 장애인 주인공을 옹호와 실천주의로 이끄는 시설 생활의 참상에 대해 배운다.

⟨Keith Jones: 언래핑 장애⟩("Keith Jones: Un-Rapping Disability" by John Michalczyk, published Feb 2012)

www.youtube.com/watch?v=wFHshGDAU9Q

13분

Keith Jones가 활동가이자 음악가로서 장애권리를 위해 헌신한 삶과 일을 보여주는 영화이다.

『인쇄공』(The Printer by Myron Uhlberg, 2003, Peachtree Publishers)

작가가 1940년대 인쇄공으로 일하던 시절 배제와 차별에 직면했던 청각장애인 아버지의 이야기를 담은 그림책이다. 미국 수어를 사용하여, 작가의 아버지와 친구들은 인쇄기에 불이 났을 때 다른 사람들을 구한다.

『원칙들』(Rules by Cynthia Lord, 2008 version, Scholastic)
　Maine에 사는 12살 소녀 Catherine이 "멋진" 새 이웃과 친구가 되고 싶은 마음, 그녀의 자폐 형제를 둘러싼 사랑과 좌절, 의사소통 책을 사용하는 소년과 점점 발전하는 관계를 겪었던 경험을 그린 소설이다. 독자는 장애 및 정상성에 대한 관점과 장애가 관계 및 경험을 형성하는 다양한 방식을 생각할 수 있는 복잡한 감정적 서사를 통해 가정과 편견에 직면한다.

3. 비판적 성찰을 유발하는 활동

대화에 참여하고 다른 사람과 아이디어를 나누는 것은 참여자에게 다른 사람이 어떻게 생각하고 느끼는지 배우고, 자신의 관점과 이해를 명확히 하는 기회를 제공하는 데 중요하다. 그러나 전통적인 "토론" 형식 외에도 학습자가 분석하고 비판적으로 성찰할 수 있도록 지원할 수 있는 다른 활동들도 있다.

a. **성찰적 글쓰기**. 참여자는 탐구 길잡이를 사용하여 기사나 에세이를 작성할 수 있다. 분석에서 성찰로 넘어가기 위해서는 비장애중심주의와 관련된 타인의 관점 및 경험에 관하여 작가들의 개인적인 견해 및 관점을 논의할 필요가 있음을 강조한다.

b. **특권 판별하기**. 특권이나 자격의 개념을 강조하기 위해 사용되는 일반적인 활동은 특권 워크(privilege walk) 또는 특권 모둠(circles of privilege)이다. 주요 아이디어는 특권과 관련되어 당연시되는 가정을 드러내도록 고안된 진술을 읽고 참여자가 그룹 및 개인이 특권이나 자격에 대한 자신의 관계를 고려하고 인식할 수 있도록 모둠의 앞뒤나 안팎으로 이동하는 것이다. 이러한 유형의 활동에 대해 엇갈린 결과들이 있다. 특권은 삶에 노력이 부

재하다는 것과 동일하지 않다. 이 활동은 어려움을 경험했지만 다른 방식으로 특권을 누리는 참여자들에게 특권의 개념에 대한 분노와 거부감을 일으킬 수 있다. 특권 활동은 종종 특권을 누리는 사람에게 "노력하지 않고 얻은" 혜택과 자격에 대해 인식시키는 것을 주된 목표로 고안된다. 특권 활동이 자주 뒤로 물러서거나 모둠 밖으로 떠날 수 있는 참여자들에게 미치는 영향을 고려하는 것이 중요하다. 물론 이것이 활동의 목적이지만, 활동이 참여자들에게 상당한 불안을 야기하고/또는 뜻하지 않게 나중에 문제가 될 수 있는 자신에 대해 공개하거나 밝히도록 유도하는 것은 아닌지 숙고해야 한다. 특권 활동은 이미 강하고 지지적인 교실 공동체를 위한 것이며, 촉진자는 편안하고 그룹이 만들어낼 수 있는 강한 감정적 반응을 이끌 준비가 되어있어야 한다. 전통적인 특권 활동은 사회적인 직면을 만들어내기 위해 고안되었지만 대안이 필요한 경우 진술을 읽고 토론하거나 개인적 성찰을 위한 질문을 제기할 수 있다. 교수 계획을 위한 두 가지 자료는 다음과 같다:

- 모둠으로 이동하는 활동(Move Into the Circle Activity, by ConnectABILITY) https://connectability.ca/Garage/wp-content/uploads/2015/05/Move-Into-The-Circle- Activity.pdf
- 특권 워크 교육 계획(Privilege Walk Lesson Plan, by Rebecca Layne and Ryan Chiu, published on Peace Learner, 2016)

  https://peacelearner.org/2016/03/14/privilege-walk-lesson-plan/

c. **중요한 사건들**. 중요한 사건들은 개인을 "아-하" 순간으로 이끄는 경험이다. 중요한 사건은 전형적으로 충격, 기쁨, 당황, 슬픔, 분노와 같이 강한 감정적 반응에 기반을 둔 깊은 인상을 남기는 경험들이다. 학습자는 상황을 설명하고, 이러한 감정과 반응에 대한 이유를 제시하고, 사건이 그들의 신념, 이해, 행동에 미칠 수 있었던 짧은 순간의 학습과 장기적인 영향에 대해 논의함으로써 놀라거나 당황스럽다고 느꼈던 순간과의 상호작용을

확인할 수 있다. 중요한 사건은 역할극으로 작성하거나 수행할 수 있다. 학습자는 중요한 사건을 확장된 경험으로 묘사하여 창의적인 작품을 만들 수 있다.

4. 비장애중심주의와 장애 에티켓

장애 에티켓의 개념은 장애인과 상호작용하는 동안의 개인행동에 초점을 둔다. "해야 하는 것과 해서는 안 되는 것"은 종종 일상생활에서 비장애중심주의를 나타내는 인식과 강력하게 연관되어 있다. 비장애중심주의 탐구의 일부로 이러한 유형의 자료를 포함하는 것은 장애와 관련된 자신과 타인의 신념 및 행동을 강조하고 성찰할 수 있는 예시와 기회를 제공한다. 이전에 제공된 논의/탐구 길잡이도 추천 자료 세트로 함께 사용하기 적합하다.

「우리가 즉시 그만두어야 할 6가지 유형의 비장애중심주의」("6 Forms of Ableism We Need to Retire Immediately" by Julie Zeilinger, Mic, July 7, 2015)

https://mic.com/articles/121653/6-forms-of-ableism-we-need-to-retire-immediately#.KJL2hdi7T

온라인 버전에 포함된 6개 이미지와 대략 1200개 단어

현대 저널리즘적, 대중문화적인 느낌으로 비장애중심주의의 예를 설명하며 텍스트와 이미지가 포함된 온라인 형식으로 고안되었다.

「비장애중심주의자로 보이지 않지만 실제로는 그런 것들 9가지」("9 Things That Might Not Seem Ableist, But Actually Are" by Wendy Lu, Bustle, Oct 5, 2016)

www.bustle.com/articles/187964-9-things-that-might-not-seem-ableist-but-actually-are

온라인 버전에 포함된 9가지 GIF와 대략 1200개 단어

저자의 어조는 개인적이고 독자를 대상으로 쓰여졌으며(예: "여러분") 장애인과 상호작용할 때 흔히 보이는 거짓을 강조한다.

「장애 에티켓 팁」("Disability Etiquette Tips" by Ability360, 2017)

https://ability360.org/disability-etiquette-tips/

장애 유형별로 길고 상세하게 정리된 해야 할 행동과 하지 말아야 하는 행동들의 목록이다.

「"에티켓"과 "에티켓 퀴즈"」("Etiquette" and "Etiquette Quiz", Spaulding's Differing Abilities: Disability Awareness Program, 2019)

www.understandingdisability.org/Etiquette

이 사이트는 젊은 연령층을 대상으로 웹 기반의 대화형 참/거짓 에티켓 퀴즈를 제공한다. 10개의 질문이 있고, 각 질문 뒤에는 설명이 포함된 답이 제공된다.

『Jacob의 아이 패치』(Jacob's Eye Patch by Beth Kobliner Shaw and Jacob Shaw, 2013, Simon and Schuster)

32쪽, 그림책

Jacob과 그의 가족이 상점으로 가는 길을 따라가는 그림책이다. 이야기는 Jacob의 아이 패치에 대해 묻거나 논하려고 가족이 나아가는 것을 막는 모든 사람을 지적한다.

〈Katie의 장애 인식 비디오〉(Katie's Disability Awareness Video by mervinep, Oct 2, 2012)

www.youtube.com/watch?v=S0fs9650Vz8

대략 3분

이 동영상은 책의 형식을 사용하여 "누구나 환영받는다고 느끼게하기-장애 에티켓 수업"의 페이지를 넘긴다. 각 페이지는 장애인과 관련하여 해야 할 일과 하지 말아야 할 일에 대한 텍스트와 삽화가 있다. 동영상은 다음 책과 관련되어 있다.『Katie가 목소리를 얻은 방법: 그리고 멋진 새로운 별명』(*How Katie Got a Voice: And a Cool New Nickname* by Patricia L. Mervine, 2012, Trafford)

「내 자폐 아들을 '친구'라고 부르지 마세요」("*Please Don't Call My Autistic Son 'Buddy'*" by Susan Senator, Psychology Today, Jun 14, 2018)
www.psychologytoday.com/au/blog/all-families-are-not-alike/201806/please-dont-call-my-autistic-son-buddy

대략 600개 단어

블로그 칼럼니스트 Susan 상원의원은 신경다양성을 인정하는 사회적 실제를 만드는 것이 무엇을 의미하는지 고민하는 맥락에서 사람들이 그녀의 성인 아들과 어떻게 상호작용하는지 성찰한다.

5. 실천을 향하여: 비장애중심주의, 접근성 및 통합

장애 에티켓의 개념을 넘어서는 것은 접근성과 통합의 개념이다. 에티켓의 개념은 비장애중심주의를 어떻게 식별하고 피하는가를 강조하는 반면, 접근성과 통합의 개념은 적극적이고 유의미한 방식으로 사회생활에 장애인을 통합시키는 사전적 접근을 강조한다. 이 자료 세트는 사람들이 접근과 통합을 촉진하기 위해 실천할 수 있는 방법을 인지하고 분석하도록 학습자를 안내하고, 접근과 통합을 제한할 수 있는 환경적 특징에 주목한다.

a. 학교나 다른 장소에 대한 접근성 조사 실시
   - "접근성 챌린지"(Access Challenge, Spaulding's Differing Abilities: Disability

Awareness Program, 2019)

학교 접근성 조사는 학생들이 학교 건물과 환경에 대한 정보를 수집할 수 있도록 출력 가능한 한 페이지의 워크시트이다. 학생들은 온라인에서 답을 입력하고 학교가 얼마나 접근하기 쉬운지에 대한 보고서를 받을 수 있으며, 대부분의 답은 미국장애인법(ADA)의 지침을 반영한다.

www.understandingdisability.org/Challenge/

- 장애인의 접근성을 위한 학교 환경 평가(Assessing Your School Environment for Access to People With Disabilities, 출력 가능한 유인물, 2015, Anti-Defamation League)

www.adl.org/media/6892/download

23개의 질문으로 구성된 조사로 학습자가 학교 환경을 평가하는 데 사용할 수 있는 예/아니요 체크리스트이다. 학습 환경의 유연성, 접근 가능한 자료의 이용 가능성뿐만 아니라 물리적 특징을 강조하는 다양한 질문이 섞여 있다.

b. 그림책, 비장애인의 특권 및 접근성

아래의 그림책들에는 비장애 또래가 더 이해하기 쉽게 경험할 수 있는 측면이 포함되어있다. 3가지의 책은 비장애인 주인공들이 등장하며 온정주의적으로 해석될 수 있어, 비장애인의 특권과 온정주의적 방식을 특별히 강조하는 데 잘 활용된다. 『굴러간다』(Rolling Along)와 『내가 배우는 방법』(How I Learn)의 장애인 주인공이 내레이션을 하였으며, 접근성에 대하여 숙고해 볼 수 있는 장면을 각각 제공한다. 학생들은 이 책들을 읽을 수 있고, 등장인물에게 도움이 되는 물리적 교실 공간으로 재구성하기 위해 모둠으로 활동할 수 있다. 활용할 수 있는 질문은 다음과 같다:

- 책에 등장하는 학생들이 우리와 함께한다면 어떻게 이 학생을 환영하는 교실로 만들 수 있는가?

- 어떻게 교실을 재구성하고 활동이나 의사소통, 학습, 이동 등의 방식을 재고할 수 있는가?

『내가 배우는 방법: 학습장애에 대한 어린이 안내서』(*How I Learn: A Kid's Guide to Learning Disability* by Brenda S. Miles and Colleen A. Patterson, 2015, Magination Press)

32쪽, 그림책

익명의 주인공이 학습을 "다른 방식"으로 설명하고 다른 방식으로 학습장애를 경험하는 다른 사람들에게 우리를 소개하는 그림책이다.

『공에 귀 기울여라』(*Keep Your Ear on the Ball* by Genevieve Petrillo, 2007, Tilbury House Publishers)

시각장애인 Davey와 반 학생들이 함께 배움과 놀이를 탐색하고, 모두가 킥볼을 할 수 있는 방법을 만들어가는 그림책이다.

『우리는 친구니까』(*Since We're Friends* by Celeste Shally, 2007, Sky Pony Press)

서술자가 친구 Matt를 소개하고 묘사하며, 그들의 관계와 경험에서 Matt의 자폐성 장애를 어떻게 대하는지 설명한 그림책이다.

『굴러간다: Taylor와 그의 휠체어에 관한 이야기』(*Rolling Along: The Story of Taylor and His Wheelchair* by Jamee Riggio Heelan, 2000, Peachtree Publishers)

그림책. Taylor가 휠체어를 얻고 사용하는 이야기를 서술한다.

『친구가 될 수 있다』(*You Can Be a Friend* by Tony and Lauren Dungy, 2011, Little Simon Inspirations)

Jade가 휠체어를 타는 새 이웃 Hannah의 출현으로 새로운 친구를 사귀고 장애에 대해 궁금증을 제기하며, 모든 친구들이 참여할 수 있는 생일파티를 결정하는 그림책이다.

6. Harriet McBryde Johnson에 대한 집중 조명

비장애중심주의에 대해 글을 쓰고, 발표하고, 블로그를 기록하고, 콘텐츠를 만들어내는 많은 활동가와 옹호자들이 있다. 해리엇 맥브라이드 존슨(Harriet McBryde Johnson, 1957-2008)은 장애인 인권 변호사, 활동가, 공인으로 잘 알려져 있다. 소설『자연스러운 사건』(Accidents of Nature, 2006, Henry Holt & Co.)과 회고록『젊은 나이에 죽기는 너무 늦다』(Too Late to Die Young, 2006, Picador)는 저자의 삶과 실천주의에 대한 이해를 제공해준다고 인정되는 책이다. Johnson의 명성은『뉴욕 타임즈 매거진』에 실린「말할 수 없는 대화」를 통해 높아졌다. 여기에서 그녀는 Johnson만큼 중도의 장애를 지닌 사람들은 출생 시 죽는 것이 허용되어야 한다는 것을 시사했던 철학자 Peter Singer와 공적 토론에 참여했던 경험을 이야기한다. Johnson의 작품 모음과 유명한 토론은 문화, 과학, 비장애중심주의, 실천주의, 철학, 도덕, 윤리, 장애, 정상성을 둘러싼 관점과 관련된 깊고 복잡한 학습을 촉발할 수 있는 풍부한 자료를 제공해준다. Johnson의 자료는 형식과 대상으로 하는 청중이 다양하기 때문에, 자료 세트들은 장애권리 및 문화에서 중요한 이 인물의 연구를 차별화하여 제시하기 위한 자연스러운 포인트를 제공한다.

「말할 수 없는 대화」("Unspeakable Conversations" by Harriet McBryde Johnson, The New York Times Magazine, February 16, 2003)
www.nytimes.com/2003/02/16/magazine/unspeakable-conversations.html

『자연스러운 사건』("Accidents of Nature" by Harriet McBryde Johnson, 2006, Henry Holt & Co.)

17세 Jean이 장애 청소년을 위한 여름 캠프에 참여하면서 공동체, 정체성, 반비장애중심주의 사고를 발견하게 되는 성장소설이다. 정상성, 회복, 치유, 실천주의에 대한 관점은 독자에게 잘 드러나는 주제이다.

『젊은 나이에 죽기엔 너무 늦었다』(Too Late to Die Young by Harriet McBryde Johnson, 2006, Picador)

저자의 삶과 시대에 대한 회고록이다.

「올해의 인물. Harriet McBryde Johnson: 잘 산 인생」("Person of the Year. Harriet McBryde Johnson: A Life Well Lived" By Mike Ervin, New Mobility, January 1, 2004) www.newmobility.com/2004/01/person-of-the-year-harriet-mcbryde-johnson-a-life-well-lived/

매거진 기사는 출판사의 명예로운 "올해의 인물"로서 Johnson의 생애와 업적을 기술한다.

〈Harriet McBryde Johnson〉("Harriet McBryde Johnson" by the ADA Legacy Project and posted on It's Our Story) www.itsourstory.com/be-inspired/ios-on-youtube/gallery-new-releases/harriet-mcbryde-johnson/

장애권리에서 Johnson의 삶, 일, 실천주의를 묘사한 29개의 짧은 비디오이다.

7. 학습 실천 아이디어

a. **wiki 추가/편집.** 위키는 누구나 편집할 수 있는 정보 웹사이트이다. 학생 모둠은 비장애중심주의와 관련된 고려사항을 반영하여 장애와 관련된 항목을 추가하거나 편집하기 위한 글을 준비할 수 있다. wiki를 찾을 수 있는 대중적인 사이트 2가지이다:
   a 키즈서치(Kidzsearch): www.kidzsearch.com/
   b 위키피디아(Wikipedia): www.wikipedia.org/
b. **정책에서 변화를 만들기.** 편견, 선입견, 괴롭힘 및 차별과 관련된 학교의 정책과 실제를 검토한다. 그룹은 장애와 비장애중심주의가 얼마나 명확하게 다루어지는지 평가하고, 지침을 개선하기 위해 내용을 개정 또는 추가하는 제안을 만들어 낼 수 있다.

성찰 동아리: "비장애중심주의는 무엇인가?"에 대한 결론

탐구 주제를 마무리하는 것은 탐구의 도입에서 제기했던 질문과 아이디어로 되돌아감으로써 이루어질 수 있다:

- 장애인은 어떤 편견과 차별에 직면하였는가?
- 장애인이 부당한 대우를 받는 방식은 무엇인가?
- 사회가 장애인에 대한 편견과 차별을 줄이기 위해 변화할 수 있는 방식은 무엇인가?
- 장애인에 대한 편견을 줄이는 데 도움이 될 수 있는 여러분의 생각 변화는 무엇인가?

결론적으로, 활동을 통해 조사하고 탐구하는 과정에서 어떤 대답과 이해의 변화가 있었는지에 대한 대화를 장려하는 것은 유용하다. 핵심 질문에 대한 성찰은 마무리 시에도 검토할 수 있다.

- 비장애중심주의는 다른 종류의 선입견, 편견 및 차별 체계와 어떻게 관련되는가? 정체성/사회적 위치/상호교차성?
- "장애가 없는 몸의 특권"은 정상이 무엇인가에 관한 우리의 생각을 어떻게 지속시키는가?

이러한 질문들은 도입 토론에서 나타나지 않았던 다양한 각도에서 접근될 수 있기 때문에 토론을 더 복잡하게 만들 수 있다.

참고문헌

Chodorow, N. (1999). Homophobia: Analysis of a "permissible" prejudice. *The Public Forum*. Retrieved from www.cyberpsych.org/homophobia/noframes/chodorow.htm

Davis, L. J. (1997). Constructing normalcy. In L. J. Davis (Ed.), *The disability studies reader* (pp. 9–28). New York: Routledge.

Elliot, R. (2014). *Just because*. Oxford: Lion Hudson.

Hahn, H. (1997). Advertising the acceptable employable image. In L. Davis (Ed.), *The disability studies reader* (pp. 172–186). New York: Routledge.

Hosking, D. L. (2008). *Critical disability theory*. 4th Biennial Disability Studies Conference, Lancaster, UK.

Johnson, H. M. (2005). *Too late to die young: Nearly true tales from a life*. New York: Henry Holt & Co.

Linton, S. (1998). *Claiming disability: Knowledge and identity*. New York: New York University Press.

McIntosh, P. (1988). White privilege: Unpacking the invisible knapsack. In P. S.

Rothenberg (Ed.), *Race, class, and gender in the United States* (6th ed., pp. 188–192). New York: Worth.

Smith, R. M., Gallagher, D., Owen, V., & Skrtic, T. (2009). Disability studies in education: Guidelines and ethical practice for educators. In J. Andrzejewski, M. P. Baltodano, & L. Symcox (Eds.), *Social justice, peace, and environmental education: Transformative standards*. New York: Routledge.

Willis, J. (1999). *Susan laughs*. London: Andersen Press.

이름 _____ 날짜 _____

비장애중심주의는 무엇인가요?

지침: 각 질문을 읽고, 그것에 대해 생각하고, 답을 글로 쓰고 그리고/혹은 그림으로 답하세요.

1. 편견은 무엇인가요?

2. 차별은 무엇인가요?

3. 편견은 차별과 어떤 관련이 있나요?

4. 장애인에 대한 편견과 차별의 예는 무엇인가요?

5. 위의 예를 바탕으로 장애인에 대한 편견과 차별을 줄이기 위해 우리가 무엇을 바꿀 수 있을까요?

Copyright material from Susan Baglieri and Priya Lalvani (2020), *Undoing Ableism: Teaching About Disability in K-12 Classrooms*, Routledge

이름 _____ 날짜 _____

인터뷰: 장애와 사회적 통합

지침: 여러분이 알고 있는 **성인**을 대상으로 그들의 장애인과의 경험을 인터뷰하세요. 가족 구성원, 이웃, 또는 가족의 친구를 인터뷰할 수 있습니다. 인터뷰 대상자는 장애를 가지고 있거나 가지고 있지 않은 사람일 수 있습니다. 인터뷰를 하는 동안 의견을 노트에 메모하거나 녹음 및 녹화할 수 있습니다. 이 유인물에 인터뷰의 주요 아이디어를 적으세요.

여러분이 하는 일을 소개하기 위해, 아래와 같이 설명할 수 있습니다:

> 안녕하세요. 저는 학교에서 장애를 주제로 한 비판적 탐구에 참여하고 있습니다. OO께 장애인에 대한 경험과 생각에 대하여 몇 가지 질문을 하고 싶습니다. 만약 어떤 질문에는 대답하고 싶지 않다면, 대답 안 하셔도 됩니다. 몇 가지 여쭤봐도 될까요?

A) 인터뷰한 사람에 대해 묘사하기

인터뷰한 사람을 어떻게 아나요? (예: 부모님, 형제, 친척, 친구, 이웃)

_____

B) 메모나 녹음 및 녹화 자료를 검토하여 아래의 질문에 인터뷰 대상자가 어떻게 대답하였는지 주요 아이디어를 쓰기

Copyright material from Susan Baglieri and Priya Lalvani (2020), *Undoing Ableism: Teaching About Disability in K-12 Classrooms*, Routledge

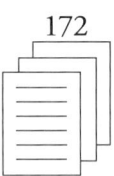

1. 당신에 대해 말해주세요. 장애인과의 경험을 이해하는 데 중요한 당신과 당신의 삶에 관한 내용은 무엇인가요?

_____
_____
_____

2. 당신 외에, 장애를 가진 사람을 알고 있나요? 그 사람의 장애에 대해 무엇을 알고 있나요? (누군가의 이름은 쓰지 말아주세요)

_____
_____
_____

3. 당신은 장애인과 허물없이 어울리거나 "놀기" 위해 시간을 보낸 적이 있나요?

_____

    a. 만약 3번 질문에 '<u>예</u>'라고 대답했다면: 장애인 친구와 어울릴 때, 함께 활동하기 위해서 미리 조정하거나 계획을 세우는 데 어떤 방법을 생각할 필요가 있나요?

    _____
    _____
    _____

Copyright material from Susan Baglieri and Priya Lalvani (2020), *Undoing Ableism: Teaching About Disability in K-12 Classrooms*, Routledge

b. 만약 3번 질문에 '아니요'라고 대답했다면: 장애인과 만나거나 어울리기 위한 기회가 없었던 이유는 무엇일까요?

_____
_____
_____

4. 장애인이 어떤 직업을 갖고 일하는 것을 보았나요? 장애인이 어떤 다른 직업을 갖고 일할 수 있다고 생각하나요?

_____
_____
_____

5. 결혼을 했거나 오랜 기간 연인 관계를 맺고 있는 장애인을 알고 있나요? 만약 아니라면, 장애인은 로맨틱하거나 친밀한 관계를 맺을 수 있다고 생각하나요?

_____
_____
_____

6. 데이트나 연애를 원하는 장애인에게 장애가 어떤 영향을 줄 것이라고 생각하나요?

_____
_____
_____

Copyright material from Susan Baglieri and Priya Lalvani (2020), *Undoing Ableism: Teaching About Disability in K-12 Classrooms*, Routledge

이름 _____   날짜 _____

접근성 조사: 여러분의 학교는 얼마나 장애 친화적인가요?

지침: 파트너와 학교를 둘러보세요. 모든 실내 및 실외 구역과 체육관, 식당, 강당, 음악실, 실험실, 미술실과 같은 공용 공간을 둘러보세요. 이 체크리스트를 사용하여 모든 사람이 학교에 접근할 수 있는지를 기록하세요.

체크리스트

- **예 혹은 ✔ 표시**: 근거가 있는 각 항목에 체크하세요.
- **아니요 혹은 X 표시**: 해당 특징이 학교에 없는 경우 X 표로 표시하세요.
- **? 표시**: 살펴봐도 알 수 없는 것이라면 물음표로 표시하세요.
- 이 항목들을 어디에서 관찰했는지 **장소(들)**를 쓰세요.

_____ 접근에 대한 국제적 상징(휠체어를 탄 사람의 윤곽)이 표시되어 있다.

_____ 장애인 주차구역은 학교 입구와 가깝고 평평하며, 접근에 대한 국제적인 상징이 명확하게 표시되어 있다.

_____ 층계나 계단이 있는 모든 출입구 근처에서 경사로, 엘리베이터 또는 리프트를 이용할 수 있다.

_____ 만약 층계나 계단이 있는 출입구 근처에 경사로, 리프트, 엘리베이터가 없다면 그것들을 찾기 쉽다.

_____ 모든 계단에는 핸드레일이 있다.

_____ 입구의 통로는 32인치 이상의 방해물이 없는 출입구를 제공한다.

Copyright material from Susan Baglieri and Priya Lalvani (2020), *Undoing Ableism: Teaching About Disability in K-12 Classrooms*, Routledge

_____ 문은 자동문 열림 스위치로 열 수 있다.

_____ 문 손잡이는 눌러 내리는 방식이다. (둥근 모양으로 돌려서 여는 손잡이 말고)

_____ 복도, 지나가는 길, 통로는 너비가 42인치 이상이다.

_____ 적어도 화장실 하나는 접근 가능한 것으로 표시되어 있다. 변기 근처에 안전 손잡이가 있고, 목발이나 휠체어를 이용해 문을 열고 닫기에 충분한 여유 공간이 있다.

_____ 화장실 내 모든 것들은 48인치보다 높지 않으며, 카운터나 세면대가 접근을 방해하지 않는다(예: 비누, 수도꼭지, 종이타월 등).

_____ 안전 알람, 전화기, 객실 제어기(불, 온도, 공기 상태, 창문, 창문 가림막)는 48인치보다 높지 않다.

_____ 비상상황(예: 화재) 알람은 빛, 소리로 신호를 보낸다.

_____ 식수대는 땅에서 바닥까지 최소 27인치의 간격이 있고, 표면은 36인치보다 높지 않다.

_____ 모든 다른 표지판의 옆에 또는 그 안에 점자 표시가 있으며, 점자는 손에 닿는 곳에 있다.

_____ 테이블, 책상, 카운터는 땅에서부터 바닥까지 최소 27인치의 간격이 있다.

_____ 교실 가구는 움직일 수 있고 교실은 32-34인치의 통로 공간이 있어 확실하고 편안하게 이동하도록 조정될 수 있다.

_____ 오디오 및 시각 기기들은 헤드폰을 갖추었다.

_____ 도서관이나 미디어 센터는 다양한 도서, 비디오, 오디오, 기타 매체 선택의 특성을 갖추었다. 도서는 확대문자와 점자로 이용이 가능하다.

Copyright material from Susan Baglieri and Priya Lalvani (2020), *Undoing Ableism: Teaching About Disability in K-12 Classrooms*, Routledge

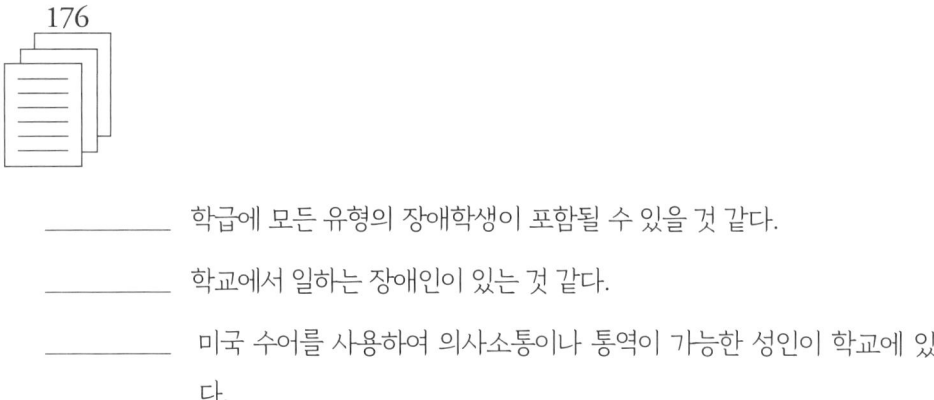

_____ 학급에 모든 유형의 장애학생이 포함될 수 있을 것 같다.

_____ 학교에서 일하는 장애인이 있는 것 같다.

_____ 미국 수어를 사용하여 의사소통이나 통역이 가능한 성인이 학교에 있다.

다른 사람의 체크리스트와 비교하고, 교사나 교내 다른 성인에게 질문하여 ? 표시 항목을 채워보세요.

Worksheet adapted from: Equal Treatment, Equal Access ⓒ2005 Anti-Defamation League.

7장. 장애와 비장애중심주의의 역사

탐구 주제: 장애인에 대한 생각은 어디에서 오는가?

필수 질문

- 사람이 가지고 있는 과거의 생각 및 실제는 오늘날 우리의 생각 및 실제와 어떻게 연관되어 있는가?
- 사람들이 불의에 맞서 저항하거나 행동하는 것을 막는 것은 무엇인가?

도입 및 배경정보

> 그들은 "소아과 전문병동"이라고 말했다.
> 그러나 그들은 아동 살해 센터를 의미했다.
> 그들은 "마지막 의료지원"이라고 말했다.
> 그러나 그들은 살인을 의미했다.
>
> – Ann Clare LeZotte(2008)

사람들이 움직이고, 느끼고, 생각하고, 소통하고, 배우고, 경험하고, 감정을 표현하는 방식에서의 다름은 모든 인간 존재에 있어 왔다. 현재의 법과 문화에서 "장애인"으로 간주될 수 있는 사람들을 묘사하기 위해 오랜 시간에 걸쳐 많은 단어, 용어 및 개념들이 사용되어 왔다. 장애학은 신체와 정신이 뚜렷하게 비정상적이라는 사회차원적 판단에 근거하여 억압을 경험했던 사람들의 삶을 조사하기 위해 역사와 문화 전반을 되돌아본다. 또한, 시간이 지남에 따라, 문화에 걸쳐, 그리고 이주를 통해 장애와 장애화가 변화하는 방식을 이해하기 위해 과거 사회에서 장애로 간주되지 않았지만 오늘날에는 장애인인 사람의 경험에 대한 조사가 이루어질 수 있다. 비장애중심주의를 연구하는 맥락에서, 이번 탐구의 주된 관심사는 장애의 역사적 구성이 현시대에서 명백한 실제, 태도 및 사회문화적 협의를 계속해서 형성하고 있는 방식을 고려해 보는 것이다.

왜 비장애중심주의가 존재하고 지속되는지에 대한 탐구의 핵심은 생각, 태도, 이해 및 사회적 실제 사이의 연관성을 이해하는 것이다. 만약 한 문화의 구성원들이 어떤 생각을 가지고 있다면, 그들은 그 생각을 반영하는 실제를 만들어 낼 것이다. 구성원들이 어떤 실제에 참여할 때, 생각과 태도는 그러한 실제를 기반으로 하여 더 발전될 것이다. 시간이 지남에 따라서 실제와 생각은 그 실제와 생각이 지속되도록 지원하기 위해 수렴되고, 서로를 강화시킨다. 생각과 실제 사이의 관계를 잘 설명하는 단어가 실체화(역자주: reification, 비판이론에서는 주로 물화 또는 물상화라는 용어를 사용함)이다. **실체화**는 어떤 것을 현실로 만들거나 어떤 것을 물질적 실재로 가져오는 과정이다. 비판이론에서 "실체화"는 진실되고 변하지 않는 것 같은 이념을 만드는 것을 뜻한다. 현실적이고 물질적인 실제는 법, 경제 그리고 제도의 다른 측면들에서 법률화됨에 따라 생각(이데올로기)은 현실이 되고, 현실은 그러한 생각의 진리를 시행하기 위해 형성된다. 비장애중심주의를 조사함에 있어 한가지 목적은, 그러한 생각들이 장애인이 어떻게 여겨지고 대우받는지를 형성하는 방식을 조사하고, 시간이 지나면서 장애인이 대우받는 방식이 생각의 자명함을 어떻게 강화하는지를 조사하는 것이다. 실체화의 과정이나 주기가 더 길게 지속될수록, 더 많은 생각과 실제들이 구체화되고 사회적 질서를 설명하는 진리이자 상식으로 당연시된다.

오랜 시간에 걸쳐 장애화가 실제로 행해져 온 세 가지 사회적 실제는 제거(elimination), 분리(separation) 및 대상화(objectification)이다. 사회는 오랫동안 장애인의 **제거**를 추구해 왔다. 고대에는 살인이나 유기가 보편적이었다. 예를 들면, 초기 그리스 로마 사회에서는 어떤 유형의 장애를 가진 아이들에 대한 영아 살해가 일상적으로 행해졌는데, 이는 장애아의 출산은 부모가 신을 불쾌하게 했음을 나타내는 것이라는 생각에 근거한 것이었다. 장애에 대한 또 다른 사회차원적 반응은 비장애인으로 여겨지는 사람들로부터 장애인으로 간주되는 사람들을 **분리**하는 것이었다. 맹인, 농인 혹은 태어날 때 특이한 신체를 가진 사람은 공동체에서 추방되거나 종교활동 참여에 제한을 받을 수 있었다. 1600년대 후반까지 사람들은 제 정신이 아닌(insane), 미친(mad), 정신적으로 병든(mentally ill) 것으로 간주되었고, "바보"(idiots) 혹은 "지진아"(dunces)로 표찰된 사람들은 보통 가족, 교회, 수도원, 지역사회의 구성원에 의해 보살핌을 받았다. 1700-1800년대에 걸쳐 보호시설이 증가하였고 장애인에 대한 처치는 점점 더 분리, 고립, 학대로 특징지어졌다. 그 후에, 사회는 특정한 유형의 손상을 가진 사람을 위해 조직된 빈민구호소(almshouses), 구빈원(workhouses), 학교, 기관을 열었다. 시간이 지남에 따라 장애인은 보호시설, 수용시설 또는 기타 기관에 감금되거나 "치워질" 가능성이 점점 높아졌다. 장애인에 대한 **대상화** 때문에 제거와 분리 모두가 합리적인 반응으로 보였다고 주장될 수 있다. 다시 말해서 장애인은 인류의 일부로 간주되지 않았다. 17세기에 유럽 왕족은 "궁정 난쟁이"(역자주: court dwarves, 왕실의 공개행사 중 왕이나 왕비는 바로 옆에 궁중 난쟁이를 서게 하여 왕이나 왕비를 커보이게 만들며 그들의 우월함을 만족시켜주거나, 강력한 지위를 나타내게 함)와 수행원으로 쓰기 위해 키가 작은 사람들을 구매하였다. 왜소증을 지닌 것은 신분의 표시로 간주되었다. 어떤 사람은 애완동물 취급을 받았고, 어떤 사람은 지배계급과 어느 정도 동등한 대우를 받았지만 그들은 모두 호기심의 대상이었다. 장애인은 1700-1800년대 동안 많은 관객들에게 구경거리이자 매혹의 대상으로 취급되었다. 런던의 베들레헴 병원은 악명높게도 1700년대 후반까지 "미친" 것으로 여겨지는 사람을 보려는 대중에게 입장료를 청구했다. 1900년대 초에 인기가 시들해질 때까지, 특이한 사람 또는 "괴물"로 여겨지는 사람은 "프릭쇼"와 전 세계의 전시회에서 대중의 경외, 오락 및 당혹스러움을 위해 전시되었다.

장애화를 구성하는 제거, 분리, 대상화의 실제를 형성하는 생각은 시간과 장소에 따라 다양했다. 산업화 이전의 유럽에서는 정신병과 지적장애가 있는 사람은 악마나 악령에 사로잡혀 있다고 생각되었고, 이후에는 도덕적으로 타락한 것으로 여겨졌다. 다른 장애는 완전한 인간보다 부족하다는 것의 표시 혹은 죄와 신의 형벌의 반영이라고 여겨졌다. 그때, 사람들 사이의 특정한 종류의 차이는 악, 두려움, 고통 및 불행과 연관되었다. 특이한 몸이나 마음을 갖는 것은 자신, 가족, 심지어 공동체의 비극으로 여겨졌다. 어떤 문화에서 장애는 신에 대한 친밀감과 관련되어 있으며 그래서 어떤 사람의 장애의 "고통"은 희생적이고 거룩한 것으로 간주될 수 있었다. 이런 맥락에서 그러한 차이를 가진 사람을 일찍 죽이거나 제거하는 것은 도덕적으로 선하고, 영적으로 의롭고, 심지어 동정적이거나 자비로운 것으로 보여졌다. 장애인과 비장애인을 분리하는 것은 또한 악과 장애의 연결에 대한 반응이었다. 장애인은 공동체에서 추방되거나 종교 예배 참여가 금지될 수 있었다. 일부 문화권에서는 신성한 원칙과 생각을 기반으로 장애인을 배척함으로써 사회적 또는 공공의 이익에 대한 보호가 이루어졌다. 장애인은 사회적 혹은 종교적으로 버림받은 신분이었기 때문에 공공의 참여가 금지되었다. 일부 신체에 대해 부정적인 종교적, 사회적 의미를 귀속시키는 것은 특정한 차이를 가진 사람을 거부하거나 피하려는 공동체의 경향이나 결정을 만들어냈다. 죽음이 자비로울 수 있고 전체의 이익을 위해 거부가 필요할 수 있다는 것은 그 시대 내내 회자되는 주제였다.

오랜 시간에 걸쳐 장애는 동일한 방식으로 존재하는 것을 의미하지 않았고, 다양한 유형의 장애가 동일한 방식으로 간주되지도 않았다. 과거를 조사하는 것은 주권 통치, 농경 생활, 도시화의 변화가 장애에 대한 사회적 실제와 생각에 영향을 미친 방식을 보여줄 수 있다. 전 세계적으로 구걸은 초기 공동체에서부터 사회의 일부였다. 많은 문화권은 구걸을 받아들였고 자선이나 구호품을 지급하는 것을 종교적 또는 사회적 책임의 일부로 인식했다. 특이한 신체나 뚜렷한 감각 장애를 가진 사람은 다른 이들 사이에서 두드러졌고, 종종 비극이나 운명의 희생자로 여겨졌다. 불교와 유교는 오랫동안 보살핌과 자선을 서로에 대한 모두의 반응으로 간주해왔다. 유대교, 기독교, 이슬람교의 아브라함 전통은 장애를 죄와 신의 형벌과 연결된 것으로 인식했지만, 자선과 연민은 바람직한 도덕적 반응이었다. 시간이 지남에 따라, 가난하고 집이 없는 사람에 대한 보살핌은 봉건 영주, 가족 혹은 종교단체의 책임에서 대중의 관심으로 옮겨갔다. 도시와 마을이 성장함에 따라 빈곤, 실업, 방랑은 심각한 사회 문제로 여겨졌다. 많은 지역사회는 부랑자들을 다른 곳으로 이주시키기 위해 법령을 통과시키거나 고안된 실제에 참여했을 것이다. 그러나 14세기 영국에서는 구걸에 대한 허가를 받을 수 있는 장애인, 노인, 아픈 사람을 제외한 모든 사람에게는 구걸하는 것을 금지하는 "빈민구제법"(Poor Laws)이 통과되었다. 장애인이 여전히 자선을 구할 수 있다는 생각은 기독교적 가치뿐만 아니라 그들이 일할 수 없다는 생각을 반영한 것이다. 장애인은 문자 그대로 사회의 동정 대상이 되는 것을 허가받은 사람이었다. 그러므로 일이나 고용보다는 자선활동이 어떤 유형의 장애와 연관된 일반적인 관행이었다.

그러나 1700년대에 영국은 장애인을 포함한 "보기 흉한 거지"(unsightly beggars)에 대한 처벌을 권고하는 법을 통과시켰다. 많은 미국 지역사회 또한 1800년대에 보기 흉한 거지를 불법화하거나 처벌하는 법을 통과시켰다. 예를 들면, 1881년 시카고는 단지 대중에게 보였다는 이유로 "병들거나, 불구가 되거나, 훼손되거나, 어떤 식으로든 변형된 사람, 그래서 보기 흉하거나 역겨운 대상이 되는 혹은 부적절한 사람"에게 벌금을 부과하는 법령을 통과시켰다(Coco, 2010). 이러한, 그리고 다른 유사한 "혐오법"(Ugly Law)은 다음 수십 년에 걸쳐 통과되었다. 장애인은 연민과 자선을 필요로 한다고 여겼던 사회에서 그들이 대중 앞에 보이는 것을 금지시키고자 한 사회에 이르기까지, 사회를 변화시킨 것은 무엇인가? 넓게 생각해보면 봉건주의의 쇠퇴, 상업주의와 자본주의의 부상, 그리고 개인의 자유와 평등주의 개념의 발달이 아마도 다양한 사회적 병폐를 해결하기 위해 사회의 지향과 책임을 점진적으로 이동시켰을 것이다. 봉건제도에서 한때 설명되고, 수용되고, 다루어졌던 사회질서는 점점 더 도시화되고 평등주의적인 사회에서 새롭게 설정될 필요가 있을 것이다(Foucault, 2012; Stiker, 1999). 그때, 빈곤은 사회적 조건보다는 개인적 문제의 결과로서 간주되었다. 빈약한 도덕성과 장애는 가난과 실업의 원인이었다. 동일하게 광범위한 역사 동안, 의학은 또한 조직화되었고 점점 더 과학적 원리에 기초하게 되었다. 자선에 대한 강조가 처치에 대한 강조로 바뀌었다. 빈민구호소, 구빈원, 보호시설과 수용시설들이 점점 더 많이 세워져서, 사회의 바람직하지 못한 사람들이 가야 할 장소가 되었다. 살 곳이나 일할 곳이 없는 사람들이 아프거나, 병들거나, 도덕적으로 부족하고 의료적 처치가 필요하다는 생각은, 그들을 다양한 처치 프로그램과 기관의 보살핌으로 이동시키는 근거를 제공했다. 구빈원은 도덕성이 약한 사람이 직업윤리를 향상하기 위해 갈 수 있는 곳이었다. 보호시설과 수용시설은 오랜 시기 동안 장애인으로 여겨지는 사람들이 생활하고 그들의 상태에 대한 처치를 받는 장소였다. 1800년대 후반 무렵, 우생학의 시대가 열리면서 장애인으로 간주되는 새로운 집단이 수용 시설로 유입되기 시작했다.

우생학자들은 어떤 사람들은 유전적으로 다른 사람보다 더 "적합"하며, 사회적 지위와 사회적 유동성이 가장 적합하고 인간 진보를 증진시킬 수 있는 사람들의 지표라고 제안했다. "부적합"한 것으로 간주되는 사람들의 유전적 혈통을 억제하고 분리하며 궁극적으로 제거하기 위한 활동이 미국 전역에 확산되었다. 이러한 생각은 아프리카 혈통, 이민자, 빈곤층, 장애인이 경험하는 불평등, 노예화, 지배를 구체화하는 데 도움이 되는 정책과 사회적 관행을 형성했다(Gould, 1996). 우생학하에서, "정신 박약"(feeble-minded)의 새로운 범주에 속하는 사람을 포함하여 훨씬 더 많은 사람들이 대중에게 폭력적이고 위협적인 역할을 맡게 되었다(Trent, 1994). 오늘날 발달장애나 지적장애를 가진 것으로 여겨지는 사람들을 억제하고 처치하기 위한 수용시설과 훈련기관들이 증가했고, 이는 "바보"(idiots), "멍청이"(morons) 그리고 "정신지체"(mentally retarded)로 간주되는 사람들에 대한 20세기의 주요 대응책이 되었다. 보호시설과 수용시설은 오랫동안 장애인이 고문, 퇴마, 처형과 같은 비인간적인 처치를 받는 곳이었다. 장애인이 인간 이하의 존재라는 지속적인 생각은 괴물 같고, 위험하고, 절망적으로 여겨지는 "버려진 사람들"을 억제하기 위해 사회가 만든 분리된 장소에서 가장 참혹한 학대가 행해질 수 있게 했다. 훈련기관이 교육적 또는 치료적 임무를 채택했음에도 불구하고, 시간이 지남에 따라 많은 곳들이 감금과 비인간성으로 정의된 장소로 운영되어갔다.

　궁극적으로 장애인의 대상화는 사회 전체가 그 구성원의 일부를 다루는 타당하고 합리적인 방법으로서 제거, 억제 그리고 분리를 바라보도록 만들었다. 장애인은 인간 이하의 존재로 인식되었고 다른 사람과 동등한 존재라기보다는 물건으로 취급되었다. 사람들은 프릭쇼와 여행 전시회에서 즐거움을 위해 관객들에게 특이하고, 이국적이며, 신비로운 불가사의로 전시되었다. 과학계와 의학계에서도 장애에 관심을 가졌다. 수용시설과 보호시설은 오늘날의 기준으로 볼 때 심각한 인권 침해에 대한 실험이 행해지는 장소가 되었다. 장애인은 불명예스럽게도 의학 실험을 위한 제3제국(역자주: Third Reich, 히틀러가 권력을 장학한 1933~1945년 시기의 독일제국)의 표적이 되었다. 궁정 광대(역자주: court jester, 중세 및 문예부흥기에 귀족이나 군주의 궁정에 고용되어 고용주 및 손님의 오락에 봉사한 사람)에서부터 수용시설에서의 엄청난 폭력에 이르기까지, 장애를 구경거리, 호기심, 또는 과학적 난제로 만든 것은 오랫동안 장애인을 대상으로 만들어 왔다. 이 시기 동안 영아와 아동을 포함한 장애인들을 시설수용화하는 관행이 과학자, 의사, 심리학자, 정신과 의사들에 의해 승인되었는데, 이들은 국제적으로 자행된 끔찍한 행위에 공모한 사람들이었다(Ostiguy, Peters, & Shlasko, 2016). 시간이 지남에 따라 장애인의 인간성에 대한 부정은 개별적인 "나쁜 행위자들"(bad actors)에 의해서만이 아니라 비장애중심주의와 억압의 뿌리에 자리잡은 생각에 의해 형성된 사회적, 문화적 관행에 의해서 가능해졌다.

심화학습을 위한 성찰과제

- 다음 한 주 동안, 장애와 장애인에 대한 생각이 날 때마다 메모하라. 역사적으로 뿌리박힌 생각과 실제는 무엇이라고 생각하는가?
  - 사회에서 장애를 제거하기를 원하는가?
  - 비장애인으로부터 장애인을 분리하는 것이 필요한가?
  - 장애인을 구경거리, 호기심, 의학적–과학적 난제 또는 영감이나 놀라움의 대상으로 사용하는가?
- 여러분의 개인적인 배경과 생각을 돌아보라. 여러분의 가족과 지역사회의 사람들은 장애를 어떻게 생각하는가? 여러분과 함께 자랐거나 현재 여러분을 둘러싸고 있는 장애에 대한 문화적, 종교적, 도덕적, 윤리적인 생각은 무엇인가?
- 장애인을 보거나 만날 때 여러분 주변의 어른이 어떻게 반응했는지에 대한 여러분의 초기 경험을 되돌아보라. 어른들이 어떤 말이나 정서를 보여주었고 그것이 장애에 대한 여러분 자신의 해석을 어떻게 형성했겠는가?

추천 자료

- 『미국의 장애역사』(*A Disability History of the United States* by Kim E. Nielsen, 2013, Beacon Press)
- 『시민권의 끝에서: 20세기 미국에서의 지적장애와 시민권』(*On the Margins of Citizenship: Intellectual Disability and Civil Rights in Twentieth Century America* by Allison C. Carey, 2009, Temple University Press)
- 『새로운 장애의 역사: 미국의 관점』(*The New Disability History: American Perspectives* by Paul K. Longmore and Lauri Umansky (Editors), 2001, New York University Press)
- 『라우틀리지(Routledge) 장애의 역사』(*The Routledge History of Disability* by Roy Hanes, Ivan Brown, and Nancy E. Hansen (Editors), 2018, Routledge)

탐구 들어가기: 장애인에 대한 생각은 어디에서 오는가?

비장애중심주의에 기여하는 생각과 관습의 기원에 대해 가르치는 것은 장애인의 삶에 대한 고정관념, 가정, 오해에 초점이 맞춰질 수 있다. Wolfensberger, Nirje, Olshansky, Perske 및 Roos(1972)는 사회에서 일탈했다고 여겨지는 사람들에게 맡겨지고, 장애인에게 적용되는 것으로 밝혀진 역사적 역할의 목록을 기술하였다. 이러한 역할은 장애인을 다음과 같이 묘사한다: 인간 이하의 유기체, 병든 유기체, 두려움의 대상, 사회에 대한 위협, 동정의 대상, 조롱의 대상, 신성한 천사, 영원한 아이. 이러한 사회적 역할이 오늘날 장애에 대한 생각과 고정관념으로 어떻게 전환되는지에 대한 예시를 찾는 것은 어렵지 않다. 이러한 개념은 장애아동의 출산을 비극적이고 그들의 가족에 대한 평생의 슬픔과 부담을 나타내는 것으로 특징짓는 담론에 반영된다(Lalvani, 2014; Ferguson & Ferguson, 2006). Silvers(1994)가 지적한 바와 같이 장애를 가진 삶의 바람직하지 않은 본질에 대한 가정이 워낙 만연해 있어 손상을 가지고 사는 것이 완전한 비극이 **아니라고** 주장하는 장애인에게 입증의 부담이 크다.

장애에 대한 초기 역사적 관점에 대해 가르치는 목적은 오랜 시간에 걸친 생각과 실제의 기원과 지속성을 보여주는 것이다. 교수에 포함해야 할 몇 가지 개념은 다음과 같다.

- 장애의 의미에 대한 생각은 사회가 장애인에게 특정한 방식으로 행동하도록 이끈다.
- 장애에 대한 생각은 일부 사회가 장애인을 죽이고, 고문하고, 학대하도록 이끌었는데, 이는 집단의 이익을 위해서였거나 혹은 이러한 처치법이 장애인에게 필요하고 심지어 도움이 된다고 믿었기 때문이다.
- 장애에 대한 생각은 종종 사회가 비장애인으로부터 장애인을 분리하도록 이끌었다.
- 역사에서 발견되는 오래 지속되는 몇 가지 생각은 다음과 같다:
  - 장애가 악을 나타낸다는 생각은 사회가 장애인을 두려워하거나 장애인에 대해 위협을 느끼도록 만들었다.
  - 장애인은 덜 인간적이거나 영원한 아이로 보일 수 있는데, 이는 그들이 인권을 이해하거나 받을 자격이 없거나, 사회의 성인 구성원으로 대우받을 수 없음을 의미한다.
  - 장애인은 병들고 망가진 것으로 보일 수 있으며, 그러므로 그들은 치료되거나 고쳐지지 않고서는 완전한 삶을 살 수 없다.
  - 장애인은 비극이나 고통으로 가득 찬 삶을 사는 동정의 대상으로 보일 수 있다.
  - 장애와 장애인은 자신, 가족 그리고 사회에 부담으로 인식될 수 있다.
  - 장애와 장애인은 위협적이고 위험한 존재로 인식될 수 있다.

- 장애와 장애인은 타인의 조롱이나 재미의 대상으로 취급될 수 있다.
- 생각과 실제는 서로 연관되어 있다; 또는 우리가 진실이라고 생각하는 것은 우리가 어떻게 행동하는지와 무엇이 "옳은" 행동 방법처럼 보이는지에 영향을 미친다.
- 오랫동안 존재해 온 생각에 의문을 제기하는 것은 어려울 수 있다.
- 오랫동안 존재해 온 관행에 의문을 제기하고 바꾸는 것은 어려울 수 있다.

이번 탐구에서, 학생 모둠은 그들의 일상생활에서 해석될 수 있는 장애에 대한 오래되고 지속적이며 종종 부정적인 생각과 실제에 대한 증거를 확인하도록 안내될 수 있다. 비판적 성찰은 학생들이 자신의 지식, 생각 및 경험에 대해 생각하게 하여 자신의 생각이 역사적 생각과 어떻게 관련되는지, 장애인의 이야기에서 무엇을 배울 수 있는지를 고려하게 할 수 있다.

장애 역사와 비장애중심주의에 대한 기록

비장애중심주의의 간략한 역사를 검토하는 것은 장애의 포괄적인 역사를 탐구하는 것과 동일한 목표를 추구하지 않는다. 포괄적인 역사는 장애에 관한 모든 역사와 실제가 "부정적"이지만은 않다는 것을 보여주기 위해 세부 사항, 모순점 및 복잡함으로 채워질 것이다. 많은 장애인이 생활하고 학습한 보호시설, 수용시설, 학교의 신념, 목표, 실제는 장소마다 다양했고, 시간이 지남에 따라 더 좋아지든, 더 나빠지든 모두 변화한 것은 분명하다. 이러한 분리된 공간과 장소는 장애인을 수용하고 장애인과 비장애인을 분리하는 기능을 제공했고, 이것은 근본적으로 비장애중심주의자의 전통에 뿌리를 두고 있다고 우리는 주장한다. 그러나 일부는 역사를 통해 이러한 곳은, 장애인이 만족스러운 삶을 만들 수 있는 장소로 등장하기도 했다. 농아를 위한 학교와 맹아를 위해 세워진 학교는 교육적 사명의 가장 오래된 유산 중 일부를 가지고 있다. 학교에 다니는 학생들은 공동체, 긍정적인 정체성, 세계로 나아가는 도구, 그리고 —농아들에게는— 그들의 고향 마을에서는 흔히 볼 수 없는 언어 및 농문화(Deaf culture)에 대한 접근을 종종 발견할 수 있었다. 비장애중심주의에 대해 가르치는 것은 역사에 대한 모든 연구에 포함되어야 하지만, 장애와 연관된 역사적 기록의 다른 측면들에 대해 가르치고 배우는 것을 배제해서는 안 된다. 단지 몇 가지 예로서, 세계적인 수어의 역사, 보철장치와 보청기 및 수많은 다른 테크놀로지의 발명, 점자의 개발, 갈라우뎃 대학교(역자주: Gallaudet University, 청각장애인 교육을 위해 설립된 세계 최초의 대학)의 설립을 강조하는 것은 중요하다. 장애를 가진 사람들을 문화의 기여자로 주목하고 특징짓는 것은 중요하다. 그리고 사실 우리가 이미 알고 있는 많은 사람들이 사실 장애인이라는 것을 강조하는 것도 중요하다. 그러나 역사 및 기타 학문에 대한 연구에 비장애중심주의를 추가하는 것은, 진보와 변화에 대한 너무 유쾌한 서사에 비판성과 복잡성의 요소를 더해야 한다. 만약 장애가 연구 주제와 연관되어 있다면, 장애 고정관념, 역사적인 사회적 역할, 그리고 장애를 제거하고 분리하며 대상화하려는 사회적 경향성이 어떻게 나타날 수 있는지에 대해 항상 고려해야 한다. 만약 장애 또는 장애인이 명시되지 않았다면, 장애와 손상의 경험이 어떻게 설명되고 가시화될 수 있는지를 항상 고려해야 한다.

이 책은 비장애중심주의에 관한 책이고 미국 독자들을 염두에 두고 쓰였기 때문에, 우리는 서유럽의 지배, 식민지화, 기독교의 확산으로 형성된 권력 문화에서의 명백한 생각과 실제에 초점을 맞추었다. 세계사에 대한 조사는 초기와 현대의 다른 생각과 실제를 보여줄 것이다. 그러나 비장애중심주의의 역사는 오늘날 일어나고 있는 억압과 지배를 가리키는 생각과 실제의 지속적인 측면을 강조하기 위한 것이다. 예를 들면, 미국 역사에서 고려할 수 있는 점은 유럽인이 도착하고 캐나다 원주민(First Nations)의 땅과 문화가 황폐화되기 이전에, 미국에서의 장애에 관한 이야기는 상당히 달랐다는 것이다. 많은 원주민 언어는 현대 장애의 의미와 쉽게 연결되는 단어를 가지고 있지 않았다. 공동체 생활에 대한 강조와 가치, 만물의 상호의존에 대한 이해 그리고 변화하고 유동적인 것으로서의 건강에 대한 인식은 인간의 다름의 범주를 수용적으로 다룰 수 있게 했다. 불균형에 기여하는 힘을 조화로움으로 가져오는 것의 일반적 개념이 건강이라는 생각을 형성했지만, 오늘날 우리가 장애인으로 간주하는 사람을 위한 사회적 의미의 특정 범주는 없었다(Lovern, 2008). 그러므로 미국 역사를 탐구함에 있어서, 캐나다 원주민에 대한 관심은 유럽인들이 도착한 후 지배적이고 강제적으로 된 것과는 매우 다른 생각과 사회적 실제를 드러낼 것이다.

장애의 역사를 가르치기 위한 자료들은 사회차원적 변화의 측면들을 긍정적이고 진보적인 것으로 제시하고, 아마도 현대의 실제와 생각을 진보의 정점에 두는 경향이 있다. 비장애중심주의를 연구하고 과거와 현재에 대한 비판적 관점을 채택하는 것은 우리가 변화의 한가운데에 있다는 것을 강조해야 한다. 사회정의교육에서 "더 좋다"(better)는 것이 그대로 두어야 할 이유가 되지는 않는다.

탐구 시작하기: 장애인에 대한 생각은 어디에서 오는가?

1. 인용문 "모든 이야기에는 세 가지 측면이 있다: 여러분의 입장, 나의 입장, 그리고 진실. 그리고 아무도 거짓말하지 않는다. 공유된 기억은 각자 다르게 기능한다."를 제공하라. 이 인용문은 로버트 에반스(Robert Evans)가 제작한 2002년 영화 〈키드 스테이스 인 더 픽쳐〉(*The Kid Stays in the Picture*)에 나왔지만, 이 아이디어에는 많은 버전이 있다.
2. 이 인용문이 의미하는 것에 관한 대화를 하도록 요청하라.
3. 우리가 과거, 역사, 그리고/또는 일상생활에서 일어났던 것에 대해 배울 때 고려해야 할 많은 다른 "측면들"이 있다는 것을 소개하라.

4. 학생 모둠이 일단 이야기에 대해 더 알게 되거나 다른 사람의 관점을 이해할 수 있게 되면, 학생들이 어떤 것에 대한 관점을 바꾸었을 때의 경험을 생성하고 공유하도록 요청하라.

5. 학생 모둠이 장애와 장애인의 관점에 초점을 맞춘 역사 및 이야기를 공부할 것임을 소개하라. 이렇게 하는 것은 과거 사회가 장애인을 생각하고 대하던 방식이 오늘날 우리 사회가 장애인을 대하는 방식에 어떠한 영향을 미치는지를 배우기 위한 것이다. 때때로 무언가에 대한 학습은 우리가 반복하고 싶지 않다는 것을 알게 함으로써 우리에게 영향을 미친다는 것에 주목하라. 어떤 경우에 우리는, 우리 세상에 긍정적으로 기여한 것을 알아 감사함을 지님으로써 영향을 받는다.

6. 탐구 시작하기의 목적은 사전 지식을 생성하고 평가하는 것임을 명심하라. 부정확한 아이디어는 학습 과정에서 기록되고 다시 검토될 수 있다. 학생 모둠이 다음에 대해 논의하도록 요청하라:

   a. 여러분이 역사에서 배운 장애인은 누구입니까?
   b. 여러분은 과거 장애인의 삶에 대해 무엇을 알고 있습니까?
   c. 과거의 장애 및 장애인에 대한 여러분의 질문은 무엇입니까?

7. 탐구 시작하기 후, 사전 지식, 질문, 관심사를 기반으로 조사 및 학습을 심화시키는 활동이 선정될 수 있다.

활동 제안

1. 장애 역사 탐색: 타임라인과 박물관

학습자는 아래의 자료를 자유롭게 탐색하거나, 특정 전시 또는 시점을 조사하거나, 또는 서론에서 논의한 바와 같이 시간이 지남에 따라 사회에서 장애를 둘러싼 생각과 실제를 검토하기 위한 자료로 사용할 수 있다.

『시간의 평행선: 발달장애의 역사』(Parallels in Time: A History of Developmental Disabilities, copyright 2019, Minnesota Governor's Council on Developmental Disabilities)

http://mn.gov/mnddc/parallels/index.html

『시간의 평행선』(Parallels in Time)은 고대 시대에서 현재까지를 다루는 웹 기반 역사/타임라인이다. "1부: 고대부터 1950년대까지"는 대략 28쪽으로 설명하는 텍스트와 이미지를 포함하고 있다. 그 기간은 명확하게 잘 분류되어 있다.

〈장애역사 전시〉("Disability History Exhibit", published by the Governor's Council on Disabilities & Special Education, State of Alaska)

http://dhss.alaska.gov/gcdse/pages/history/html_content_main.aspx

〈장애역사 전시〉는 타임라인에 정렬된 이미지와 자막의 모음이다. 자막은 타임라인의 이야기를 진행하기 위해 작성되므로, 전체적인 효과는 시각적 역사/이야기와 매우 유사하다. 타임라인은 정확한 링크에서 html 형식으로 직접 볼 수 있다. 패널을 pdf로 볼 수도 있고, 텍스트로만 볼 수도 있다. 이미지는 미술, 기록물의 그림, 사진을 포함한 넓고 다양한 자료에서 비롯된다. 그것은 명확하게 정렬되고 전문적인 식견으로 엄선된 시각적인 타임라인으로, 교수를 위해 설계되었다. 유튜브 사용자인 drpattiethomas도 내레이션과 함께 패널들의 비디오 재생 목록을 게시했다. 이 재생 목록의 제목은 "장애 역사 비디오 전시"이고, 각각 3-7분 길이의 비디오 23개가 포함되어 있으며, 다음 사이트에서 확인할 수 있다.

www.youtube.com/playlist?list=PLpu3KvfOTHVKqlAShiTfNvH8r8VqhSyuM

장애 역사 박물관(Museum of disABILITY History, located in Buffalo, NY)

http://museumofdisability.org/

박물관 웹사이트는 사용자가 둘러볼 수 있는 "가상 박물관"(Virtual Museum)을 제공한다. 미디어, 의학, 사회, New York Wing, 교육, 옹호라는 다양한 제목이 있다. 이러한 내용은 주제별로 구성되었다. 가상 박물관은 이미지와 간단한 설명의 모음이다. 가상 박물관의 디자인은 특정 키워드를 찾기 위해 웹사이트의 검색 도구를 사용하면 갤러리의 특정 이미지에 대한 링크를 생성하지만 주제에 대해 "탐색하는" 시간을 보내게 한다.

장애 역사 박물관(Disability History Museum)
www.disabilitymuseum.org

이 박물관은 기록 문서, 이미지, 에세이를 가상으로 모아 놓은 것이다. 이 책이 출간된 현재, 일부 기능은 개발되는 중이며 다른 기능은 완전히 작동하고 있다. 자료는 키워드를 사용하여 검색할 수 있으며, 관련 자료에 대한 링크 목록을 생성할 것이다. "교육" 영역에는 필요한 기록 자료에 대한 링크가 갖추어진 소수의 수업 계획이 있다. 시각장애인과 청각장애인을 위한 학교 설립, 도로시아 딕스(Dorothea Dix)와 개혁에 대한 비판적 관점, 미국 수어의 기원 등 다양한 주제에 대한 수업이 가능하다. 이 박물관의 수업은 잘 설계되고, 광범위하며, 주요 문서에 대한 비판적 분석에 초점이 맞추어져 있다. 현재 이용 가능한 내용이 고등학교 미국 역사 교육과정에서 가르치는 일반적인 주제와 일치한다는 것은 분명하다. 이 수업은 확인해 볼 가치가 있다(www.disabilitymuseum.org/dhm/edu/lesson_results.html).

2. 과거와 현재

다음은 현재의 관점 및 실제와 과거의 관점 및 실제를 제시하는 다양한 주제를 강조하기 위해 함께 사용할 수 있는 예시 자료의 작은 묶음이다. 박물관 및 타임라인 자료와 마찬가지로, 목표는 장애에 대한 생각과 이러한 개념들이 나타나는 사회적 맥락에 대한 비판적 분석에 학습자를 참여시키는 것이다.

a. 비범한 신체에 매료되다: 과거와 현재

세월이 흐르면서 비범한 신체가 비참한 광경으로 취급되는 방식에 대해 다양한 시각이 존재한다. 장애인이 대상화된 방식에 대해 생각할 때, 난제가 발생한다. 장애인은 매혹적으로 여겨졌고, 소유물처럼 취급되었으며, 보호시설과 프릭쇼에 전시되었다. 그리고 현대 시대는 충격, 혐오, 분노, 두려움, 깜짝 놀람, 또는 영감을 주기 위해 고안된 이야기뿐만 아니라 존중하고 인간답게 만드는 방식으로 오락과 미디어에서 장애인을 계속 강조하고 있다. 역사적 생각과 실제에 대해 배울 자료을 선택할 때 우리(저자들)는 장애인의 대상화 역사를 명확하고 영향력 있게 만드는 것과 장애와 장애인을 대상화하는 것 사이에서 계속해서 고군분투한다. 우리가 시설에 있는 사람이나 과거의 프릭쇼에서 유명한 출연자의 사진을 볼 때, 우리의 목적은 무엇인가? 그리고 그 영향은 무엇인가? 장애 역사를 가르칠 자료를 선택할 때 현재 학습자에게 동정, 경외, 혐오를 불러일으킬 수 있는 방식으로 장애인을 묘사할 자료의 사용에 대해 신중하고 비판적으로 생각해야 한다. 일부 이미지와 이야기의 효과는 의도와 반대될 수 있다. 과거의 매혹함을 재현하기보다는 오락과 과학의 놀라운 개념에서 대상화와 착취를 고려함으로써 연구가 이루어질 수 있다. 고려해야 할 질문은 다음과 같다. :

- 비범하거나 특이한 몸을 가진 사람을 쳐다보는 것이 대상화하고 비난하는 것인가?
- 착취와 관련하여 과거와 현재의 명백한 복잡성은 무엇인가? 즉, 선택, 좋은 대우 또는 노동에 대한 급여가 착취를 완화하는가?
- 출연자가 되기로 선택한 사람은 자신이 아니라, 돈을 내고 구경하는 사람들의 매력을 부당하게 이용하는 것인가?

여기 과거와 현재 장애에 대한 매력과 장애인의 대상화를 고려하는 데 사용될 수 있는 자료들이 있다.

「궁정 광대의 역사」("THE HISTORY OF THE COURT JESTER" BY MAGDA ROMANSKA, BOSTON LYRIC OPERA, MARCH 24, 2014)

http://blog.blo.org/the-history-of-court-jester-by-magda

대략 1,700개 단어들

이 작품은 베르디(Verdi)의 동명 작품의 타이틀 캐릭터인 리골레토(Rigoletto)를 고려할 수 있는 문맥을 제공하면서 역사상 궁정 광대의 성격을 고찰한다.

〈LIEBE PERLA〉(DIRECTED BY SHAHAR ROSEN, 1998, EDEN PRODUCTIONS)

대략 50분, 히브리어, 영어, 독일어 자막이 제공되며, 세 가지 언어가 모두 영화에서 사용된다.

https://filmplatform.net/product/liebe-perla/

상을 받은 이 다큐멘터리는 홀로코스트 생존자인 Perla가 나치(Nazi) 정권 시절 요셉 멩겔레(Josef Mengele)가 수행한 실험 대상이었던 그녀 가족의 영상을 찾는데 하넬로어(Hannelore)에 도움을 요청하는 두 명의 단신 여성이 등장하는 내용을 담고 있다. 이 영화는 사회차원적 맥락과 다큐멘터리에 나온 단신 여성들의 삶을 탐구하면서 과거와 현재를 엮는다.

〈여기: 시 공연〉("HERE: A POETRY PERFORMANCE" BY CHERYL MARIE WADE, C. 2000, PUBLISHED FEBRUARY 8, 2015 BY PEER ACTION ON YOUTUBE)

www.youtube.com/watch?v=G-lsnkhTtLo

대략 13분

셰릴 마리 웨이드(Cheryl Marie Wade)는 유명한 시인이자 장애 문화운동 활동가이다. 〈여기〉에서 그녀의 시와 퍼포먼스는 의사, 낯선 사람 및 아이들에 의해 그녀의 몸이 다르게 여겨지는 방식에 도전하고 예술적으로 표현한다. 유튜브 게시물은 원래 VHS로 만들어진 비디오이며, 웨이드(Wade)가 제작 및 배포하였다.

「프릭쇼의 역사」("HISTORY OF FREAK SHOWS", PUBLISHED BY NATIONAL FAIRGROUND AND CIRCUS ARCHIVE, UNIVERSITY OF SHEFFIELD)
www.sheffield.ac.uk/nfca/researchandarticles/freakshows
    대략 1,600자
    기사는 1800년대 순회하는 프릭쇼의 흥망성쇠를 묘사한다.

⟨내셔널 지오그래픽의 프릭쇼 출연자⟩("FREAK SHOW PERFORMERS *BY NATIONAL GEOGRAPHIC*, PUBLISHED BY NATIONAL GEOGRAPHIC", NOVEMBER 6, 2007)
www.youtube.com/watch?v=iXZ5bzRpJS8
    대략 4분
    짧은 비디오는 출연자와 관객이 공개될 공연에 항의한 것에 대해 논평하는 것을 보여준다. 그것은 현대의 ⟨프릭쇼⟩가 착취인지 아니면 표현인지에 대한 의문을 제기한다.

b. 수용시설: 과거와 현재

수용시설의 부상은 시간이 지남에 따라 일어났다. "미치광이", "미친", "제 정신이 아닌" 혹은 "정신적으로 병든"으로 여겨지는 사람을 위한 보호시설과 병원은—감옥 이후에—대규모의 격리에 대한 최초의 기관들이었다. 우생학 시대인 1800년대부터 1900년대 초까지, "바보", "정박아", "정신박약"으로 간주되는 성인들과 아동들에 대한 대규모의 격리를 위해 기관들이 생겨났다. 개혁가들은 이 장소를 학교와 훈련 센터로 묘사하고 그들의 사명을 보호적이고 교육적인 것으로 특징지었다. 많은 유명한 사회 개혁가와 특수교육의 창시자로 여겨지는 사람들은 나중에 장애인과 장애아동들을 위한 "발달센터"로 이름이 바뀐 훈련 학교의 부상과 관련이 있었다. 예를 들면, 도로시아 딕스(Dorothea Dix), 사무엘 그리들리 하우(Samuel Gridley Howe), 에두아르 세갱(Edouard Seguin)은 초기 사회 및 교육 옹호자였다. 몇몇 보호시설, 병원, 발달센터는 궁극적으로 그러한 기관과 연관된 엄청난 학대로 악명을 떨치게 되어 개혁자들이 제거하려고 했던 상태를 반복하였다.

여러분이 있는 장소에 따라, 한때 수용시설이었던 건물/캠퍼스가 버려지거나 다른 목적에 맞게 고쳐졌을 수도 있다. 그 건물의 역사와 현재의 사용 또는 폐지를 강조하는 것은 **지역 역사를 배우고**/또는 그러한 장소를 둘러싼 무서운 이야기에 대해―사실이 무엇이든 간에―역사적 정확성을 더하는 기회가 될 수 있다. 사람들의 역사적인 학대가 수용시설과 보호시설에 미친 살인자가 사는 것처럼 보이게 만들 수 있지만, 반면 현실은 수용시설에 살았던 사람은 마치 〈배트맨〉의 고담 시 아캄 보호시설과 같이 유령 이야기나 지역 전설이 알려진 것보다 훨씬 덜 유명했다. 수용시설과 병원의 역사를 연구하는 목적은 수용시설이나 병원 안에 있던 사람의 인간성을 강조하고, 많은 사람의 대우를 비장애중심주의와 과거 과학 및 의학의 결점으로 인해 가능해진 학대로서 이해하는 것이다. 다음은 과거와 현재 시설에서의 삶을 조사하는 데 사용할 수 있는 자료이다:

엘리자베스 패커드, 활동가이자『재소자들의 숨겨진 삶, 또는 공개된 정신병원』의 저자(ELIZABETH PACKARD, ACTIVIST AND AUTHOR OF *THE PRISONERS' HIDDEN LIFE, OR INSANE ASYLUMS UNVEILED*, 1868, VIEWABLE THROUGH THE U.S. NATIONAL LIBRARY OF MEDICINE'S DIGITAL COLLECTIONS)

엘리자베스 패커드(Elizabeth Packard)는 1800년대에 남편에 의해 비자발적으로 정신병원에 수용되었다. 3년 후 그녀는 공판을 받았고, "제 정신인" 것으로 밝혀져서 풀려났다.『재소자들의 숨겨진 삶』(*Prisoners' Hidden Life*)에서,

그녀는 환자의 권리를 위한 투쟁에서 옹호와 실천주의를 발전시킨 자신의 경험을 묘사했다. 넬리 블라이(Nellie Bly)의 대안으로 패커드(Packard)를 강조하는 것을 고려해보라. 블라이(Bly)는 1887년에 10일 동안 "수용되기" 위해 제정신이 아닌 척 위장함으로써 여성 정신병원의 상황을 이후에 폭로했다. 그녀의 비밀 임무를 후원한 신문사의 요청으로 석방된 후, 블라이(Bly)는 그녀의 책『매드-하우스에서의 10일』(Ten Days in a Mad-House)이 될 일련의 기사들을 저술했다. 사회 개혁가는 시설을 개혁하는 것에 필수적이지만 **진정으로** 비자발적으로 수용된(과거와 현재) 사람들의 관점에 주의를 기울이는 것은, 현대의 비판적 분석가들로 하여금 누가, 어떻게 "정신이 나간" 것으로 판단되는지에 대해 질문할 수 있게 할 뿐만 아니라 시간이 지남에 따라 성장할 자기옹호와 실천주의 운동에 대해 고개를 끄덕일 수 있게 한다.

존 길모어의 예술(THE ART OF JOHN GILMOUR, C. 1910)

크라이튼 왕립 시설(The Crichton Royal Institution)은 1938년부터 2013년까지 운영된 스코틀랜드 덤프리스(Dumfries)에 있는 보호시설/정신병원이다. W.A.F. Browne은 이 기관의 첫 번째 의료원장이었고 이 기관의 환자들이 만든 예술품을 보존했다. 이는 현존하는 가장 오래된 수집품으로 묘사된다. 모린파크(Maureen Park)의 절판된 책『광기의 예술』(Art in Madness, 2010, Dumfries and Galloway Health Board)은 이 예술에 대해 서술된 모음집이다. 미술품은 웰컴 도서관(Wellcome Library)(https://wellcomelibrary.org/)을 통해서도 디지털로 열람할 수 있다. 도서관 데이터베이스에서 "크라이튼 왕립 병원"(Crichton Royal Hospital)을 검색하면 탐색할 수 있는 풍부한 기록 자료를 얻을 수 있다.『광기의 예술』은 크라이튼 왕립 시설의 환자 미술 컬렉션의 제목으로 – 수백 개의 컬러, 디지털 이미지가 있다. 다양한 작품이 있지만, 비장애중심주의의 맥락에서 **존 길모어**(John Gilmour)의 작품이 눈에 띈다. 그의 작품은 박해의 망상을 가지고 있는 것으로 묘사된 사람의 생각을 포착하고 있는가, 그리고/또는 작품이 시위 예술(protest art)로 읽힐 수 있는가?

두 개의 주목할 만한 작품은 다음과 같다: <**존 길모어-테슬리가 말한 이야기**>(John Gilmour-The Tale Tersely Told)와 〈존 길모어-윌지 오스왈드의 고백적 언론과 목소리〉(John Gilmour-The Confessional Press and Voice of Wilsey Oswald)

「1936년, 나는 정신병원에 있습니다」("HERE I AM IN AN INSANE ASYLUM, 1936", PUBLISHED BY OREGON STATE HOSPITAL MUSEUM OF MENTAL HEALTH)
https://oshmuseum.org/here-i-am-in-an-insane-asylum-1936/

대략 3,000자

오리건(Oregon) 주립 병원의 정신건강 박물관의 웹사이트에는 "갤러리" 섹션에 「병원 이야기」("Hospital Stories")라는 부분이 있는데, 이 섹션에는 수용시설에서의 삶이 어땠는지 설명하는 글, 비디오 및 이미지가 제공된다. 「나는 정신병원에 있다」("Here I Am in an Insane Asylum")는 1936년에 『오리건』(Oregonian)에서 처음 발표한 기사의 본문인데, 기자와 환자가 공동 집필했다. 「병원 이야기」의 색인 페이지는 다음과 같다.
https://oshmuseum.org/category/hospital-stories/

『그들이 남긴 삶: 주립 병원 다락방의 여행가방』(*THE LIVES THEY LEFT BEHIND: SUITCASES FOR A STATE HOSPITAL ATTIC* BY DARBY PENNEY AND PETER STASTNY, PHOTOGRAPHS BY LISA RINZLER, 2009, BELLEVUE LITERARY PRESS)
www.suitcaseexhibit.org

189쪽, 대략 100개 사진

뉴욕의 윌러드 정신과 센터(Willard Psychiatric Center)가 1995년에 문을 닫았을 때, 1869년 윌러드 보호시설(Willard Asylum)로 문을 열었던 초창기부터 그 수용시설에 살았던 사람의 여행 가방 수백 개가 발견되었다. 책은 여행 가방 주인 10명의 이야기를 재구성했고, 웹사이트는 그 이야기를 탐색하고 그 수용시설에 살았던 사람에 대해 알 수 있을 만큼 충분히 상세한 사진과 텍스트를 제공한다. 여행 가방은 뉴욕 버팔로의 장애 역사 박물관(The Museum of disABILITY History)에 전시되어 있다.

「휴로니아 수용시설의 학대」("INSTITUTIONAL ABUSE AT HURONIA" BY THELMA WHEATLEY, 2013)

www.thelmawheatley.com/institutional-abuse/

작가 텔마 휘틀리(Thelma Wheatley)는 오릴리아(Orillia)에 있는 온타리오(Ontario) 병원 학교의 흥망성쇠에 대한 개요를 제공한다. 그 기관의 사진들, 서술과 증언들, 시간 경과에 따른 기관에서의 역사적·사회적 맥락 변화에 대한 논의가 있다. 「휴로니아(Huronia) 생존자」 특집에는 1947년 어린 시절 오릴리아에 들어갔다가 1973년 나오게 된 Barry T. 와의 인터뷰 녹취록과 오늘날 그의 삶에 대한 설명이 담겨 있다(www.thelmawheatley.com/barry-ts-story/). 동반 자료는 온타리오주의 아동, 지역사회 및 사회 복지부에서 출판한 휴로니아 지역 센터(Huronia Regional Centr)의 웹-역사이다.:

www.mcss.gov.on.ca/en/mcss/programs/developmental/HRC_history.aspx

『보호시설: 폐쇄된 주립 정신병원 병동 내부』(ASYLUM: INSIDE THE CLOSED WARD OF STATE MENTAL HOSPITALS BY CHRISTOPHER PAYNE, 2009, MIT PRESS)

88쪽, 100개 이상 사진과 삽화

유명한 신경학자 올리버 삭스(Oliver Sacks)에 대한 소개와 함께 폐쇄된 수용시설과 정신병원을 통한 사진 여행. 다음 탐구에서 다루어지겠지만, 1950년대부터 이루어진 많은 시설의 학대가 공개될 것이다. 그리고 1960년대의 탈시설수용화 운동은 수용시설들의 대량 폐쇄로 이어질 것이다. 많은 건물이

헐렸고, 어떤 건물은 현재 다른 목적으로 사용되고 있으며, 어떤 건물은 버려져 있다. 페인(Payne)의 사진들은 남겨진 것을 포착한다.

최근 수용시설, 발달센터 및 정신병원의 폐쇄에서 오늘날 추세를 탐색하라
(EXPLORE CURRENT TRENDS IN THE CLOSING OF INSTITUTIONS, DEVELOPMENTAL CENTERS, AND PSYCHIATRIC HOSPITALS TODAY)

1970년대 이후 지적 또는 발달장애인과/또는 정신질환자를 수용하는 대규모 거주시설이 쇠퇴하고 있다. 소규모 그룹홈의 제공과 가정 내 지원이 증가하고 있다. 학생은 넓은 시각이나 좁은 시각으로 이러한 추세를 공부할 수 있다. 넓은 시각으로 탐색하기 위한 몇 가지 자료는 다음 단락에서 제공된다. 그러나, 좋은 생각은 **지역적 관점**을 강조하고 여러분의 주(state)와 지역사회가 시간이 지남에 따라 장애인을 보다 통합된 환경에 배치하는 것에 관해서 어떻게 변화했는지 알아보는 것이다. 지역사회 구성원과 지역 언론/매체는 시간이 지남에 따라 지역 "발달센터" 또는 정신병원 폐쇄를 둘러싼 정보의 자료가 될 것이다. 종종, 그러한 폐쇄는 축하와 동시에 우려의 관점도 초래한다. 그 단체는 지역사회의 반응과 행동을 조사할 수 있다.

전미장애위원회(NCD, The National Council on Disability)는 대규모 수용시설에 거주하던 지적 또는 발달장애인의 수가 1967년 대략 195,000명에서 2009년 대략 33,000명으로 감소했다고 보고한다. 같은 장애 유형에서 대략 34,000명의 사람들이 주립 정신병원에서 생활하고 있었는데, 2009년에는 대략 750명으로 줄어들었다. RISP(역자주: Residential Information System Project, 지적 및 발달장애인들을 위한 장기지원 및 서비스에 대한 종적연구로 연례조사를 통해 그들이 거주하는 환경, 주거 환경 유형 및 크기 등에 대한 정보를 수집하여 보고함)는 미국에 지적 또는 발달장애인이 대략 737만 명 있다고 추정한다(Larson et al., 2018). 지적 또는 발달장애인 중 1%도 안 되는 사람들이 현재 거주가 가능한, 대규모 수용시설에서 살고 있다. 대부분의 사람들은 자신의 가족과 살거나 위탁

가정에서 살고, 일부는 본인 소유의 집에서 살며, 또 다른 경우는 6명 이하의 다른 장애인들과 함께 "그룹홈"에서 산다(Larson et al., 2018).

정신병원 및 거주처치기관(residential treatment facilities)의 경우, 1970년에 병원 또는 기타 거주처치센터에서 생활하는 사람은 대략 47만 명이었다(NCD, 2012). 2014년에는 그 수가 170,200명으로 줄었다. 정신병원 거주 환경에서 대략 47,000명(46%)은 자발적 환자이며 이 점은 그들이 법원의 명령을 받고 온 것이 아니라는 것을 의미한다. 대략 35,000명은 비자발적 환자(34%)로 이 점은 그들이 민사재판소로부터 정신병원에 입원하라는 명령을 받았음을 의미한다. 이 개개인들은 범죄를 저지른 것으로 기소되지 않았다. 모든 주(state)는 그들만의 적법한 절차와 기준을 가지고 있다. 그 밖의 19,000명(19%)은 형사사법제도의 일환으로 병원에 입원한 사람으로 그들이 범죄를 저지른 것으로 기소되었거나 형사재판 절차를 통해 이미 정신병원에 수감되는 것으로 선고받은 것을 의미한다(모든 통계 내용: Lutterman, Manderscheid, Fisher, & Shaw, 2017).

지적장애 또는 발달장애인과 정신질환으로 진단된 사람들은 노화, 장애 또는 두 가지 모두와 연관된 삶을 살아가는 데 도움이 필요하기 때문에 요양원에서 살 수도 있다. 다음은 시간 경과에 따른 추세와 지역사회의 현황을 탐구하는 데 유용한 자료이다.

「탈시설수용화 툴키트」(*Deinstitutionalization Toolkit*, 2012, published by the National Council on Disability)

https://ncd.gov/publications/2012/DIToolkit/#Cases

학생은 전미장애위원회가 제공하는 자료를 탐색할 수 있다. 「탈시설수용화 툴키트」는 시설의 폐쇄와 지적 또는 발달장애인을 위한 독립적이고 통합된 삶을 지원하기 위해 지역사회가 취하는 조치를 연구하기 위한 광범위하고 풍부한 정보를 포함한다. 학생은 수용시설에 사는 사람들이 어떻게 점점 더 그들의 지역사회에서 생활하고 일할 수 있게 되었는지에 대한 내용을 학습하기 위해 정보, 그래프, 보고서, 전략 계획, 사례 연구 등을 검토할 수 있다. 웹페이지, "수용시설 상세정보"(Institutions in Detail)는 대규모 거주시설에 있는 사람들의 연령, 장애, 요구에 대한 정보를 제공한다(https://ncd.gov/publications/2012/DIToolkit/Institutions/inDetail/).

주거 정보시스템 프로젝트(The Residential Information Systems Project(RISP), 2016, published by the Institute on Community Integration, University of Minnesota)
https://risp.umn.edu/

　RISP 프로젝트는 20년 동안 지적장애나 발달장애인을 위해 국가, 정부에서 자금을 대는(state-funded) 거주 및 재택 지원에 대한 장기 자료를 수집 및 분석해왔다. RISP는 정보를 수집하고 조사 결과를 기관 및 대중에게 보고하기 위해 주와 연방 범주의 기관 및 조직과 협력한다. RISP 웹사이트는 보고서와 통계 자료를 제공한다. 자료는 몇 개의 단일 페이지, 컬러, 그래픽 표시들로 되어 있고, pdf로 다운받을 수 있다. 또한 참여자가 자신이 거주하고 있는 주의 상세정보를 조사하는 데 이용할 수 있는 주 프로필(state profiles)을 제공한다: https://risp.umn.edu/state-profiles

「보고서」(Report): 1970년부터 2014년까지 미국 및 각 주의 정신과 입원환자 수용력 동향 (2017년 8월 National Association of State Mental Health Program Directors(전미 정신건강 프로그램 책임자 협회) 발간).
www.nri-inc.org/media/1319/tac-paper-10-psychiatric-inpatient-capacity-final-09-05-2017.pdf

　64쪽
　이 보고서는 입원환자의 정신건강 관리에 관한 광범위한 정보 데이터, 그래프 및 분석을 제공한다. 이것은 비록 전문적인 보고서이지만, 배경, 서술 및 해석은 과거와 미래의 정신건강 관리를 둘러싼 문제와 목표에 대한 이해를 제공한다.

「1997년부터 2015년까지 주립 정신병원의 폐쇄 역사 추적」(Tracking the History of State Psychiatric Hospital Closures from 1997 to 2015 *Prepared by Ted Lutterman*, 2015, National Association of State Mental Health Program Directors Research Institute, Inc. [NRI])
www.nri-inc.org/media/1111/2015-tracking-the-history-of-state-psychiatric-hospital-closures-lutterman.pdf

4쪽

이것은 최근 정신병원 폐쇄를 보여주는 컬러맵(color maps)과 표가 담긴 PDF 파일이다.

c. 처치 혹은 학대?: 과거와 현재

이 자료 세트는 3가지 시기에 걸쳐 장애에 대한 처치를 강조하기 위해 함께 사용될 수 있다. 휴식의자, 전두엽 절제술 및 피부 충격의 사용은 각각 의사나 치료 전문가에 의해 개발되고 사용되었다. 이러한 관행들은 그 시대에는 극단적으로 여겨졌지만, 학대에 가장 취약한 사람들에게 수행될 수 있었다. – 그들은 보호시설에 있고, 자신과 다른 이들에게 해롭다고 여겨졌다. 다음과 같은 질문이 있다:

- 학대와 처치의 경계는 무엇인가?
- 누가 정하는가? 누가 승인하는가?

휴식 의자(THE TRANQUILIZING CHAIR, C. 1800)

「벤자민 러쉬 박사」("*Dr. Benjamin Rush*", Published by Penn Medicine, History of Pennsylvania Hospital)
www.uphs.upenn.edu/paharc/features/brush.html

대략 400개 단어, 2개 이미지

"미국의 정신의학의 아버지"인 벤자민 러쉬(Benjamin Rush)의 간단한 생애와 18세기에 "미친" 것으로 여겨지는 사람을 치료하기 위해 그가 개발한 휴식 의자의 삽화.

〈벤자민 러쉬가 디자인한 휴식의자…〉("*Tranquilizing Chair Designed by Benjamin Rush . . .*", Posted by Mütter Museum of the College of Physicians of Philadelphia, September 1, 2011) www.youtube.com/watch?v=vYiz8eXTpPA

대략 1분

이 짧은 비디오에서 Anna Dhody는 "큐레이터의 책상 위에 무엇이 있는지 맞춰볼까요?"를 진행하여 휴식 의자의 축소 모형을 보여주고 묘사한다.

전두엽 절제술(FRONTAL LOBOTOMY, C. 1940)

〈'나의 로보토미': 하워드 덜리의 여행〉("*My Lobotomy: Howard Dully's Journey*", Aired on All Things Considered, November 16, 2005, NPR)
www.npr.org/2005/11/16/5014080/my-lobotomy-howard-dullys-journey

오리지널 라디오 방송의 오디오: 22:49분

전사본: 대략 1,800개 단어

이 웹페이지에는 1935년부터 1980년대 사이에 정신질환 처치였던 전두엽 절제술을 받은 사람들의 이야기를 담은 라디오 방송의 오디오와 텍스트가 수록되어 있다.

전기 자극 장치(ELECTRICAL STIMULATION DEVICES, C. 2016)

"FDA, 특별한 요구가 있는 사람들에게 사용되는 충격기 사용에 대한 금지를 최종 결정하다"("*FDA To Finalize Ban On Shock Devices Used On Those With Special Needs*" by Michelle Diament. Disability Scoop, December 17, 2018)

www.disabilityscoop.com/2018/12/17/fda-finalize-ban-shock-devices/25822/

대략 500개 단어

매사추세츠 주의 장애 아동과 장애 성인을 대상으로 하는 거주처치기관인 저지 로텐버그 센터(Judge Rotenberg Center)는 장애인에게 피부 충격을 전달하기 위한 GED(역자주: Graduated Electronic Decelerator, 바람직하지 않은 행동을 처벌하기 위해 강력한 전기로 피부에 충격을 전달하는 혐오적인 통제 장치)의 사용을 포함하여 혐오적 행동 중재를 사용하는 관행으로 최근 조사 대상이 되었다. 논란과 소송은 뉴스 보도, 관행에 대한 주 정부 검토, 장애인 권리 단체의 활동으로 이어졌다. 센터 이용자의 부모는 GED 사용에 대한 주요 방어 수단이었다. 미국식품의약국(FDA, The US Food and Drug Administration)은 2016년에 자해 및 공격적인 행동에 사용되는 전기 자극 장치를 금지하는 절차를 시작했다. 2019년에 시행된 FDA 금지 조치인 이 비교적 최근 사안에 대한 추가 자료는 쉽게 찾을 수 있다.

d. 우생학: 과거와 현재

우생학을 조사하면서 장애인으로 간주되는 여성과 유색인종에 대한 강제적인 불임술과 홀로코스트의 잔학행위에 대해 배우는 것은 이러한 관행과 생각을 과거의 유물로 쉽게 비난할 수 있게 한다. 우생학의 주장은 또한 그 시대에 이민 정책을 좁히는 데 사용된 주요 이론적 근거를 제공했다. 그러나 배아에서부터 태어나 유전자 선별를 거쳐 선택된 "디자이너 베이비"(designer babies)는 어떠한가? 산전 검사의 탐탁지 않은 결과에 근거하여 임신 중절을 결

정하는 것은 어떤가? 고려해야 할 질문은 다음과 같다. :

- 장애와 관련하여 바람직한 삶을 정의하는 한계와 한도는 무엇인가?
- 임신 중절을 결정하는 능력은 출생이 허용되면 안 되었던 존재로 인식될 수 있는 장애 아동 및 장애 성인을 위한 자원과 보조에 대한 향후 접근을 제한할 것인가?

다음에 나오는 자료는 과거와 현재의 우생학을 연구하는 데 사용될 수 있다.

「어린이를 위한 우생학 사실」("EUGENICS FACTS FOR KIDS", AVAILABLE IN KIDDLE ENCYCLOPEDIA)
https://kids.kiddle.co/Eugenics
  대략 1,300개 단어
  이 기사는 우생학 운동과 그 영향에 대한 개요를 제공하며 오늘날 우생학에 대한 단락으로 끝난다. 연관된 기사의 링크에는 "디자이너 베이비", "유전공학"(genetic engineering) 및 "유전자 선별 검사"(genetic screening)가 있다.

〈유전학, 우생학 및 윤리학〉("GENETICS, EUGENICS, AND ETHICS" FEATURING DAVID JONES, FACING HISTORY AND OURSELVES, COPYRIGHT 2019)
www.facinghistory.org/resource-library/video/genetics-eugenics-and-ethics
  대략 13분
  전사본: 대략 1,600개 단어
  내레이터는 우생학의 역사와 과학적 주장에 대해 설명하고, 사회 사상, 미국 정책 및 홀로코스트에 대한 주장의 영향에 대해 설명한다. 그리고 윤리와 과학의 상호작용을 지적한다. 반편견교육으로 저명한 자료인 역사와 우리 자

신을 마주하다(Facing History and Ourselves)라는 사이트 또한 미국에서 이민 정책을 좁히고 유색인종에 대한 억압을 지속하기 위해 우생학을 이용한 것을 조사하는 수업을 크게 다룬다.

『숨겨진 뿌리』(HIDDEN ROOTS BY JOSEPH BRUCHAC, 2011, BOWMAN BOOKS)

152쪽

1950년대 뉴욕 주 북부에 사는 11살 소년이 가족의 과거와 친척들을 유린한 우생 정책으로부터 보호하기 위해 숨겨졌던 자신의 아베나키(역자주: Abenaki, 캐나다와 미국의 북동부 삼림지대에 사는 원주민임) 유산을 발견하는 허구적인 이야기이다.

〈'어떤 사회에서 살고 싶습니까?' 다운증후군이 사라지고 있는 나라 속으로〉("'WHAT KIND OF SOCIETY DO YOU WANT TO LIVE IN?' INSIDE THE COUNTRY WHERE DOWN SYNDROME IS DISAPPEARING" BY JULIAN QUINONES & ARIJETA LAJKA, CBS NEWS, AUGUST 14, 2017)

www.cbsnews.com/news/down-syndrome-iceland/

비디오: CBSN, 일레인 키하노(Elaine Quijano) 출연, 대략 11분.

기사: 대략 1,000개 단어

저널리스트 일레인 키하노(Elaine Quijano)는 산전 유전 검사와 임신중절법이 다운증후군을 가진 아기가 거의 태어나지 않는 결과로 이끈 아이슬란드로 여행을 간다. 뉴스 방송과 기사는 유전 상담, 검사, 인간의 고통(human suffering) 및 낙태에 대한 의문과 그들을 둘러싼 사회차원적 가치를 제기한다.

「다운증후군 아기를 낳은 윤리적 사례」("THE ETHICAL CASE FOR HAVING A BABY WITH DOWN SYNDROME" BY CHRIS KAPOSY, THE NEW YORK TIMES, APRIL 16, 2018).

www.nytimes.com/2018/04/16/opinion/down-syndrome-abortion.html

대략 850개 단어

사설 작성자는 산전 진단(역자주: prenatal diagnosis, 출생 전에 태아의 선천적인 이상 여부을 진단하는 것임)에 따라 출산 또는 낙태를 하는 부모의 결정과 관련된 윤리에 대해 숙고할 때 다운증후군 아동의 아버지로서의 그의 경험을 반영한다. 그는 이 주제에 대해 2018년에 출판된 책의 저자이다(역자주: Chris Kaposy 가 2018년에 출판한 책의 제목은 *Choosing Down Syndrome: Ethics and New Prenatal Testing Technologies*임).

「우생학 2.0: 우리는 건강, 키 등으로 배아를 선택하는 시기에 와 있습니다」 ("EUGENICS 2.0: WE'RE AT THE DAWN OF CHOOSING EMBRYOS BY HEALTH, HEIGHT, AND MORE" BY ANTONIO REGALADO, MIT TECHNOLOGY REVIEW, NOVEMBER 1, 2017)

www.technologyreview.com/s/609204/eugenics-20-were-at-the-dawn-of-choosing-embryos-by-health-height-and-more/

대략 3,000개 단어

기사는 체외수정(시험관 아기시술)(IVF, In Vitro Fertilization) 동안 배아가 질병 혹은 다른 특성을 발전시킬 가능성을 예측할 수 있는 개념에 대해 다루고 있는 한 회사를 강조한다. 기사는 과학을 간략하게 설명하고 예측하기 위한 관심의 특성으로서 질병, 키 및 지능을 강조한다.

e. 전쟁과 장애: 과거와 현재

전투로 장애인이 된 참전용사는 미국에서 고용, 교육 및 주거에 장애인을 통합하려는 공공정책 수립의 추진 세력이었다. 참전용사의 신체적, 인지적 및 심리적 장애화에 대한 관심은 용맹이 손상과 나란히 놓이게 되는 맥락을 만들었고, 결국 장애인에 대한 사회적 태도와 반응의 변화를 촉발시켰다. 많은 미국 학교에서의 역사 교수는 종종 한 전쟁에서부터 다음 전쟁으로 이동하면서 구조화된다. 현재 전 세계에서 무력 충돌이 일어나고 있다. 역사의 이러한 측면들에 관하여 장애를 연구하거나 무력 충돌이 장애화와 장애인에 미치는 영향을 조사하는 것은 과거와 현재를 묶는 유용한 방법이다. 장애와 전쟁을 강조하는 몇 가지 시작 자료는 다음을 포함한다:

미국 상이군인(DISABLED AMERICAN VETERANS) (DAV)
www.dav.org/learn-more/about-dav/history/

 DAV는 장애를 가진 미군 참전용사와 그 가족을 지원하기 위해 헌신하는 비영리 단체이다. "역사: 전쟁과 상처"(History: Wars and Scars) 섹션은 조직의 설립을 설명하는 125쪽 분량의 DAV의 역사를 제공한다. 12개의 장으로 나뉘어진 DAV의 이야기는 장애 참전 용사에 대한 국가의 반응에 관련된 옹호, 조직 및 정책의 역사를 추적한다.

「전투에서 장애를 가진 민간인을 보호하라」("PROTECTING CIVILIANS WITH DISABILITIES IN CONFLICTS" BY CATALINA DEVANDAS, SHANTHA RAU BARRIGA, GERARD QUINN, AND JANET E. LORD, NATO REVIEW MAGAZINE, JANUARY 1, 2017)
www.nato.int/docu/review/2017/also-in-2017/Protecting-civilians-with-disabilities-in-conflicts/EN/index.htm

 대략 1,600개 단어, 4개 사진

 전투지역에서 특정한 요구를 다루는 국제적인 협정의 측면과 전투지역에서 장애를 가진 민간인의 보호를 강조하는 기사이다.

「숨겨진 상해: 전투 동안에 얻어진 장애」("THE HIDDEN HARM: ACQUIRED DISABILITY DURING CONFLICT" BY WILLIAM PONS, CENTER FOR CIVILIANS IN CONFLICT, AUGUST 4, 2017)

대략 550개 단어

무력 충돌 지역에서 필수적인 서비스, 사회적 태도 및 물리적 장벽에 대해 타협된 인프라의 장벽에 관한 관심과 함께 장애인 증가의 가능성을 언급한 짧은 소개글이다.

3. 인터뷰: 다른 사람들은 장애 역사에 대해 무엇을 알고 있는가?

학생들은 장애 역사에 대해 다른 사람들이 알고 있는 것에 접근하기 위해 학생이 알고 있는 한 명 또는 그 이상의 사람을 인터뷰할 수 있다. 이 개념은 연구의 다양한 지점에서 과제로 사용될 수 있다.

- 학생은 다른 사람에게 "장애인의 역사에 대해 무엇을 알고 있습니까?"라는 개방형 질문을 할 수 있다. 법이나 일상생활이 어떤지에 대해 묻는 것이 인터뷰 대상자를 위한 촉진이 될 수 있다. 그 후 "결과"를 논의하고, 연구/후속 학습을 위한 주제를 만드는 데 사용할 수 있다.
- 장애 역사에 대해 공부한 후, 학생은 다른 사람에게 주제에 대해 무엇을 알고 있는지 물어보기 위해 사용할 인터뷰 가이드를 만들 수 있다.
- 교사는 학생에게 학습시 언제든지 다른 사람들에게 사용될 수 있는 인터뷰 가이드를 제공할 수 있다. 이는 주어진 주제에 관해 학습하기 위한 사전 준비 세트거나, 장애 역사가 일반적인가 여부를 논의하는 중간 지점 또는 끝 지점이 될 수도 있다.

4. 교과서 수정해보기

학생들은 학교에서 역사, 과학, 사회, 문학, 건강 등을 가르치는 데 사용되는 자료/교과서를 찾을 수 있다. 교과서에서 주제를 선택하고 장애 역사와 관련된 텍스트와 이미지를 포함하도록 교과서를 수정하라.

성찰 동아리: "장애인에 대한 생각은 어디에서 오는가?"에 대한 결론

탐구를 시작하며 제시된 질문 및 아이디어로 돌아감으로써 탐구 주제에 대한 결론을 지을 수 있을 것이다:

- 과거 장애인의 삶에 대해서 어떤 점이 여러분에게 가장 흥미로웠는가?
- 오늘날 우리가 장애에 대해 생각할 때 과거로부터 고려해야 할 가장 중요한 관점, 아이디어 또는 사건은 무엇인가?
- 과거에 사람들이 장애와 관련된 불의를 인식하고, 듣고, 저항하고, 행동하는 데 시간이 걸렸다.
  - 왜 이렇게 시간이 오래 걸렸다고 생각하는가?
  - 오늘날 사람들이 불의에 저항하거나 행동하는 것을 막는 것은 무엇인가?

참고문헌

Coco, A. P. (2010). Diseased, maimed, mutilated: Categorizations of disability and an ugly law in late nineteenth-century Chicago. *Journal of Social History*, 44(1), 23–37.

Ferguson, P., & Ferguson, D. (2006). Finding the proper attitude: The potential of disability studies to reframe family/school linkages. In S. Danforth & S. Gabel (Eds.), *Disabilities studies in education: Vital questions facing disability studies in education* (pp. 217–235). New York: Peter Lang.

Foucault, M. (2012). *Discipline and punish: The birth of the prison*. New York: Vintage.

Gould, S. J. (1996). *The mismeasure of man*. New York: W.W. Norton & Company.

Lalvani, P. (2014). The enforcement of normalcy in schools and the disablement of families: Unpacking master narratives on parental denial. *Disability & Society*, 29(8), 1221–1233. 110 History of Disability and Ableism

Larson, S. A., Eschenbacher, H. J., Anderson, L. L., Taylor, B., Pettingell, S., Hewitt, A., . . . Bourne, M. L. (2018). *In-home and residential long-term supports and services for persons with intellectual or developmental disabilities: Status and trends through 2016*. Minneapolis: University of Minnesota, Research and Training Center on Community Living, Institute on Community Integration.

Lovern, L. (2008). Native American worldview and the discourse on disability. *Essays in Philosophy*, 9(1), 14.

Lutterman, T., Manderscheid, R., Fisher, W., & Shaw, R. (2017). Trends in total psychiatric inpatient and other 24-hour mental health residential treatment capacity, 1970–2014. Retrieved from www.nasmhpd.org/sites/default/files/2%20NRI-2017%20NRI%20Meeting–Distribution% 20of%20 Psychiatric%20Inpatient%20Capacity%2C%20United%20States_0.pdf

LeZotte, A. C. (2008). *T4: A novel*. Boston, MA: Houghton Mifflin.

National Council on Disability. (2012). Deinstitutionalization toolkit. Retrieved from https://ncd. gov/publications/2012/DIToolkit/#Cases

Ostiguy, B., Peters, M., & Shlasko, D. (2016). Ableism. In M. Adams, L. A. Bell, D. Goodman, & K. Joshi (Eds.), *Teaching for diversity and social justice*. New York, NY: Taylor & Francis.

Silvers, A. (1994). "Defective" agents: Equality, difference and the tyranny of the normal. *Journal of Social Philosophy*, 25(1), 154–175.

Stiker, H. J. (1999). *A history of disability*. Ann Arbor, MI: University of Michigan Press.

TrentJr, J. W. (1994). *Inventing the feeble mind: A history of mental retardation in the United States*. Berkeley, CA: University of California Press.

Wolfensberger, W., Nirje, B., Olshansky, S., Perske, R., & Roos, P. (1972). *Normalization: The principle of normalization in human services*. Toronto, Canada: National Institute on Mental Retardation.

장애 역사: Part I
장애인에 대한 생각은 어디에서 오는가?

오늘날 미국에는 대략 5천 6백만 명의 장애인이 있다. 미국 인구의 대략 19%로, 그들은 그 나라에서 가장 큰 소수 집단이다. 장애인은 집단의 이야기를 가지고 있다. 역사를 통하여 이 집단은 학대받고, 차별받고, 가장 기본적인 권리에 대한 접근을 거부당해 왔다. 그러나 많은 사람은 이것을 알지 못한다. 장애권리 이슈는 주류 언론에서 많이 다루어지지 않으며, 장애 역사는 보통 역사 교과서에 포함되지 않는다. 서양의 역사를 통해 장애인이 보여지고 다루어지는 방법을 조사해보자.

초기 문명

많은 초기 문명에서 부모들은 기형이나 신체적 장애를 가지고 태어난 아기를 원하지 않았다. 특이하게 생긴 아기는 보통 숲이나 길가에 버려졌다. 고대 그리스 부모들은 아기를 다른 사람이 구해주거나 신이 데려갈 수 있도록 아기를 밖에 두었다. 가장 자주, 그런 아기는 추위에 노출되어 죽었다. 고대 로마 문명의 사람들도 같았다. 사람들은 그것이 최선이라고 믿었다. 이 관행을 유아 살해(infanticide)라고 한다.

중세 시대

15세기와 16세기 동안, 특이한 몸을 가진 사람은 "조롱의 대상"으로 간주되었다. 그들은 사람들이 비웃거나 쳐다볼 수 있도록 전시되었다. 왕궁에서, 장애인은 다른 사람들의 즐거움과 오락을 위해 "궁정 광대" 또는 "바보"가 되었다. 때때로 그들은 우리에 갇혔고, 종종 학대를 받았다. 많은 귀족 가문은 "난쟁이"라고 불리는 작은 사람을 소유했다. 어떤 사람들은 푸대접을 받았고, 또 다른 사람들은 공평하게 대접받았지만 그들은 마치 소유물처럼 취급을 받았다. 정신질환이 있는 사람은 악령에게 홀린 것으로 여겨졌다. 사람들은 마법 주문이나 퇴마를 사용하여 그들을 "치료"하기 위해 시도했다. 정신질환이 있는 많은 여성은 '마녀'로 여겨져 사형에 처해졌다.

Copyright material from Susan Baglieri and Priya Lalvani (2020), *Undoing Ableism: Teaching About Disability in K-12 Classrooms*, Routledge

18세기(1700년대)

이 기간 동안, 장애인은 사회문제의 원인으로 여겨졌다. 그들은 범죄로 비난 받았다. 많은 장애인들은 또한 가난했기 때문에 사회를 해치는 존재로 여겨졌다. 장애인은 보기에 부적절하고, 사회에 기여할 수 없다고 여겨졌다. 일부 장애인은 장애에 매료된 대중의 즐거움을 위해 서커스 전시회에 전시되거나 공연되었다.

정신질환이 있는 사람은 "보호시설"에서 살도록 강요받았다. 보호시설은 다른 모든 사람들이 사는 곳에서부터 멀리 떨어진 큰 건물이었다. 보호시설에서 사람들은 보살핌을 잘 받지 못했다. 어떤 사람들은 처벌이 그 사람의 병을 낫게 할 것이라고 믿었다. 그들은 종종 학대를 당했다. 이 모든 행동은 장애에 대한 두려움과 무지에 바탕을 두고 있었다.

19세기와 20세기 (1800년대-1900년대)

사람들은 장애를 가진 아이는 나쁜 가치관, 나쁜 성격, 또는 나쁜 양육 기술을 가진 부모로 인한 결과라고 믿었다. 그래서 만약 아이가 장애를 가지고 있다면, 그것은 부모의 잘못이라고 가정되었다. 장애를 가진 성인이 일할 수 없거나, 자신을 돌볼 수 없다면 비난받았다. 의사는 사람들을 치료하기 위해 상자에 넣거나, 특별한 그네로 돌리거나, 피를 흘리게 하는 등 모든 다양한 방법을 시도했다. 이 시기 동안 아이를 돌보기가 어려워졌을 때 의사는 종종 부모에게 그들의 아이를 특수학교나 **수용시설**로 불리는 곳으로 보내라고 조언했다. 어떤 학교들은 사람들을 가르치려고 노력했지만, 다른 학교들은 보호시설과 비슷했다. 건물이 너무 붐비고 환경은 종종 아주 더러웠다. 한 건물 안에 수백 명의 사람들이 있었고 직원은 거의 없었다. 일부 아이들은 어떠한 교육도 받지 못했고, 아이들에게 종종 전혀 말을 걸지 않았다. 어른들은 그냥 이 방에 남겨졌고, 때때로 그들의 침대에 쇠사슬로 묶였다. 많은 사람들은 그들의 가족을 다시는 보지 못했다.

Copyright material from Susan Baglieri and Priya Lalvani (2020), *Undoing Ableism: Teaching About Disability in K-12 Classrooms*, Routledge

많은 의사와 과학자는 실제로 장애아동을 위한 최고의 장소로 수용시설을 추천했다. 부모는 의사로부터 가족이 가정에서 장애 아이를 키우는 것이 불가능하거나, 그들의 가족을 파괴할 것이라는 안내를 받았다. 그래서 당시 많은 부모는 "전문가"가 그들에게 옳은 일이라고 말한 것을 행했고 장애를 가진 그들의 아이를 포기했다. 벤자민 스팍(Benjamin Spock) 박사와 같은 유명한 소아과 의사들이 이런 조언을 했다.

1900-1935: 미국 우생학 운동

우생학 의미: 더 나은 인류를 만드는 과학. 우생학 운동은 의사와 과학자가 장애인(그리고 "부적합한" 것으로 여겨지는 모든 사람)의 미래 존재를 제거하기 위해 노력하는 데 있어 미국 정부의 지원을 받은 프로그램이다. 그들은 어떤 사람이 아이를 가질 수 있는지를 통제함으로써, 인간의 "더 나은 인종"을 만들 수 있다고 믿었다. 이 기간 동안 다음과 같은 관행이 나타났다:

- **"더 나은 아기" 대회**: 주 박람회에서, 부모는 가장 건강하고 매력적인 아기를 낳은 대가로 돈을 벌 수 있었다(아기가 금발에 푸른 눈을 가졌을 때 도움이 되었다).

- 장애를 가진 아기에 대한 의료적 처치 거부. 의사가 장애를 가진 아기에게 의료적 돌봄 제공을 거부하는 것은 합법이었다. 장애를 가진 아기는 **먹황새 아기**(Black Stork babies)라고 불렸다.

- **혐오법**: 몇몇 도시는 특이한 몸이나 신체적 장애를 가진 사람들이 대중에게

Copyright material from Susan Baglieri and Priya Lalvani (2020), Undoing Ableism: Teaching About Disability in K-12 Classrooms, Routledge

보이는 것을 불법화하는 법을 통과시켰다. 어떤 사업체(음식적, 극장 등)가 장애를 가진 사람의 외모가 다른 사람을 불편하게 한다는 이유로 출입을 거부하는 것은 합법이었다.

- **강제불임수술**: 보호시설, 교도소, 가난한 이웃의 많은 여성들은 아기를 가질 수 없게 외과 수술을 받도록 강요받았다.

- 일부 시설에서 장애인은 의학 또는 과학 실험의 일부분으로 약물을 투여받았다. 그들은 실험의 일부가 되는 것을 허락하지 않았습니다. 어떤 사람은 매우 아파서 죽었다.

이러한 실제 중 많은 것들이 **장애권리운동**이라 불리는 새로운 운동이 자리 잡을 때까지인 1960년대와 1970년대까지 계속되었다. 장애인의 권리를 보호하기 위해 수용시설은 폐쇄되었고, 법은 통과되었다.

Sources: Pernick, M. (1996) The Black Stork; Black, E. (2012). War Against the Weak

Copyright material from Susan Baglieri and Priya Lalvani (2020), *Undoing Ableism: Teaching About Disability in K-12 Classrooms*, Routledge

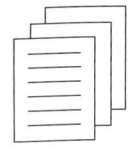

이름 _____   날짜 _____

장애 역사 퀴즈

지침: 각 문장마다 참(TRUE) 또는 거짓(FALSE)을 쓰세요:

_____ 1. 고대 그리스와 고대 로마에서, 어떤 유형의 장애를 가진 신생아는 태어난 지 얼마 되지 않아 그들의 부모에 의해 살해되었다.

_____ 2. 1900년대 초, 미국 사람들은 오락을 위해 서커스에 전시된 장애인을 보러 갈 수 있었다.

_____ 3. 1906년, 콘플레이크의 발명가 존 하비 켈로그(John Harvey Kellogg)는 선별 번식(selective breeding)을 통해 장애인을 포함한 "열등한 유형"의 사람들을 제거하기 위한 하나의 계획인 "인종 개선 재단"(Race Betterment Foundation)을 만들었다.

_____ 4. 1890년대부터 1920년대까지 사회적 실천주의와 정치적 개혁의 시대에 진보 운동에서 활동한 사람은 우생학의 지지자였다.

_____ 5. 1920년대 미국 대법원은 여성에게 엄마가 되는 것을 불가능하게 하는 수술을 하도록 강요한 주법이 장애 여성의 시민권을 빼앗았기 때문에 위헌이라고 판결했다.

_____ 6. 장애를 가진 사람들은 홀로코스트의 첫 번째 희생자 중 하나였다.

_____ 7. 2차 세계대전 이후, 미국의 장애 활동가들은 미국 장애아동을 위한 모델 학교(model school)를 만들었다. 장애아동은 고립되었지만, 그 당시 사람들이 생각하는 가능한 최고의 돌봄과 교육을 받았다.

_____ 8. 1960년대에 장애아동은 비장애아동이 다니는 공립학교에 다니지 않았다.

_____ 9. 1960년대까지 도서관과 같은 대부분의 공공시설은 휠체어가 접근 가능하도록 만들어졌다.

_____ 10. 오늘날 많은 장애아동들은 교실이나 학교에서 비장애아동과 분리되어 교육받는다.

_____ 11. 오늘날 일할 능력이 있고 일할 의지가 있는 미국의 장애인은 실업자일 가능성이 높다.

Copyright material from Susan Baglieri and Priya Lalvani (2020), *Undoing Ableism: Teaching About Disability in K-12 Classrooms*, Routledge

이름 _____   날짜 _____

장애 역사 퀴즈의 답을 위한 해설

1. 참(T). 고대 그리스와 고대 로마에서, 부모는 종종 장애가 있는 아기를 굶어 죽게 하려고 밖에 버려두는 것을 선택했다.

2. 참(T). 바넘과 베일리(Barnum and Bailey)와 같은, 많은 서커스 회사는 "프릭쇼"라 불리는 전시회를 열었다. 사람들은 전시된 장애인(팔과 다리가 없는 사람, 매우 작은 사람, 샴쌍둥이 등)을 보러 가는 것을 재미있다고 생각했다.

3. 참(T). 켈로그(Kellogg)는 "나쁜 유전자"를 가진 사람을 제거하려는 미국 우생학 운동을 지지한 많은 개인과 단체 중 하나였다.

4. 참(T). 진보 운동에서 활동하는 많은 사람들은 우생학이 사회를 개선하기 위한 과학적인 방법이라고 생각했다.

5. 거짓(F). 1927년, 미국 대법원은 "정신박약"의 여성에게 아이를 가질 수 없게 만드는 수술을 강요하는 주법이 합헌이라고 판결했다. 버지니아주가 젊은 여성을 불임케 되도록 허용했다는 판결에서 홈즈(Holmes) 판사는 "저능아들은 3대로 충분하다"(Three generations of imbeciles are enough)고 말했다. 법정은 우생학의 영향을 받았다.

6. 참(T). 부분적으로 미국 우생학 운동의 영향을 받은 나치는 수십만 명의 장애인을 살해했다. 나치는 나중에 유대인과 장애인과 같은 다른 표적 집단에게 사용한 몰살 방법을 시험하고 완성했다.

7. 거짓(F). 만약 여러분이 20세기 중반에 장애를 가지고 태어났다면, 여러분은 아마도 가족과 떨어져 장애인을 위한 수용시설에서 일생을 보낼 것이다. 이 수용시설들에서 아이들은 극도로 무시되고 학대받는 환경에서 살았다. 대부분의 아이들은 도착한 지 몇 달 안에 간염과 결핵과 같은 치명적인 질병에 걸렸다. 이것은 1970년대에 바뀌기 시작했다. 1972년, 탐사 저널리스트 제랄도

리베라(Geraldo Rivera)는 감춰진 카메라를 몰래 가져가 스태튼아일랜드(Staten Island)에 있는 윌로우브룩(Willowbrook) 수용시설의 참상을 폭로했다. 그의 작품은 대중의 분노를 불러일으켰고 뉴욕 주를 상대로 한 소송이 있었다. 이로 인해 장애아동을 위한 수용시설이 폐쇄되고 국가 기관에서 사람들을 보호하는 법이 통과되었다.

8. 참(T). 미국에서 1975년 장애인교육법(IDEA)이 제정되기 전까지 장애아동은 교육을 받을 자격이 없었다.
9. 거짓(F). 1990년의 미국장애인법(ADA)이 제정되기 전까지는 휠체어를 사용하는 사람이 공공건물에 들어가거나 대중교통을 이용하는 것이 종종 불가능했다. ADA는 장애에 근거한 차별을 금지하는 민권법(civil right law)이다.
10. 참(T). 많은 장애아동은 교실이나 학교에서 비장애아동들과 분리되어 교육을 받는다.
11. 거짓(F). 장애를 가진 많은 사람들이 고용되었다. 그러나 장애인의 실업률은 장애를 가진 것으로 그들 스스로를 표현하지 않는 사람들의 대략 2배이다.

Copyright material from Susan Baglieri and Priya Lalvani (2020), *Undoing Ableism: Teaching About Disability in K-12 Classrooms*, Routledge

이름 _____ 날짜 _____

왜 장애 역사에 대해 배우나요?

지침: 각 질문을 읽고 그것에 대해 생각하시오. 답을 글로 쓰고 그리고/혹은 그림으로 답하세요.

1. 왜 장애를 가진 사람들이 그렇게까지 심하게 학대를 당했다고 생각하세요?

2. 왜 사람들이 이런 일이 일어나는 것을 허용했다고 생각하세요? 왜 장애를 가진 사람들은 권리가 없었을까요?

3. 장애 역사에 대해 배우는 것은 어떻게 여러분이 과거에 다른 집단의 사람에게 행해진 부당함과의 유사점을 생각하도록 만드나요?

4. 여러분은 무엇이 사람들이 불의에 맞서 목소리를 높이는 것을 막는다고 생각하나요?

5. 여러분은 우리가 장애 역사에 대해 아는 것이 왜 중요하다고 생각하나요?

Copyright material from Susan Baglieri and Priya Lalvani (2020), *Undoing Ableism: Teaching About Disability in K-12 Classrooms*, Routledge

이름 _____ 날짜 _____

장애 역사 인터뷰

지침: 여러분이 알고 있는 **성인**을 대상으로 그들의 장애인과의 경험을 인터뷰하세요. 여러분은 가족 구성원, 이웃 또는 가족의 친구를 인터뷰할 수 있어요. 그 사람은 장애가 있는 사람일 수도 있고 장애가 없는 사람일 수도 있어요. 인터뷰 중에 메모를 하거나 대화 내용을 오디오 또는 비디오로 녹음할 수 있습니다. 이 유인물에 주요 아이디어를 적어주세요.

여러분이 지금 하고 있는 일을 소개하기 위해, 다음과 같이 설명할 수 있어요:

> 안녕하세요. 저는 학교에서 장애를 주제로 비판적인 연구에 참여하고 있습니다. 저는 장애를 가진 사람에 대한 여러분의 경험과 생각에 대해 몇 가지 질문을 하고 싶습니다. 특정 질문에 대답하고 싶지 않으면 대답하지 않아도 됩니다. 몇 가지 질문을 해도 될까요?

A) 여러분이 인터뷰한 사람에 대해 설명하세요:

여러분은 인터뷰한 사람과 어떻게 아는 사이인가요? (예를 들면, 부모님, 형제자매, 친척, 친구, 이웃)

B) 여러분이 인터뷰한 사람이 각 질문에 어떻게 대답했는지에 대한 주요 아이디어를 작성하기 위해 노트나 녹음을 검토하세요.

Copyright material from Susan Baglieri and Priya Lalvani (2020), *Undoing Ableism: Teaching About Disability in K-12 Classrooms*, Routledge

1. 여러분에 대해 말해주세요. 장애를 가진 사람에 대한 여러분의 경험을 이해하는 데 있어 중요한, 여러분과 여러분 삶에 대한 것들은 무엇인가요?

2. 여러분은 장애에 대한 역사적 사건이나 장애인의 역사에 대해 무엇을 알고 있나요?

3. 미국 역사에서 이러한 사건들에 대해 무엇을 알고 있나요?
    - 혐오법

    - 우생학 운동

    - 장애인을 위한 수용시설

    - "먹황새" 아기를 위한 의료적 처치 제공에 대한 의사의 거절(20세기 초)

4. 여러분은 학교에서 장애 역사에 대해 배웠습니까?

5. 여러분은 오늘날 학교 교육에 장애 역사를 포함하는 것에 대해 어떻게 생각하나요?

Copyright material from Susan Baglieri and Priya Lalvani (2020), *Undoing Ableism: Teaching About Disability in K-12 Classrooms*, Routledge

8장. 장애권리운동의 출현

탐구 주제: 장애에 대한 생각은 어떻게 변화하는가?

필수 질문

- 사회적, 정치적 변화에 있어 집단의 형성 혹은 집단주의(collectivism) 개념은 왜 중요한가?
- 사회적 변화의 시기 동안 개인적, 문화적, 정치적, 교육적 및 경제적 맥락이나 요소들은 어떻게 복잡한 방식으로 수렴되는가?

도입 및 배경정보

> 우리는, 우리의 증상에 의해서가 아니라 우리를 하나의 집단으로 만드는 사회적, 정치적 환경에 의해 함께 묶여있다. 우리는 서로를 찾았고, 우리의 운명에 절망하지 않고 우리의 사회적 위치에 분노하는 목소리를 찾았다. … 우리가 분노하는 것은 우리에게서 권리, 기회, 그리고 기쁨의 추구를 박탈하기 위해 사용되었던 전략들이다.
>
> —Simi Linton(1998)

장애에 대한 이야기는 지속적이고 구조적인 억압에 관한 것이지만, 또한 급진적 행동의 힘, 장애인의 주체성(agency)과 권한부여(empowerment), 장애 정체성과 문화의 진전에 대한 이야기이기도 하다. 미국의 20세기는 장애에 대한 생각과 장애를 가진 사람을 대하는 방식에서 주요한 변화가 시작된 시기였다. 의료적 모델의 증대된 영향력은 장애를 도덕적, 정신적 취약성이나 죄로 바라본 것으로부터 생리학적 요인과 관련된 신체적, 감각적, 인지적 또는 정서적 손상으로 이해하도록 변화시켰다. 이는 손상에 대해 더 이상 가족이나 개인이 "비난받지" 않게 되었고, 장애에 대한 반응이 처벌과 회개에 관한 것이 아니라 치료, 돌봄 및 과학적 방법에 관한 것이 되었음을 의미했다. 보호시설은 병원으로 그 이름을 바꾸었고, 수용시설은 학교와 발달센터가 되었다. 제1, 2차 세계대전에서 장애를 가지고 돌아온 참전군인들의 요구는 그들의 재활, 고용 및 주거를 지원하기 위한 연방정부의 수많은 정책과 프로그램이 창출되도록 이끌었다. 전미농인연합(National Association of the Deaf)과 미국맹인재단(American Foundation for the Blind)은 장애에 대한 징치적 영향력과 장애에 대한 지식의 진전을 준비할 목적으로 만들어진 두 개의 초기 단체였다. 다른 자선단체들에 덧붙여 이스터실즈(Easter Seals)가 장애 및 장애연구를 위한 기금마련과 인식제고를 위해 결성되었다. 오늘날 마치오브다임스(March of Dimes)로 알려진 전미소아마비연맹(National Foundation for Infantile Paralysis)은 소아마비의 생존자인 프랭클린 D. 루즈벨트(Franklin D. Roosevelt) 대통령에 의해 설립되었다. 20세기 전반부에 걸쳐 많은 장애인들이 이전 시대에 비해 보다 인간적으로 대우받게 되었다.

　1950년대에는 여러 요인들이 합쳐지면서 정신병원을 이용하는 사람들과 발달센터 및 기숙학교에 있는 사람들의 생활에 변화가 일어나게 되었다. 1946년의 미국정신보건법(National Mental Health Act)은 정신건강에 대한 관심의 증대를 보여준다. 기자들은 계속해서 정신병원의 혐오스러운 상황에 대해 보도했고, 정신건강 관리를 필요로 하는 제2차 세계대전 참전군인들의 급증은 대중의 큰 관심을 모았다. 약물학의 발전은 특정 정신질환을 치료하기 위해 약물을 사용하도록 만들었고, 이는 병원에서 생활하는 환자의 수를 감소시켰다. 존 F. 케네디(John F. Kennedy) 대통령은 정신보건에 대한 연방정부의 조사에 착수했다. 그는 또한 정신지체에 관한 대통령 자문회의(President's Panel on Mental Retardation)를 소집했다. 정신병원이 문을 닫기 시작했고, 실제는 바뀌고 있었다. 정책, 의료, 문화 및 과학에서의 많은 변화는, 과거 세대의 특징이었던 장애인의 분리와 고립으로부터 미국인들의 삶을 한층 진전시켰다. 결정적으로 중요한 것은 미국이 인종 차별을 종식시키기 위한 시민권리운동(civil rights movement)과 떠들썩하고 자랑스럽고 조직적이며 효과적인 캠페인의 한가운데에 있었다는 점이다. 장애인들은 주변에서 일어나고 있는 사회변화에 주의를 기울이게 되었다.

현대의 장애권리운동(disability rights movement)은 1960년대에 시작되었다. 시민권리운동과 여성운동으로부터 고무되어 장애를 가진 개인과 그들의 협력자들은 장애인 학대에 대한 대중의 인식을 요구하고, 지역사회 생활의 모든 측면에 대한 접근을 요청하기 시작하였다(Connor & Gabel, 2013; Fleischer & Zames, 2011). 1962년, 에드워드 V. 로버츠(Edward Verne Roberts)는 캘리포니아 대학교 버클리 캠퍼스(UC Berkeley)에 입학하면서 미국의 교육 장벽을 처음으로 깨뜨린 인물 중 하나였다. 그는 캠퍼스에서 생활하기 위해 대학과 싸워야 했다. 대학은 마비가 있는 휠체어 사용자에게 적합하면서도, 철의 폐(역자주: iron lung, 호흡보호기의 속칭)라고 불리는 매우 큰 의료장비를 수용할 수 있는 접근가능한 공간을 제공해야 했다. 로버츠가 캠퍼스 생활에 접근가능한 방법을 마련해 놓은 직후 비슷한 정도의 접근 요구를 가지는 다른 사람들이 뒤따랐다. UC Berkeley는 자립생활운동(independent living movement)의 인큐베이터가 되었다. 로버츠는 대학 안에서 자칭 롤링쿼즈(역자주: Rolling Quads, 휠체어를 타고 굴러서 다니는 사지마비 장애인(quardriplegic)을 뜻함)라고 하는 모임의 사람들과 협력하여 캠퍼스 변화를 위한 로비활동을 했고 결국 학교 외부에서 투쟁을 시작하게 되었다. 롤링쿼즈는 집단 행동의 힘을 보여주는 한 예가 되었다. 결국 곳곳의 장애인들은 그들이 공유하는 굴욕을 인식하고 변화를 만들기 위한 준비를 하게 되었다. 로버츠는 장애권리의 아버지이자 자립생활운동의 창시자로 여겨진다. 1995년 생을 마감할 때까지 로버츠는 정부와 인권위원회에서 중요한 직책을 맡으며 미국과 전 세계에 걸친 장애권리 옹호활동을 펼쳤다.

1960-1970년대에 걸쳐 연방 및 주 정부의 정책과 실제는 자립생활을 보다 장려하는 방향으로 변화되었다. 또한 교육, 고용 및 장애인 관련 지원을 위한 공공부조(public assistance)의 공적 제공이 증가하였다. 공공의료보험(Medicaid) 및 사회보장법(Social Security Act)은 장애에 대한 관심을 포함하도록 개정되었다. 1968년의 건축물편의법(Architectural Barriers Act)은 연방정부의 건물과 시설이 신체적 장애를 가진 사람에게 접근 가능하게 만들어질 것을 요구했다. 1971년 펜실베니아정신지체시민협회(Pennsylvania Association for Retarded Citizens, PARC)는 펜실베니아 주에 대한 소송을 제기하여 모든 장애아동이 공립학교에 다닐 수 있도록 되었는데 이것이 결과적으로 1975년의 전장애아교육법(Education for All Handicapped Children Act) 통과에 영향을 주었다. 이 법은 모든 공립학교가 장애에 관계없이 모든 아동에게 무상의 적합한 공교육(Free Appropriate Public Education, FAPE)을 제공하도록 했고, 학교 내에 특수교육 시스템이 만들어졌다. 이는 분명 장애권리의 역사가 이전 시기보다 더 좋아지기 시작한 사건이다. 사회적 장벽에 대한 인식과 공공부조의 제공, 모두를 위한 교육에의 접근 선언은 사회변화를 의미했다. 장애인의 지역사회 통합에 해를 끼치거나 도움을 주는 데 있어 사회차원적 실제들이 하는 역할에 대한 인식이 증대되었다.

1970년대 초까지 자립생활을 위한 버클리 센터가 캘리포니아에 설립되었고 자립생활운동의 발전을 위한 중심지가 되었다. 이 운동은 장애인이 자신의 삶의 방식을 스스로 주도할 권리를 가진다는 신념에 의해 형성되었다. 병원, 재활센터 및 양로원에서의 삶은 일상적 활동에 대한 통제권을 거의 갖지 못한다. 개별적인 돌봄이나 이동에서의 도움을 받기 위해 타인에게 의존한다는 것은 그들이 교육, 고용 그리고 삶의 다른 활동에 대부분 참여할 수 없거나, 참여하더라도 권한이 박탈되었음을 의미하는 경우가 많았다. 접근할 수 없는 사회는 이동의 자유를 제한하였다. 비극, 동정 및 결손의 렌즈를 통해 장애를 특징짓는 생각은, 장애인은 보다 완전한 삶을 살 수 없거나 그러한 삶을 원하지 않는다는 가정으로 이어졌다. 전문가의 중재가 요구되는 것으로 장애인을 특징짓는 의료적 모델은 그들의 취약성을 추론하고 무능력을 강조하였는데, 이는 장애인을 유능하고 온전한 사람으로 보일 수 있게 하는 방식을 더욱 제한했다. 자립생활운동은 장애인이 자신의 방식대로 사회에 참여하는 것을 막는 실제, 정책 및 태도를 표적으로 삼았다.

자립생활은 신체적 장애인에게만 국한되지 않았다. **탈시설수용화**(deinstitutionalization) 또한 이와 관련하여 일어난 운동이었는데, 이는 정신병원, 발달센터 및 양로원에 살고 있는 모든 사람을 포함하였다. 발달장애를 가지고 있거나 정신보건 서비스를 필요로 하는 사람이 거주하거나 장기간 머물고 있는 많은 곳의 비참한 상황을 폭로하기 위해 부모, 전문가 및 자기옹호자들이 조직되었다. 그러한 상황을 개선하는 것이 하나의 노력이었고, 많은 사람이 지원을 받아 자신의 지역사회에서 살 수 있다는 것을 인식하는 것이 또 다른 노력이었다. 조직된 실천주의, "정신지체"에 대한 케네디 대통령의 관심, 그리고 시설에 대한 공개적 폭로(public exposés) 시리즈는 1970년대를 장애인 거주시설에 대한 대규모 폐쇄의 시작이자 지적장애인 및 정신보건 서비스 이용자의 지역사회 거주를 지원하는 한 움직임의 시작으로 특징짓게 했다.

1970년대 초, 의회는 이전 법을 재활법(Rehabilitation Act)으로 재승인할 것을 제의하였다. 새로운 법은 장애차별을 인정하고 금지하였다. 그 법은 연방기관 및 정부와 계약된 기관에의 고용, 대중교통에서의 장벽에 대해 다루었고, 이는 학교 및 대학을 포함하여 공적 자금을 받는 모든 기관에 적용되었다. 리처드 M. 닉슨(Richard M. Nixon) 대통령은 재활법에 두 차례 거부권을 행사했다. 장애 활동가들은 워싱턴(Washington, DC)에서 거부권 행사에 대해 항의했다. 마침내 1973년 재활법이 통과되었다. 그러나 의회가 이 법의 실행을 안내하는 규정을 발표하기까지는 시간이 걸렸다. 시간이 흐르면서 활동가들은 법조항을 집행할 방법이 없다면 그 법이 무가치하다는 것을 인식하고 마음이 급해졌다. 규정을 지연시키고 있는 사람이 바로 보건교육복지부(Department of Health, Education, and Welfare, HEW) 장관이었기 때문에 1977년 장애권리 단체들은 보건교육복지부 사무실에서 연좌농성과 시위를 조직하기 위해 전국에서 모였다. 수백명의 사람들이 샌프란시스코와 워싱턴에서의 시위에 참여하였다. 몇 주 후 규정이 공표되었다.

504조항 연좌농성은 행동하는 장애인(Disabled in Action)의 창립자인 주디스 휴먼(Judith Heumann)과 같은 지도자가 각광을 받게 하여 장애 실천주의의 대중적 인지도를 높였는데, 이는 많은 장애인을 위한 행동과 단체들을 향한 외침이었다. 1970년대에는 장애인을 위한 정신병원과 거주시설의 열악한 상황에 대해 관심이 보다 많이 모아졌는데, 이로 인해 오늘날에도 지속적으로 계획되고 있는 대규모 폐쇄가 이루어지게 되었다. 1980년대에는 접근가능한 교통수단을 위한 운동이 계속해서 이루어졌고 접근 및 비차별의 권리를 위협하는 방식으로 많은 사건을 판결했던 대법원에 대한 감시태도를 갖게 되었다. 그러나 가장 중요한 것은 장애권리 단체들이 미국장애인법(Americans with Disabilities Act)을 만들고 법을 통과시키기 위해 준비했다는 것이다. 이 법은 장애인의 시민권 보호를, 재활법에서는 포함되지 않았던 민간 영역으로까지 확장시켰다. 의회에서 활동하면서 옹호 및 법률자문으로 활동하던 장애인들은 1964년의 민권법(Civil Rights Act)을 모델로 하여 미국장애인법안을 준비하고 제출했다. 2년 후 의회에서의 마지막 수단으로 시위자들은 장애권리를 위한 상징적 경험이 될 일을 위해 모이게 되었다. "캐피톨 크롤"(Capitol Crawl)로 알려진 장애인 시위대는 접근불가능한 사회(inaccessible society)의 상태를 보여주기 위해 휠체어와 클러치를 버리고 그들의 몸을 국회의사당 건물의 계단으로 끌어올렸다. 1990년 조지 H.W. 부시(George H.W. Bush) 대통령은 미국

장애인법에 서명을 하였다.

20세기 중반, 장애권리와 자립생활운동의 가장 강력한 측면은 아마도 장애를 가진 사람들이 단체를 설립한 일이었을 것이다. 단체의 형성과 집단주의는 정치적 힘의 획득으로 이어졌는데, 이는 "우리 없이 우리에 대한 것은 없다"(Nothing about us, without us)라는 시위 선언을 통해 영원히 알려질 것이다. 장애인들은 법률이 온정주의와 장애를 가진 삶에 대한 가정을 통해 구성되기보다는, 정의와 자립생활의 이익을 대변할 수 있도록 정치적 의사결정에서 장애인 관점을 표현하고 포함할 것을 요구하였다. 탈시설수용화와 자립생활을 향한 노력은 자기결정 및 자기옹호의 개념을 중심에 두었다. 장애인이 삶과 안녕에 대해 그들을 둘러싼 전문가들과는 다른 견해를 가지고 있을 수 있다는 생각이 대두되었다. 소위 "전문가"라는 사람들에게 맡기기보다는 장애 공동체(disability community)의 형성을 통해 장애 정체성과 살아낸 경험(lived experience)에 뿌리를 둔 지식을 공유할 수 있었다. 또한 집단주의와 함께 집단 프라이드(group pride)가 생겨났다. 긍정적인 사회 정체성으로 장애를 경험할 수 있다는 가능성이 제기되었고 장애 프라이드가 등장하여 일종의 문화 운동으로 계속 부상하고 있다.

심화학습을 위한 성찰과제

- 이번 챕터와 이전의 장애역사를 설명한 앞의 챕터를 읽은 후 장애인에 대한 느낌과 인식을 비교해보라. 장애인을 권한이 부여된 사람으로 인식할 때와 권한이 박탈된 사람으로 묘사되는 역사를 읽을 때 여러분이 가지는 장애인에 대한 인상은 어떻게 다른가? 소수자 집단의 권한이 박탈된 관점과 역사에만 초점을 두는 것은 젊은 학습자들에게 어떠한 영향을 줄 것인가?
- 장애권리운동은 집단성과 조직화의 시기로 묘사되지만 이 시기 전후로

서로 다른 방식으로 조직된 수많은 집단들이 있었다. 농인, 맹인, 지적장애 또는 발달장애가 있는 것으로 여겨지는 사람들, 정신질환을 가진 것으로 묘사되는 사람들이 항상 그들 스스로를 가장 인기있는 장애권리운동에 참여했거나 참여하고 있다고 인식한 것은 아니다. 장애 안에서 다양한 정체성을 가지는 사람들은 동일한 권리를 위해 어떠한 방식으로 노력할 수 있겠는가? 사람들은 어떠한 방식으로 다른 권리를 요구할 수 있겠는가?

추천 자료

- 『장애권리운동: 자선에서 대립까지』(The Disability Rights Movement: From Charity to Confrontation by Doris Fleischer, Frieda Zames, 2011, Second Edition, Temple University Press)
- 『노 피티』(No Pity by Joseph P. Shapiro, 1994, Broadway Books)
- 『그들을 사라지게 하라: 클린트 이스트우드, 크리스토퍼 리브 및 장애권리에 대한 소송』(Make Them Go Away: Clint Eastwood, Christopher Reeve & The Case Against Disability Rights by Mary Johnson, 2003, The Advocado Press)
- 『경사로를 넘어서: 사회계약의 끝에 있는 장애』(Beyond Ramps: Disability at the End of the Social Contract by Marta Russell, 2016, Kindle Edition by Amazon Digital Services; 1998, Common Courage Press)
- 『내 몸의 정치: 회고록』(My Body Politic: A Memoir by Simi Linton, 2007, University of Michigan Press)

탐구 들어가기

1990년, 미국장애인법의 통과는 20세기 후반의 장애 역사를 연구하는 데 유용한 기준점이 된다. 장애권리의 역사는 그 이전부터 있었고 이후에도 계속 되지만, 이 시기는 미국장애인법을 둘러싸고 증대된 사회적 및 법적 조치로 널리 평가된다. 장애권리가 민간 영역으로까지 확장된 것은 장애차별에 대한 인식을 제고했을 뿐만 아니라 장애권리 및 접근성의 개념을 일반 대중이 보다 잘 인식할 수 있게 하는 법적 토론이 이루어지게 했다. 도로경계석 철거, 자막방송, 경사로 및 자동문 등의 실재는 모두 장애권리 및 접근을 형성하는 미국장애인법과 다른 법률들의 증거이다. 미국장애인법의 깊고 지속적인 역사는 주로 판례법과 법적 역사에서 그 의미가 발견된다. 우리 중 많은 사람이 미국장애인법이 발효된 1992년 이래로 우리 사회에 일어난 변화를 인식할 수 있다. 비록 그 변화를 초래한 크고 작은 "투쟁들"에 대해서는 잘 알지 못한다 할지라도 말이다. 미국장애인법의 주요 반대자들은 사업체, 종교단체 및 대중교통 산업을 대표하는 단체로 구성되어 있다. 이 단체들이 우려하는 것은 접근성 창출과 관련하여 부담스러운 비용이 발생하는 것과 차별 및 접근을 기반으로 하는 법적 청구와 관련하여 소송의 맹공을 당하는 것이었을 것이다. 당시와 지금의 가장 큰 쟁점 몇 가지는 다음과 같다.

합리적 조정(역자주: reasonable accommodations, 국내에선 '정당한 편의'로 지칭됨)은 장애인이 참여하고 일하고 배울 수 있도록 하기 위한 조치이다. 미국장애인법은 고용 및 교육을 위해 장소나 서비스에 대한 합리적 조정이 이루어질 것을 요구한다. "합리적 조정"의 의미는 법원에서 자주 검증된다. 무엇이 "합리적"인지에 대한 결정은 어떻게 이루어지는가?

"쉽게 성취할 수 있는" 장벽 제거하기: 작은 단체와 큰 단체의 기대에서의 차이는 무엇인가? 돈이 많은 기업과 단체, 그렇지 않은 기업과 단체에 있어 비용이 많이 드는 변화를 만들기 위한 기대에서의 차이는 무엇인가?

"장애"의 정의: 미국장애인법은 누구에게 적용되는가? 정확히 누가 장애를 가진 사람인가? 한 개인은 장애 조건(disabling conditions)에 대한 전문적 진단을 필요로 하는가? 장애화(disablement) 혹은 손상은 어떠한 기준에 의해 판단되는가? 예를 들면, "정상적인" 정도의 시력과 청력을 갖기 위해 안경이나 청각보조기를 사용할 수 있는 사람은 장애를 가진 것으로 고려되어야 하는가, 이에 따라 미국장애인법 하에서 차별로부터 보호되어야 하는가?

대법원은 수년 동안 법을 해석함에 있어서 미국장애인법의 여러 측면에 대해 판결해왔다. 차별에 초점을 둔 것이 아닌, 법에서 정한 "장애"를 가진 것으로 자격이 있는 청구인인지 아닌지에 초점을 둔 법정 소송 사건들로 인해 2008년의 미국장애인법의 개정법(ADA Amendments Act)은 장애의 의미를 명확히 하고자 하였다. "합리적 조정"의 개념에 대해, 접근 및 장벽 제거의 균형을 "쉽게 성취할 수 있는" 것으로 인식하는 방법에 대해 학생들과 함께 토론하고 아이디어를 발전시키는 것, 그리고 이 법에 따른 장애의 정의를 재논의하는 것은 접근 및 차별에 대한 견고한 대화로 이끌 수 있다.

역사 연구의 부분으로서뿐만 아니라 장애권리를 연구하는 또 다른 접근법은 집단주의의 개념에 초점을 두는 것이다. 대부분의 장애는 유전되거나 문화적 전통으로 전승되지 않기 때문에 장애를 가진 사람이 장애나 장애의 역사를 배우는 데 있어 가족구성원에게만 의존할 필요는 없다(일부는 그럴 수도 있지만). 덧붙여 사람들이 장애나 손상을 얻게 되는 방법은 여러 가지가 있으므로 특정 장애를 가진 사람이 다른 장애인들과 공통점이 많은 것처럼 보일 필요는 없다. 장애권리가 집단주의에 의해 어떻게 촉진되었는지에 대해 생각해보는 접근은 사람들이 어떻게 정치적 힘을 만들고 단체를 구축하기 위해 모였는지를 검토할 수 있게 해준다. 농아 및 맹아를 위한 학교의 오랜 역사는 이러한 집단이 일찍이 조직되었음을 의미한다. 이러한 학교나 조직은 특히 농문화(Deaf culture)를 번성하게 해주었다. 1940년대부터 부모 주도의 조직이나 정책 또한 강력한 영향력을 발휘했다. 1953년에 설립되었고, 지금은 The Arc(역자주: 미국 최초로 장애아동 부모들에 의해 결성된 단체로, 오늘날 많은 지부를 둔 대규모 조직으로 성장하여 장애 관련 다양한 옹호활동을 펼치고 있음)로 알려진 전미정신지체아동연합(National Association for Retarded Children)과 같이 많은 지역의 부모 조직이 20세기 전반부에 형성되었다. 장애권리 및 역사는 연구의 다양한 주제를 보완할 수 있는 많은 방법을 내포하고 있다.

탐구 시작하기: 장애에 대한 생각은 어떻게 변화하는가?

1. 장애권리 시위에 관한 사진을 찾아라. 사진기자 Tom Olin은 이 운동의 매우 인상적인 몇 장의 흑백사진으로 명성을 얻고 있다.
2. 학생 모둠에게 사진과 사진에 있는 사람들에 대해 묘사하게 하고, 사진 안에서 어떤 일이 벌어지고 있다고 생각하는지를 설명하게 하라.
3. 토론이 느려지면, 학생 모둠에게 사진을 찾은 방법과 그 일이 벌어진 날짜와 사건에 대해 설명하라. 학생 모둠이 장애권리운동과 미국의 가장 중요한 시민권리 법률의 하나인 미국장애인법에 대해 공부하게 될 것임을 소개하라.
4. 탐구 시작하기의 목적이 사전지식을 생성하고 진단하기 위한 것임에 유념하면서 다음 질문 중 하나 혹은 그 이상에 대한 대화를 요청하라. 정확하지 않은 아이디어는 학습 과정에서 기록되고 재검토될 수 있다.
   - 시민권리란 무엇인가?
   - 장애권리란 무엇인가?
   - 여러분은 장애인들이 어떠한 권리를 원하고 필요로 할 것이라고 생각하는가?
   - 장애 및 장애인에 관한 법에는 어떠한 것들이 있는가?
   - 왜 미국은 다른 집단 사람들의 권리를 보호하기 위해 다른 법률을 가지고 있다고 생각하는가?
5. 탐구를 시작한 이후, 사전지식과 질문 및 흥미에 기반하여 조사 및 학습의

심화를 위한 활동들이 선정될 수 있다.

교수 및 탐구 자료

1. 장애권리운동의 개관

「장애권리와 미국장애인법의 간략한 역사」("*A Brief History of Disability Rights & The Americans with Disabilities Act*" by Phil Pangrazio, copyright 2017, published by Ability360)

https://ability360.org/livability/advocacy-livability/history-disability-rights-ada/

대략 2,000개 단어, 6개 사진

장애역사와 미국의 주요 법률에 대한 에세이 형식의 개관

「미국장애인법의 역사: 운동의 관점」("*The History of the Americans with Disabilities Act: A Movement Perspective*" by Arlene Mayerson, 1992, Published by Disability Rights Education & Defense Fund [DREDF])

https://dredf.org/about-us/publications/the-history-of-the-ada/

대략 4,000개 단어

장애법 분야의 최고 권위자인 Mayerson이 쓴 것으로, Mayerson은 이 획기적인 법안의 초안작성과 제출 과정에서 의회에 자문을 제공한 선임변호사로서 그녀의 관점에서 미국장애인법의 역사를 설명했다.

〈미국장애인법〉("*Americans with Disabilities Act*" produced by the ADA National Network, 2010, published by ADANationalNetwork)

https://www.youtube.com/watch?v=ns7UY8HdPr8

대략 7분

미국장애인법 제정 20년 후 제작된 것으로, 다양한 사람들이 교통, 고용 및 다양한 형태의 접근가능성을 강조하며 이 법의 중요성에 대해 설명한다.

미국장애인법 레거시 프로젝트("*The ADA Legacy Project*", c. 2019, Minnesota Council on Developmental Disabilities)

http://mn.gov/mnddc/ada-legacy/index.html

레거시 프로젝트는 미국장애인법의 발전을 추적하는 텍스트, 사진 및 비디오 형태의 "장애 역사의 순간" 31개 모음을 포함하고 있는 웹사이트이다.

『장애인을 위한 미국 시민권리운동』(*The US Civil Rights Movement for Disabilities* by Baby Professor, 2017, Speedy Publishing)

64쪽, 텍스트와 전면사진

장애권리의 배경과 사회에서 장애권리의 중요성에 대해 서술하고 있다. 형식은 그림책에서 볼 수 있는 방식을 따르지만 문장 표현과 어휘는 때로는 상당히 수준이 높다.

〈가치있는 삶〉(Lives Worth Living, a film by Eric Neudel, aired October 27, 2011 on PBS, Independent Lens)

www.pbs.org/independentlens/films/lives-worth-living/

60분

장애권리운동의 리더들이 장애권리 투쟁에 관한 이야기를 들려주는 고품질의 다큐멘터리이다. 온라인으로 볼 수는 없지만 도서관을 통해 이용할 수 있고 Storyline Motion Pictures를 통해 구매할 수 있다: http://storylinemotionpictures.com/purchase-a-dvd/

2. 내러티브와 구술 역사

미국장애인법까지 세기 중반의 장애권리운동을 연구하는 것은 구술 역사를 탐구하기에 훌륭한 분야이다. 최근에는 활동가, 옹호자 및 정치적 리더들의 역사를 보존하기 위한 많은 노력이 있어왔고, 인터뷰 영상이나 글 등이 광범위하게 이용가능하다. 이러한 역사에 대해 작업하는 것은 사회변화의 관점과 복잡성 그리고 다면적 특성에 대해 생각할 수 있는 기회를 제공한다.

〈그것이 우리의 이야기이다〉("*It's Our Story*", Published on Jul 11, 2010) www.youtube.com/watch?v=fWDaRN490BI&index=4&list=RDqXD7Tck-uVjM

대략 3분

장애권리의 핵심 아이디어를 소개하는 짧은 영상이다. 인터뷰 토막과 사진 및 편집 영상을 통해 배제, 자립생활, 실천주의, 자선 및 시설수용화가 모두 설명된다. 이 영상은 장애권리와 문화 콘텐츠를 온라인으로 제작하는 It's Our Story 컬렉션의 도입부이다. 웹사이트에서 특정 콘텐츠를 찾는 것은 좀 어렵지만 It's Our Story는 주제별로 표찰된 인터뷰를 포함하는 유튜브 채널을 가지고 있다(www.youtube.com/user/ItsOurStoryProject).

『우리가 이제까지 행한 일: 장애권리운동의 구술 역사』(*What We Have Done: An Oral History of the Disability Rights Movement* by Fred Pelka, 2012, University of Massachusetts Press)

592쪽

이 책은 장애권리의 태생에 관한 이야기로, 구술 역사로 전해지는 권리운동의 다양한 측면에 대한 수많은 짧은 이야기뿐만 아니라 저자의 내레이션도 포함된다. 운동의 내부자 관점을 고려하기 위해 이 책과 책에서 발췌한 부분을 다양한 방법으로 활용할 수 있다.

3. 장애권리운동의 영웅 조사

내러티브와 구술역사를 통해 장애권리를 탐색하는 것과 동일한 맥락에서 운동에 참여한 주요 인물 및 사람들에 대한 다양한 자료를 활용할 수 있다.

『에드 로버츠: 장애권리의 아버지』(Ed Roberts: Father of Disability Rights by Diana Pastora Carson, 2013, Dog Ear Publishing)

36쪽, 그림책

이 책은 화가이자 장애인권 활동가인 Patrick William Connally의 주목할 만한 삽화가 담긴 주인공의 전기이다.

『에드 로버츠: 휠체어 천재』(Ed Roberts: Wheelchair Genius by Steven E. Brown, 2015, Institute on Disability Culture)

52쪽, 글과 사진

이 책은 장애권리 및 문화 분야에서 저명한 인물에 의해 쓰여진 에드 로버츠(Ed Roberts)의 전기이다. 장애학 학자에 의해 쓰여졌지만 이 짧은 책의 어조는 "학문적" 스타일은 아니다. 이 책은 일반 대중을 위해 쓰여졌다.

에드 로버츠(Ed Roberts)에 더하여 학생들은 장애권리운동의 주요한 지도자와 인물들을 조사할 수 있다.

- 로버트 부르크도르프(Robert Burgdorf)
- 저스틴 다트(Justin Dart)
- 프레드 페이(Fred Fay)
- 렉스 프리든(Lex Frieden)

- 주디스 휴먼(Judith Heumann)
- 패트리샤 라이트(Patrisha Wright)
- 맥스 스타클로프(Max Starkloff)
- 실비아 워커(Sylvia Walker)

성찰 동아리: "장애에 대한 생각은 어떻게 변화하는가?"에 대한 결론

탐구를 시작하며 제시된 질문 및 아이디어로 돌아가 그것들을 확장함으로써 탐구 주제에 대한 결론을 지을 수 있을 것이다. 확장을 위해 다음과 같은 토론을 제안한다.

- 미국장애인법에 대하여, 조지 H. W. 부시(George H. W. Bush) 대통령은 "부끄러운 배제의 벽이 마침내 무너지게 하라"고 언급했다.
  - 장애권리운동은 장애인이 사회에서 생활하고 배우고 일하는데 참여하는 방식을 어떻게 증진시켰는가?
  - 사회는 어떠한 방식으로 배제에서 통합으로 여전히 이동해야 하는가?
  - 어떠한 차원의 장애인 배제가 가장 변화하기 어렵고 도전적인 것일까?

또한 이번 챕터의 필수 질문은 대화를 확장하고 심화시키기 위한 부분이 될 수 있다.

- 사회적, 정치적 변화에 있어 집단의 형성 혹은 집단주의 개념은 왜 중요한가?

- 사회적 변화의 시기 동안 개인적, 문화적, 정치적, 교육적 및 경제적 맥락이나 요소들은 어떻게 복잡한 방식으로 수렴되는가?

참고문헌

Connor, D. J., & Gabel, S. L. (2013). "Cripping" the curriculum through academic activism: Working toward increasing global exchanges to reframe (dis)ability and education. *Equity & Excellence in Education*, 46(1), 100–118.

Fleischer, D., & Zames, F. (2011). *The disability rights movement: From charity to confrontation*. Philadelphia, PA: Temple University Press.

Linton, S. (1998). *Claiming disability: Knowledge and identity*. New York: New York University Press.

장애권리운동
장애 역사: Part II

장애를 가진 사람들은 수 세기 동안 편견, 고정관념 및 학대와 투쟁해왔다. 장애인에 대한 부당한 대우는 제1·2차 세계대전에서 장애를 입은 참전군인이 돌아온 20세기 중반까지 지속되었다. 미국 정부는 국가에 대한 그들의 공헌의 대가로 재활서비스를 제공했다. 이러한 참전군인은 국가가 장애 문제에 대해 인식하도록 만들었다.

1960년대에 이르러 시민권리운동이 구체화되기 시작했다. 아프리카계 미국인, 여성 및 그 밖의 집단은 평등한 권리를 위해 투쟁했다. 장애인과 그 협력자들은 이 기회를 통해 장애인도 유사하게 평등한 대우와 기회를 요구할 수 있을 것으로 보았다. 그들은 장애 공동체가 직면한 부정적인 고정관념 및 편견과 맞서 싸웠다.

1970년대에 장애인권 활동가들이 시위를 조직했다. 그들은 대중교통, 건물, 공원, 운동장, 학교 및 관공서에 대한 접근을 원했다. 부모들은 장애를 가진 자녀가 장애가 없는 아동과 동일한 학습 기회를 가질 수 있는 학교에 다닐 것을 요구했다.

1973년, 재활법(Rehabilitation Act)이 통과되었고, 역사상 처음으로 장애인의 시민권리가 법에 의해 보호되었다. 이 법은 직장에서 동일한 기회를 제공했고, 신체적 또는 정신적 장애를 근거로 차별하는 것을 불법으로 규정했다.

1975년, 전장애아교육법(Education for All Handicapped Children Act)이 통과되었다. 이 법은 장애아동이 공교육을 받을 권리와 "일반" 학교에서 교육받을 권리가 있음을 규정했다. 이는 학교가 장애학생을 위한 적합한 프로그램을 만들어야 함을 명시한 것이다. 이 법은 후에 장애인교육법(Individuals with Disabilities Education Act)으로 명칭이 변경되었다. 오늘날 장애를 가진 학생은 이 법으로 인해 학교에 다닐 수 있게 되었다.

Copyright material from Susan Baglieri and Priya Lalvani (2020), *Undoing Ableism: Teaching About Disability in K-12 Classrooms*, Routledge

1990년, 장애인권 활동가들은 미국 국회의사당에서 항의시위를 했다. 국회의사당 건물이 휠체어를 이용하는 사람에게 접근 불가능하다는 것을 강조하기 위해 휠체어를 사용하는 장애 활동가들은(아동을 포함하여) 자신의 휠체어를 버리고 국회의사당 건물의 계단을 기어서 올라갔다. 이는 결국 1990년 조지 H. W. 부시(George H. W. Bush) 대통령이 미국장애인법(Americans with Disabilities Act)에 서명을 하도록 만들었다. 이 법은 모든 대중교통과 공공건물 및 고용기회에 대한 장애인의 접근권을 보장하고 있다.

이러한 법은 모두 장애인에 대한 차별을 불법으로 규정했다. 법은 많은 장애인의 삶을 변화시켜놓았다. 그러나 사람들의 태도는 하루 아침에 변화하지 않는다는 점을 인식하는 것이 중요하다. 비록 법은 존재하지만, 오늘날에도 수많은 장애인들은 계속해서 편견과 차별을 마주하고 있다. 장애권리운동은 오늘날 매우 활발해졌고 지속적으로 진보하고 있다. 그러나 우리 사회가 모든 사람에게 완전히 통합적이고 공평한 곳이 되기 위해서는 여전히 갈 길이 남아있다.

Copyright material from Susan Baglieri and Priya Lalvani (2020), *Undoing Ableism: Teaching About Disability in K-12 Classrooms*, Routledge

이름 _____ 날짜 _____

장애권리운동

지침: 각 질문을 읽고 그것에 대해 생각하시오. 답을 글로 쓰고 그리고/혹은 그림으로 답하세요.

1. "시민권리"(civil right)를 위해 투쟁할 때 사람들이 원하는 것의 종류에 대해 설명하시오.

2. 1960년대의 장애권리운동에서 사람들은 어떠한 종류의 권리를 위해 투쟁하였나요?

3. 미국장애인법(ADA, 1990)과 같은 새로운 법을 만드는 것은 장애인의 시민권리에 어떠한 영향을 미친다고 생각하나요?

4. 장애권리와 시민권리에 대한 아이디어들을 보다 지지해 줄 수 있는 다른 종류의 것 혹은 법률이나 사회 차원의 변화는 무엇이라고 생각하나요?

Copyright material from Susan Baglieri and Priya Lalvani (2020), *Undoing Ableism: Teaching About Disability in K-12 Classrooms*, Routledge

9장. 장애 문화와 장애 프라이드

탐구 주제: 장애 문화는 비장애중심주의에 저항하는 데 어떤 역할을 하는가?

필수 질문

- 사회에서 주변화된 사람들이 정체성 그룹이나 사회적 그룹의 일원이 되는 것은 어떻게 스스로에 대해 프라이드를 느낄 수 있게 하는가?
- 반문화 운동(countercultural movements)은 어떻게 "주류" 문화에 변화를 주는가?

도입 및 배경정보

> "우리의 삶을 숨김없이 부끄러움 없이 사는 것은 혁명적 행동이다."
> – Harriet McBryde Johnson(2005, p. 256)

1960년대의 장애권리운동은 이전에는 일어나지 않았던 방식으로 장애인이 함께하도록 만들었다. 미국장애인법(Americans with Disabilities Act)을 위한 투쟁은 전국의 모든 단체들이 하나로 합쳐져 운동을 강력하게 지속하도록 이끌었으며, 이것은 오늘날까지 계속되고 있다. 장애인들은 정치적 변화를 위해 함께 일했을 뿐만 아니라 공통의 집단 정체성을 인식하였다. 장애인들은 집단의 역사, 장애 억압의 유산뿐만 아니라 접근할 수 없고 개개인의 차이를 낙인, 편견, 잔인함으로 대하는 세상에서 공통적으로 경험한 것들을 통해 서로 연결되었다. 장애인권 활동가 Steven Brown(1996)은 "장애인이 집단 정체성을 만들어 냈다. 우리는 공통된 억압의 역사와 회복력의 유대감을 공유한다."고 설명한다(pp. 80-81). 그러나 공동의 투쟁과 공유된 회복력에서 보이는 집단성을 넘어서서 Brown은 다음과 같이 말한다: "우리는 장애인으로서 우리 자신을 자랑스럽게 여긴다. 우리는 장애를 정체성의 일부로서 프라이드를 가지고 주장한다. 우리는 우리이다: 우리는 장애인이다"(pp. 80-81). 이것은 비장애중심주의를 해체하기 위해 필수적인 문화적 변화의 형성을 기약하는 장애 프라이드의 출현이다.

장애 프라이드(disability pride)의 개념은 "장애"라는 용어와 장애의 경험을 긍정적이거나 중립적인 방식으로 주장한다. 장애 프라이드는 장애를 숨기거나, 지우거나, 중요하지 않게 여겨지는 부끄러운 경험이라는 관념을 거부하는 것이다. 많은 사람들에게, 장애를 드러내는 것은 장애를 "고장"이나 "결손" 또는 온전하고 충족되기 위하여 "극복"해야 하는 것으로 바라보지 않는 세계관과 인식을 가능하게 한다. 장애 프라이드는 규준과 비교하기보다 자신이 지닌 신체에서 긍정적인 자아개념을 찾는 것이다. 프라이드와 함께 장애 문화가 생겨났다. 장애 문화는 시간이 지남에 따라 형성되었으며, 모든 문화의 개념과 마찬가지로 끊임없이 변화하고 정의되고 있다. 장애 문화에서 찾아볼 수 있는 일반적인 아이디어는 다음과 같다:

- 사고와 물질문화에 독특한 관점을 제공하는 **생산적인** 정체성과 경험으로서의 장애에 대한 관점.
- 피하고, 무시하고, 절하하고, 지우기(erase)보다는 장애와 장애인의 관점에 **함께하고자** 하는 욕구.
- 세계와 인간관계에 의미가 만들어지는 내러티브에서 장애와 장애인이

위치하는 방식에 주목하는 **문화 비평**에의 참여.

장애 문화는 비장애중심주의의 상태가 바람직하지 않고, 가치가 없거나 금기시되도록 하는 모든 것을 아우른다는 점에서 일종의 반문화 운동이다. 다루기 힘든 질문은 장애의 역사에서 그래왔듯이 어떻게 장애를 주체로 존중하면서 대상화하지 않는 방식으로 장애와 관련된 것들을 객관화하는가이다. 이해를 돕기 위한 설명은 다음과 같다.

생산적 관점으로서 장애

장애를 생산적 힘이나 관점으로 이해하는 것은 장애를 다루기 위해 생산된 문화상품뿐만 아니라 창작자가 장애에 대한 경험을 통해 이해한 창의적, 획기적, 과학적 사고와 관련될 수 있다. 예를 들면, 장애인의 독창성은 루이스 브레일(Louis Braille)의 점자 발명품에서 볼 수 있다. 장애가 있는 자신의 신체와 의료 장치를 묘사하고 표현하는 프리다 칼로(Frida Kahlo)의 그림은 장애가 예술의 원동력이 되는 예이다. 템플 그랜딘(Temple Grandin)은 자신의 "그림으로 생각하는" 방식이 자폐와 관련 있으며, 가축을 다루는 것을 이해하고, 획기적인 방법과 장비를 설계하는 데 직접적으로 기여했다고 말한다. 장애 경험들로 독특한 물질문화를 생산하는 데 장애인의 관점을 활용하는 수많은 현대 예술가, 극작가, 작가, 시인들이 있다. 그러나 중요한 것은 장애 정체성을 내세우는 사람들을 강조하고, 그들의 경험과 사회에 참여하는 방식이 작품에 어떻게 형성되는지 묘사하는 것이다.

장애와 관계맺기를 바람

장애를 주체(subject)로 함께한다는 것은 반문화적 관점을 사용하여 장애를 작품, 분석 또는 해석의 초점으로 다룬다는 것을 의미한다. 이 경우, 장애의 반문화적 의미를 탐색하는 것은 예술 작품, 문학, 음악, 미디어 등 작품의 주제, 구성 및 목적을 이해하는 데 핵심이 된다. 장애는 오랫동안 문화의 중심에 나타났기 때문에 장애 문화를 진전시키는 핵심은 장애를 반문화적 방식으로 제시하는 것이다. 예를 들면 저자가 "정상적인" 사회에 수용되거나 "정상적인" 세상에서 성공함으로써 장애를 극복하는 여정을 다룬 회고록은 멋진 이야기이지만, 주요 주제가 동정, 연민, 영감을 불러일으키고 "정상"으로서 자신의 가치를 입증하며 장애를 극복하는 것이라면 반문화적이지 않을 것이다. 이런 이야기는 장애에 대해 일반적이고 비장애중심주의자 신념(ableist beliefs)을 반영하기 때문에 문화를 비평하거나 비판적 관점 혹은 비판적인 사회 논평을 제공하지 않는다. 자기 수용, "정상성"의 거부, 문화 비평의 주제는 장애권리 및 문화의 보편적인 아이디어로부터 나오는 작품에서 더 일반적이다.

문화 비평

장애 문화의 세 번째 표현은 장애에 대한 반문화적 관점을 사용한 문화 비평에서 파악될 수 있다. 문화 비평 활동은 장애인의 관점을 알려줌으로써 장애 문화 조성에 참여한다. 장애학자는 거의 모든 연구 분야의 문화 비평에 참여한다. 특히 장애가 있는 사회 비평가들은 웹 전반에 걸쳐 사회 비평에 참여한다. 예를 들면 활동가 그룹 낫데드엣(Not Dead Yet)은 장애인은 죽는 것이 더 낫다고 생각하여 장애인이 "안락사"되는 것을 묘사하는 주요 영화가 개봉될 때마다 글을 쓰고 피켓 시위를 하며 항의한다. 〈미 비포 유〉(*Me Before You*, 2016)와 〈밀리언 달러 베이비〉(*Million Dollar Baby*, 2005)는 항의의 형태로 문화 비평을 일으킨 블록버스터 영화이다.

문화 운동

장애 문화의 성장은 장애에 대한 반문화적 관점에 전념하는 블로거, 웹사이트, 단체, 혁신가의 수에서 분명하다. 장애 문화에서 흘러나오는 사회 비평의 꾸준한 흐름이 있다. 장애 문화의 다른 증거는—종종 비평과 교차하는—자기옹호운동과 수많은 장애 프라이드 운동에서 볼 수 있다. 장애인의 권리와 인정을 옹호하는 오랜 역사가 있다. 사회 개혁가들은 초기 옹호자였고, 부모 집단은 강력한 힘이었으며, 전문가들은 종종 변화를 위해 일했다. **자기옹호 운동**은 장애인권 활동가 개념인 "우리 없이 우리에 대한 것은 없다"(nothing about us, without us)를 진전시켰다. 자기옹호운동은 시민 권리와 문화에 있어 지적 및 발달장애인으로 표찰된 장애인의 관점을 강조한다. 자기옹호의 개념은 비장애인 옹호자와 장애인의 정체성 및 경험에서 나오는 관점의 차이를 강조하는 것이다. 부모 및 전문가 옹호자들은 장애권리의 긍정적인 변화에 기여했고 지속적으로 기여하고 있지만, 이러한 활동이 장애인이 이해하는 최선의 이익과 항상 일치하는 것은 아니다. 자립생활운동 지지자와 비슷하게, 자기옹호자들은 자신의 삶을 이끌 권리와 이용할 수 있는 지원 및 보조를 요구하며, 그러한 결정을 내릴 권한이 있다고 주장한다.

이 책의 2장에서 논의된 장애의 사회적 모델 초기 이론들은 손상과 장애의 차이를 강조하였는데, 거기에서 차별과 사회적 맥락은 개인적 차이 혹은 기능에서 제한성이 식별될 수 있는 것이다. 사회적 모델은 시간이 지나면서 더욱 발달하였고, 이동 및 감각에서의 장벽 외에 다른 방식으로 장애를 경험한 사람들이 이론과 비평에 참여하면서 더욱 복잡해졌다. 개인이 실제로 어떤 "제한성"을 경험하지 않더라도 손상이 있는 것으로 추정되기 때문에 차별받을 수 있음을 고려하라. 이것은 외모가 특이하고 차별이 다른 사람의 비장애/장애에 대한 가정에 유일하게 연관된 사람을 떠올리면 가장 분명하다. 이 경우 손상은 비장애중심주의의 한 요소가 아니고—장애화(disablement)는 완전히 사회적 환경과 관련하여 경험된다. 그러나 우리는 다른 장애의 경험으로 개념을 확장시킬 수 있다. 태어날 때부터 자신의 신체와 정신을 지니고 살았거나 자신의 신체와 정신으로 세상에 적응한 사람들은 스스로 "손상"이 되는 경험을 하지 않을 수도 있다. 한 사람이 어떻게 이러한가는 단순히 이 사람이 이렇게 된 사람이다. 사람들은 단지 다른 사람들과의 관계나 비교에서 한계가 있는 것으로 "손상"이나 자신에 대한 이해를 얻는 것으로 판단된다. 이런 의미의 틀에서 장애는 사회적 세계와 정상 및 비정상의 문화적 구성과 전적으로 관련이 있으며, **장애의 문화적 모델**(cultural model of disability)로 설명될 수 있다.

장애의 문화적 모델은 "손상"으로 생각되는 차이가 병리적이거나 인간 경험에서 필연적으로 제거되어야 하는 질병과 동등하다는 생각을 멀리한다. 병적인 상태로서의 장애/손상에 대한 거부감을 가장 잘 드러내는 아이디어는 **신경다양성**(neurodiversity)이다. 신경다양성은 자폐 권리(autism rights)와 자기옹호에서 비롯된 운동이자 개념으로, 자폐는 사람들이 세상에 있는 많은 방식 중 하나로서 받아들여질 수 있다는 생각을 보여준다. 신경다양성 운동은 자폐인이 자기옹호, 자기수용 및 사회적 수용의 중심에 위치하는 것을 강조한다. 신경다양성 운동의 정치적, 문화적 중요성은 사람들이 덜 자폐적인 방식(less autistic ways)으로 행동하도록 발전해 온 관행을 비판하고, 자폐를 제거하거나 회복하기 위해 노력해야 하는 조건으로 대상화하는 거대한 담론에서 자폐적 관점이 부재하다는 것에 있다. 일반적으로, 자기옹호자들은 자신과 타인에게 해가 되는 것을 줄이는 활동에 대한 보조, 지원, 참여를 거부하지 않는다. 자기옹호자는 덜 자폐적으로 보이거나 자폐를 "회복"하는 것이 세상에 받아들여지는 기준이라는 것을 시사할 때, 누군가를 덜 자폐적으로 보이게 할 목적으로만 의도된 활동을 비판한다. 예를 들면, 자기옹호자는 사회적으로 기대되는 규범적 표현을 심어주고자 자폐인의 행동을 수정하기 위하여 매우 노력하는 것에 대해 의문을 제기한다. 특히 이러한 행동수정이 학습,

의사소통, 자기주도(self direction)보다 우선시되는 경우에 그렇다.

신경다양성의 개념은 **매드 프라이드**(mad pride)운동에서 채택되었고, 학습장애, 주의력 결핍 장애 및 지적장애를 지닌 것으로 여겨지는 사람들에게도 확장되어 적용되고 있다. 매드 프라이드와 정신장애인 학문 분야는 자기옹호, 자기주도, 수용을 강조하고, 전 시대와 문화에 걸쳐 정신질환의 관념을 둘러싸고 있는 수치심과 무능의 개념을 거부한다. **신경다양성**은 사회에서 가치 있고, 존중되고, 수용되고, 관심받을 수 있는 정신의 종류에 대한 개념을 재구성하기 위해 노력한다. 신경다양성을 통해 비장애중심주의를 해체한다는 것은 모든 종류의 정신에 접근을 증진시키기 위하여 능력을 추정하고 장벽을 줄일 수 있도록 우리의 사회와 문화적 가정, 환경 체계가 갖춰진 방식을 비판하는 것이다.

심화학습을 위한 성찰과제

- 자기옹호와 매드 프라이드운동은 장애 반문화에 대한 최신의 관점을 산출했다. 두 가지 주요 주제는 행동 및 약물치료이다. 각 분야에서 일부 지지자들은 장애인에게 위협이 되는 응용행동분석(ABA)에 기반한 특정 형태의 치료와 약물 사용 방식에 대해 비판을 제기한다. 비장애중심주의와 관련된 논쟁은 일부 치료적 방식이 신경다양성의 자연스러운 표현을 잃게하여 "정상적"으로 보이는 성취를 지나치게 강조한다는 견해이다. 장애를 가진 개인, 가족 구성원, 치료 전문가들이 문화와 자유의 간극에서 곤경에 빠지게 되는 논쟁의 영역을 어떻게 다룰 것인가?
- 자립에 대한 아이디어는 장애권리의 강력한 주제였다. 주류 문화는 주로 부유하고, 활동적이며, 흥미진진한 삶을 사는 "능력 있는 장애인"(able disabled)에 대한 생각을 강조해왔다. 장애를 가진 삶에 대한 보다 현대적인 이미지는 모든 인간관계의 기반이 되는 가치와 필요성으로서 **상호**

의존성을 강조하기 위해 애쓴다. 여기에서의 변화는 모든 사람들이 서로 도움과 지원에 의존하며, 어떤 사람들은 항상 도움을 필요로 할 것이고, 도움이 필요하다고 해서 살고 일하고 학습할 기회를 제한할 필요가 없다는 점을 지적하는 것이다. 상호의존성이 인간관계와 능력을 설명할 수 있는 더 정확한 개념임에도 불구하고, 자립을 더 높게 평가하는 광범위한 문화—특히 학교에서 증명된 것처럼—를 어떻게 다룰 것인가? 다시 말해, 우리는 독립적으로 할 수 있는 것처럼 보이기 위해 노력할 것인가, 아니면 상호의존성에서 찾을 수 있는 자기주도와 바람을 향해 노력할 것인가?

추천 자료

- 『영화배우와 민감한 상처, 장애 수치심에서 장애 프라이드로의 여정에 대한 에세이』(Movie Stars and Sensuous Scars, Essays on the Journey from Disability Shame to Disability Pride by S. E. Brown, 2003, iUniverse)
- 『장애와 현대 공연: 모서리 위 신체』(Disability and Contemporary Performance: Bodies on the Edge by P. Kuppers, 2013, Routledge)
- 『크립 이론: 퀴어와 장애에 대한 문화적 사인』(Crip Theory: Cultural Signs of Queerness and Disability by R. McRuer, 2006, NYU Press)
- 『내러티브 보정 장치: 장애와 담론의 의존성』(Narrative Prosthesis: Disability and the Dependencies of Discourse by D. T. Mitchell and S. L. Snyder, 2014, University of Michigan Press)
- 『학교의 정신장애인: 정신장애와 학교생활의 수사학』(Mad at School: Rhetorics of Mental Disability and Academic Life by M. Price, 2011, University of Michigan Press)
- 『신경집단: 자폐의 유산과 신경다양성의 미래』(Neurotribes: The Legacy of

Autism and the Future of Neurodiversity by S. Silberman, 2015, Penguin)
- 『비범한 신체: 미국 문화와 문학에 표현된 신체장애에 대한 고찰』
(*Extraordinary Bodies: Figuring Physical Disability in American Culture and Literature* by R. G. Thomson, 2017, Columbia University Press)

탐구 들어가기

장애 프라이드와 장애 문화는 비장애중심주의에 대한 생산적인 문화적 반응이다. 예를 들면, 사회가 장애에 대해 파괴적이고 억압적인 신념을 없애고 싶다면, 노력을 진전시키는 좋은 방법은 그 자리에 또 다른 것들을 추가하는 것이다. 장애 프라이드를 교수할 때 중요하게 고려할 사항은 "장애 문화"와 "장애 인식"을 구분하는 것이다.

장애 문화

장애 문화의 물질적 산물을 탐구하는 것은 반문화에 몰두할 수 있는 좋은 방법이다. 예술, 무용, 영상, 문학작품, 영화 등은 장애인의 관점이 드러나는 플랫폼이다. 또한 장애인 정체성에서 영감을 얻은 기업가와 혁신자를 연구하는 것은 해당 분야와 그 너머의 문화를 바꾸고 있다. 장애 문화의 가장 좋은 예는 자신의 장애 경험, 정체성 관점을 생산성의 중심부나 작품의 주제로 구체적으로 묘사하는 장애인에서 찾을 수 있다. 많은 장애인들이 사회와 문화에 기여하지만, 장애 문화는 대개 장애가 중심이 되는 반문화적인 관점과 관련되어 있다.

장애 인식과 문화적 영웅

장애 인식은 장애의 모든 측면에 대한 지식을 공유하거나 확산하는 것을 의미할 수 있는 광범위한 개념이다. 장애학의 관점은 장애 인식의 목표들과 관련된 반비장애중심주의(anti-ableism), 장애 문화, 문화 비평을 촉진하는 것에 가장 관심이 있다. 문화적 영웅을 장애인으로 구성하려는 선의의, 그러나 문제가 있는 노력에 대해 비판하는 것은 주목할 가치가 있다. 장애에 대한 인식이 증진됨에 따라 현재와 과거의 유명한 인물들 중 장애가 있거나 장애가 있는 것으로 판별되었을 수 있는 사람들의 명단이 쏟아졌다. 일부 명단에는 장애 정체성을 자칭하는 현대 유명인사와 공인들이 언급된다. 다른 명단에는 장애 정체성을 지닌 사람들이 포함되지만, 그 사람이 살았던 시대에 장애인으로 판별되었다는 명확한 증거는 없다. 예를 들면, 레오나르도 다빈치(Leonardo da Vinci)나 알버트 아인슈타인(Albert Einstein)을 난독증으로 특징짓는 것은 일부 명단에서 주장하는 것이다. 니콜라 테슬라(Nikola Tesla)가 자폐성 장애라는 주장도 나온다. 우리가 현재 장애로 진단, 범주화, 표찰하는 것과 관련하여 사람들 간의 차이는 항상 존재해왔고, 그것은 사람들이 역사에 걸쳐 현재 우리가 장애로 여기는 다양한 특징과 특성을 가지고 있는 경우이다. 그러나 장애의 의학적 모델에서 장애를 진단하는 것은 잠재적인 장애나 손상의 맥락을 평가하고 고려하기 위해 실제 그 사람과 협력하지 않고서는 이루어질 수 없다. 사회적 모델에서 장애와 손상은 맥락적이다. 한 사람이 자신의 신체나 정신과 관련해 장애로서 사회와 문화를 경험하는지의 여부는 시간 및 장소와 뗄 수 없는 관계에 있다. 문화적 영웅을 재능있고 주목할만한 장애인의 지위로 두고자 하는 바람은 이해할 수 있지만, 사람이 죽은 이후에는 "진단"이 불가능하며, 장애의 사회 및 문화적 경험에서 표찰이 하는 역할에 대해 정보를 잘못 전하고 과소평가할 수 있기 때문에 바람직하지 않다. 글이 생긴 이후부터 많은 사람들이 읽기 학습에 어려움을 경험해왔지만, "난독증"으로 표찰되는 것은 문화 속에서 경험하는 어려움에 대한 의미와 반응을 근본적으로 변화시킨다. 한 사람이 장애인이라는 경험과 정체성을 구축하는 데 적극적으로 참여한 경우가 아니라면, 생사에 상관없이 이것은 권장되지 않는다.

장애 프라이드를 위해 내세워야 할 영웅들은 누구인가? 지난 탐구에서 주목받은 많은 장애권리운동의 리더들, 현대 유명인, 과학자, 기업가, 예술가, 작가 등이 장애 프라이드의 인물로 연구되고 제안될 수 있다. 역사적으로 FDR, Frida Kahlo, Beethoven, Helen Keller(활동가이자 대통령 자유훈장 수상자)는 장애가 있다고 간주되는 사람들이다. Temple Grandin, Stephen Hawking, John Forbes Nash는 수학, 과학, 사업 또는 기술 분야의 저명한 거물이다. Nyle DiMarco, Peter Dinklage, Micah Fowler, Marlee Matlin, Angel Giuffria, RJ Mitte, Shoshannah Stern은 연예계에서 유명하다. 또한 Daniel Radcliffe, Whoopi Goldberg, Dan Aykroyd와 같은 다른 유명인사들은 학습장애와 아스퍼거 증후군에 대한 자신의 경험을 공개적으로 논했다. 그러나 더 중요한 것은, 장애 문화에 참여하는 것이 장애를 단순히 성격의 부수적인 측면이 아니라 생산적인 힘으로서 명확히 자리매김하는 사람들의 삶과 기여에 대해 배울 수 있는 기회를 제공한다는 것이다. 비장애중심주의를 해체하기 위하여, 장애인의 경험과 관점의 건설적인 잠재력에 관여하고 배우고자 하는 바람은 장애를 "극복한 것"으로 묘사되는 사람들의 명단을 자세히 조사하는 것보다 더욱 강력한 권한부여의 힘을 준다.

문화 비평

장애에 대한 반문화적 이해를 표현하고 전파하는 것은 장애학의 학술 문헌과 대중문화에서 점점 더 많이 나타나고 있다. 장애에 대한 내러티브는 영화, 문학, TV, 광고의 시각적 이미지와 줄거리를 통해 전달된다. 장애에 대한 묘사는 상투적이거나 고정관념과 관련된 사회적 역할이 지속되는 방식으로 오랜 시간에 걸쳐 흔하게 이루어져 왔다. 예를 들면 고전 아동문학에 장애인이 등장하면, 장애인들은 비열하고 기형적인 사람(예: 룸펠슈틸츠킨, 백설공주에서 등이 굽은 마녀), 사악한 악당(후크 선장), 또는 이상한 아이 같은 사람(예: 백설공주에서 난쟁이)으로 캐스팅될 가능성이 높다. 이러한 표현에서 신체적인 외적 손상과 장애는 사악하거나 기이한 것에 대한 메타포(metaphor)로 사용된다(Wolfensberger, Nirje, Olshansky, Perske, & Roos, 1972). 그 대신, 장애를 가진 인물은 불쌍하거나 슬프고, 자선의 대상이고, 특별한 능력을 부여받거나, 신성의 근원으로 묘사될 수 있다(Cologon, 2013). 장애인에 대한 이러한 표현은 비장애중심주의의 전통에 뿌리를 두고 있으며, 장애인의 대상화(objectification)와 혐오와 장애 사이의 오래된 연관성을 보여준다. 문화 비평의 공통적인 표적은 장애에 대한 소위 "부정적인" 묘사에 있다.

문화 비평의 또 다른 맥락은 장애 혹은 장애에 대한 구식 믿음을 상징, 메타포, 플롯 장치로 활용하는 특정 비유, 일반적인 플롯, 수사적 장치의 빈도를 강조하기 위해 "부정적" 묘사의 개념을 확장시키고 복잡하게 만든다(Mitchell & Snyder, 2001). 장애가 "부정적인" 자질과 관련 있다기보다, 장애 그 자체가 인물의 결함이나 비범함을 상징적으로 나타내려는 의도라는 것이다. 이러한 비유에서 장애화는 극심한 비통함이나 예외적인 개인의 투쟁에 대한 원인 또는 동기일 수 있다. 장애인 캐릭터는 그 자체가 극 전개의 대상이 되기보다는, 다른 인물들의 이야기가 사실상 전개되는 데 주변의 소품일 수도 있다. 예를 들면, 『크리스마스 캐럴』(A Christmas Carol)에서 목발과 부목을 한 타이니 팀(Tiny Tim)의 모습은 스크루지(Scrooge)의 결함과 구원을 드러내기 위한 대상이다. 많은 문학, 문화, 미디어에서 장애가 있는 캐릭터나 장애인에 대한 보도는 종종 다음과 같은 친숙한 비유를 따른다:

- 장애인은 장애와 투쟁하거나 장애 "극복"을 위해 싸우고, 성공이나 죽음 중 하나로 해결한다; 단순히 장애를 가지고 계속 존재하는 중간은 거의

없다.
- 사람들은 장애를 치료하기 위해 싸우며, 장애인은 치료되거나 죽거나 때로는 둘 다이다. 장애를 치료하는 사람들은 영웅이다.
- 장애인은 비장애인이 장애인의 분노와 기능장애를 "극복하거나" 죽도록 도울 때까지, 장애가 있는 것과 관련해 분노하거나 기능장애를 겪는다.
- 장애인은 장애인이라는 이유로 세상을 맹렬히 비난하고 종종 슈퍼 악당이나 살인자가 된다.
- 비장애인은 장애인에게 관심을 가질 때 연민, 배려, 삶의 의미 또는 영감에 대한 교훈을 배운다.
- 장애인은 "모든 역경에 맞서기"에 성공한다. 어떤 때는 성취가 그 사람이 장애인이기 때문에 일상적이고 비범하게 만들어지기도 한다; 어떤 때는 성취가 두드러지고, 장애가 과장되게 이용된다.

엔터테인먼트에서 이러한 비유들의 공통점은 장애인에 대한 대상화가 지속되는 점이다. 자주 있는 비판은 장애인이 장애화에 초점을 두는 것을 넘어서는 복잡한 특성으로 거의 묘사되지 않는다는 것이다. 즉 장애인 캐릭터는 대개 장애에 초점을 맞추거나, 관객이 장애에 반응하는 다른 누군가를 통해 배울 수 있도록 이야기에 등장한다. 장애비유(역자주: disability tropes, 창작물에서 장애가 표현되는 방식)가 계속되는 것은 장애에 대한 비장애중심주의자 신념의 지속성을 나타낸다. 이러한 내러티브는 오직 극적이고 호소력있는 개념으로만 "작동"하는데, 왜냐하면 사회가 장애를 비극적이고, 힘들고, 무섭고, 무력화시키고, 자선의 대상으로 믿기 때문이다.

장애 프라이드에 대해 배우고 장애 예술 및 문화에 생산되는 반문화적 작품을 탐구하는 것은 장애 문화가 비장애중심주의에 대항하는 방법뿐 아니라 어떻게 그것을 대체할 수 있는지에 대한 이해를 구축한다. 장애와 장애인의 삶에 대한 편협한 의미의 지속적인 영향을 폭로하는 비평에 참여하는 것은 신념의 확고함을 보여주고, 비판적인 분석과 성찰의 기회를 제공한다.

탐구 시작하기: 장애 문화는 비장애중심주의에 저항하는 데 어떤 역할을 하는가?

1. 학생 모둠이 자신의 자랑스러운 측면을 설명하게 하고 질문한다. "누가 개인적인 특성을 자랑스러워하는가? 누가 재능을 자랑스러워하는가? 누가 종교, 인종, 성, 민족, 문화, 언어, 성 정체성, 장애와 같은 그룹에 속해 있는 것을 자랑스러워하는가?"
2. 사람이 자신에게 자부심을 느끼는 많은 이유들이 있다는 것에 주목하고, 그룹의 일원이 되는 것이 자부심을 느낄 수 있는 하나의 방법이라는 것을 강조한다. 그룹의 일원이 되는 것으로 자부심을 느끼는 것은 가족에게 물려받거나 사람들이 찾고 발견하는 것일 수도 있다. "장애 프라이드"는 장애 정체성을 지닌 것에 대한 자부심을 표현하는 운동임을 강조한다.
3. 탐구 시작하기의 목적은 사전 지식을 생성하고 평가하는 것임에 유념하면서 학생 모둠이 다음 사항을 고려하도록 한다. 부정확한 아이디어들은 학습 과정에서 기록되고 재검토될 수 있다:
    a. 왜 장애인들이 장애에 초점을 둔 집단 정체성의 일부라는 자부심을 알리기 위해 모일 수 있다고 생각하는가?
    b. 장애인 커뮤니티의 사람들이 자신의 정체성에 대해 자부심을 표현할 수 있는 방법은 무엇이라고 생각하는가?
    c. 장애인이 장애에 대해 자부심을 느끼기 어려울 수 있는 몇 가지 이유는 무엇인가?
    d. 장애인의 관점으로 세상을 생각하는 것이 어떻게 예술, 테크놀로지 및 새로운 발명의 혁신으로 이어질 수 있는가?
4. 학생 모둠은 장애 프라이드와 장애 문화를 학습함으로써 장애와 관련된 관

점 및 경험이 어떻게 세상을 이해하는 데 독특하고 중요한 방법을 제공하는지 배울 것이라는 설명으로 마무리한다.
5. 시작하기 이후, 사전 지식, 질문 및 흥미에 따라 심화된 연구 및 학습활동을 선정할 수 있다.

활동 제안

1. 장애 프라이드

a. **장애 프라이드의 의미를 학습**하고 장애인이 자신의 정체성 안에서 프라이드를 표현하는 방식을 조사한다. 퍼레이드나 모임처럼 주변에서 어떤 이벤트가 벌어지는가? 소셜 미디어에서 장애 프라이드에 초점을 둔 그룹을 찾을 수 있는가? 다음과 같은 자료들로 시작할 수 있다: 『장애 프라이드: 정의와 인식 정보』(*Disability Pride: Definitions and Awareness Information*, 2015/2018, Disabled World 출판)

www.disabled-world.com/definitions/disability-pride.php

대략 800개 단어

장애 프라이드와 기원에 대한 간략한 백과사전 유형의 개요이다.

〈장애권리와 커뮤니티 조직의 선구자-Sarah Triano와의 인터뷰〉("*Pioneers in Disability Rights and Community Organizing—An Interview with Sarah Triano produced by Doug Usiak for The Rehabilitation Research and Training Center on Independent Living Management*", 2002, Published April 22, 2015 by WNYIL on YouTube)

www.youtube.com/watch?v=T1YtU0S4GBs

대략 50분

장애 프라이드 행사의 초기 주최자인 Sarah Triano의 인터뷰이다. 처음 10

분은 커뮤니티 조직에 관한 Triano의 관심에 대해 통찰력을 제공한다.

b. **책, 포스터, 멀티미디어 프리젠테이션을 만든다.** 학생들은 Todd Parr의 『달라도 괜찮아』(*It's Ok to Be Different*, 이미 장애 경험이 포함되어 있음)와 같은 책을 읽고 개념을 확장하여 자신만의 버전을 만들 수 있다. 확장하거나 새롭게 만든 것은 학급 또는 학교 내 모든 학생을 모델로 삼을 수도 있다.

2. 장애 예술과 문화

장애 문화는 장애나 장애인을 창작물의 중심에 두는 모든 분야의 예술가를 양성하도록 하는 힘이다. 이 작품들은 우리가 장애를 주체적이고 주관적인 것으로 인식할 수 있게 해준다. 작품의 복잡성은 비극의 상징으로서의 장애 또는 투지와 의지로 이겨내야 하는 조건으로서의 장애를 넘어서는 주제와 인간 상태, 반문화적 운동에 대한 탐구를 촉구한다. 장애 문화의 산물에는 비장애중심주의에 대한 비판적인 논평과 장애를 가진 삶의 넓은 스펙트럼이 명백히 드러난다. 장애 문화와 예술에 관한 학습을 위해 사용할 수 있는 자료는 다음과 같다.

「장애 문화란 무엇인가?」(*"What Is Disability Culture?"*, no date, Published by Kids as Self Advocates [KASA])
www.fvkasa.org/resources/files/history-culture.php
　대략 800개 단어
　청년을 대상으로 한 자기옹호 웹사이트에 게시된 짧은 기사로 장애 문화의 주요 아이디어에 대한 개요를 제공한다. 많은 자료는 웹사이트의 "청소년 자료"에서 찾을 수 있다: http://fvkasa.org/index.php

「장애 문화란 무엇인가?」("*What Is Disability Culture?*" by Steven E. Brown, 2002, Disability Studies Quarterly, Volume 22, Issue Number 2, pp. 34 - 50)

www.dsq-sds.org/article/view/343/433

대략 6,500개 단어

이 에세이는 전 세계 사람들이 장애 문화의 의미를 설명하는 다양한 방식들에 대해 논의하고 설명한다. 어조는 엄격하게 교육적인 의도보다는 장애 문화에 대해 정의하는 질문을 다른 사람들에게 열어두고자 하는 것이다.

장애 예술

「장애 예술의 '황금시대'」("THE 'GOLDEN AGE' OF DISABILITY ARTS", DECEMBER 15, 2015, PUBLISHED BY BBC NEWS)

www.bbc.com/news/disability-35063050

10쪽; 해설이 있는 컬러 이미지; 대략 500개 단어

Alison Lomas, Paddy Masefield, Tony Heaton, Caroline Cardus, Mat Fraser, Tanya Raabe, and David Hevey의 작품을 언급하면서 장애 예술의 예들을 제공하는 이미지 중심의 웹 기사이다.

국제 장애인 예술 협회(DISABILITY ARTS INTERNATIONAL)

www.disabilityartsinternational.org/

모든 유형의 장애 예술에 종사하는 예술가 및 단체에 대한 많은 링크와 자료가 있는 웹사이트이다.

a. 공연

AXIS 댄스 컴퍼니(웹사이트)

www.axisdance.org/

Axis 댄스 컴퍼니는 장애인과 비장애인 전문 댄서들이 오랜 기간 출현

해 온 순회공연팀이다. 웹사이트에서 현재 진행 중인 것을 확인하고, 유튜브 채널에서 공연 영상을 볼 수 있다: www.youtube.com/channel/UCD-7jFS78CQGmEY6GgrTlqWw

〈무용계의 장애인 리더들〉("DISABLED LEADERS IN DANCE", PRODUCED BY CULTURESHOCK MEDIA, JULY 1, 2016, PUBLISHED BY BRITISH COUNCIL ARTS) www.youtube.com/watch?v=2A7AjmfpNY4

대략 8분

장애와 무용에 대한 토론이 담긴 영상으로, 대표적인 안무가, 무용단, 예술 감독, 무용수들을 보여준다.

장애인 예술가 구술역사 프로젝트(ARTISTS WITH DISABILITIES ORAL HISTORY PROJECT, C. 2011, PUBLISHED BY REGIONAL ORAL HISTORY OFFICE, BERKELEY LIBRARY AT THE UNIVERSITY OF CALIFORNIA)

http://bancroft.berkeley.edu/ROHO/projects/artistsdis/

간략한 텍스트 설명, 영상 발췌, 구술역사 인터뷰 녹취록, 사진; 장애 예술과 문화에 잘 알려진 공연자들의 간략한 배경을 제공하는 웹사이트이다.

Josh Blue는 NBC의 2006년 쇼인 라스트 코믹 스탠딩에서 명성을 얻은 코미디언, 배우, 예술가이다. Josh Blue의 연기는 장애 고정관념과 비장애중심주의를 조롱하고 웃음거리로 만든다.

Maysoon Zayid는 배우면서 코미디언이다. Maysoon Zayid의 2013년 TED 강연 "나는 99가지의 문제를 가지고 있다… 마비는 단지 하나이다"는 조회 수가 천만 건 이상이다. 그녀의 다양한 관점과 경험에서 나온 문화적 논평과 비평이 제시된다.

「자기옹호 운동에서 발달장애인 리더들」(LEADERS WITH DEVELOPMENTAL DIS-

ABILITIES IN THE SELF-ADVOCACY MOVEMENT, C. 2011, PUBLISHED BY REGIONAL ORAL HISTORY OFFICE, BERKELEY LIBRARY AT THE UNIVERSITY OF CALIFORNIA)

http://bancroft.berkeley.edu/ROHO/collections/subjectarea/ics_movements/self_advocacy.html

b. 문학, 시, 회고록

시와 문학:

장애 정체성과 경험을 중심으로 집필하는 다작 작가와 시인의 작품 4편이다.

- 『일본 정원에서: 시 시퀀스』(In the Gardens of Japan: A Poem Sequence by K. Fries, 2017, CreateSpace Independent Publishing Platform)
- 『나를 아합이라고 부르세요: 단편집 모음』(Call Me Ahab: A Short Story Collection by A. Finger, 2010, University of Nebraska Press)
- 『크리플 시학』(Cripple Poetics by P. Kuppers and N. Marcus, 2008, Homofactus Press)
- 『베일과 화상』(Veil and Burn, Vol. 33 by L. C. Lambeth, 2008, University of Illinois Press)

회고록:

장애에 대한 회고록은 수십 권이나 있다. 장애인의 삶을 쓰는 것이 너무 상냥하고 동정적으로 느껴지게 하는 관습에 도전하고 복잡하게 만드는 5가지 작품이 있다.

- 『훌륭한 비완벽성: 치료와의 싸움』(Brilliant Imperfection: Grappling with Cure by E. Clare, 2017, Duke University Press)
- 『심술궂은 작은 농인 퀴어: 회고록』(Mean Little Deaf Queer: A Memoir by T.

- Galloway, 2009, Beacon Press)
- 『강아지 키우고, 여행가기: 시인의 여정』(*Have Dog, Will Travel: A Poet's Journey* by S. Kuusisto, 2018, Simon & Schuster)
- 『짧은 버스: 정상을 넘어선 여정』(*The Short Bus: A Journey Beyond Normal* by J. Mooney, 2008, Macmillan)
- 『d/농인(Deaf)과 d/벙어리(Dumb): 어린 슈퍼영웅으로서 농인 아이의 초상화』(*d/Deaf and d/Dumb: A Portrait of a Deaf Kid as a Young Superhero* by J. M. Valente, 2011, Peter Lang)

3. 농문화와 미국 수어 시(Poetry)

미국 농문화(Deaf culture)는 미국 수어(ASL)를 사용하는 사람들의 커뮤니티와 역사를 보여준다. 농문화 안에서 자란 사람들은 대개 귀가 잘 안 들리고, 모국어로 ASL을 배우며, 가족 구성원이 수어를 하는 것을 듣는 사람들이다. 다른 사람들은 추가언어로 ASL을 배울 때 농문화에 대해 배운다. 농문화에 정체성을 지닌 농인(Deaf people)은 일반적으로 자신들을 장애가 있다기보다 언어적 소수 집단(linguistic minority group)의 구성원으로 인식한다. 농(역자주: deaf-심각한 청력 손실이 있는 사람, Deaf-문화적 정체성으로 청각장애를 받아들이고 주로 수어로 의사소통하는 농인) 아동을 위한 학교의 오랜 역사, 통일된 형태의 ASL 사용은 농문화를 분명하고 자랑스러운 전통으로 만들었다. 장애, 장애 문화, 농문화 간 관계는 복잡하다. 한 가지 이유는 농인들이 '비장애'나 유능하다고 인식되기 위해 고군분투하였으며, 이에 따라 장애인과 특히 지적장애인들로부터 분리되기 때문이다. 농문화에 대한 자료는 풍부하고, 쉽게 찾을 수 있다. 농문화의 가장 예술적인 표현 중 하나는 ASL 시의 기여이다.

〈말없이 말하다: ASL SLAM과 함께하는 시〉("*Spoken Without Words: Poetry with*

ASL SLAM", March 22, 2017, published by Great Big Story)

www.youtube.com/watch?v=dmsqXwnqIw4

　대략 3분

　〈농 시인의 사회〉라는 제목의 영상에는 뉴욕시에 유명한 뉴요리칸(역자주: Nuyorican, 뉴욕의 푸에르토리코계 주민) 시인 카페에서 월간 행사인 ASL SLAM을 운영하는 Douglas Ridloff가 등장한다.

〈어둠의 바깥(ASL 커밍아웃 시)〉("*Out of the Darkness, An ASL Coming Out Poem*" by Justin L. Jackerson and produced by Jabari Phillips, October 10, 2015, Published by Justin Jackerson)

https://www.youtube.com/watch?v=tdYlu88Hlo8

　대략 3분

　설명 자막이 있는 현대의 ASL 시 공연이다.

〈CJ Jones의 '포커 속 노 개런티'〉("*No Guarantee in Poker' by CJ Jones*", performed by CJ Jones, November 1, 2016, published by DawnSignPress DSP on YouTube)

www.youtube.com/watch?v=r7gztgXiuKg

　대략 40초

　베테랑 코미디언이자 연예인이 하는 대표적인 공연이다.

〈애너벨 리〉("*Annabel Lee*", performed by Jolanta A. Lapiak, April 28, 2010, published by artist1991)

www.youtube.com/watch?v=-odLH9doy9U&t=40s

　대략 3분

　시인이 ASL로 Edgar Allan Poe의 작품 하나를 공연한다.

4. 문화 운동: 자기옹호와 신경다양성

자기옹호 운동에서 발달장애인 리더들(Leaders with Developmental Disabilities in the Self-Advocacy Movement, c. 2010, Published by Regional Oral History Office, Berkeley Library at the University of California)

http://bancroft.berkeley.edu/ROHO/collections/subjectarea/ics_movements/self_advocacy.html

600개 단어, 영상 인용, 구술역사 인터뷰 전사본, 사진

자기옹호 운동의 주요 지도자들과의 구술역사 인터뷰 자료로 자기옹호 운동의 역사에 대한 간략한 배경을 제공하는 웹사이트이다.

자기옹호 자료 및 기술 지원 센터(Self-Advocacy Resource and Technical Assistance Center, SARTAC, c. 2017)

http://selfadvocacyinfo.org/

자기옹호와 사람들이 자기옹호 그룹을 구성하기 위해 실행할 수 있는 것들을 설명하는 많은 자료가 있는 웹사이트이다. SARTAC는 SABE(Self Advocates Becoming Empowered)의 자료 사이트로, 자기옹호 운동의 초기 조직 중 하나였다. 「자기옹호 시작 툴키트」(The Self Advocacy Start-Up Toolkit)는 자기옹호에 대한 SABE의 관점을 명백히 제공하는 종합적인 안내서이며, pdf로 다운로드 가능하다: http://selfadvocacyinfo.org/wp-content/uploads/2018/07/Self-Advocacy-Start-up-Toolkit-more-power-more-control-over-our-lives-2018.pdf

「신경다양성: 사람, 관점, 운동?」("Neurodiversity: A Person, A Perspective, A Movement?" by Debra Muzikar, September 11, 2018, he Art of Autism)

https://the-art-of-autism.com/neurodiverse-a-person-a-perspective-a-movement/

대략 2200개 단어, 2개 영상 포함(7분, 2분)

신경다양성의 개념과 신경다양성을 둘러싼 논쟁을 다루는 한 에세이이다.

〈인간의 신경다양성은 기념되어야지, 장애로 다뤄지면 안된다〉("Human Neurodiversity Should Be Celebrated, Not Treated as a Disorder", produced by Scout Maceachron, July 23, 2018, NowThisNews-Opinion)
www.youtube.com/watch?v=aWxmEv7fOFY

대략 3분

심리학자 Devon MacEachron이 신경다양성의 개념을 설명한다.

5. 문화 비평

책, 영화, 텔레비전, 뉴스 미디어와 같은 문화상품에 대한 비판을 공유하는 것은 장애 문화의 중요한 아이디어가 확산될 수 있는 방법이다. 장애와 장애인에 대한 비유를 확인하고 대안적 관점을 제시하는 것은 장애 반문화(counterculture)의 힘과 중요성을 보여줄 수 있다.

a. **분석의 렌즈로서 장애**. 비평에 장애와 비장애중심주의를 중심에 두는 관점과 분석 도구를 사용한다. 학생들은 대중문화와 문학의 거의 모든 측면에서 장애의 표현을 분석할 수 있다. 분석할 수 있는 일부 자료는 사용 중인 교육과정에 이미 포함되어 있을 수 있다. 일반적인 예는 다음과 같다:

- 『맹』(Blindness by José Saramago)
- 『마이티』(Freak the Mighty by Rodman Philbrick)
- 『하늘을 달리는 아이』(Maniac Magee by Jerry Spinelli)
- 『마이 브라더 찰리』(My Brother Charlie by Holly Robinson Peete and Ryan

Elizabeth Peete Of Mice and Men by John Steinbeck)
- 『한밤중에 개에게 일어난 의문의 사건』(*The Curious Incident of the Dog in the Night-Time* by Mark Haddon)
- 『비밀의 화원』(*The Secret Garden* by Frances Hodgson Burnett)
- 『음향과 분노』(*The Sound and the Fury* by William Faulkner)
- 『앵무새 죽이기』(*To Kill a Mockingbird* by Harper Lee)
- 『우린 빨간색으로 문어를 칠할 거예요』(*We'll Paint the Octopus Red* by Stephanie Stuve-Bodeen and Pam Devito)
- 『원더』(*Wonder* by R. J. Palacio)

다른 자료들은 도서관 사서에게 물어보거나 장애를 다룬 책, 텔레비전, 영화에 대해 웹 검색을 하여 쉽게 찾을 수 있다. 독자가 비평하기에 적합한 "장애 인식" 장르로 장애를 가진 친구나 형제를 접할 수 있는 수백 권의 그림책들이 있다. 다수의 목록은 Goodreads.com과 다른 웹사이트에서 찾을 수 있다. 아이리스 센터(Iris Center)는 장애인을 그린 영화 목록을 제시한다: https://iris.peabody.vanderbilt.edu/resources/films/

장애/비장애중심주의를 분석의 렌즈로 사용하기 위한 안내 질문에는 다음이 포함될 수 있다:

- 왜 저자/프로듀서가 이 작품에 장애를 포함시켰다고 생각하는가?
- 장애를 암시하는 특징이나 특성을 묘사하기 위해 사용된 단어와 이미지는 무엇인가?
- 작품의 주제, 플롯, 교훈 또는 인물 성격 묘사에서 장애의 개념이나 특성은 어떤 목적을 지니고 있는가?
- 작품은 어떻게 장애와 관련된 고정관념이나 일반적인 비유, 상투적인 표현을 유지 및/또는 저항하는가? 장애인의 묘사로 고려가 필요한 몇 가지

공통적인 요소는 다음과 같다:

악랄하거나 사악함

비극의 희생자 혹은 우울한 삶을 살고 있음

타인에게 부담

손상을 극복하거나 고치기 위해 노력하거나 그것을 필요로 함

단순히 일상적인 생활을 하는 것으로 타인에게 영감을 줌

비범하거나 슈퍼인간(super human) 자질을 가지고 있음

불쌍한 대상

타인에게 자선과 동정을 받음

웃음거리나 조롱의 대상이 됨

이국적이거나 매혹적임

손상을 치료하거나 교정하는 데 가장 관심을 둠

잘못한 것에 대한 벌이나 상징으로서 장애가 됨

살 가치가 없는 삶을 살고 있음

어린아이 같음, 순진무구함, 천사 같음 또는 영원히 순수함

친밀한, 로맨틱한, 상호적 그리고/또는 성적인 관계에 관심이 없거나 무능함

다른 사람들과 "단지 똑같이" 됨(그리고 장애를 한 특성으로 지움)

이야기의 주인공이나 내레이터가 되기보다는 대상이 됨

6. 어떤 역사적, 사회적, 문화적 맥락이 창작자/저자가 자신의 시간과 장소에서 표현되는 장애의 관점에 영향을 주었는가?

학생들은 장애/비장애중심주의에 대한 분석을 특징으로 하는 에세이나 리뷰를 쓸 수 있다. 학생 모둠이 안내나 모델을 필요로 하는 경우, 대부분 주류 작

품에 대한 서평, 영화 평론 또는 학술적 분석에서 찾을 수 있다. 장애 비판적 렌즈를 찾는 것은 다소 탐색이 필요할 수도 있지만, 탐색은 그 과정에서 잘 가르칠 수 있는 시간으로 작용할 수 있다. 고려해야 할 질문의 예는 다음과 같다:

비판적인 관점을 찾는 것은 얼마나 어려운가?
비판적인 리뷰와 분석을 하는 필자는 누구인가?
비평가들이 서로 동의하고 동의하지 않는 방식은 무엇인가?

b. 풍자, 이미지 다시 만들기 및 다시 쓰기. 학습자가 비장애중심주의를 강화하거나 비장애중심주의자의 가정을 묘사한 문화상품―이야기, 이미지, 영화, TV 쇼, 소셜 미디어 대화, 밈 등―을 찾도록 한다. 풍자의 목적은 흔한 비유나 고정관념을 골라 그 비유를 드러내는 결과물을 만드는 것이다. 풍자는 종종 과장, 유머, 비꼬기를 사용해 드러난 비유를 강조한다. 참여자들은 비유를 이해 및 분석하기 위해 찾은 문화상품을 비평할 수 있다. 그러고 나서 다시 쓰고, 이미지를 다시 만들고 혹은 비장애중심주의를 비켜가거나 도전하는 풍자 버전으로 창작할 수 있다. 다시 쓰기나 풍자에는 다음이 포함될 수 있다:

- 장애인의 전인적인 정체성을 더 포함하여 장애인 캐릭터의 특성을 확장하라.
- 장애의 치료, 죽음, 극복보다는 수용에 초점을 맞추도록 결말을 바꾸라.
- 장애인 캐릭터의 관점을 다시 쓰면서 비장애중심주의를 탐색하는 관점이나 인식을 강조한다.
- 고정관념이나 비유가 드러나는 풍자적인 작품을 창조하라. 예를 들면, 장애에 초점을 맞춘 이야기 줄거리를 사용하여 같은 상황에서 비장애인

이 등장하는 이야기를 만들어라.

로버트 크라우스(Robert Kraus)가 쓴 아동도서『늦게 피어난 레오』(Leo the Late Bloomer)의 새로운 결말의 예는 레오가 결국 "피어나고"(blooming) 치료되는 것 대신 수용되는 것을 강조하기 위해 있는 그대로의 모습으로 나타낼 수 있다. 다른 결말의 세부사항은 레오가 속한 지역사회가 레오의 존재 방식을 가치있게 여기는 방식을 배우고, 대안적인 방법으로 레오와 의사소통하는 방식을 배우거나, 레오가 지역사회를 풍요롭게 하는 강점이 있음을 배우는 방식을 그릴 수 있다. 비슷한 방법으로 다시 쓰기를 할 수 있는 대중적인 책으로 패트리샤 폴라코(Patricia Polacco)가 쓴『고맙습니다, 선생님』(Thank You, Mr. Falker)이 있다. 이 책에서 주인공은 선생님의 지원을 받아 읽는 법을 배운다. 다시 쓰기에서는 많은 아동 및 성인들에게 읽기 어려움이 지속되는 점을 다루고, 어려움을 극복하기 위해 노력하는 것을 강조하기보다는 책을 받아들이고 적응하고 즐기는 방법들을 강조할 수 있다. 아마 오디오 버전처럼 보여질 수 있는 책을 즐기고 배울 수 있는 다른 방법들이 있을 것이다. 사람들이 함께 큰 소리로 읽는 것을 보여주면서 상호의존성을 강조할 수 있을 것이다. 대중문화에서 이미지 다시 만들기와 다시 쓰기가 가능한 줄거리와 캐릭터/캐릭터 묘사는 부족하지 않다. 다시 쓰기와 풍자의 모델로 사용할 수 있는 예는 다음과 같다:

『농문화 동화』(Deaf Culture Fairy Tales by Roz Rosen, 2017, Savory Words)
140쪽, 간헐적 삽화와 함께
    서구 문화에서 내려오는 20편의 "고전적인" 동화 모음집은 비틀어서 다시 쓰여졌으며 농인 캐릭터, 미국 수어(ASL) 및 농문화를 특징으로 한다.

「장애인 운동선수는 젠장 극복하지 않는다」(Disabled Athlete Doesn't Overcome Shit) www.newsmutiny.com/pages/DisabledSpirit.html

대략 300개 단어, 1개 이미지

이 풍자적인 작품은 장애인을 "통합"하려는 개인이나 커뮤니티의 노력을 강조하는 이야기에서 메시지를 드러낸다. 무도회 참석을 요청받는 장애인을 묘사하는 미디어 아이템이나, 커뮤니티가 인종 및 다른 행사에 참여하는 장애인을 중심으로 한데 모이는 방법을 담은 이야기를 다룬다. 이 개념은 접근 및 통합을 위해 애쓰는 것과 실제로 얼마나 관대하고 자선적이며 친절한 마음씨 좋은 비장애인이 될 수 있는지에 대한 이야기 사이의 미세하고 변화하기 쉬운 부분을 드러낸다. 어떤 이야기들은 정의, 접근, 권리에 관한 것이지만 다른 이야기들은 그렇지 않을 수도 있다. 이러한 뉘앙스를 분석하는 것은 복잡한 대화와 분석을 유발할 수 있으며, 쉽게 해결되지 않을 수 있다.

「여전히 정상적인 앉은 자세의 삶을 살기로 결정한 마비된 남자」(*Paralyzed Man Determined to Still Live Normal Sedentary Life*)

https://local.theonion.com/paralyzed-man-determined-to-still-live-normal-sedentary-1827724568

대략 200개 단어, 1개 이미지

풍자로 유명한 프로듀서인 Onion은 활동적이고 "정상적인" 삶을 사는 장애인에 대한 전체 이야기를 쓰기 위하여 미디어의 전환을 지적하고 촉구한다. "슈퍼크립"(super crip)과 "영감" 비유가 이 작품의 표적이다. 슈퍼크립 비유는 종종 일상이나 놀라운 일들을 하는 장애인을 묘사하기 위해 사용되며, 어떻게 장애를 "극복하는가"에 대한 경외감 혹은 감동을 불러일으키거나 장애가 "나를 멈추게 할 수 없다"는 것을 보여주는 작품으로 받아들여진다. 장애를 통합하여 영감을 주는 인간적인 관심의 이야기와 장애를 "극복함"으로써 영감을 주도록 전적으로 의도된 이야기 간의 차이는 무엇인가?

『조니가 펄럭이지 않는 이유: NT는 괜찮아!』(Why Johnny Doesn't Flap: NT is OK!
By Clay Morton & Gail Morton, 2015, Jessica Kingsley Publishers)

32쪽

내레이터가 독자에게 신경전형성(neurotypical, NT) 친구 조니를 소개하는 그림책이다. 이것은 비자폐성 장애인에게 자폐를 소개하기 위해 고안된 많은 그림책들을 잘 풍자한 것이다. 장애나 자폐성 장애의 특성을 가르치기 위해 만들어진 그림책과 함께 읽으면 쉽게 문화 비평이 떠오를 것이다.

성찰 동아리: "장애 문화는 비장애중심주의에 저항하는 데 어떤 역할을 하는가?"에 대한 결론

탐구 주제를 결론짓는 것은 탐구 시작하기에서 제기된 질문과 아이디어로 돌아감으로써 성취될 수 있다. 대화를 촉진하기 위한 확장 및 추가 질문은 다음과 같다:

- 여러분에게 장애 문화의 가장 흥미로운 요소는 무엇인가? 어떤 측면이 여러분이 이미 추구하고 탐구하던 관심 영역 및 활동을 연결하고 확장하는가?
- 여러분이 속한 사회적 그룹의 구성원들이 정체성 및 유대감을 형성하는 것과 유사하게 장애 커뮤니티 구성원 간의 유대를 형성하는 일반적인 경험과 인식은 무엇인가?
- 여러분이나 다른 사람이 프라이드를 표현하는 방식과 유사하게 장애인 커뮤니티 구성원이 그들의 정체성에서 프라이드를 표현하는 방식은 무엇인가?
- 다른 그룹들이 변화를 위해 노력하는 방식과 유사하게 사회가 장애인을 바라보는 방식을 변화시키기 위해 장애 프라이드 운동의 구성원들은 어

떻게 노력하는가?

이전의 챕터에서처럼, 필수 질문에 대해 대화를 나누는 것도 탐구를 확장 및 심화시키는 데 유용한 방법이 될 수 있다.

- 사회에서 주변화된 사람들이 정체성 그룹이나 사회적 그룹의 일원이 되는 것은 어떻게 스스로에 대해 프라이드를 느낄 수 있게 하는가?
- 반문화 운동은 "주류" 문화가 변화하도록 어떻게 영향을 주는가?

참고문헌

Brown, S. E. (1996, August). We are who we are . . . so, who are we? *Mainstream: Magazine of The Able-Disabled*, 20(10), 28–30.

Cologon, K. (2013). Growing up with 'difference': Inclusive education and the portrayal of characters who experience disability in children's literature. *Write4Children: The International Journal for the Practice and Theories of Writing for Children and Children's Literature*, 4(2), 100–120.

Johnson, H. M. (2005). *Too late to die young: Nearly true tales from a life*. New York: Picador.

Mitchell, D., & Snyder, S. (2001). *Narrative prosthesis: Disability and the dependencies of discourse*. Ann Arbor: University of Michigan Press.

Wolfensberger, W., Nirje, B., Olshansky, S., Perske, R., & Roos, P. (1972). *Normalization: The principle of normalization in human services*. Toronto, Canada: National Institute on Mental Retardation.

장애 문화

장애는 인간 경험의 범위를 넘어 글, 이미지, 법률, 미디어, 예술에 존재해 왔다. 역사와 문화의 모든 측면에서 장애를 연구하거나 장애인에 대해 생각할 기회가 있다. 장애학과 장애 문화는 장애가 관심의 중심이 되는 두 영역이다.

장애학은 장애와 장애인에 대해 주목하는 것이 과거 및 현재에 대한 연구의 일부라는 것을 명확히 하기 위해 연구자와 학자들이 노력하는 학문 분야이다. 장애학 분야의 사람들이 하는 일은:
- 역사에서 장애인의 경험과 관점을 알아보고 기술하기 위해 과거 기록 및 정보를 조사한다.
- 장애인의 경험과 관점에 대해 설명하기 위해 현재의 사건과 문화를 검토한다.
- 많은 이야기에서 장애인의 경험이나 관점이 제외되는 방식에 대해 문제를 제기하고 비평한다.
- 과거와 현재의 장애 의미에 대해 문제를 제기하고 비평한다.

장애학의 목적은 장애를 인간 경험의 필수적인 부분으로 보고, 과거와 현재의 연구에서 장애를 배제하는 것이 세계와 인간관계에 대한 불완전한 시각의 창출임을 이해하는 것이다.

장애 문화는 삶과 사회에서 장애의 가치와 장애인의 관점을 표현하는 운동이다. 많은 문화는 장애가 수치심의 이유이며, 기능장애의 조건이라고 이해했었다. 장애와 장애인은 종종 장애를 비극, 상실 및 결손으로 묘사하는 인식을 통해 이해되었다. 장애 문화는 장애의 경험에 대해 보다 깊은 아이디어를 표현한다. 장애 문화에 대한 아이디어는 장애에 대한 대중적인 묘사에 반하는 것이며, 그것은 집단성과 장애인이 모이고, 장애인의 관점과 경험을 구축하고 표현하고자 하는 바람에서 출현하였다.

Copyright material from Susan Baglieri and Priya Lalvani (2020), *Undoing Ableism: Teaching About Disability in K-12 Classrooms*, Routledge

장애 문화의 산물은 장애 경험과 관점으로부터 나오고 장애에 대한 일반적인 이해나 가정을 무너뜨리는 모든 영역과 매체에서 예술가, 작가, 정치적 활동가, 사회 비평가가 제작하는 주제 및 작품에서 찾아볼 수 있다. 장애 문화는 예술과 문화에서 제시되는 전통적인 방식에 대한 확장, 비판, 비평으로 정의되는 반문화이다. 반문화적 작품의 특징은 다음과 같다:

- 장애 및 장애인과 관련 있는 사회적 조건에 대한 명시적 또는 내재적 비판
- 비장애인 경험과 관점을 코미디와 비극의 소재로 폭로하는 유머와 풍자
- 장애에 대한 복잡한 이해를 주요 주제로 하는 문학, 공연, 예술 작품 및 공연
- 장애를 어떤 것이 부재한 것을 나타내기보다는 실재하는 한 특성으로서, 그리고 아름다움과 복잡성의 주체로 위치하게 하는 주제들
- 비장애중심주의와 차별의 폭로와 노출

장애학과 장애 프라이드는 단순히 "긍정" 또는 "부정"하는 것을 목표로 하지 않으며, 그것들이 복잡하고 생산적이기를 목표로 한 만큼, 인간 경험의 더 광범위한 영역에 대한 이해를 위해 다양성을 추가하고자 한다.

Copyright material from Susan Baglieri and Priya Lalvani (2020), *Undoing Ableism: Teaching About Disability in K-12 Classrooms*, Routledge

장애는 어떻게 보여지나요?

1) 장애를 묘사하기 위해 어떤 단어와 그림이 사용되었나요?

2) 이 작품에서 장애인에 대한 아이디어는 무엇인가요?

3) 창작자가 이 작품에 왜 장애를 포함시켰다고 생각하나요?

4) 창작자가 메시지를 전달했다고 생각하나요?

5) 장애가 이 작품의 일부가 아니라면 더 혹은 덜 흥미로웠을까요?

6) 장애가 이 작품의 일부가 아니라면 이야기는 의미가 통할까요?

Copyright material from Susan Baglieri and Priya Lalvani (2020), *Undoing Ableism: Teaching About Disability in K-12 Classrooms*, Routledge

장애에 대한 어떤 아이디어에 여러분은 주목합니까?

- 장애인은 사악하거나 나쁘다.
- 장애는 슬프거나 비극적이다.
- 장애인은 장애를 극복하기를 원한다.
- 장애인은 장애를 고치기를 원한다.
- 장애인은 슈퍼인간(superhuman)이다.
- 사람들은 장애인에 대해서 안 됐다고 생각한다.
- 사람들은 장애인에게 친절하다.
- 사람들은 장애인을 비웃거나 놀린다.
- 장애인은 단순히 생활하거나 일상적인 것을 하는 것으로 타인에게 영감을 준다.
- 사람들은 장애인을 쳐다본다.
- 장애인이 자신의 실제 나이보다 더 어리게 행동한다.
- 장애인이 가진 다름은 무시된다.
- 사람들은 "장애를 알아차리지 않는다"고 말한다.
- 장애인은 무엇인가에 대해 말한다. 그들은 그들 자신을 위해서는 말하지 않는다.

장애인은…
- 한 명의 주인공인가요?
- 일상적인 일을 하나요?
- 여러 장소에서 보여지나요?
- 많은 다른 사람들과 함께 보여지나요?
- 다양한 느낌과 감정을 가지고 있는 것이 보여지나요?
- 다른 사람의 도움을 받고 도움을 주나요?
- 성공하고 실패하는 것이 보여지나요?
- 쉽고 어려운 것들을 하는 것이 보여지나요?
- 고군분투하고 기쁨을 느끼는 것이 보여지나요?

Copyright material from Susan Baglieri and Priya Lalvani (2020), *Undoing Ableism: Teaching About Disability in K-12 Classrooms*, Routledge

장애의 재현을 분석하기 위한 안내 질문

다음의 안내 질문을 사용하여 예술, 글쓰기, 영화 또는 문화상품에서 장애를 어떻게 사용하거나 그려지는지를 분석할 수 있습니다.

1. 작가/제작자는 이 작품에 왜 장애를 포함시켰다고 생각하나요?

2. 장애를 시사하는 것으로 보이는 특성이나 특징을 설명하는 데 사용된 단어와 이미지는 무엇인가요?

3. 장애의 개념이나 특성은 이 작품에서 주제, 줄거리, 교훈 또는 성격 묘사에 어떤 목적으로 기여하나요?

4. 이 작품은 어떻게 장애와 관련된 비유를 지속시키고/또는 고정관념이나 상투적인 표현에 저항하나요? 고려해야 할 공통적인 요소는 다음과 같은 장애인 묘사입니다:
   - 악랄하거나 사악함
   - 비극의 희생자 혹은 우울한 삶을 살고 있음
   - 타인에게 부담
   - 손상을 극복하거나 고치기 위해 노력하거나 그것을 필요로 함
   - 단순히 일상적인 생활을 하는 것으로 타인에게 영감을 줌
   - 비범하거나 슈퍼인간(super human) 자질을 가지고 있음

Copyright material from Susan Baglieri and Priya Lalvani (2020), *Undoing Ableism: Teaching About Disability in K-12 Classrooms*, Routledge

- 불쌍한 대상
- 타인에게 자선과 동정을 받음
- 웃음거리나 조롱의 대상이 됨
- 이국적이거나 매혹적임
- 손상을 치료하거나 교정하는 데 가장 관심을 둠
- 잘못한 것에 대한 벌이나 상징으로서 장애가 됨
- 살 가치가 없는 삶을 살고 있음
- 어린아이 같음, 순진무구함, 천사 같음 또는 영원히 순수함
- 친밀함, 로맨틱함, 상호적 및/또는 성적 관계에 관심이 없거나 무능함
- 다른 사람들과 "단지 똑같이" 됨(그리고 장애를 한 특성으로 지움)
- 이야기의 주인공이나 내레이터가 되기보다는 대상이 됨

5. 장애인은:

- 이야기의 내레이터인가요?
- 주요 인물인가요?
- 일상적인 일을 하나요?
- 여러 장소와 환경에서 보여지나요?
- 많은 다른 사람들과 상호작용하나요?
- 다양한 느낌과 감정을 가지고 있는 것이 보여지나요?
- 다른 사람에게 도움을 받고 도움을 주나요?
- 성공하고 실패하는 것을 보여지나요?
- 쉽고 어려운 것들을 하는 것이 보여지나요?
- 고군분투하고 기쁨을 경험하는 것이 보여지나요?

Copyright material from Susan Baglieri and Priya Lalvani (2020), *Undoing Ableism: Teaching About Disability in K-12 Classrooms*, Routledge

6. 어떤 역사적, 사회적, 문화적 맥락이 창작자/저자가 그들의 시대와 장소에서 표현한 장애의 관점에 영향을 주었을 수 있나요?

7. 작품의 어떤 특징이 대조적인 아이디어를 보여주나요?

8. 이 작품에서 장애인에 대한 어떤 아이디어, 믿음, 이해가 전달되나요?

9. 이 작품에서 장애가 작품의 일부가 아니라면 다소 흥미롭거나 의미가 통할까요?

장애 프라이드

장애 프라이드를 지닌 사람은 타인과 다른 방식들을 수용합니다. 장애 프라이드를 지닌 사람은 장애를 창피한 것으로 생각하지 않습니다. 장애 프라이드의 다양함을 보여주는 몇 가지 아이디어가 있습니다.

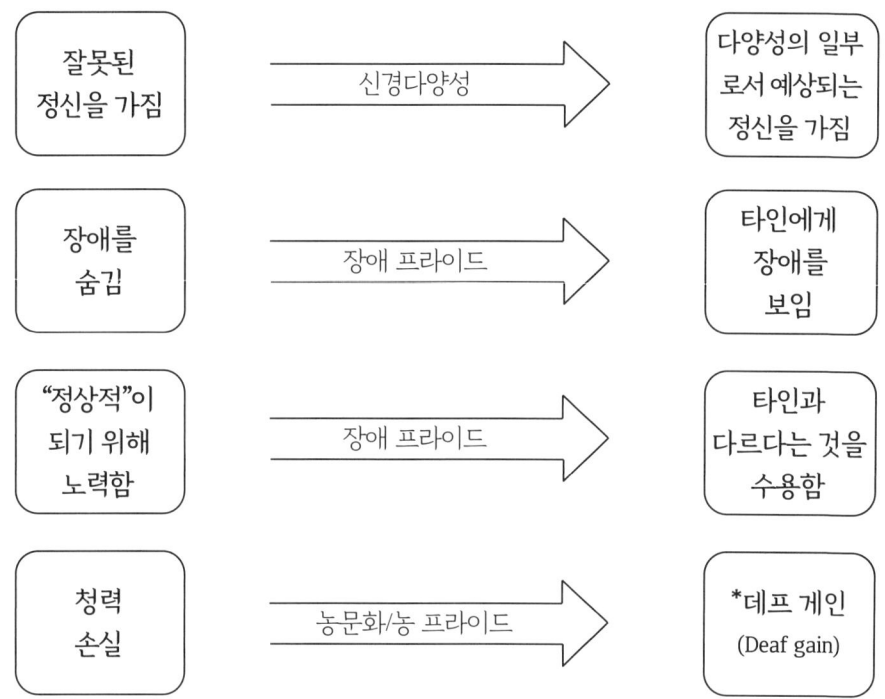

* 역자주: 데프 게인은 농인을 '청능을 잃은 존재'가 아니라 '농을 얻은 존재'로 이해하는 개념; 생물다양성과 생물문화적 다양성에 기여하는 상태와 존재로 해석.

1. 장애 프라이드를 개발하는 것이 왜 어려울 수 있을까요?
2. 여러분은 장애에 대해 프라이드를 느끼는 것이 도움이 된다고 생각하나요? 왜 그런가요? 또는 왜 그렇지 않은가요?
3. 장애인 또는 비장애인으로서의 여러분의 경험이 장애 프라이드에 대한 생각을 어떻게 형성할 수 있었나요?

10장. 장애권리와 문화에 대한 현대적 관점의 탐색

탐구 주제: 오늘날 장애권리와 문화의 임무는 무엇인가?

필수 질문

- 권리와 문화 운동의 목표는 세대에 따라 어떻게 변화하며, 지역 및 지리에 따라 어떻게 달라지는가?
- 프라이드 운동과 문화적 집단 정체성의 형성은 시간이 흐름에 따라 어떠한 영향력을 미치는가? 그것은 어떻게 그리고 왜 변화할 수 있는가?

도입 및 배경정보

> "보다 접근 가능한 미래를 상상하며 나는 또 다른 곳을—그리고 아마도, 장애가 정치적인 것으로, 가치있는 것으로, 완전한 것으로 이해되는—'또 다른 때'를 갈망하고 있다."
>
> – Alison Kafer(2013, p. 3)

장애인은 교육, 고용 혹은 공간에 대한 물리적 접근 맥락에서 만연된 차별을 계속해서 직면하고 있다. 또한 두려움, 무지 및 불확실성은 계속해서 장애인에 대한 태도에 영향을 미치는데 이는 사회적이고 친밀한 관계를 발전시키는 데 방해물이 될 수 있다. 주거정책, 보험정책 및 교육정책은 비장애인에게 혜택을 주고, 장애인의 완전한 사회참여를 제한하는 방식으로 수립된다. 억압의 기제로서 비장애중심주의가 지속되는 것은 신념과 실제의 많은 요소들 간의 상호관계에 뿌리를 두고 있다. 이것을 고려하라: 만약 비장애아동과 장애아동이 학교에서 서로 교류하지 않는다면 무시와 오해는 계속될 것이다. 엔터테인먼트와 미디어가 장애비유(역자주: disability tropes, 창작물에서 장애가 표현되는 방식)를 영구화하고 장애의 특정한 특징만을 묘사한다면 무시와 오해는 계속될 것이다. 만약 장애인이 물리적 접근, 낙인 및 장애에 대한 부정적 인식 둘 다와 연결된 환경적, 사회적 장벽으로 인해 대중 사회에 속하지 못한다면 이는 장애인이 세상의 일부가 아닌 것처럼 보이게 만들 것이다. 오늘날 장애권리와 문화의 임무는 비장애중심주의가 지속되게 하는 이러한 요인에 초점을 두고 있다. 오늘날의 활동에서 쉽게 인식 가능한 몇 가지 주제들이 있는데 이는 시민권리, 장애에 대한 대중의 인식, 높은 삶의 질에 대한 접근을 포함한다.

장애권리의 실현을 향한 행동은 미국장애인법(ADA)과 장애인교육법(IDEA)을 둘러싸고 진행 중인 법정 투쟁에서 잘 나타난다. 대법원은 하나의 광범위한 기준으로서 이러한 법의 한계와 확장을 해석하고 명확히 하는 방식으로 사건을 계속 판결하고 있다. 미국장애인법(ADA)은 2008년 개정되어 미국장애인법의 개정법(ADA Amendments Act)이 되었고 최근 재승인이 제안되었다. 장애권리를 보호하고 확장하는 활동은 미국의 입법절차에 대해 경계하는 시각을 갖도록 요구한다. 장애권리의 또 다른 측면은 형사사법제도에서의 차별 및 권리 침해에 대한 관심이 증가하고 있다는 것이다. 그 예로 2013년 The Arc에 전미장애인사법지원센터(National Center on Criminal Justice and Disability)가 설립되어 기술 훈련, 정보, 옹호 및 교육을 제공할 뿐만 아니라 장애 관련 범죄와 괴롭힘에 대한 자료의 정보센터 역할을 하고 있다.

오늘날의 또 다른 광범위한 목표는 사회 및 문화에서 장애인의 존재를 부각시키는 것이다. 장애 프라이드 운동은 그들의 장애를 다른 사람에게 부끄러움이나 낙인 없이 알리도록 하기 위한 토론의 장을 제공한다. 이 운동은 의심할 여지 없이 공적 페르소나(public persona)를 가진 사람들이 장애인으로서 그들의 정체성을 공유하도록 이끌 뿐 아니라 장애인이 그들의 이야기를 대중과 공유하도록 만든다. 웹사이트, 블로그, 브이로그, 팟캐스트 및 소셜미디어 유명인사의 급증은 활동가와 일반인 모두에게 장애 및 장애인의 삶을 대중적인 것으로 만드는 플랫폼이 되었다. 크립더보트(Crip the Vote)와 #세이더워드(#SayTheWord)와 같은 프로젝트는 정치에서 그리고 정치적 행동을 위해 장애에 대한 관심을 이끌어내는 소셜미디어의 힘을 보여준다.

또한 주류매체와 엔터테인먼트는 지난 10년에 걸쳐 상당 부분 변화되어왔다. 예를 들면 장애 프라이드와 문화를 위한 많은 반문화 공간(countercultural spaces)에 더하여 뉴욕 타임즈(New York Times)는 종종 장애인이 집필하는, 장애 주제에 관한 정기 칼럼을 수년 동안 운영해왔다. 장애 전용이 아닌, 일반 뉴스나 라이프스타일 출판물에서 장애권리와 문화에 관한 기사를 찾는 것은 비교적 쉬운 일이다. 아직은 장애를 대하는 오래된 방식과 동일한 예들이 훨씬 더 많지만, 이제 주류에서는 보다 복잡한 부분들이 동반되고 있다. NPR(역자주: National Public Radio, 워싱턴 D.C.에 본사를 둔 미국의 공영 라디오 방송국), Vox(역자주: Vox Media가 소유한 미국 뉴스 및 의견 웹사이트) 및 NowThis News(역자주: 2012년에 설립된 미국의 진보적인 소셜미디어 중심의 뉴스 회사)는 장애권리와 문화의 이야기 및 관점을 어느 정도 자주 찾아내는 것으로 보인다. 엔터테인먼트에서 장애인에 대한 표현은 보다 다양해지고 있다. 장애를 가진 등장인물은 장애를 포함하지만, 또한 장애를 넘어 확장되는 스토리라인과 관계로 점점 더 복잡해지고 있다. 여전히 비판할 부분이 많지만 〈글리〉(Glee), 〈스위치드 앳 버스〉(Switched at Birth), 〈페어런트 후드〉(Parenthood), 〈굿 닥터〉(The Good Doctor), 〈본 디스 웨이〉(Born This Way), 〈리짓〉(Legit), 〈왕좌의 게임〉(Game of Thrones), 〈원헌드레드〉(The 100), 〈스피치리스〉(Speechless)와 같은 TV프로그램은 장애가 있거나 농인인 인물을 주인공으로 등장시킨다.

〈브레이킹 배드〉(Breaking Bad), 〈그레이 아나토미〉(Grey's Anatomy), 〈웨스트 윙〉(The West Wing), 그리고 그 외 많은 프로그램에는 장애를 가진 인물이 반복적으로 나왔다. TV프로그램에 등장하는 다양한 인물들이 자폐적일 수 있다는 추측은 〈빅뱅이론〉(The Big Bang Theory)이나 〈더 미들〉(The Middle)에 대한 논의를 둘러싸고 있다. 장애를 가진 등장인물들의 역할이 더 늘어나면서 장애 예술 및 문화계에서 오랫동안 제기되어 온 질문이 주류가 되었다: 왜 보다 많은 장애인 배우가 장애인 역할에 캐스팅되지 않는가?

문화계에서 장애인 존재의 확장에 대한 관심은 단지 미디어나 엔터테인먼트에만 국한되지 않는다. 몇몇 농인 및 장애인들은 물질세계에서의 소비자이자 참여자로 스포트라이트를 받아왔다. 모델업, 미용, 패션은 장애인의 존재가 화제가 되는 문화 영역이다. 점점 더 많은 광고가 장애인을 대상으로 마케팅을 하고 있으며 광고 안에서 장애인을 묘사하고 있다. 예를 들면 마이크로소프트의 2019년 슈퍼볼(Super Bowl) 광고에는 엑스박스 게임 시스템을 위한 적응형 컨트롤러가 등장했다. 거버 베이비(Gerber Baby) 선발대회의 2018년 우승자는 다운증후군을 가진 아이, 루카스(Lucas)였다. 대중문화 안에서 장애인의 존재가 부각됨에 따라 표현의 복잡성 및 다양성에 대한 질문은 반문화 안에서의 논쟁으로부터 보다 광범위한 청중을 포함하는 대중적 토론에서의 질문으로 옮겨 간다. 수백만 명이 보는 광고나 캠페인에서 장애 묘사가 "긍정적인지", "부정적인지", 착취적인지 혹은 일상적인지에 대해 주류화된 논쟁을 할 수 있다는 것은 장애를 대중의 대화 속으로 가져올 기회가 증가하고 있음을 의미한다.

대중문화에서 사회 안의 장애 및 장애인의 존재에 대해 생각해보는 것은 장애 문화를 가장 잘 인식할 수 있는 활동 중 하나이다. 아마도 장애인의 삶의 질 증진 및 보장에 기여하는 지속적인 정책과 법률 작업, 실천주의, 옹호 및 자기옹호는 인식하기가 조금 더 어려울 것이다. 삶의 질은 광범위하고 주관적인 개념이다. 사회계급과 수입으로 계층화되고, 인종, 장애 및 성별에 따른 차별과 불평등이 존재하는 사회에서 삶의 질이라는 개념은 난해하다. 그러나 일반적으로 이러한 쟁점들은 취업 및 정당한 임금에의 접근, 지적활동 및 고등교육에의 접근, 의료 서비스, 일상생활 활동에 대한 의미있는 보조, 자신의 삶에 대한 자기주도의 권리와 관련될 수 있다. 이러한 쟁점들은 미국 장애인법이나 다른 법에서의 차별금지와 관련될 수 있지만 삶의 질 쟁점은 공중보건, 공공부조, 학교, 대학, 사업체, 장애인에게 지원과 서비스를 제공하는 서비스 전달자와 관련된 정책 및 실제를 더 빈번히 반영한다.

심화학습을 위한 성찰과제

- 다음 주 동안 뉴스, 대중문화 및 소셜미디어에서 장애가 어떻게 나타나는지 주목해보라. 여러분 주변 사람들이 어떻게 장애를 언급하거나 알아차리는지에 주목하라. 장애에 대한 어떠한 관점이 여러분이 마주하고 있는 사회문화적 맥락을 특징짓는가? 이러한 것은 장애권리와 문화에 대한 여러분의 이해에 어떻게 영향을 미치는가?

추천 자료

- 『비장애중심주의자 세계에서 장애 표현하기: 대중매체에 대한 에세이』 (*Representing Disability in an Ableist World: Essays on Mass Media* by B. A. Haller, 2010, Advocado Press)
- 「광고 속 장애 이미지는 대담해지고 있는가? 미국과 영국 캠페인에서의 주요 주제들에 대한 분석」("Are Disability Images in Advertising Becoming Bold and Daring? An Analysis of Prominent Themes in US and UK Campaigns" by B. A. Haller and S. Ralph (2006), *Disability Studies Quarterly, 26*(3)) http://dsq-sds.org/article/view/716/893

- 「'좋아요'를 위해 좋아하기–페이스북에서의 장애 상품화」("Liking for Like's Sake—The Commodification of Disability on Facebook" by K. Liddiard (2014), Journal on Developmental Disabilities, 20(3), 94–101.) https://oadd.org/journal/volume-20-number-3-generalresearch-special-interest-group/

탐구 들어가기

탐구 시작하기: 오늘날 장애권리와 문화의 임무는 무엇인가?

1. **오늘날 장애권리와 문화에서 가장 최근의 쟁점 몇 가지에 대해 학생 모둠이 탐색해볼 것임을 안내하라.** 학생 모둠이 오늘날의 "관심 주제"로 알고 있거나 믿고 있는, 정부, 정의(justice), 고용, 대중문화 및 엔터테인먼트 차원에 대한 아이디어를 생성해내도록 요청하라.

- 시작을 위한 길잡이:
  - 우리 지역사회 안에서 장애인은 어떠한 종류의 일을 하고 있는가?
  - 오늘날 우리 지역사회에 살고 있는 장애성인 및 장애아동을 어디에서 볼 수 있는가?
  - 공적, 사적 장소 및 공간에서 여러분이 관찰할 수 있는 접근성의 증거는 무엇인가?
  - 오늘날 장애에 대해 말하고 쓰는데 사용되는 언어에 대해 어떻게 생각하는가?
  - 장애와 관련하여 여러분이 최근에 본 책, 영화, 텔레비전 및 소셜미디어는 무엇인가?
  - 장애와 관련하여 어떤 뉴스를 보았는가?

2. 학생 모둠이 알고 있거나 더 조사할 영역으로 계획하기 시작한 관심 주제

의 목록을 수집하라. 탐색은 미디어에서의 장애표현에 대한 조사, 지역사회에서의 조사를 포함하여 "공식적" 연구/I-search 방법에 이르기까지 다양한 형태로 이루어질 수 있고 다양한 종류의 탐구를 통해 심화될 수 있기 때문에 학생들이 수업 중에 자신의 흥미 그룹에서 활동하는 것은 훌륭한 탐구 영역이 된다.

활동 제안

1. 일반적 자료

웹에 접근하여 장애 주제에 관한 콘텐츠를 찾는 것은 어려운 일이 아니다. 실제로 이용 가능한 정보의 양이 넘쳐나기 쉽다. 이번 활동 영역에서는 탐구 및 대화를 위한 잠재적 방향을 알려주기 위해 자료들이 주제별로 조직된다. 비록 장애 문화가 성장했다고 할지라도 이용 가능한 모든 것들 사이에서 그러한 관점을 찾아내기란 여전히 어려울 수 있다. 다음의 웹사이트는 장애인에 대한 관점이 토론 주제의 일부가 되도록 하는데 훌륭한 출발점이 된다.

〈권리에 뿌리를 두고〉(*Rooted in Rights*)
https://rootedinrights.org/

〈권리에 뿌리를 두고〉는 장애권리와 문화를 진전시키기 위해 비디오 옹호를 사용한다. 사이트에 있는 이야기 및 비디오는 장애에 관한 대중적 묘사를 통제하려는 분명한 사명을 가진 장애인에 의해 제작되었다. 웹사이트는 텍스트 기반을 특징으로 하고, 비디오 콘텐츠를 포함하며 검색이 가능하다. 유튜브 채널은 주제별로 구성되었고, 대부분의 비디오는 1-5분 범위이다: www.youtube.com/rootedinrights

뉴욕타임즈(The New York Times)

www.nytimes.com/column/disability

   뉴스 매체는 정기적으로 장애에 관한 에세이, 예술작품, 의견이 포함된 특집기사를 제공한다. 대부분의 저자는 그 분야에서 잘 알려진 유명한 인물이다. 온라인으로 검색이 가능하다.

장애 가시성 프로젝트(The Disability Visibility Project)

https://disabilityvisibilityproject.com/

   장애 가시성 프로젝트(DVP)는 장애 미디어 및 문화를 만들고 공유하며 확대시키는 온라인 단체이다. 디브이피 인터뷰(DVP interviews)는 많은 음성기록 및 면담전사본의 모음집인데, 그 목적은 장애인의 구술역사와 이야기를 보존하기 위한 것이다. 이 사이트에서 특정 내용을 검색하는 것은 보다 어렵지만 콘텐츠와 이야기, 전사본을 훑어보는 것은 보람있는 활동이 될 수 있다.

2. 미국장애인법 수호와 장애권리 및 정책의 진전

2017년, 미국 의회에서 H. R. 620(ADA Education and Reform Act)이 통과되기 시작했다. 장애권리 단체는 이 법이 장애인의 시민권리 보장을 약화시킬 뿐 아니라 기업이 접근성 기준을 준수할 의지를 꺾는다고 비판했다. 항의자 및 옹호자들은 이 법안에 반대했다. 태미 더크워스(Tammy Duckworth)가 이끄는 상원의원 연합은 이 책의 출판으로 인해 법안이 통과되는 것을 지연시킬 수 있었다. H.R. 620에 대한 언론보도는 널리 이용 가능하다. 법과 정책에서의 현재 활동에 대해 알아보기 위해 탐색할 몇 가지 자료는 다음과 같다. 두 가지 자료는 정치 과정에서의 로비활동 및 당파주의에 대한 보다 광범위한 대화로 연결된다.

「더크워스와 상원 민주당원들은 장애인의 시민권리를 축소시키려는 하원 공화당 주도의 노력을 좌절시키겠다고 맹세한다」("Duckworth & Senate Democrats Vow to Defeat House GOP-Led Effort To Curtail Civil Rights Of Americans With Disabilities", March 29, 2018, Press Release on Tammy Duckworth: U.S. Senator for Illinois) www.duckworth.senate.gov/news/press-releases/duckworth-and-senate-democrats-vow-to-defeat-house-gop-led-effort-to-curtail-civil-rights-of-americans-with-disabilities

대략 2,000개 단어

태미 더크워스(Tammy Duckworth) 상원의원이 발행한 보도 자료는 H.R. 620에 대한 이의를 제기하고 있다.

「강력한 이해관계는 장애 관련 법의 강화에 반대한다」("POWERFUL INTEREST OPPOSE STRENGTHENING OF DISABILITIES LAW" BY REID DAVENPORT, MARCH 6, 2013, OPEN SECRET NEWS, PUBLISHED BY OPENSECRETS.ORG) www.opensecrets.org/news/2013/03/powerful-interests-oppose-strengthening-of-disabilities-law/

대략 650개 단어

2001년 이후 미국장애인법을 언급한 법안 및 결의안과 관련하여 제출된 상원공공기록국(Senate Office of Public Records)의 로비활동 보고서 및 지출 기록의 수를 강조하는 기사이다. 저자는 로비활동 보고서를 제출한 119개의 조직 중 대다수가 규제완화 또는 미국장애인법의 약화에 찬성하는 입장을 가졌을 가능성이 크다고 추론한다. 웹기사 링크는 데이터 출처와 추가 세부정보로 연결된다. OpenSecrets.org는 캠페인 기부 및 정치 비용에 대한 정보의 조직화를 주요 목적으로 하는 책임정치센터(Center for Responsive Politics)의 일부로, 신뢰할 수 있는 정보 및 보도의 출처이다.

「조지 부시와 미국장애인법」("GEORGE BUSH AND THE AMERICANS WITH DISABILITIES ACT" BY EDWARD BERKOWITZ, 2017, *SOCIAL WELFARE HISTORY PROJECT*)

http://socialwelfare.library.vcu.edu/recollections/george-bush-and-the-americans-with-disabilities-act/

대략 5,000개 단어

미국장애인법 통과를 둘러싼 정치 및 당파주의 맥락에 대한 분석을 제공하는 논문이다. 이 자료의 세부사항은 "보통의" 읽기 수준 이상이다. 당파주의, 미국 정책의 수립, 데릭 벨(Derrick Bell)의 이해 일치(interest convergence)(Bell, 1980) 개념에 대한 복잡한 탐구는 모두 이 글에서 시작될 수 있다.

정책과 법적 옹호

다음은 연방 수준에서 장애권리를 옹호하고 이를 위해 로비활동을 하며 장애권리를 대표하는 조직 및 연합에 관한 자료이다. 웹사이트를 탐색하는 것은 법률 및 공공정책에서 행해지고 있는 가장 긴박한 작업에 대한 분명한 아이디어를 제공해준다. 이러한 조직 및 기타 조직들이 장애인과 비장애인 모두에게 영향을 미치는 의료, 사회보장, 노동, 주거와 같은 정책 및 사안에 적극적이라는 것은 강조해야 할 중요점이다. 여러분이 참여할 수 있는 행사나 활동을 주최할 현지의 지점, 지부 및 계열사에는 어떤 것들이 있는가? 여러분은 정부의 대표자에게 어떤 문제에 대한 의견서를 전달할 수 있겠는가?

- 장애를 가진 시민을 위한 컨소시엄(Consortium for Citizens with Disabilities (CCD): c-c-d.org)
- 미국장애인협회(The American Association of People with Disabilities (AAPD): aapd.com)
- 전미장애권리네트워크(National Disability Rights Network (NDRN): ndrn.org)

- 장애권리교육방어기금(Disability Rights Education & Defense Fund (DREDF): dredf.org)

3. 장애와 고용

미국장애인법(ADA)의 구체적인 목표는 구직과정 및 직장에서의 장애인 차별을 감소시키는 것이다. 처음 두 가지 논문은 차별에 맞서고 통합적이고 지원적인 직장환경을 향해 나아가기 위한 기업의 실제를 설명한다.

a. 사업체에 도움이 되는 장애인 근로자

「경쟁 우위로서의 신경다양성」("*Neurodiversity as a Competitive Advantage*" by Robert D. Austin & Gary P. Pisano, 2017, Harvard Business Review, from the MAY-JUNE ISSUE)

https://hbr.org/2017/05/neurodiversity-as-a-competitive-advantage

900개 단어

기업이 신경다양성을 가진 개인들을 선발하고, 이들이 고용되어 일할 수 있게 하는 실제 구축을 통해 이익을 얻을 수 있는 방법을 설명하는, 잘 정리된 논문이다.

「장애인 고용은 좋은 사업이다」("*Hiring People With Disabilities Is Good Business*" by Ted Kennedy, Jr., December 27, 2018, The New York Times-Opinion)

www.nytimes.com/2018/12/27/opinion/disability-rights-employment.html

대략 1,100개 단어

주 상원의원인 저자는 장애가 있는 직원을 고용하는 데 본보기가 되는, 주목할 만한 기업의 실제를 강조한다.

b. 최저임금 이하의 급여에 대한 지속적인 논쟁

아래의 자료는 개인의 손상으로 인해 "정상적인" 방법으로 일하는 것이 불가능할 경우 장애인에게 최저임금 이하의 비율로 임금을 줄 수 있도록 허용한 "14c" 자격에 대한 정보를 제공한다. 2014년 버락 오바마(Barack Obama) 대통령은 연방정부의 도급업체 및 하도급업체가 모든 노동자에게 최저임금을 주도록 요구하는 행정명령에 서명했다. 문제는 14c 자격을 갖춘 대부분의 고용주가 연방 계약의 적용을 받지 않을 수 있다는 것이다. 2018년 상원의원들은 14c 정책에 대한 구체적인 개정을 요구하고 있다.

「자료표 #39: 최저임금 이하의 급여를 받는 장애 근로자의 고용」(*The Employment of Workers with Disabilities at Subminimum Wages*, 2008, US Department of Labor)

www.dol.gov/whd/regs/compliance/whdfs39.htm

대략 900개 단어

장애를 가진 근로자에게 연방이 정한 최저임금 이하의 급여를 지급하도록 하는 정책과 그 의도에 대해 설명하는 자료표이다.

「최저임금으로 추위에 떨고 있는 장애인 근로자들」("*Disabled Workers Left in the Cold on Minimum Wage*" by Claire Zillman, February 12, 2014, Fortune)

http://fortune.com/2014/02/12/disabled-workers-left-in-the-cold-on-minimum-wage/

대략 1,200개 단어

장애인에게 최저임금 이하의 급여를 지급하도록 한 배경 및 실제를 언급하고 있는 기사이다.

〈장애인을 위한 최저임금 이하의 급여: 신의 선물인가 혹은 착취인가?〉("*Sub-

minimum Wages for The Disabled: Godsend or Exploitation?" by Cheryl Corley, April 23, 2014, NPR, Morning Edition)

www.npr.org/2014/04/23/305854409/subminimum-wages-for-the-disabled-godsend-or-exploitation

대략 700개 단어; 라디오 방송 모닝 에디션의 오디오 자료: 대략 4분

종종 최저임금 이하의 급여를 지급하는, 장애인을 위한 고용 프로그램인 보호작업장의 과거 및 현재의 임금 실제에 관한 보고서이다.

「착취 고발을 둘러싼 최저임금 이하 급여에 대한 상원의원들의 폐지 요구」 (*"Senators Call for End to Subminimum Wage Amid Accusations Of Exploitation"* by Courtney Perkes, April 27, 2018, Disability Scoop)

www.disabilityscoop.com/2018/04/27/senators-subminimum-accusations/25025/

대략 500개 단어

장애인에게 최저임금 이하의 급여를 허용하는 것과 관련된 논쟁 및 실제를 강조하는 간략한 보고서이다.

c. 일하기 가장 좋은 직장

2012년에 도입된 장애평등인덱스(Disability Equality Index, DEI)는 기업이 장애, 접근 및 직장의 통합적 측면과 관련된 실제에 대해 응답할 수 있는 질문지를 제공한다. 참여 기업은 자기보고 응답에 따라 점수가 매겨진다. 장애평등인덱스는 "장애통합을 위한 최고의 직장"(Best Places to Work for Disability Inclusion)에 관한 연례보고서를 발간한다. 다음에서 관련 정보 및 보고서를 찾을 수 있다: https://www.disabilityequalityindex.org/. 장애평등인덱스는 기업에서의 장애통합을 형성하고 컨설팅하는 계열사 네트워크인 Disability: IN의 프로젝트이다(https://disabilityin.org/).

질문지는 다음에서 다운로드할 수 있다: www.disabilityequalityindex.org/DEI_benchmark_intro

장애평등인덱스(DEI) 질문지와 정보를 가지고 학생들이 할 수 있는 일이 많다. 다음과 같은 활동이 가능하다.
- 기업이 질문지 응답을 통해 장애평등인덱스(DEI)에 참여할 것을 촉구하는 글을 쓰거나 전화를 하라.
- 여러분과 가족이 자주 이용하는 기업을 평가하라. 여러분이 그 점수에 대해 생각한 바를 회사가 알도록 글이나 메일을 쓰라.
- 지역의 기업이 장애평등인덱스(DEI)에 참여할 수 있게 하거나 학생들이 정보를 수집할 수 있도록 하라. 질문지는 대규모 기업에서의 보다 공통적인 측면을 다루지만, 학생들은 소규모 기업을 평가하기 위해 질문을 수정할 수 있고 혹은 유사하면서도 단순화된 자신들만의 조사지를 만들 수 있다.
- 학교 직원을 위한 근무 조건에 대해 학교와 교육구를 평가하기 위해 장애평등인덱스(DEI) 또는 축약본을 사용하라.

4. 자립생활과 지역사회 기초 서비스: 옴스테드 판결

자기옹호운동과 자립생활운동은 오랜 시기 동안 탈시설수용화에 영향을 미치고 이를 사회에 알려왔다. 지속적인 투쟁은 공공 및 민간 서비스 제공자의 실제가 가정, 고용, 지역사회 참여 및 교육과 관련된 삶의 질을 향상시키도록 보장하기 위한 것이다. 장애인을 위한 포괄적인 지역사회 통합의 맥락을 만드는 것은 엄청나게 복잡한 시스템 안에서, 그리고 시스템 전체에 걸쳐 작업하는 것을 포함한다. 여기에는 연방 및 주의 정책, 공공부조 프로그램, 가족 지원, 민간 및 비영리기구, 기업 및 단체들, 그리고 수많은 사회 차원의 기관들이 모두 포함된다. 1999년 대법원은 옴스테드 판결(Olmstead Decision)로 불리는 사건을 판결했다. 옴스테드 판결은 서비스가 적합하고, 개인이 원하는 것이며, 합리적으로 조정 가능할 때 장애인을 위한 시설수용화 혹은 대규모 거주시설 대신 지역사회에 기초한 서비스가 우선될 것을 재확인하였다. 관련된 정책, 실제 및 옹호를 알아보기 위해 탐색할 자료는 다음과 같다.

- 전미자립생활협의회(National Council on Independent Living(NCIL)): ncil.org
- 옴스테드권리(OlmsteadRights): olmsteadrights.org
- 전미발달장애협회(National Association of Councils on Developmental Disabilities (NACDD)): nacdd.org
- 더에이알씨(The Arc): thearc.org

a. 여러분의 주에 대해 조사하라

장애인이 공공부조 및 서비스를 받을 수 있는지의 여부와 방법은 주에 의해 결정된다. 한 가지 문제에 대해 설명하기 위해 숀 뮤린코(Shawn Murinko)가 등장하는 비디오를 보고 나서 여러분이 속한 주의 조건을 살펴보라.

⟨장애인도 유리천장을 가지고 있다⟩("*People with Disabilities Have a Glass Ceiling, Too*", Jul 9, 2015, Rooted in Rights)

https://www.youtube.com/watch?v=cbjlwXlOBQA

대략 6분

변호사인 숀 뮤린코(Shawn Murinko)는 고향에서 메릴랜드 주로 이사하면서 자립적으로 생활하는데 필요한 지원을 박탈당했기 때문에 미국 법무부에서 직장을 구하지 못하게 된 과정을 이야기함으로써 주가 장애인 지원을 관리하는 방식 간의 차이점을 설명한다. 메릴랜드의 프로그램은 남편이자 두 아이의 아버지인 숀(Shawn)이 변호사로 일하면서 생활하기 위한 지원은 제공하지 않지만, 시설에서 살기 위한 비용은 지급할 것이다.

여러분의 주에서는 삶의 질 계획을 진행하기 위해 어떠한 일을 하고 있는가? 이러한 정책은 대개 장애판정 서비스 및/혹은 발달장애 이름이 붙은 부서에서 찾을 수 있다.

- 개인 지원, 고용 및/혹은 주거 프로그램에 참여할 수 있는 자격은 어떻게 결정되는가?
- 어떠한 종류의 고용훈련 및 고용지원이 제공되는가?(이것은 보통 직업재활 서비스로 언급됨)
- 생활 및 근로를 위해 어떠한 종류의 지역사회 기초 서비스가 이용가능한가? 그리고 대부분의 지역사회 통합 주거 및 지원 프로그램의 대기자 목록은 얼마나 되는가? (가정 내, 그룹 홈, 유연한 지역사회 지원 시스템을 살펴보라)
- 어떠한 종류의 개인 지원 서비스 혹은 프로그램이 이용 가능한가?
- 서비스 적격성을 갖추기 위해 개인 수입 혹은 가족 재산에 대한 제한이 있는가?
- 정보를 찾는 것이 얼마나 쉬웠고, 혜택 신청을 위한 지침을 얼마나 잘 이해할 수 있었는가?

5. 형사사법제도

통계에 따르면 장애인은 범죄의 희생자가 되거나 범죄에 가담하여 기소당할 가능성이 불균형적으로 매우 높다. 금고형을 받은 인구에는 장애인이 많이 포함된다. 장애인이 형사사법제도에 영향을 받는 다양한 방식을 이해하고 다루기 위해 우리 사회는 무엇을 하고 있는가?

전미장애인사법지원센터(NATIONAL CENTER ON CRIMINAL JUSTICE AND DIS-

ABILITY, NCCJD)

www.thearc.org/NCCJD

NCCJD 웹사이트는 장애인이 형사사법제도 시스템 내에서 상호작용하는 방식을 개선하기 위한 도전 및 접근을 이해하기 위해 살펴볼 수 있는 다양한 정보와 자원 및 교육자료를 제공한다.

「2019 자녀살해 예방 툴키트」("2019 ANTI-FILICIDE TOOLKIT" BY ZOE GROSS, 2019, ASAN)

https://autisticadvocacy.org/projects/community/mourning/anti-filicide/?theme=active

26쪽

자폐자기옹호네트워크(Autistic Self Advocacy Network, ASAN)는 자녀살해의 개념을 장애권리의 문제로 소개하는 툴키트(toolkit)를 개발하였다. 이 툴키트는 장애인이 가족 구성원에 의해 살해될 때(5년 동안 650회 발생한 것으로 추정됨) 언론과 형사절차에서 종종 장애인의 죽음을 이해할 수 있는 결과 또는 자비의 행위로 나타내고 있음을 지적한다. 이는 더 적은 형량으로 이어지고, 장애인의 삶(또는 죽음)이 비장애인의 것보다 덜 가치롭다고 가정하는 생각을 확산시킨다. 툴키트는 이 문제에 대한 관심을 불러일으키기 위한 자료의 조직화 방법을 보여준다.

6. 장애와 다양성에 대한 상충하는 아이디어

옹호, 자기옹호, 장애 의미에 대한 동향 변화, 장애 및 장애인에 대한 인식 변화는 문화에서의 변화를 가져왔다. 문화는 절대 고정적인 것이 아니다. 다양한 관점이 인간관계와 경험에 대한 우리의 이해, 규준 및 기대에 영향을 미치므로 문화는 언제나 유동적인 상태에 있다. 문화의 경계에는 논쟁의 영역이 있는데 여기에 장애 반문화가 존재한다. 언어와 신경다양성은 지속적으로 대중의 관심을 얻고 있는 두 가지의 뚜렷한 쟁점이다.

a. 언어, 정체성 및 정치

언어는 문화적 의미의 의사소통, 구성 및 구체화를 위한 강력한 도구이다. 언어를 통해 장애에 대한 특정한 해석이 지지된다. 예를 들면 미국사전에 장애와 관련된 경멸적인 용어가 가득하다는 것을 생각해보라. "정신병자"(psycho)와 "저능아"(retard)와 같은 용어들은 어떤 것이 추하고, 바보스럽고, 어리석고, 비합리적이거나 바람직하지 않다는 것을 전달하는 데 사용된다(예: "너무 바보야"(that's so retarded), "그렇게 이상하게 굴지 마"(don't be such a psycho)). 더욱이 이러한 용어들은 과거와 현재에 걸쳐 장애인이나 정신질환자를 지칭하기 위해 사용되어왔다. 2013년 "정신지체"(mental retardation)의 임상적 진단이 "지적장애"(intellectual disability) 혹은 "지적발달장애"(disorders of intellectual development)로 변경되었다. "정신병"(Psychosis)은 여전히 정신보건 및 진단에서 사용되는 개념이다. "저능아"(retard) 혹은 "지체된"(retarded)이라는 용어는 지난 10년 동안 "R 단어"를 끝내기 위한 캠페인의 결과로 구어체 사용에서 줄어들고 있다. 그러나 그러한 단어를 검열하는 것은, 장애가 모욕적인 의미의 단어와 합쳐질 때 작용하는 비장애중심주의에 대해 이해하는 것보다는 아마도 덜 중요할 것이다. 이에 더하여 비장애중심주의자들이 보편적으로 사용하는 은유(예: "궁색한 변명이야"(that's a lame excuse), "그는 정서적인 불구자야"(he's emotionally crippled), "그녀는 진실을 보지 못해"(she was blind to the truth))는 우리가 부족한 무언가를 표현하기 위한 언어를 필요로 할 때 개념적 장치로 장애에 의존하는 정도를 드러낸다. 비장애중심주의자들의 은유, 그리고 장애와 관련된 경멸적 표현은 장애가 저가치화되는 문화에 기여한다. 모욕 및 은유에 주의를 기울이는 것은 우리가 문화적 변화를 인지할 수 있는 하나의 방법이다.

언어가 장애인의 정체성, 그리고 장애인에 대한 사회적 인식과 얽히는 방식은 더욱 복잡하다. 낙인의 역사는 이 책에서 잘 다루어진 영역으로 "장애인"으로 간주되는 많은 사람들이 낙인의 개념을 깨뜨리길 열망했을 것이라는 사실은 놀라운 일이 아니다. 결국 "장애"(disabled)라는 단어는 능력이 없음(not-able)을 의미하는데, 이는 인간의 복잡성과 일치하지 않는 것이다. 그 누구도 모든 것을 할 수 있는 능력을 가지고 있지 않다(not-able, un-able, or incapable of). 1980년대 후반, 단체들은 여러 가지 속성 중 하나인 장애를 가진 개인을 표현하는 데 있어 "사람이 먼저"(people first)라는 생각을 반영하기 위해 언어에서의 변화를 옹호하기 시작했다. 사회가 "장애가 아닌, 사람을 보아야 한다"는 생각도 유사한 개념이다. 학교에서 "특별한 요구"(special needs)를 가진 것으로 아동을 언급하는 것이 장애를 대체했을 뿐 아니라 학습 "장애"(learning disability)를 대체하기 위해 "학습에서의 다름"(learning difference)과 같은 개념을 채택하기도 했다. 장애를 "가진" 것으로 사람을 묘사하거나 장애가 "있는" 사람이 되는 것을 선호하는 **사람이 먼저** 언어(people-first language)는 사회의 모든 곳에서 널리 권장되었다. 또한 사람이 먼저 언어에 대한 선호는 집단을 설명하는 용어에 "사람"(people)을 포함할 것을 나타낸다. 예를 들면 "people who are blind"나 "blind people"은 "the blind"보다 선호된다(역자주: 앞의 용어들이 영어 표현에서는 미묘한 차이가 있고 한글로는 모두 시각장애인이나 맹인으로 통용될 수 있음). 사람이 먼저 언어에 대한 선호는 2006년 연방정부의 정책으로 반영되었다.

장애권리 및 옹호의 세계에서 장애인이 완전무결한 권리 및 존엄을 누릴 자격이 있는 온전한 사람으로 대우받아야 한다는 개념에 반박할 사람은 거의 없다. 또한 단일 특성 혹은 경험의 측면에 근거하여 어떤 표찰을 부여하는 것보다 한 개인의 총합이 훨씬 복잡하다는 것도 논쟁의 여지가 없다. 그러나 논쟁의 여지가 있는 것은 선택의 정체성, 영향력의 정체성을 이유로 "장애"를 지우는 일이다. 비록 단어는 지울 수 있다고 하더라도 장애의 의미 및 경험은 사라지거나 줄어들지 않기 때문이다. 사람이 먼저 언어가 널리 채택된 이

래로 많은 장애인들은 장애 지우기(erasure)의 개념 및 관행을 거부해왔다. 한 가지 이유는 장애인들이 장애 또는 장애화를, 프라이드 및/혹은 억압을 표현하고 이해하는 데 중심이 되는 정체성의 핵심적인 부분으로 인식하기 때문이다. 다른 이들은, 장애를 "가진" 사람(person "with" disability)이 되는 것은 사회에서보다는 개인에게 장애화를 부여하는 것이기 때문에 이러한 개념을 거부한다. 예를 들면 장애인이 되는 것은 사회에 의해 무능력한 사람으로 만들어지는 것과 같은 사건의 현상으로 이해될 수 있다. 그렇다면 자신을 "장애인"(-disabled person)으로 지칭하는 것은 **정체성 먼저** 언어(identity-first language)로 알려져 있다. 사람이 먼저, 정체성 먼저를 둘러싼 정체성 정치는 일상의 상호작용에서는 아마도 과장될 것이다. 선호되지 않는 용어를 사용하는 것은 다른 누군가에 의해 수정될 수 있고, 이러한 수정은 맥락과 관계 안에서 존중되어야 한다. 그러나 이 점에서 실제로 장애인(disabled people)과 장애를 가진 사람(people with disabilities) 사이에 분쟁이나 괴로움은 없다. 언급된 모든 주제들은 비장애중심주의를 가르칠 때 다룰 가치가 있을 만큼 충분히 자주 등장한다.

    사람이 먼저, 혹은 정체성 먼저 표현에 대한 개인의 선호는 차치하고, 장애권리와 문화의 지지자들은 언어의 문화적 변화에 있어 더 큰 문제를 가지고 있다. 언어에서 "장애"를 지우는 변화(예, "특별한 요구", "다른")는 장애권리와 문화가 구축되는 가시성, 프라이드, 집단의 연대 및 정치적 실재를 위협한다. 이는 점차 복잡해진다. 만약 장애가 사회적 구성물이고, 문화가 장애를 부정적인 것으로 구성해왔다면, 우리는 그 단어("지체된"(retarded)과 같은)를 지우고 싶지 않겠는가? 고려해야 할 몇 가지 사항은 다음과 같다.

1. "지체"(retarded)에서 "인지장애"(cognitive disability)로, 그 후 "지적장애"(intellectual disability)로 용어가 변화한 것은 경멸적인 표현의 문화적 사용에 대한 반응이며, 불행하게도 차별이나 비장애중심주의가 줄어들었기 때문은 아니

었다. "정신지체"(retardation) 이전에는, 여전히 경멸적으로 쓰이고 있는 "바보"(idiot), "정박아"(imbecile), "멍청이"(moron) 및 "지진아"(dunce)라는 표현이 임상적 진단 용어로 사용되었다. 사회가 지적능력에 대한 판단과 인간성 및 존엄성을 융합하는 방식은 변화되어야 한다.

2. "장애"라는 용어를 거부하는 사람이 그렇게 할 수 있는 이유는 그들의 장애화가 다른 사람에게 명확하지 않고, 비장애인으로 "지나칠" 수 있었기 때문이었는지도 모른다. 아마도 이 용어를 거부한 사람은 한 집단을 다른 집단들과 구분지을 수 있는 다른 용어를 채택할 것이다. 시간이 흐름에 따라 이러한 운동은 가장 취약한 집단의 사람들에게 정치적으로 피해를 주면서 이들이 동일하게 누리던 시민권리 및 교육적 보호의 혜택을 박탈하는 결과를 초래할 가능성이 있다.

3. "장애"는 후기 식민주의의 정체성 및 구성방식과 같다. 이는 손상에 대한 구시대적인 이해를 반영하는 포괄적인 용어로 사용되지만, 시간과 문화에 따라 변화되어왔고 많은 사람의 정체성 및 정치적 힘과 관련되는 용어이다. "장애"라는 단어가 없이는 공동체를 발견하기 어렵다. "장애"는 역사의 지속성, 프라이드 및 집단성을 제공한다.

4. 마지막으로 "장애"라는 단어와 개념이 정책과 법에서 사용되는 한, 특히 젊은이들은 자신의 권리와 자격이 무엇인지, 그리고 권리와 자격을 발견하기 위한 정확한 용어를 앎으로써 그것들에 어떻게 접근할 수 있는지를 배우는 것이 중요하다. 장애권리, 프라이드 및 문화적 관점에서 "장애"를 말하는 것은 중요한 것처럼 보인다. 단지 단어를 지우는 것보다는 장애에 부여된 수치와 낙인을 정말로 끝내기 위해 노력하는 것이 더욱 희망적으로 보인다.

장애와 언어에 대한 현재의 실제와 관점을 알아보기 위해 아래 다섯 가지 자료를 사용할 수 있다.

「'장애': 그냥 #그단어로말해요」('Disabled': Just #SayTheWord by Barbara King, February 25, 2016, 13.7 Cosmos & Culture, Published on NPR)

www.npr.org/sections/13.7/2016/02/25/468073722/disabled-just-say-theword

대략 1,000개 단어

장애권리와 문화 분야에서 저명한 인물인 로렌스 카터 롱(Lawrence Carter-Long)은 2016년 자신의 트위터 캠페인 #세이더워드(#SayTheWord)에 대한 논평과 토론을 제공한다. 이 트윗은 정치적 담론에서 장애인에 대한 언급이 부재했음을 처음으로 이야기하기 시작했다. 그는 "차이"와 같은 개념을 위해 "장애"라는 단어를 지우는 것은 장애화의 영향력과 장애인이 직면하는 차별의 현실을 부정하는 것이라고 지적한다.

「사람이 먼저 언어란 무엇인가?」("What Is People First Language?", no date, published by The Arc)

www.thearc.org/who-we-are/media-center/people-first-language

대략 500개 단어

미디어 자료로 의도된 이 작품은 장애인을 특징짓는 데 있어 언어의 중요성에 대해 설명한다.

「사람이 먼저 언어」("People First Language" by Kathie Snow, copyright 2016, published on Disability is Natural)

www.disabilityisnatural.com/pfl-articles.html

PDF 형식의 4쪽 기사

저자는 자신의 웹사이트에서 다운로드 가능한 이 기사에서 사람이 먼저 언어에 대한 근거를 설명한다.

「나는 장애인이다: 정체성 먼저 대 사람이 먼저 언어」("*I Am Disabled: On Identity-First Versus People-First Language*" by Cara Liebowitz, March 20, 2015, Published on The Body is Not an Apology)

https://thebodyisnotanapology.com/magazine/i-am-disabled-on-identity-first-versus-people-first-language/

대략 1,200개 단어

저자는 정체성 먼저 언어에 대한 자신의 선호를 설명하고 개념의 배경에 대해 강조한다. 기사에는 해당 주제와 관련된 다른 자료로 연결되는 몇 개의 활성링크가 있다.

「장애에 대한 글을 쓸 때 피해야 할 용어들」("*Terms to Avoid When Writing About Disability*" by National Center on Disability and Journalism, September 12, 2015, NCDJ)

https://ncdj.org/2015/09/terms-to-avoid-when-writing-about-disability/

대략 600개 단어

기자를 위한 자료인 이 짧은 기사는 장애에 대한 보도 시 사용이 권장되는 언어로의 변경을 강조한다. NCDJ는 2018년 개정된 용어/개념으로 구성된 보도자료 작성 가이드를 제공하는데, 이는 웹에 게시되었을 뿐 아니라 41쪽의 PDF로 다운로드할 수 있다.

b. 자폐와 정체성

자폐스펙트럼장애(ASD)는 수십 년 동안 미국 문화에서 관심 주제가 되어왔다. 자폐스펙트럼장애는 1980년대에 고유한 임상적 진단 범주로서 지위를 얻었다. 1991년, 이 범주에 해당하는 아동이 미국학교에서 특수교육 서비스를 받을 수 있는 범주가 되었고, 더 많은 진단(혹은 진단에 관한 데이터)이 이루어졌으며, 더 많은 아동이 한 범주의 장애에서 자폐로 이동하게 되었다. 1990년대 후반에는 백신과 자폐 사이의 연관성에 대한 공포감이 조성되는데, 이는 모두 거짓으로 입증되었다. 2013년 자폐의 "고기능" 경험으로 설명되는 "아스퍼거 증후군"이 임상적 진단의 범주에서 제외되었고, 오늘날 자폐 스펙트럼의 일부로 자리를 잡게 되었다. 자폐스펙트럼장애는 미디어의 헤드라인을 자주 장식하면서 자폐인을 둘러싼 수십 년 동안의 변화와 스캔들, 매력을 통해 미국의 대중문화 안으로 들어가게 되었다. 신경다양성의 구성, 특히 자폐 자기옹호자들 사이에서 신경다양성의 개념이 진전되어 오고 있는 방식은 오히려 주류문화에서 점점 더 많이 다루어지고 있다. 앞의 주제에서도 언급되었듯이 신경다양성 및 그 개념이 자폐 옹호에 미치는 영향에 대해 서로 다른 관점을 취하는 세 가지 논문이 있다.

「자폐와 신경다양성을 둘러싼 논쟁」("THE CONTROVERSY AROUND AUTISM AND NEURODIVERSITY" BY JOHN ELDER ROBINSON, APRIL 5, 2017, *PSYCHOLOGY TODAY*)

www.psychologytoday.com/us/blog/my-life-aspergers/201704/the-controversy-around-au tism-and-neurodiversity

대략 1,200개 단어

저자는 자폐 단체 사람들이 분열되는 몇 가지 문제에 대해 사람들이 그것을 바라보는 방식에서의 차이점을 돌아본다.

「자폐 옹호의 미래(그리고 과거), 혹은 미국자폐협회(ASA)의 잡지인 *The Advocate*가 이 기사를 싣지 않는 이유」("THE FUTURE(AND THE PAST) OF AUTISM ADVOCACY, OR WHY THE ASA'S MAGAZINE, THE ADVOCATE, WOULDN'T PUBLISH THIS PIECE" BY ARI NE'EMAN, 2010, *DISABILITY STUDIES QUARTERLY*, VOL 30, ISSUE 1)

http://dsq-sds.org/article/view/1059/1244

대략 3,000개 단어

자폐 자기옹호 및 권리 분야에서 저명한 정치적, 문화적 인물이 저술한 이

논문은 일부의 자폐 자기옹호자들이 제기해온 문제들에 대한 입장을 강조한다.

「'신경다양성'의 위험성: 사람들은 왜 발견된 자폐에 대한 치료를 멈추길 원하는가?」("THE DANGERS OF 'NEURODIVERSITY': WHY DO PEOPLE WANT TO STOP A CURE FOR AUTISM BEING FOUND?" BY JONATHAN MITCHELL, JANUARY 19, 2019, THE SPECTATOR)
www.spectator.co.uk/2019/01/the-dangers-of-neurodiversity-why-do-people-want-to-stop-a-cure-for-autism-being-found/

대략 1,200개 단어

신경다양성 운동을 비평하는 논문이다.

7. 장애와 대중문화

장애비유, 장애에 대한 표현의 부족 및 단편적인 표현, 장애인 인물을 묘사하는 역할을 맡은 비장애인 배우, 이것은 모두 텔레비전, 영화, 광고 및 소셜미디어 밈(memes)에서 증가하고 있는 문제이다. 이 논평 및 분석의 모음은 학생들의 비판적 렌즈를 보다 예리하게 할 수 있다. 학생 모둠은 보고 있는 것에 특별히 주의를 기울이면서 장애표현의 측면에서 엔터테인먼트와 대중문화를 검색하고 분석할 수 있다. 조사, 인터뷰 및 설문조사를 통해 장애표현에 대한 다른 이들의 데이터를 수집하고 그 결과를 보고하는 것은 다학문적인 프로젝트가 될 수 있다.

a. 텔레비전과 영화에 표현된 장애 연구 자료

「장애 공동체는 헐리우드에서 더 많이 눈에 띌 필요가 있다」("DISABILITY COMMUNITY DESERVES MORE VISIBILITY IN HOLLYWOOD"(GUEST COLUMN) BY NIC

NOVICKI AND MARK WHITLEY)

https://variety.com/2018/film/news/disability-movies-tv-inclusion-1202713778/

대략 800개 단어

배우이자 Easterseals Disability Film Challenge의 설립자인 Nic Novicki는 엔터테인먼트와 광고에서 장애가 보다 명확하게 되는 방법을 설명하고 소비자가 이러한 노력을 지원할 수 있는 방식을 권장한다.

「장애를 묘사할 때 헐리우드는 계속 크리핑 업(Cripping up)을 한다」("WHEN IT COMES TO DEPICTING DISABILITY, HOLLYWOOD KEPPS 'CRIPPING UP'" BY SARA NOVIC, MAY 25, 2018, CNN OPINION)

www.cnn.com/2018/03/01/opinions/hollywood-disability-new-normal-opinion-novic/index.html

대략 900개 단어

이 기사는 농인 및 장애 캐릭터 역할의 표현과 캐스팅에 대해 설명한다. 기사 앞부분은 CNN 쇼 〈Kamau Bell과 함께하는 아메리카 그림자 연합〉(*United Shades of America with W. Kamau Bell*)에서 방송된 코미디 베테랑 C. J. Jones와 W. Kamau Bell, Moshe Kasher의 인터뷰를 발췌한 1분짜리 영상이다.

〈'브레이킹 배드'의 스타 RJ Mitte와 '바이오닉 액트레스'의 Angel Giuffria는 헐리우드에서 장애 표현을 변화시키는 임무를 수행 중이다〉("'BREAKING BAD' STAR RJ MOTTE AND 'BIONIC ACTRESS' ANGEL GIUFFRIA ARE ON A MISSION TO CHANGE DISABILITY REPRESENTATION IN HOLLYWOOD" BY NIKOLAY NIKOLOV AND MARIA DERMENTZI, JANUARY 17, 2019, *MASHABLE*)

https://mashable.com/video/angel-giuffria-rj-mitte-disability-hollywood/#l4nuRoRWmaqE

대략 8분

이 영상에는 배우 Angel Giuffria와 RJ Mitte가 등장하여 장애인 배우의 역할과 캐스팅에 대한 경험과 목표를 설명한다.

「TV에서 우리의 위치에 대한 보고서-2018」("WHERE WE ARE ON TV REPORT-2018" BY GLAAD MEDIA INSTITUTE (2018, PUBLISHED ON GLAAD'S WEBSITE))

www.glaad.org/whereweareontv18

36쪽 문서, 컬러 이미지, 그래프 및 통계자료

10년이 넘는 기간 동안 GLAAD는 통계자료와 TV에 표현된 다양성 분석을 통해 연간보고서를 발행해왔다. 초기 보고서에서는 이 단체가 옹호하고 교육하는 주요 집단인 게이, 레즈비언, 양성애자, 트랜스젠더 및 퀴어 캐릭터의 표현에 초점을 두었다. GLAAD의 보고서는 시간이 흐름에 따라 다른 다양성과 그것들의 상호교차점을 조사하는 것으로 확장되었다. 2010-2011년 판에서 장애표현에 대한 자료가 처음으로 보고되었다. 2018-2019년 보고서는 PDF로 다운로드할 수 있다.

b. 소셜미디어와 밈에 표현된 장애 연구 자료

〈나는 단순히 영감을 주는 밈, 그 이상이다〉("I AM MORE THAN JUST AN INSPIRING MEME" BY TERRY SIMELANE-MATHABATHE, AUGUST 22, 2018, LIVEMAG)

http://livemag.co.za/real-life/i-am-more-than-just-an-inspiring-meme/

대략 500개 단어; 1개 이미지와 1개 비디오가 삽입됨

영감을 주기 위한 목적의 소셜미디어 밈을 비평한, 청소년 대상 잡지에 작성된 짧은 글이다. 「인생에서 유일한 장애는 나쁜 태도뿐이다」(The only disability in life is a bad attitude)와 「당신의 핑계는 무엇인가」(What's your excuse)가 기록되어 있다. 스텔라 영(Stella Young)의 2014년 테드톡(TED Talk) 영상인 〈나는 당신에게 영감을 주는 사람이 아닙니다. 감사합니다〉(I'm not Your Inspiration,

Thank You Very Much)가 기사에 실려있다.

「비열한 밈」("DESPICABLE MEMES" BY SCOTT JORDAN HARRIS, AUGUST 13, 2014, SLATE)

https://slate.com/technology/2014/08/miracle-memes-and-inspiration-porn-internet-viral-images-demean-disabled-people.html

대략 2,000개 단어, 2개 이미지

저자는 소셜미디어 "미라클"(miracle) 밈에 대해 언급하며, 사람들은 종종 휠체어를 탄 사람이 서 있거나 걷는 것으로 묘사된 사진을 통해 장애를 위장하고 있다고 추론한다. 대상화, 이동성 손상에 대한 무시, 가짜 장애비유의 보급에 관한 문제가 다루어진다.

c. 광고에 표현된 장애

〈광고와 장애에 관한 2018년 보고서〉("2018 REPORT ON ADVERTISING AND DISABILITY" BY JOSH LOEBNER, 2018, ADVERTISINGANDDISABILITY.COM)

https://advertisinganddisability.com/2019/02/04/2018-report-on-advertising-and-disability/

대략 9분

영상 보고서는 한 해 동안 광고에 표현된 장애인 묘사에 대한 논평을 제공한다. 뢰브너(Loebner)는 통합적인 이미지를 향한 긍정적 변화를 평가한다.

성찰 동아리: "오늘날 장애권리와 문화의 임무는 무엇인가?" 에 대한 결론

이번 탐구는 현재의 문제를 강조하고 있으므로 결론을 짓기 위한 훌륭한 방법은 학생 모둠에게 주요 문제와 실행 중인 조치에 대한 강조점을 공유해 주는 것이다. 개인이 어떻게 참여할 수 있는지, 그리고 어떠한 문제에 참여할 수 있는지에 주의를 기울이는 것이 가장 좋은 방법이다. 공유를 구체화하기 위해 학생들에게 다음과 같은 질문을 할 수 있다.

- 지역사회에서의 삶, 주거, 고용 및 접근성과 관련하여 오늘날 장애인의 경험은 어떠한가?
- 장애 공동체 및 더 넓은 사회의 구성원들 사이에서 언어, 표현 혹은 정체성에 대한 관점은 무엇이 다른가?
- 장애 공동체의 구성원과 협력자들은 뉴스 매체, 예술 및 대중문화에서 장애인이 눈에 더 잘 띄게 하기 위해 어떻게 활동하고 있는가?
- 여러분은 현재 문제의 어떤 측면에 관여하는 것에 가장 관심을 가지고 있는가?

참고문헌

Kafer, A.(2013). *Feminist, queer, crip*. Bloomington: Indiana University Press.

장애권리와 장애 문화에서의 관심 주제

정책과 법: 미국장애인법(Americans with Disabilities Act)과 장애인교육법(Individuals with Disabilities Education Act)은 법정과 입법 과정에서 항상 검증을 받고 있다.

고용과 평등한 급여: 고용주는 직장에서 장애인을 어떻게 인식하고 있는가? 장애가 있는 직장인은 어떻게 급여를 받고 있는가? 거대 기술기업(tech giants)에서부터 소매업까지, 기업은 사업장에 점점 더 많은 장애인을 고용하고 있다. 장애인 고용이 어떻게 이루어지고 있고, 어떻게 증진될 수 있는지가 오늘날의 관심 주제이다. 최저임금 이하의 급여를 받고 있는 일부 장애인 근로자에게 고용주가 보상을 하도록 한 미국의 정책 역시 주목을 받고 있다.

상호의존적인 삶: 미국은 장애인이 그들의 지역사회 안에서 생활하고, 일하고, 배울 수 있도록 하고 있다. 보다 통합적인 사회를 만들어 가기 위한 노력으로 이루어지는 개인 보조 프로그램과 지원 서비스는 어떻게 성공하고 실패하고 있는가?

형사사법제도: 통계에 따르면 장애인은 범죄의 희생자가 되거나 범죄에 가담하여 기소당할 가능성이 불균형적으로 매우 높다. 금고형을 받은 인구에는 장애인이 많이 포함된다. 장애인이 형사사법제도에 영향을 받는 다양한 방식을 이해하고 다루기 위해 우리 사회는 무엇을 하고 있는가?

Copyright material from Susan Baglieri and Priya Lalvani (2020), *Undoing Ableism: Teaching About Disability in K-12 Classrooms*, Routledge

정체성과 문화: 매드 프라이드(Mad Pride), 신경다양성, 자기옹호는 주류 및 대안 매체에서 크게 다루어지고 있는 일종의 정체성 운동이다. 해당 주제를 전용으로 다루는 블로그, 웹사이트, 단체 및 팟캐스트를 쉽게 찾을 수 있다. 이러한 운동에 대한 다양한 관점은 무엇인가? 이 운동은 문화, 장애권리 및 사회 전반에 어떠한 영향을 미치고 있는가?

대중 문화: "크리핑 업"(cripping up)은 비장애인 배우가 장애인 배역을 연기하는 것을 말한다. "영감 포르노"(inspiration porn)는 기분 좋은 장면을 만들거나 다른 사람에게 동기를 부여하기 위한 이야기와 밈에 장애인이 묘사되는 것을 의미한다. 매체와 엔터테인먼트에서 표현되는 장애에 대한 현재의 문제 및 관점은 무엇이며, 이것이 편견, 차별 및 문화에 미치는 영향은 무엇인가?

Copyright material from Susan Baglieri and Priya Lalvani (2020), *Undoing Ableism: Teaching About Disability in K-12 Classrooms*, Routledge

11장. 비장애중심주의에 맞서는 실천에서 우리의 역할

탐구 주제: 장애권리를 진전시키고 비장애중심주의를 해체하기 위해 우리는 어떻게 실천할 것인가?

필수 질문

- 옹호, 자기옹호, 실천주의 및 연대(allyship)는 불의를 경험하는 집단을 위한 실제와 정책을 변화시키는 데 있어 어떠한 역할을 하는가?
- 내가 속한 공동체 안에서 변화를 만들기 위한 나의 역할은 무엇인가?

도입 및 배경정보

> "우리가 불의를 막을 힘이 없을 때는 있지만, 항의하지 못하는 때는 절대로 있어서는 안 된다."
>
> – Elie Wiesel(1986)

사회정의교육의 목표는 학생들 사이에서 불공평 관련 문제에 대한 비판적 참여와 어떤 집단이 주변화되는 실제에 대한 인식을 만들어내는 것이다. 사회정의를 위한 이러한 활동은 자원의 공평한 분배가 이루어지는 사회, 모든 개인이 자기결정적인 구성원이 되는 사회를 상상한다. 사회정의 교육자는 학생들이 개인, 지역사회 및 제도적 수준에서 불의에 대해 분석적으로 사고할 수 있게 해주는 교수 자료를 사용하고자 한다. 이와 함께 그들은 공평성과 통합성의 원칙에 따라 사회를 재구조화하기 위해 일한다. 사회정의교육의 참여자들은 억압적이거나 억압을 묵인하는 실제 및 담론을 적극적으로 붕괴시킴으로써 공동체 변화에 모두가 어떻게 영향을 미칠 수 있는가에 대해 이해하게 된다. 이 목표를 향해서 교사, 행정가 및 학습자들은 자신과 사회의 변화를 만들어내는 주체가 될 수 있다.

젊은이들이 불의에 대해 배우고 그 문제에 열정을 가지게 될 때 자신들이 알게 된 것을 다른 사람에게 알리고자 하는 의지는 대개 멈추기가 어렵다(Picower, 2012). 인식의 획득 및 향상은 사회변화 과정에서 중요한 한 단계임에도 불구하고 Picower는 학생들과 그들의 공동체에 영향을 미치는 특정 문제들에 대해 교사가 학생들과 함께 행동할 것을 권장한다. 이에 따라 학생들은 "사회적 행동에 자발적으로 참여함으로써 정의를 위해 싸우는 것이 무엇을 의미하는 것인지"를 경험할 수 있다(Picower, 2012, p. 2). 학생들은 장애와 관련하여 낙인과 배제가 지속되는 지역 공동체 내에서 특정한 실제를 판별하고 이를 변화시키기 위해 협업할 수 있다. 사회적 행동의 실천과 관련하여 사람들이 가지는 사회적 위치는 매우 다양하다. 계획 및 참여의 과정에서 다음과 같은 개념을 고려하고 강조해야 한다.

사회적 위치: 우리 없이 우리에 대한 것은 없다

사회비판적이고 반억압적인 행동의 세계에서 두 가지 명확한 개념이 중심이 된다. 첫째, 역사적으로 억압받아온 사람들이 가치있는 것으로 제기하는 문제 및 관심사들이 행동의 틀이 되어야 한다. "우리 없이 우리에 대한 것은 없다"(nothing about us, without us)라는 장애권리 슬로건은 비장애인 혹은 비장애중심주의 관점을 가진 사람들이 장애를 다루기 위해 만들어온 노력이 잘못되었고 비효과적이었음을 환기시키기 위한 집회의 구호이다. 리더십을 갖는 위치에서 장애인들의 대표성 결여는 이러한 상태를 악화시킨다. 이러한 상황에서 장애인은 변화의 참여자 및 리더로서 보다는 사회변화의 대상이나 목표로 여겨질 수 있다. 장애인을 둘러싼 인식부족과 온정주의의 역사, 그리고 자선의 한 원인으로 장애를 묘사하는 것은 장애 관련 사회적 행동이 이러한 형태의 비장애중심주의를 재생산하지 못하도록 특별히 경계할 것을 요구한다. 둘째, 사회적 행동에 관여하는 사람들은, 다루어지고 있는 문제 및 관심사와 관련하여 자신의 사회적 위치에 대해 숙고하고 비판적으로 성찰해야 한다. 장애와 관련된 사회적 위치에 대해 생각하는 일반적인 방식은 다음과 같다.

- **활동가**는 보다 광범위한 집단의 이상에 맞추는 방식으로 변화를 만드는 대중운동에 참여하는 사람이다.
- **자기옹호자**는 장애를 가진 것으로 인식되는 모든 장애 활동가에 의해 사용되는 지위는 아니지만, 일반적으로 자신의 문제 및 관심사가 중심이 되는 집단의 구성원으로 인식되며 변화를 향해 일하는 누군가를 의미한다.
- **옹호자**는 일반적으로 장애에 깊은 영향을 받고 있으며 가까운 대인관계를 통해 그 문제와 자주 연결되는 누군가이다. 옹호자는 장애인과 함께 비장애중심주의를 다루어 본 경험이 있는 "내부인"이다.
- **협력자**(ally)는 일반적으로 비장애인이거나, 다루어지고 있는 문제 및 관심사의 중심에 있는 특정 정체성/경험에 대해 "외부인"인 누군가이다. 협력자는 관심이 되는 문제를 지원하고 자세히 하기 위해 특권적이고 권력이 있는 상대적 지위를 사용할 수 있다.

장애와 관련하여 다른 사람의 사회적 위치를 가정하는 것은 결코 좋은 생각이 아니다. 가정을 피하기 위해 활동가는 일반적으로 자신의 위치를 분명히 할 것이다. 많은 사람이 다른 이들은 쉽게 알 수 없는 방식으로 장애화를 경험한다. 자기옹호, 옹호자 및 협력자와 같은 개념은 우리 스스로를 다른 사람에게 어떻게 인식시킬 수 있는지를 고려하는 방식이다. 사회적 위치를 분명히 하는 것이 중요한 몇 가지 이유가 있다. 첫째, 실천주의는 대중적이고 대립적이며 불편할 수 있다. 활동가는 편안하며 지지받을 수 있는 안전한 공간이 필요하다. 누가 "그 공간에" 있는지 아는 것은 더 안전한 공간을 만드는 데 기여한다. 협력자 및 옹호자는 장애정의(disability justice)에 필수적이다. 그러나 "우리 없이 우리에 대한 것은 없다"는 것을 생각할 때 협력자 및 옹호자는, 자신의 역할과 관점은 중요하지만 대부분의 경우 자신이 중심이 되어서는 안된다는 것을 명심해야 한다. 이들의 목적은 다른 사람들과 **함께** 활동하는 것이다.

상호교차성

모든 사람의 경험과 정체성은 개인적, 사회적, 경제적 및 정치적 위치에 따라 구성되고 형성되며 영향을 받는다. 상호교차성(Intersectionality)의 개념은―특히 정의 및 억압과 관련하여―우리가 동일시하거나 동일시되는 집단의 멤버십이 관점 및 경험을 형성하는 방식으로 서로 교차한다는 것을 강조한다. 라틴계의 장애 남성은 흑인 장애 여성과는 다른 사회적 위치를 가진다. 고등학교에서 학습장애를 가진 백인 여학생의 위치에 있는 것은, 행동장애를 가진 흑인 청년으로 여겨지는 것과는 다른 경험이다. 부유한 가정에서 자폐 구성원이 되는 것은 빈곤한 가정에서 자폐 구성원이 되는 것과 다르다. 사회적 행동에서 상호교차성에 주목하는 것은 변화 운동 간의 공통점, 차이점 및 갈등을 인식하게 하는 데 중요하다. 상호교차적인 억압체계 안에 예속된 사람들에게 변화의 목적이 어떻게 점점 더, 혹은 덜 의미있게 될지를 고려하는 것 역시 중요하다. 개인 차원에서도 자신의 상호교차적 경험 및 정체성이 관점을 형성하는 방법과 지식, 특권, 그리고 사회적·정치적·경제적 위계에서 개인의 위치를 규정하는 물질적 장점과 단점을 고려해 볼 가치가 있다.

불평등과 자선의 물질적 현실 돌아보기

장애 불평등의 물질적 현실은 종종 지역사회 자원 및 서비스를 위한 자금을 부족하게 하거나 기부에 의해 자금을 조달하도록 만든다. 또한 하나의 집단으로서 장애인들은 불균형적으로 실업자가 많고 능력 이하의 일을 많이 한다. 학습, 생활 및 사회화 역시 무능력(disability)과 능력(ability)에 의해 분리된 공간에서 일어날 수 있는데, 지적장애가 있거나 "심각한" 장애의 특성을 가진 것으로 여겨지는 사람들에게는 그 분리가 가장 분명하게 나타날 수 있다. 기금모금과 특별한 행사 개최는 장애인을 위한 기회와 통합을 증진시키는 실질적 조건에 긍정적인 영향을 미치는 사회적 행동이 될 수 있다. 이와 동시에 장애와 관련된 자선, 동정 및 "특별한" 대우의 역사를 알고 비평하는 것이 중요하다. 지역 기관과 관련된 장애인은 실제로 기금모금을 통한 지원을 필요로 할지도 모른다; 그러나 이러한 활동이 비장애중심주의의 문제를 어떻게 강화하는지보다는, 비장애중심주의의 문제에 대한 인식을 어떻게 증진시킬 수 있는지에 대해 유념할 필요가 있다.

장애 지우기

모든 사람은 권리, 존엄, 인정 및 자유를 누릴 자격이 있지만 모든 이가 똑같지는 않다. 사람들은 수많은 자질, 필요, 관심 및 욕구를 공유하고 공통적으로 가지고 있지만 이러한 유사성이 차이를 지우지는 못한다. 정의와 존엄을 주장하기 위해 공유된 인간성 및 공통성을 강조하려는 노력은 중요하다. 그러나 장애를 지우려는 캠페인과 그 안에 있는 비장애중심주의에 대해 비판적으로 생각해보라. 모든 사람이 강점, 재능 및 어려움의 영역을 가지고 있지만 모두가 장애화를 경험하는 것은 아니며 학교 및 사회로부터 장애인으로 표찰되는 것이 의미하는 바를 모두가 경험하는 것도 아니다.

비장애중심주의에 맞서기 위한 대중적인 행동에 참여하는 것은 비판적 관점을 요구하지만, 고려해야 할 중요한 개념은 자의식 또는 "틀린 일"을 행하는 것에 대한 우려 때문에 행동을 막으려는 의도는 아니라는 것이다. 행동이 비장애중심주의 및 비장애중심주의에 대한 인식을 목표로 삼도록 하기 위해, 그리고 다른 행동과 운동을 존중하도록 하기 위해 주의 깊게 사고하고 활동하는 것은 집단의 계획을 안내할 수 있다. 사회적 변화를 만들어내는 것은 어려운 일이다. 사회 안에서 비장애중심주의가 만연되는 것, 그리고 장애인의 주변화가 지배문화적 신념에 뿌리를 두고 있고 많은 제도적 방침을 통해 승인되는 정도를 감안할 때 교사와 학생은 모두 다음과 같은 질문을 할 수 있다: "그렇게 방대하고 견고한 무언가를 내가 어떻게 변화시킬 수 있겠는가?" 사회정의를 위해 활동하는 교육자 및 젊은이들은 크고 작은 다양한 방식으로 세상을 변화시킨다. 일련의 개인적 행동과 작은 저항 행위가 모여 큰 변화를 일으킬 수 있다. 가까운 지역사회, 학교 및 교실 안에서 구체적인 문제를 다루기 위해 다른 이들과 협력할 때 우리는 비장애중심주의를 조금씩 깎아낼 수 있다. 우리가 집단적으로, 그리고 의도적으로 우리 주변의 공간과 관계를 바꾸어나갈 때 우리는 세상을 변화시킬 수 있다.

심화학습을 위한 성찰과제

- 사회변화를 만들기 위한 대중적인 활동에 여러분은 어떠한 방식으로 참여하고 있거나 참여해왔는가? 이러한 경험이 여러분을 어떻게 느끼게 했는지, 그리고 여러분은 어떻게 실천하기로 결정했는지 생각해보라. 이러한 경험은 비장애중심주의에 맞서는 실천을 위한 학생들의 아이디어 및

노력을 촉진하는 자원으로 어떠한 역할을 할 수 있는가?
- 사회적 행동 및 장애와 관련된 여러분의 사회적 위치는 무엇인가? 학교, 지역사회 혹은 장애권리와 실천주의의 보다 광범위한 맥락에 대한 어떤 조사가 학생들의 행동을 촉진할 수 있겠는가?

추천 자료

- 『혁신을 일으키는 교육: 학생들의 참여적 실행연구』(Revolutionizing Education: Youth Participatory Action Research in Motion by J. Cammarota and M. Fine(Eds.), 2010, Routledge)
- 『여러분이 가르치는 것을 실천하라: 교실과 길거리에서의 사회정의교육』(Practice What You Teach: Social Justice Education in the Classroom and the Streets by B. Picower, 2012, Routledge)
- 『이제까지 일어난 놀라운 일들: 도시의 학급으로부터의 교훈』(Spectacular Things Happen Along the Way: Lessons from an Urban Classroom by B. D. Schultz, 2018, Teachers College Press)

탐구와 실천 시작하기

이제까지 많은 활동 제안은 탐구 참여자들이 가족 구성원 및 지인들과 함께 장애 관련 지식과 실제를 조사하고 지역의 맥락을 평가하기 위한 자연스러운 출발점이 되어왔다. 이번 챕터의 목표는 사회 및 문화에 구체적인 영향을 미치려는 의도를 가지고 조사에서 실천으로 방향을 전환하는 것이다. 탐구 참여자는 기존 단체들의 지속적인 활동과 연계하거나 학교 및 지역사회에 대한 분석과 관련지어 행동을 위한 아이디어를 생성하기 위해 협력할 수 있다. 지역보건발전센터(Center for Community Health and Development)(Rabinowitz, 2018)

에서 수정하여 제시한, 행동을 위한 아이디어는 다음과 같다.

- 장애인을 위한 평등을 요구하기 위해 여러분의 목표에 다른 사람을 참여시켜라; 사회적 변화를 만들어내는 일은 집단적으로 활동할 때 더 쉬워진다.
- 장애권리를 지지하는 지역 혹은 국가 단체에 대해 알아보라. 해당 단체와 제휴하여 그들의 계획에 참여하거나 새로운 계획을 제안하라.
- 정책을 변경하거나 장애관련 법을 시행할 수 있는 위치에 있는 사람들에게 편지를 쓰거나 이야기할 기회를 포착하라.
- 여러분의 학급, 학교 혹은 이웃을 위해 스스로 비장애중심주의와 통합성에 대한 정보의 출처가 되도록 하라. 소셜미디어에 정보 및 인식을 퍼뜨려라. 공공 서비스 소식을 알리거나, 비디오/영화를 만들거나 혹은 입법 기관에 여러분의 아이디어를 제출하라.
- 여러분이 속한 지역의 교육위원회 회의나 시청의 행사와 같은 대중 토론에서 여러분의 관심사에 대해 공유하라.
- 장애권리 또는 모든 사람의 권리를 지지하는 단체를 만들거나 그러한 단체에 가입하라.
- 목소리를 높여라! 불공평한 무언가를 볼 때마다 그것에 대해 말하거나, 그것에 대한 정보를 공유하라.
- 청원을 시작하거나 시위에 참여하여 법의 집행을 요구하거나 문제가 되는 정책에 반대를 표하라.
- 협력자가 되어라; 장애인권 활동가는 장애가 있는 사람과 없는 사람 모두가 된다는 것을 기억하라.
- 여러분의 지역사회에서 장애권리와 관련된 사건 및 문제에 대한 대중인식을 증진시키기 위해 미디어를 활용하라.
- 여러분의 장애 여부와 관계없이 접근이 어려운 상황에 주의를 기울여라.

- 무기한으로 실천을 유지하라; 계속 인식하고 참여하라. 실천주의는 일회성이 아니다!

변화를 위한 노력 투자

학생 모둠이 실천을 계획하고 참여할 때 교사가 비장애중심주의와 관련된 노력 투자의 수준 및 목표의 명료성에 대해 판단하고, 학생들이 이에 대해 숙고하는 것이 중요하다. 행동하는 것이 목표일 때 잘못 실행된 노력은 득보다는 실이 더 많을 수 있다. 모든 개인이 행동에 참여할 것으로 기대된다면 자신감, 편안함 및 동기부여의 영역을 강조하는 방식으로 개인이 노력을 투자할 수 있도록 활동에 대한 선택기회를 제공하는 것이 좋다. 또한 장애와 비장애중심주의의 매우 교차적인 경험은 비장애중심주의 반대 활동에 대한 접근 방식의 범위를 확장시키기 위해 다른 사회 운동과 반편견 행동이 쉽게 연계될 수 있음을 의미한다. 예를 들면 장애를 가진 여성, 장애를 가진 흑인, 퀴어(queer)이면서 장애인, 라틴계이면서 장애인으로 인식되는 사람 등과 관련된 특정 운동 및 단체들이 있다. 장애권리 실천주의 및 행동은 전 세계적으로 일어나고 있다. 학생들이 자신의 사전지식 및 정의에 대한 기타 열정과 관련된 방식으로 비장애중심주의에 대해 학습한 것을 실행할 수 있는 여러 가지 방법들이 있다. 최선의 아이디어는 실행 가능성을 조사하고 제시하는 참여자 자신의 노력 투자로부터 나올 것이기 때문에 다음에서는 매우 일반적인 활동들이 제안된다.

탐구 시작하기: 장애권리를 진전시키고 비장애중심주의를 해체하기 위해 우리는 어떻게 실천할 것인가?

1. 지역사회 내 사람들이 긍정적인 사회변화를 만들기 위해 활동하는 방식의

예들을 학생 모둠이 공유하게 하라(예: 기부금 모으기, 공직 및 정치활동 참여하기, 다른 이들에게 정의/변화에 대해 교육하기, 기업·행사·학교·공원 및 기타 공공 서비스를 새롭게 조직하거나 향상시키기).

2. 목록이 늘어남에 따라 비장애중심주의 및 접근성에 관한 사회적 행동에 참여하거나 변화를 만드는 일에 있어 학생들이 어떠한 유형의 활동에 참여해 보았는지, 혹은 어떠한 유형의 활동에 관심이 있는지 학생들에게 질문하라.

3. 장애에 관한 사회적 행동을 실천하는 데 있어 자신의 사회적 위치를 어떻게 생각하고 있는지에 대해 학생 모둠이 정의 및/혹은 설명하게 하라. 학생들은 다음과 같이 인식할 수 있다.
    - 활동가
    - 자기옹호자
    - 옹호자
    - 협력자

4. 비장애중심주의와 관련된 행동에 있어 학생들은 자신의 사회적 위치를 어떻게 이해하는지, 그리고 사회적 위치는 사회적 행동에서 그들의 역할과 책무성에 어떠한 영향을 미치는지에 대한 대화와 독립적 성찰을 증진시킬 수 있는 기회를 제공하라.

활동 제안

1. 여러분은 어떻게 하시겠습니까? 일상생활에서 먼지차별을 판별하고 행동하기

먼지차별(Microaggressions)은 일상생활에서 일어나는 편견 및 선입견의 표현이다. 이는 언어적이거나 비언어적일 수 있고, 상대방의 정체성이나 경험에 대한 가정으로 인해 적대적이거나 부정적인 메세지를 전달하는 명시적인 모욕이나 비의도적인 행동 혹은 태도를 포함한다. 먼지차별은 그 대상으로 하여금 소속되지 못한 느낌, 존경이나 존엄의 가치가 덜한 느낌, 혹은 가치 저하되는 느낌을 갖게 한다. 장애와 관련된 먼지차별은 다른 사람이 장애를 가진 사람과 상호작용을 피할 때, 장애에 대한 뜻밖의 질문을 할 때, 사회적 맥락에 불필요하거나 부적합한 상황에서 장애를 언급하거나 강조할 때, 장애인에게 그들이 알고 있는 장애가 있는 다른 누군가에 대해 말할 때, 장애로 인해 어떤 사람이 활동에 참여하길 원치 않는다고 가정할 때, 그들이 할 수 없을 무언가에 대한 이야기를 어떤 사람이 알고 싶어하지 않는다고 가정할 때 느껴질 수 있다. 이러한 예의 일부는 정중하거나 세심한 것으로 생각될 수 있지만 그것이 실제로 하는 일은 장애인들이 동등하게 인식되지 않는다는 것, 혹은 그들 삶의 한 가지 측면이 다른 모든 측면을 좌우한다고 추정되는 것을 강화하고 전달하는 것이다. 우리 생활에서의 행동에 대한 대화와 사고를 촉발시키기 위해 학생들은 선입견, 편견 및 차별의 상황을 직면했을 때 행동을 할 것인지 말 것인지를 결정할 수 있다. 〈여러분은 어떻게 하시겠습니까?〉(What would you do?) 시리즈는 탐색을 위한 맥락을 제공할 수 있다.

〈다운증후군을 가진 직원을 학대하는 고객 | 여러분은 어떻게 하시겠습니까?〉 ("*Customer Abuses Employee with Down Syndrome | What Would You Do? | WWYD*", produced by ABC, June 18, 2016, published by What Would You Do?) www.youtube.com/watch?v=B2rNcs27Dpg

8분

ABC 네트워크 〈리얼리티〉 시리즈는 잘못된 어떤 일이 일어나는 시나리오를 만들기 위해 배우를 일상적인 상황에 배치한다. 이 프로그램은 "현실의" 사람들이 어떻게 반응하는지를 강조하고 그 상황에서 "여러분은 어떻게 하시겠습니까?"에 대한 질문을 한다. 이 영상에서 다양한 배우들이 식료품점에서 일하는 직원을 모욕하는 장면을 보여준다. 다른 사람들의 반응에 주안점을 두는 것이 이 시리즈의 핵심이지만, 다운증후군을 가진 배우 Peter Brodzinski가 자신을 방어할 수 없도록 설정된 점에 주목할 가치가 있다. 배우가 자신의 생각을 표현하는 장면들을 반드시 끝까지 볼 수 있게 하라.

학생들은 자신의 경험을 돌아볼 수 있고, 의도하거나 생각하지 않은 메시지와 행동이 어떻게 다른 사람에게 모욕감을 주고 상처를 주며 무례한 것으로 인식될 수 있는지에 대해 생각해볼 수 있다. 또한 학생들은 모든 장애인이 모든 상황에서 다른 누군가가 "와서 도와주기를" 원하는 것은 아니며, 이에 더하여 공격적이거나 모욕적인 상황을 확대하길 원하는 것도 아님을 생각할 수 있을 것이다. 더 나아가 학생들은 개인의 요구를 반영하는 방식으로 그 대상이 되는 사람에 대해 지원 및 협력을 제공하는 방법을 고려할 수 있을 것이다.

2. 행동을 위한 집단 아이디어 생성

아이디어를 생성하기 위한 일반적인 단계는 다음과 같다:

a. 탐구 참여자가 가장 목표로 삼고 싶어하는 비장애중심주의의 측면에 대한 대화에 참여하라.
b. 이러한 관심사를 다루기 위한 구체적인 목표(공간, 배치, 물리적 및 사회적 조건/환경)에 대한 아이디어를 생성하라.
c. 학교 안과 밖에서 어떻게 변화를 만들 수 있는지, 그리고 변화를 만들어 내는 데 누가 참여할 수 있는지에 대한 아이디어를 생성하라.
d. 다른 사람들은 유사한 방식으로 어떻게 변화를 만들고 있는지에 대해 조사하라.
e. 행동을 계획하고 실천하라.
f. 보고 및 후속조치를 통해 계속 행동해야 할 필요성을 평가하고 추가적인

관련 행동을 생성하라.

3. 학교에 초점을 둔 아이디어

a. **비장애중심주의 혹은 장애 문화에 대한 인식** 여러분은 비장애중심주의에 대한 인식을 어떻게 만들어낼 수 있는가(5-6장)? 여러분은 "장애 인식"과 관련된 활동을 어떻게 장애 문화 인식에 대한 활동으로 전환할 수 있는가(9-10장)?

b. **장애에 대한 표현** 어떠한 유형의 자료가 교수학습에 사용되는가? 학교에서 사용하는 책에서 장애인이 얼마나 잘 표현되어 있는가? 여러분의 학교 교재에 나타난 장애인에 대한 표현을 보기 좋게 만들고 변화시키기 위해 다양한 책을 탐색하고 분석하라(7-9장).

c. **환경에서의 변화 만들기** 학교에 대한 접근성 조사를 수행한 후(6장) 학습자들은 실현 가능한 변화를 제안하고, 변화를 만들어내며, 학교 리더에게 자신들의 아이디어를 표현할 수 있다.

4. 행동에 동참하라

다음은 장애권리를 지향하고 비장애중심주의에 맞서는 사회적 행동에 참여하는 단체의 목록이다. 지난 챕터에서 제시된, 정책 및 법률에 초점을 둔 단체들 역시 사회적 행동에 참여하는 기관으로 고려될 수 있다. 행동에 동참한다는 것은 행사 참여하기, 지역사회에서 유사한 행사 주최하기, 단체의 지부 설립하기, 단체에 대한 정보 및 단체의 설립 이유에 대한 정보 보급하기, 혹은 단체에 기부하기 위한 모금 활동하기를 의미할 수 있다. 이와 유사한 행사나 기부운동을 조직하는 경우 이 활동들이 환영받고 승인될 수 있도록 단체와 의사소통하는 것이 중요하다.

- ADAPT(역자주: American Disabled for Attendant Program Today, 활동보조 프로그램 개혁을 위한 미국장애인연대)는 오랫동안 지속되어온 풀뿌리 단체로, 장애권리 및 자유를 향한 시민 불복종과 비폭력적인 사회적 행동에 참여할 수 있도록 지역사회 조직화를 촉진하는 단체이다(adapt.org).
- 자폐자기옹호네트워크(Autistic Self Advocacy Network, ASAN)는 자폐와 관련된 장애권리운동의 원칙을 발전시키고자 한다(autisticadvocacy.org).
- 행동하는 장애인(Disabled in Action, DIA)은 장애인에 대한 차별을 종식시키기 위해 노력하는 시민권리 단체이다(DIA of Metropolitan New York: disabledinaction.org).
- 자기옹호자인 아이들(Kids as Self Advocates, KASA)는 장애청소년들이 청소년을 위해 만든 전국적인 풀뿌리 프로젝트이다(fvkasa.org).
- 마인드프리덤 인터내셔널(Mindfreedom International)은 정신과적 장애로 표찰된 사람을 위한 인권 쟁취 및 대안 마련을 위해 후원자들과 풀뿌리 단체를 통합시키는 비영리단체이다(mindfreedom.org).
- 낫데드옛(Not Dead Yet)은 조력자살과 안락사의 합법화를 치명적 형태의 차별로 보고 이에 반대하는 전국적인 풀뿌리 장애권리 단체이다(notdeadyet.org).

5. 행동을 위한 아이디어 얻기

다음 목록은 가까운 지역 이외에서는 가입할 수 없는 프로젝트, 단체, 연합체 및 조직들로 구성되어 있다. 그들이 이제까지 해왔던 일이나 지금 하고 있는 일들에 대해 학습하는 것은 행동을 위한 아이디어를 촉발시킬 수 있다.

- 엑세서블 아이콘 프로젝트(The Accessible Icon Project)는 접근의 국제적 상징인 휠체어의 상징 양식을 변경하여 비장애중심주의와 장애에 대한 생

각과 변화를 불러일으키는 디자인을 사용한다(accessibleicon.org).

- **드림**(DREAM, Disability Rights, Education, Activism, and Mentoring)은 대학의 장애학생을 대상으로 하는 조직이다(dreamcollegedisability.org).
- **The Empowered Fe Fes**는 젊은 장애여성의 삶에 변화를 일으키기 위해 노력하는 젊은 여성 옹호 및 동료지원 단체이다(www.accessliving.org/Empowered-Fe-Fes).
- **아이투아이**(Eye to Eye)는 젊은이들에게 교육프로그램을 제공하고 멘토쉽을 촉진하여 젊은이들이 자신의 학습 방식에 대한 자기의심에서 역량강화로 나아갈 수 있게 해주는 단체이다(www.eyetoeyenational.org).
- **플로리다청소년위원회**(The Florida Youth Council)는 청소년들과 신흥 지도자들을 모아 자기옹호, 동료 멘토링, 교육 및 리더십을 통한 변화를 이끌어낸다(www.floridayouthcouncil.org).
- **전미흑인장애인연합**(The National Black Disability Coalition)은 통합을 촉진하고 긍정적인 변화를 이끌어내기 위해 장애를 가진 흑인들의 노력을 조직하기 위한 공간이다(www.blackdisability.org).

6. 변화를 위한 기타 행동 방법

비장애중심주의에 맞서는 실천 방법들 중 사회적 행동을 넘어서는 방법들이 있다. 다음은 전 세계적으로 접근 및 통합성을 향상시킬 수 있는 혁신적 방법과 개념을 강조하는 자료 목록이다.

제로 프로젝트(*Zero Project*)
https://zeroproject.org/

혁신적인 방법들의 광범위한 목록을 보려면 제로 프로젝트를 살펴보라. 제로 프로젝트는 전 세계 장애인의 삶을 향상시키고 있는 가장 혁신적이고 효과적인 실제와 정책들로 인정받는, 오스트리아에 근거지를 둔 플랫폼이다. 제로 프로젝트는 2016년 이후 매 해마다 하나의 주제와 관련된 혁신적 방법에 대한 보고서를 발간한다. 보고서는 다음 링크를 통해 볼 수 있다: https://zeroproject.org/innovative-practices/

a. 패션 및 미용 산업

〈전 세계 15억 장애인을 위한 패션을 발전시키는 세 명을 만나다〉("MEET THREE PEOPLE PUSHING FASHION FORWARD FOR THE 1.5 BILLION PEOPLE WITH DISABILITIES WORLDWIDE" BY ANDREA KRAMER, SEPTEMBER 14, 2018, PUBLISHED BY CNBC: MAKE IT)

www.cnbc.com/2018/09/14/meet-three-people-pushing-fashion-forward-for-people-with-disabilities.html

5분 비디오, 2개 컬러 이미지, 대략 400개 단어

가장 흥미로운 부분은 패션계에서 장애를 두드러지게 하는 한 명의 디자이너와 두 명의 모델을 강조하는 신문기사/라이프스타일 비디오이다.

〈프로 인피르미스(왜 누가 완벽한가?)〉("PRO INFIRMIS(BECAUSE WHO IS PERFECT?)", DIRECTED BY ALAIN GSPONER, DECEMBER 2, 2013, PUBLISHED BY PRO INFIRMIS)

www.youtube.com/watch?v=E8umFV69fNg

대략 4분, 독일어, 영어자막

스위스의 비영리단체인 프로 인피르미스(Pro Infirmis)는 "왜 누가 완벽한가? 더 자세히 보라"(Because Who Is Perfect? Look Closer) 프로젝트를 후원했다. 이 프로젝트는 실물크기의 장애인 마네킹을 제작하고, 취리히의 고급 쇼핑가인 반호프슈트라세(Bahnhofstrasse)의 상점 창가에 전시하였다. 마네킹의 모델은 Jasmin Rechsteiner, Alex Oberholzer, Urs Kolly, Nadja Schmid와 Erwin

Aljukic이다. 이 비디오는 마네킹을 제작하고 전시하는 과정을 편집한 것이다.

b. 여가, 스포츠 및 놀이

래드 이노베이션즈(RAD-INNOVATIONS)

www.rad-innovations.com/

래드 이노베이션즈는 모든 종류의 라이더를 대상으로 사이클 및 사이클링 장비에 대한 컨설팅, 맞춤, 제작 및 판매를 한다. 이 뿐 아니라 적응형 사이클(adaptive cycles)을 제작하는 다른 업체도 많이 있다. "About"과 "Our Brands" 링크를 통해 다른 업체로 이동하거나 이 회사들을 팔로우하면 개발자들이 자전거 이상으로 훨씬 더 많은 공학기술의 혁신에 접근해 온 많은 방법들을 볼 수 있다.

「바비가 휠체어와 의수, 의족을 사용하는 인형을 출시하다」("BARBIE INTRODUCES DOLLS WITH WHEELCHAIRS AND PROSTHETIC LIMBS" BY MICHELLE LOU AND BRANDON GRIGGS, FEBRUARY 12, 2019, CNN)

www.cnn.com/2019/02/12/us/barbie-doll-disabilities-trnd/index.html

대략 400개 단어, 3개 이미지

탈부착이 가능한 의수, 의족과 휠체어를 사용하는 인형이 포함된 마텔 바비인형의 새로운 라인 개발 및 출시를 강조하고 있는 기사이다. 이는 장애경험을 반영하는 장난감에 대해 고려할 수 있게 해준다.

놀 권리 단체(RIGHT TO PLAY)

http://righttoplay.org/playground/

놀 권리 단체는 접근가능한 놀이터 설치를 옹호하는 비영리단체이다. 웹사이트에는 많은 사람이 놀이터의 장비를 이용하고 즐길 수 있도록 하는 놀이터 형태를 강조하는 인터랙티브 이미지가 포함된다. 학생들은 학교 및 지역사회에 있는 놀이공간을 평가하고, 가능한 장애물들을 나열하거나 묘사할 수 있다. 그리고 놀이공간에서 가장 바람직한 것들을 알아내기 위해 학생들이 알고 있는 장애 아동에게 연락을 취하거나 지역사회 기관에 자신의 모둠을 다른 이들과 연결해달라고 요청할 수 있으며, 새로운 놀이터를 위한 모델/디오라마/그림/청사진을 만들어낼 수 있다. 그 디자인을 설득력있는 편지와 함께 타운쉽이나 교육위원회에 보내는 것은 실천의 한 방법이 된다.

c. 보조 및 적응형 공학기술의 진보

노트북 컴퓨터, 스마트폰, 태블릿 및 웨어러블의 등장은 컴퓨터 조작 및 개인용 기술에 대한 접근에 혁명을 일으켰다. 모든 유형의 기술자들은 이동기술, 보철학 및 로봇공학의 발전에 관여하고 있다. 다음은 혁신을 통해 변화를 만들어내는 사람들과 프로젝트를 조사하기 위한 몇 가지 자료이다. 개발자들은 차세대 제품과 기능을 만들어내기 위해 장애인과 어떻게 협업하고 그들로부터 어떻게 배우고 있는가? 아마도 학교는 접근가능한 기술 및 보조공학 기술과 관련된 주제로 과학 축제 또는 혁신 축제를 개최할 수도 있을 것이다.

「보조공학 기술을 채택한 개발자로부터의 세 가지 교훈」("3 LESSONS FROM DEVELOPERS WHO HAVE EMBRACED ASSISTIVE TECHNOLOGY" BY KARISSA BELL, JULY 26, 2015, *MASHABLE*)

https://mashable.com/2015/07/26/developers-assistive-technology/#4lT7XdXHDiqhW

대략 1,200개 단어

이 기사는 모든 모바일 및 웨어러블 기기에서 사용자들과 그들의 필요 및 요구에 관심을 기울이는 개인용 기술의 개발자 및 발전을 강조한다.

인간공학 연구소(HUMAN ENGINEERING RESEARCH LABORATORIES)
www.herl.pitt.edu/

 인간공학 연구소(HERL)는 미국의 보훈처 연구개발과의 부속기관이다. 연구소의 프로젝트와 연구에 대해 살펴보는 것은 미래 세대를 위한 접근을 형성할 수 있는 진보의 유형을 보여줄 수 있다.

〈바로잡기: 인간 향상의 과학/소설〉(FIXED: THE SCIENCE/FICTION OF HUMAN ENHANCEMENT, PRODUCED BY REGAN BRASHEAR, 2013, NEW DAY FILMS)
www.fixedthemovie.com/

 60분

 다큐멘터리는 장애와 정상성 그리고 인류의 미래를 위한 새로운 인간 향상 기술(human enhancement technologies)의 의미에 대해 비판적으로 탐색한다. 한 가지 중요한 점은, 인류 진보의 윤리적, 물질적 및 철학적 비용에 대한 숙고 없이는 기술 혁신이 고려될 수 없다는 것이다.

d. 보편적이고 통합적인 설계의 진보

보편적설계센터(The Center for Universal Design)는 1989년 노스캐롤라이나 주립 대학교의 Ronald L. Mace에 의해 설립되었다. 보편적 설계의 개념은 재료, 제품, 장소 및 공간의 개발을 위한 설계와 계획이, 다양한 능력을 지닌 사용자의 경험을 고려한 디자인에 가까워야 한다는 것이다. Mace와 센터의 사람들은 보편적 설계의 7가지 원칙을 개발하였다. (1) 공평한 사용, (2) 사용에서의 유연성, (3) 단순하고 직관적인 사용, (4) 지각 가능한 정보, (5) 오류에 대한 인내, (6) 적은 신체적 노력, (7) 접근 및 사용을 위한 크기와 공간. 비록 이 센터는 현재는 운영되지 않고 있지만 보편적 설계의 유산은 세계적으로 받아들여지고 있다. 다음은 도시계획 설계자, 건축가 및 디자이너가 어떻게 접근을 고려하고 있는지에 대해 통찰력을 제공하는 몇 가지 자료들이다.

보편적설계우수성센터(THE CENTER FOR EXCELLENCE IN UNIVERSAL DESIGN)

http://universaldesign.ie/Home/

최종 사용자의 다양성을 강조하여 개발을 추진하는 보편적 설계 및 설계과정에 대해 배우기 위해 센터의 정보 및 자료들을 둘러볼 필요가 있다.

버팔로대학 통합적설계 및 환경적접근센터(CENTER FOR INCLUSIVE DESIGN AND ENVIRONMENTAL ACCESS (IDEA) AT UNIVERSITY OF BUFFALO)

http://idea.ap.buffalo.edu/home/index.asp

건축 및 계획 분야에서 설계 및 건물의 접근성에 대해 어떻게 생각하고 있는지를 알아보기 위해 IDeA 프로젝트와 출판물을 검색해보라.

「세계에서 가장 접근가능한 건물」("THE WORLD [SIC] MOST ACCESSIBLE BUILDING", NO DATE, *EUROPEAN NETWORK ON INDEPENDENT LIVING*)

https://enil.eu/news/the-worlds-most-accessible-building/

대략 1,100개 단어, 1개 이미지

이 기사는 유럽자립생활네트워크(ENIL)의 사무총장인 제이미 볼링(Jamie Bolling)과 코펜하겐의 덴마크장애인단체연합(Disabled People's Organisations Denmark, DPOD)의 회장인 스티그 랭바드(Stig Langvad) 간의 소통에 대해 보도한다. 2012년에 문을 연 DPOD빌딩은 통합적 설계의 매우 중요한 성과로 평가받고 있다. ArchDaily(2014)는 다음 사이트에서 그 빌딩의 사진을 제공한다: www.archdaily.com/495736/house-of-disable-people-s-organization-cubo-force4

성찰 동아리를 끝내며: 장애권리를 진전시키고 비장애중심주의를 해체하기 위해 우리는 어떻게 실천했는가?

이번 챕터에서 성찰 동아리를 마무리하기 위한 이상적인 맥락은 학생 모둠으로 하여금 그들이 집단 혹은 개인적으로 실천한 행동에 대해 공유하고 돌아보도록 하는 것이다.

우리는 다음을 위해 다른 사람들과 어떻게 협력하였는가?

- 불의에 대한 우리의 이해를 확장하고 비장애중심주의에 저항하기 위해 우리는 다른 사람들과 어떻게 협력하였는가?
- 불의에 대한 다른 이들의 이해를 확장하고 비장애중심주의에 저항하기 위해 우리는 다른 사람들과 어떻게 협력하였는가?
- 우리의 행동이 모든 관련자들에게 환영받고, 유익하며, 효과적인지를 확인하기 위해 우리는 다른 사람들과 어떻게 협력하였는가?
- 우리가 시작한 활동에 책임을 다하기 위해 활동의 후속조치를 계획하는 데 있어 우리는 다른 사람들과 어떻게 협력하였는가?

아마도 이번 탐구와 챕터를 마치는 것은, 학생 모둠 및/또는 개인이 새로운 실천을 지속하고, 추적하고 그리고/또는 계획하기 위한 새로운 혹은 또 다른 시작이 될 것이다.

참고문헌

Picower, B. (2012). Using their words: Six elements of social justice curriculum design for the elementary classroom. *International Journal of Multicultural Education*, 14(1). doi:1

Rabinowitcz, P. (2018). Changing the physical environment: Ensuring access for people with disabilities. In *Center for Community Health and Development's, Community Toolbox*. Retrieved from https://ctb.ku.edu/en/table-of-contents/implement/physical-social-environment/housing-accessibility-disabilities/main

Wiesel, E. (1986, December 11). *Nobel lecture: Hope, despair, and memory*. Retrieved from www.nobelprize.org/prizes/peace/1986/wiesel/lecture/

실천하기

1. 비장애중심주의에 맞서는 활동을 위해 여러분이 실천할 수 있는 방법에는 어떤 것들이 있나요?

2. **활동가**는 변화를 만들기 위한 대중적 행동에 참여하기 위해 다른 사람들과 협업하는 사람입니다. 장애 실천주의에서의 보편적인 구호는 "우리 없이 우리에 대한 것은 없다"(Nothing about us, Without us)입니다. 이것은 어떤 의미일까요?

3. 비장애중심주의에 맞서 일하고 있는 활동가들은 모두 다른 배경과 정체성을 가지고 있습니다. 어떤 활동가들은 장애를 가진 사람이고, 일부는 장애인의 친구나 가족 구성원입니다. 그리고 다른 이들은 장애인과 친밀한 관계를 가지고 있지는 않지만, 비장애중심주의가 정의롭지 않다고 믿기 때문에 비장애중심주의가 변화되기를 바라는 사람들입니다. 활동가를 설명하는 아래의 세 가지 용어에 대해 검토해보세요.

> **협력자**는 다양하고 공평하며 정의로운 사회를 만들기 위해 대중적 행동을 실천하는, 특정한 정체성/경험에 대한 "외부인"입니다.

> **옹호자**는 가까운 개인적 관계를 통해 자신의 문제 및 관심사가 중심이 되고 있는 집단과 연결됩니다.

Copyright material from Susan Baglieri and Priya Lalvani (2020), *Undoing Ableism: Teaching About Disability in K-12 Classrooms*, Routledge

자기옹호자는 자신의 문제 및 관심사가 중심이 되고 있는 집단의 구성원으로 인식됩니다.

첫 번째 질문(#1)에서 실천을 위한 여러분의 생각을 다시 참조해보세요. 여러분은 이러한 유형의 행동에 있어 협력자가 될 것입니까, 옹호자가 될 것입니까, 혹은 자기옹호자가 될 것입니까?

4. 협력자, 옹호자 혹은 자기옹호자가 되는 것은 여러분이 실천할 행동의 유형에 어떠한 영향을 줄 것이라고 생각하시나요?

Copyright material from Susan Baglieri and Priya Lalvani (2020), *Undoing Ableism: Teaching About Disability in K-12 Classrooms*, Routledge

12장. 비판교육학과 더불어 비장애중심주의 해체

탐구 주제: 우리는 현재 맥락에서 제기되는 문제에 어떻게 참여할 수 있을까?

필수 질문

- 한 공동체로서, 우리가 더욱 통합적으로 살고 배우기 위해 무엇을 할 수 있는가?
- 더욱 통합적으로 살고 배우기 위해서 나는 무엇을 할 수 있는가?

도입 및 배경정보

> "여러분과 같은 누군가가 이 전체 공동체를 아주 많이 돌보지 않는 한, 더 좋아질 것은 없다. 그렇다."
>
> – Dr. Seuss, The Lorax(1971)

사회정의교육은 하나의 기본적인 질문으로 시작한다: 우리는 어떤 종류의 세상을 만들기를 원하는가, 그리고 우리는 그러한 세계를 위해 학생들의 교육을 어떻게 시작할 것인가? Slee(2011)은 "통합교육은 모든 사람의 관심사"(p.83)라고 주장한다. 비판교육학의 전통에서, 억압을 받은 사람과 타인의 억압으로부터 이익을 취하는 사람들 모두가 변화를 위해서 수행할 역할들을 가지고 있다. 의심할 여지 없이 지금은 장애와 장애화(disablement)의 구조화된 경험과 인간의 소속감의 성격에 대한 지속적인 대화에 젊은이들과 학생들을 초대할 시간인 것이다. Connor와 Gabel(2013)은, 우리가 교육자로서 "학교 안에서 정상성의 헤게모니"를 만드는 것에 대해(p.103), 그리고 "정상"에 대한 우리의 한도를 확장하는 것이 우리의 학교 공동체를 강화하고 개선할 수 있다는 것을 고려하기 위해 우리 학생들을 어떻게 초대할 것인가에 대해 질문한다. 같은 정신에서, Lalvani, Broderick, Fine, Jacobowitz와 Mitchelli(2015)는 학생 인구의 일정 부분의 구조적 분리가 우리의 민주주의 가치에 미치는 영향에 대해 학교에서 어떻게 대화를 열어갈 수 있을지 질문한다. 이러한 아이디어와 일관되어, 우리가 장애와 정상성에 대한 평범한 가정들을 학생들과 함께 다시 생각할 공간을 창출하는 것은 긴요한 것이다. 이렇게 하는 것은 학교에서 장애학생에게 강력한 영향력을 가질 수 있을 뿐 아니라 모든 학생들을 위한 생각의 새로운 방법을 열어갈 수 있다.

평범하지 않고 흔치 않은 몸과 정신을 가졌다는 것에 기초하여 사람들을 주변화하고 차별하는 것은 역사와 지역을 망라해 발생해 왔다. 우리는 관련된 주변성과 차별의 지속성을 설명할 비장애중심주의 개념과 경험을 묘사하기 위해 장애의 개념을 지금 사용한다. 비장애중심주의는 학교의 일부분이다. 왜냐하면 그것은 더 광범위한 문화와 사회의 일부이기 때문이다. 학교는 사회차원적 불평등성을 생성하고 재생성하는 것에 연루되어왔음을 보여준다. 이것은 특별히 장애학생에게 있어서 사실이다. 장애학생은 그들의 실제적 혹은 지각되는 손상으로 인해 자주 분리되고 다른 학생들에게 주어지는 학습과 기회들의 접근성이 거부된다(Arriles, Harris-Murri, & Rostenberg, 2010). 유치원부터 고등학교 3학년 학생의 학교에서 비장애중심주의에 대해 비판적 탐구를 할 때, 우리 주변의 비장애중심주의는 분명한 것으로 보여져야 한다. 학교에서 아동들은 그들 혹은 다른 학생들이 "특수" 학급에서 교육되는 것을 벌써 알아차릴 수 있다. 또한 교사들은 특수교육을 일반교육과는 분리된 한 사업으로서 알고 있다. 그러나, 왜 이렇게 되어야 하는가에 대해 그리고 이러한 조치로 인해 누가 유익이 있는지에 대해 학교에서 공개된 대화는 거의 없다. 많은 사람들은 분리된 환경에서 교육이 어떤 장애학생들에게는 최선 혹은 가장 적합하다는 아이디어를 쉽게 수용하고 활발히 촉진한다(Lalvani, 2013). 이러한 담론은 대부분 아무 의심없이 받아들여지며, 그 결과, 학교 내에서 일어나는 장애와 비장애중심주의에 대한 **비판적** 대화는 거의 없다.

학교에서 장애에 대한 대화와 토론은 법에 들어있는 절차적 보호조항에 따른 특수교육을 실행하기 위한 법과 전략들을 준수하는 것에 자주 집중을 한다(Voulgarides, 2018; Yell & Drasgow, 2000). 사회와 법원에서, 많은 논쟁에 기초하는 하나의 지속적 질문은 장애학생이 학교 예산에 부담이 되는가 여부, 그리고/또는 일반교육에 장애학생의 참여가 어떻게 비장애 학습자를 위해 주어지는 자원, 요구 혹은 관심을 감소시킬 것인지 여부인 것이다(Connor & Gabel, 2013; Rice, 2006; Yell & Drasgow, 1999). 실제에서, 장애학생을 위한 교육은 개별화교육프로그램(IEP)을 개발하기 위한 팀 계획 중의 하나로 협상된다. 법의 이러한 측면의 정신은, 학생과 부모/후견인을 포함하는 다학문적 팀이 학교 전문가들과 합류하여 유익한 수업 교과목을 개발하고 교육적 혜택을 가능케 하는 필수적 지원을 제공하는 것이다. 그러나, IEP 계획의 실제에서 유색인종의 부모들, 표준 미국 영어가 아닌 다른 언어로 의사소통하는 부모들, 그리고 비우세한 문화에 뿌리를 둔 정체성과 경험을 가진 부모들은 주변화되는 경향이 있고 유익한 지원과 서비스를 확보하기 어렵다(Harry & Klingner, 2006; Rogersm 2002; Rossetti, Redash, Sauer, Bui, Wen, & Regensburger, 2018; Valle & Aponye, 2002). 역으로, 인종적, 문화적 및 경제적 힘을 효율적으로 사용할 수 있는 부모들/후견인들은 IEP과정을 통해 유익한 지원과 서비스를 확보할 수 있다(Brantlinger, 2003; Lalvani & Hale, 2015). 그때, 장애학생을 위한 교육적 실제는 법을 준수하기 위해 바쁘게 움직이는 학교와 프로그램, 지원 및 서비스에 대해 개인적으로 협상되는 것에 의해 구성된다.

그 결과로 미국의 학교 체계가 한 과정을 창출하였는데 거기에서 장애학생을 위한 교육의 질은 인종차별주의, 계층차별주의 및 백인우월주의의 더 광범위한 조건들을 따르고 악화된다는 것이다(Beratan, 2008; Blanchett, 2006; Reid & Knight, 2006). 변화에 저항하고 요구하기 위한 학교 관계자들 사이의 집단성(collectivity)은 구축하기가 아주 더 어렵다. 왜냐하면 어떤 아동과 가족들은 장애에 대한 학교 실제에 의해 유익이 있고, 어떤 경우는 아니고; 혜택을 받는 사람들은 문화 자본(cultural capital)과 연관된 힘을 일반적으로 효율적으로 사용하는 사람이기 때문이다. 이 말은 권력을 가진 사람들은 특수교육과 일반교육과의 관계에서 더 광범위한 문제들을 아마도 덜 인지하거나 혹은 더 냉소적으로, 심지어는 다른 사람에게 대가를 치를 수 있음에도 그들의 힘이 효과적인 한 시스템을 적극적으로 지지한다. 비장애중심주의의 비판적 관점을 사용하여 학교를 점검해 볼 때, 장애아동에 대한 믿음, 이해 및 사회적 실제의 한 시스템은 궁극적으로 중복되는 억압의 한 체계로 합쳐진다. 비장애중심주의가 쉽게 감지되는 장애, 교육 및 특수교육에 대한 공통적 담론에 사용되는 여러 논쟁이 있다. 이러한 아이디어에 대한 논의가 아래 제시된다.

"자원의 부족" 논쟁

장애와 교육에 대한 학교 안팎에서 소통되는 염려는 자원의 부족을 자주 지적한다. 예를 들면, 장애아동에게 혜택이 될 수 있는 교사들, 교실들의 추가 혹은 평가 개혁을 지원할 재원의 부족과 관련된 염려이다. 부족함에 대한 담론은 장애학생이 학교에 부담이 되는 비용이 드는 존재임을 제기한다. 덧붙여, 교사의 시간과 관심의 형태에서 인적 자원의 부족이 있다는 아이디어는 장애학생의 요구를 비장애학생의 요구와 경쟁관계에 놓이게 한다. 예를 들면, 장애 및 비장애학생을 통합하는 교실에 대한 염려는 때때로, 장애학생이 더 많은 시간과 관심을 요구할 것이거나 수업을 "천천히 늦출 것"이라는 상황이 비장애학생에게 불공평하다는 것을 강조한다. 이 두 가지 예에서, 장애아동은 시스템에 문제 있는 존재로 제기된다. 비장애아동은 장애의 "문제"로 인해 관심을 덜 받고 덜 영향을 받는 학습 환경에 놓인다는 가정이 수용된다.

"분리는 합리적" 논쟁

장애의 의료적 모델은 장애학생이 목표로 둔 "증거기반"의 지원과 손상과 요구에 구체적인 교수적 실제를 제공받을 때, 가장 잘 서비스를 받는 것이라는 아이디어를 구조화한다. "증거기반" 실제라는 미사여구는, 아마도, 법의 정신 밖에서 개별화교육 및 개별화계획의 의도를 왜곡해왔다. 만약 우리가 모든 개인들과 같이 장애를 가진 개인들이 정체성 혹은 경험의 한 측면이 아닌, 보다 더 많은 것으로 이루어졌다는 것에 동의한다면, 개별화교육은 계획 중에 한 개인을 전인적으로 고려해야 하는 것 같다. "증거기반" 실제의 생성은, 그러나, 큰 규모의 실험 연구가 많은 혹은 대부분 개인에게 유익한 것으로 증명이 된 전략들과 교육과정을 실행하는 것을 전형적으로 의미한다(Odom et al., 2005). 학교의 자연적 맥락에서 수행되는 실제에 대한 대규모 연구를 수행하는 것은 극히 어렵고, 통합학급의 복잡한 생태에서 실험 연구설계를 수행하는 것은 더더욱 어렵다. 그래서 그 결과, 비자연적(non-natural) 환경에서 장애-특정적 집단에 더 쉽게 검증되는 교육적 전략들이 추천되는 증거기반 실제의 최상으로 오르고, 그러한 전략들은 학교나 지역사회에서 삶의 현실을 구성하는 변동성과 직면했을 때는 심지어 실제적이거나 유용하지 않을 수 있다(Klingner & Boardman, 2011). 통합된 복잡한 환경에서 잘 실행될 수 없을 때, 많은 "증거기반" 서비스와 전략들의 제공은, 장애학생들에게 특수교육이 제공되는 장소인 학교의 분리된 장소와 연결되게 된다. 특수교육 분야는 장애와 비장애학생의 분리가 수용되는 한 선택(an acceptable option)이라는 가정과 함께, "무엇이 효과적인가?"에 대해 오랫 동안 질문해왔다(Taylor, 1988).

교육정책에서 특수교육이 장애 범주에 의해 조직화되는 것을 공식적으로 인정하지 않음에도 불구하고, 그 실제는 지속된다. 예를 들면, "자폐 학급"이 더 이상 공식적으로 이름이 붙여지지 않음에도, "ABA 학급"(역자주: applied behavior analysis, 응용행동분석)이 많은 학교들에서 발견되고, 자폐범주성 장애로 표찰된 학생들의 대부분 그 자리를 차지한다. 이러한 요인들 모두의 한 결과는 개별화된 계획과 의사결정이 학생의 전인성(the whole)이 아닌 장애 범주에 초점을 두는 시스템이며, 추천되는 실제는 그러한 실제가 가장 쉽게 제공될 수 있는 장소에 맞추어지는 경향이 있다. 의료적 모델의 개념과 개인을 교정하고자 하는 그 책무성은 한 학생이 더욱 "정상"이 되는 것을 도울 수 있는 처치와 전략들의 방법에 관심을 쏟는다. 그러한 노력이 분리되어 수행되는 것이 실제로 그들을 학교와 사회에서 덜 정상적이거나 덜 수용적인 위치에 놓이게 한다는 것엔 관심을 덜 기울인다는 것을 의미한다. "무엇이 효과적인가?"를 단순히 질문하는 대신에, "누구와 함께, 어떠한 상황 아래서, 어떠한 결과로 효과적인가? 의 더 광범위한 질문을 우리는 할 수 있다(Klingner & Boardman, 2011, p.215).

궁극적으로, 교육에서 장애학생과 비장애학생을 분리하는 것은 지적장애인을 19세기와 20세기 초에 시설들과 훈련 학교에 대규모로 강제 입소시킨 것으로 이끌었던 처치와 같은 담론으로 정당화된다. 분리된 장소에서 특별한 처치와 지원에 대한 요구로 정의되는 삶은 학교 밖 시간 혹은 문화의 검증이 되지 못한다. 한 통합된 사회의 일부분이 되기 위해 자립생활과 탈시설수용화를 위한 투쟁에서 우리는 실제적으로 통합이 되어야만 한다. 미국장애인법(ADA)과 같은 정책들은 비장애중심주의를 끝내기 위한 접근성을 창출하는 사회의 역할과 책무성을 강조한다. 그러나 교육을 구조화하는 의료적 모델은, "적합한" 교육을 제공해야 하는 긴급성이 접근성의 필요성(necessity of access)을 능가한다는 한 근거를 여전히 제공할 수 있다. 평등성과 시민권을 향해 분투하는 더 광범위한 문화에서 보면 특수교육은 학교에 대한 한 허점이다.

"성취는 지적능력의 증거" 논쟁

교육에서 비장애중심주의의 가장 분명하나 걱정스러운 예는 아마도 무엇이 지적능력과 성취로 여겨지는지를 관장하는 학교의 규칙 집행에서 찾아볼 수 있다. 학교와 관련된 그 누구라도 성취의 담론에 감각을 가질 것이다. 성적, 학생-성장 목적들, 학습 목표들 및 표준화된 검사는 아동들이 평가되고, 순위화되고, 순서화되는 모든 방법들이다. 학교에서 가치있다고 하며 평가되는 기술의 종류들과 생각하고 행하는 방법들이 아주 편협할 수 있음을 인지하는 것은 중요하다. 아동들은 읽고, 쓰고, 수학적 연산을 특정 방법으로 수행하는 것에 대해 평가된다. 기억력과 속도는 자주 명시적 혹은 암시적으로 평가된다. 지식의 특정 종류의 양은 자주 성취의 증거로서 "계산되는 듯"하다. 학교는 특정한 종류의 방식으로 학습하고 행동하는 아동을 인정하고 혜택을 주는 것으로 아주 잘 알려진다(Ladson-Billings, 2014; Meier, 2004; Varenne, Goldman, & McDermott, 2018). 그러나 문화적 한 문제는 학교에서 성취가 열심히 노력한 것(혹은 안 한 것)의 한 성과, 그리고/혹은 한 사람이 얼마나 "똑똑한지"(혹은 아닌지)에 대한 정당한 확증으로 많은 사람들에 의해 여겨진다는 것이다. 그리고 학교 성취의 정도는 한 개인이 학교 졸업 후 사회적 위계에서 그들의 자리를 획득하는 증거가 되는 것으로 이해된다. 사회적 유동성(social mobility)을 성취한 사람들은, 다른 말로, 그렇게 사회적 이동을 한다. 왜냐하면, 그들은 똑똑하고 열심히 노력했기 때문이다; 사회적 유동성을 성취하지 못한 사람들은 똑똑하지 않아야만 하며 혹은 열심히 노력하지 않았어야만 한다(Broderick & Leonardo, 2016; Leonardo & Broderick, 2011).

학교에서 성취에 대한 공식적 평가와 지적능력과 관련되어 연결되는 성취에 대한 비공식적 사회적 실제의 결합은 장애인—특히 지적장애를 가진 사람들은 다른 사람들과 비교하여 교육과 고용 기회에서 가치가 없거나 덜 가치 있는 것으로 지각된다는 것을 의미한다(Kliewer, Biklen & Kasa-Hendrickson,

2006). 낙인, 가정 및 오해가 "적합하다고" 보이는 특수교육 프로그램을 추천하는 것으로 이끌 때, 문제는 더 악화되는데, 비장애 청소년이 배우는 것을 동등하게 학습할 기회를 제공하지 않을 수 있다. 평등, 공평성 및 비장애중심주의에 대한 비판적 관점에 의해 "적합한" 교육에 대한 고려가 어떻게 수립될 수 있는가? 학교들은 청소년들을 경쟁에 대해 "준비되도록" 노력하거나 혹은 학교들은 사회적 위계를 구조화하기 위해서 사람들에게 구별되는 가치를 할당하기 위해 경쟁을 적극적으로 조장하는가?

특수교육이 유색인종 아동에게는 불균형적으로 해가 되는 한 시스템이 된다는 것이 수십 년 연구로 증명이 됨에도 불구하고, 학습으로 어려움이 있거나 장애를 가진 학생들을 특수교육을 통해 지원하는 서비스의 제공은 필수적인 것이며 유익하게 조직화된 것으로 여겨진다(Artiles & Trent, 1994; Brantlinger, 2003; Ferri & Connor, 2005; Fierros & Conroy, 2002; Harry, Hart, Klingner, & Cramer, 2009; Losen & Orfield, 2002; Reschly, 1988; Skiba et al., 2008). 통합과 특수교육 주변의 논쟁은 수십 년에 걸쳐 발생해왔다. 비장애중심주의에 대한 탐구가 초대하는 더 광범위한 질문은 왜 분리된 "시스템"으로 시작을 하는가? 이다. 분리된 학교, 분리된 교사, 분리된 학급, 분리된 재원, 분리된 교사 자격증 등등이다. 만약 우리가 역사를 점검해 본다면, 우생학의 역사와 지속되는 분리의 관성은 미국 학교들이 한 사회의 모든 아동들을 다루는 한 시스템을 만드는 것이 아닌 비장애와 장애학생들을 위한 분리된 체계를 만들도록 이끈 그 무엇임을 우리는 알아낼 것이다(Sarason & Doris, 1979; Skrtic, 1991). Brantlinger(2009)가 논의했듯이, "의료적 모델이 학교 문의 안과 밖에서 큰 혼란을 야기해왔다"(p. 407)라는 것을 우리는 밝힐 것이다. 우리가 사회에서 비장애중심주의를 "풀어 분석하듯이", 우리는 그것이 학교 안에서 그리고 학교를 통해서 작동할 때의 비장애중심주의 시스템을 다룰 수 있다.

미국의 교육에서 분리된 시스템을 인지하는데 있어서, 우리는, "누가 그 안에 있는가? 누가 그 밖에 있는가? 왜 분리하는가? 누가 결정을 하는가? 이

것으로부터 누가 혜택을 받는가? 누가 잃는가?"와 같은 질문들에 반응할 필요가 있다(Slee, 2001, p.174). 장애 표찰의 주관적 성격에 대한 질문, 혹은 부정적 태도 혹은 제도적 장벽들이 장애학생의 경험을 형성하는 방법에 대한 질문은 교실의 토론에서 보통 제기되지 않는다. "한 사람을 장애인으로 표기하는 금이 그어진 경계선은 어디인가? 누가 결정하는가? 그리고 누구에게 이익이 있는가?"(Hulsebosch, 2009, p.376)와 같은 비판적 질문들은 학생들과 교사들이 함께 토의하지 않는다. 아동들과 교사들은 그들이 보거나 "알고 있는 것"이 진실이 되는 것을 질문할 도구들이 필요하다. 학교와 사회에서 다양성과 통합성에 대한 수사(rhetoric)와 모든 아동들 사이의 다양성이 교실과 운동장에 반영되지 않는다는 관찰 사이의 확연한 비일관성에 대해 함께 조사할 수 있다(물론, 이것은 완전히 통합되는 학교는 해당되지 않지만 이런 경우는 아주 드물다 [Kurth, Morningstar, & Kozleski, 2014; Smith, 2010]). 학생들과 교사들이 관찰하고 경험하는 것을 언급하지 못하는 것은 배제는 불가피하다는 것을 소통하게 한다. 비록 배제에 대해 도전하는 불완전한 시도라도 우리가 다른 사람을 대우하는 방법이 어떻게 문제가 되고 우리의 관심을 받을 가치가 있다는 것을 의사소통할 수 있다.

특수 혹은 일반교육 교사들로서, 사회정의 교육자들은 대부분 교실과 학교를 특성화하는 배제와 능력의 위계를 보게 됨으로써 비장애중심주의 문제들을 학생들이 제기하도록 학생들과 함께 일할 수 있다. 우리가 교육의 한 목적이 민주적 및 이질적인 사회에 참여를 위해 시민들을 준비시키는 것임을 믿는다면(Harkavy, 2006), 우리는 우리 자신에게 비장애중심주의에 대한 몇 가지 비판적 질문들을 물어볼 필요가 있다. 고려와 성찰을 위한 몇 가지 질문들은 다음을 포함한다:

- 어떤 학생들이 그들의 능력이나 혹은 지각된 다른 점에 기반해서 집단으로부터 물리적으로 분리되는 교육적 시스템을, 동시에 다양성과 민주적

교육적 실제의 가치에 대한 믿음을 주장하면서, 우리는 이 상황을 어떻게 이해가 되게 할 수 있는가?

- 학교에서 함께 학습한 것이 졸업 후 통합된 지역사회와 고용 장소를 구조화하는 데 유용한 이해, 기술 및 지향을 창출하는 것을 도우면서, 접근성과 다양성은 어떻게 다루어질 수 있는가?
- 학교와 교실의 공유되는 근접한 맥락에서 비장애중심주의에 대해 대화를 여는 것은 억압을 차단시키기 위해서 장애학생과 비장애학생 사이의 동맹을 어떻게 창출해 낼 수 있는가?
- 만약 질문들에 대해 입 다물게 하고 장애에 대한 대화를 피하게 한다면, 어떻게 장애아동이 그들 자신의 한 면을 숨길 필요성 혹은 부끄럼을 느끼지 않고 자존감을 개발시킬 수 있을까?
- 만약 장애아동 경험의 한 측면 혹은 그들의 정체성의 한 측면이 긍정적인 한 속성으로서 한 번도 인정되지 않거나 혹은 언급조차 안 된다면, 장애아동이 어떻게 자신에 대한 긍정적 자아감을 개발하고 그들의 학교 공동체의 완전한 구성원이 되겠는가?
- 교사들과 학생들은 지적능력, 가치 혹은 추정된 잠재력에 대한 학교와 사회차원적 담론과 연관하여 진단, 평가, 성적, 능력 집단화와 우열반에 대해 어떻게 느끼는가?
- 학교와 교실에서 평범한 실제(practices)가 능력의 횡포와 정상성의 구조화에 어떻게 기여하는가? 그리고, 교실과 학교 공동체의 구성원들은 "정상적"으로 지각되는 것을 어떻게 경험하며, "정상적"으로 지각되기 위해 노력하는 것, 그리고/혹은 누군가가 "정상적"으로 여겨지지 않는 것을 어떻게 경험하는가?

비장애중심주의를 해체하는 것은 우리 자신과 타인에게 어려운 질문을 하는 것을 의미한다. 우리가 일하고 배우는 학교와 교실에서 비장애중심주의를 반대하는 행동을 취하는 것은 더욱더 어렵다. 어떻게 비장애중심주의가 우리의 공유된 경험에 영향을 주는지를 이해하기 위해 함께 일하는 것은 교실과 학교 공동체의 구성원들이 모든 사람이 가치 있는 구성원이 되는 진정한 민주적 배움 공동체를 만들기 위한 분투에 참여하는 한 방법이다.

심화학습을 위한 성찰과제

- 여러분이 교사로서의 역할에서 힘을 발휘하는 방법들의 목록을 만들라. 여러분이 관계와 교육에서 변화시킬 수 있는 것들은 무엇인가? 여러분이 변화시킬 힘을 가지고 있다고 느끼지 않는 것들은 무엇인지?
- 교실과 학교에서 학생들이 힘을 발휘하는 방법들의 목록을 만들라. 학생들이 관계와 교육에서 변화시킬 수 있는 것과 변화시킬 수 없는 것은 어떤 것들인가?
- 목록들의 어느 영역이 서로 교차하고, 중복되고 혹은 서로에게 영향을 주는지? 정상성, 장애, 능력 및 비장애중심주의의 구조들을 이해하고 해체하는 것이 한 그룹이 학습자 공동체로서 성장하는 것을 어떻게 도울 수 있는가?
- 교육에서 장애인 관점에 대해 학습하기 위한 소위 포토보이스(photo-voice)라는 방법의 사용을 강조하는 아래 두 가지 논문들을 참조하시오. 어떻게 이러한 아이디어가 학생들이 그들의 경험을 다른 사람들에게 알리게 할 수 있는 방법들에 대한 정보를 줄 수 있는가?

   a. Brake, L. R., Schleien, S. J., Miller, K. D., & Walton, G. (2012). "Photovoice: A Tour Through the Camera Lens of Self-Advocates." *Social Advocacy & Systems Change*, 3(1), 44–53.
   b. Whitney, J. C. (2006). "My Education: Students with Disabilities Describe High School in Pictures and Words." *TEACHING Exceptional*

Children Plus, 3(2), Article 1.

추천 자료

- Fielding, M. (2006). "Leadership, Radical Student Engagement and the Necessity of Person-Centred Education." *International Journal of Leadership in Education*, 9(4), 299–313.
- Giangreco, M. F., & Doyle, M. B. (2012). "Integrazione Scolastica in Italy: A Compilation of English-Language Resources." *International Journal of Whole Schooling*, 8(1), 63–106.
- *Radical Inclusive Education: Disability, Teaching and Struggles for Liberation* by A. Greenstein (2015, Routledge)
- Kanter, A. S., Damiani, M. L., & Ferri, B. A. (2014). "The Right to Inclusive Education Under International Law: Following Italy's Lead." *Journal of International Special Needs Education*, 17(1), 21–32.
- Liasidou, A. (2012). "Inclusive Education and Critical Pedagogy at the Intersections of Disability, Race, Gender and Class." *Journal for Critical Education Policy Studies (JCEPS)*, 10(1), 168–184.
- *Disability and Democracy: Reconstructing (Special) Education for Postmodernity. Special Education Series* by T. M. Skrtic (1995, Teachers College Press)
- *Creating Learning Without Limits* by M. Swann (2012, McGraw-Hill Education)

비판교육학으로 들어가기

비판교육학의 아이디어는 우리에게 내포되어 있는 불평등성과 불의의 조건을 인지하도록 하는 교수와 학습에 참여이다. 비판교육학은 억압자와 억압된 사람을 위한 교육학이다. 우리 자신과 다른 경험을 살아온 사람들을 조심스럽게 경청하는 것을 통해 우리의 위치성(positionality)이 우리에게 나타나게 될 수 있다. 이러한 순간들에 우리는 진실의 개념을 확장하고 많은 진실들을 위한 공간을 만들 수 있다. 우리는 다른 사람들의 경험을 믿고 타당화하기 위해 노력하고, 그렇게 함에 있어서 힘과 특권에서 불평등성과 그것에 대한 우리 자신의 관계를 인지하는 것과 직면하게 된다. 어떤 맥락과 관계에서 우리는 힘이 있는 사람이 되고 다른 경우엔 그렇지 않다. 우리는 "그것들이 원래 있는 방식"이라고 따름으로써 불평등성을 합리화 혹은 정당화할 수 있다. 심지어 우리가 그런 것을 알 때에도 그러하다. 우리는 부당한 것의 엄청남에 의해 압도당하고 무력화되는 것을 느낄 수 있다. 우리는 또한 변화를 향하여 다른 사람들과 함께 행동하기를 선택할 수 있다. 비판교육학에 참여하는 것은 집단적으로 신뢰하고, 교수하고, 학습하는 것에 대한 헌신이다.

학교는 학교-교사, 교사-학생 및 성인-아동이라는 위치성의 구조에 내재된 힘의 불평등성 때문에 비판교육학을 시도하기엔 어려운 장소이다. 학교에 있는 아동들은 학교에 있을 선택을 할 수 없고, 또한 그들은 언제 학교 안에 있고 무엇을 할 수 있는가에 대해 많은 선택이 주어지지 않는다. 물론 교사들도 학교 안에서 그들이 무엇을 하는 것에서 많은 선택을 가지고 있지 못하다. 이것은 비판교육학을 할 노력을 좌절시키는 것은 아니다. 집단적으로 신뢰하고 가르치고 학습하는 한 맥락을 창출하는 것은, 미국 학교에서 더 전형적인 강제와 처벌의 체계를 재생산하기보다는 참여와 동의의 문화를 구조화하는 의도적 노력이 되어야만 한다는 것을 지적하는 것만큼 사실이다(Kohn, 1999). 다른 사람을 신뢰하고 신뢰할 수 있는 사람으로 여겨지고, 학생과 교사들이 전문가와 초보자로서 유동적 역할을 수행하게 하는 것은, 우리가 서로를 경청할 수 있게 하는 대화에 참여하는 것에 필수적이다. 집단 규준(group norms)을 함께 수립하는 것, 의미 있는 선택을 위한 기회들을 창출하는 것, 학습과 목표에 대한 대화에 참여하는 것(단순히 성적을 주는 것이 아닌), 그리고 처벌 대신 갈등 해결 전략들을 사용하는 것을 포함하는 더욱 민주적 학급을 개발하는 데에 많은 접근들이 있다(Kohn, 2006). 가장 중요한 것은, 아마도 교사들과 학생들이 "그것 안에서 함께"로서 자신들을 볼 수 있도록 하는 것이다. 즉각적으로 변화시키는 것이 어렵거나 불가능할 어떤 아이디어들이 있으며, 다른 것들은 아마 시간에 거쳐 변화될 수 있으며, 그리고 변화를 만들 어떤 노력은 당장 취해질 수 있을 것이다.

비판교육학의 주요 전제는 집단이 대화에 참여함으로써 억압의 성격을 더 잘 이해하기 위해 서로의 경험과 관점에 대해 배운다는 것이다. 억압과 관련된 서로의 위치성에 대한 이해는 모두 혹은 각자가 평등성 혹은 공평성을 개선할 수 있는 행동으로 인도한다. 비판교육학은 보통 문제를 제기하는 것으로 시작한다. 비장애중심주의를 공부하는데 있어서 집단이 어디에 있는가에 의거해서 어떻게 여러분이 문제 제기의 과정에 들어가는지를 형성할 것이다. 비장애중심주의에 대해 학교나 학급에 관련된 어떤 문제들은 논의나 탐구의 부분으로 유발될 수 있다. 또한 다른 문제들이 산출될 수 있다.

시작을 위한 활동과 고려 사항

문제 제기

집단에 적절한 문제의 성격은 학급/학교 맥락에 대부분 달려있다. 만약 한 집단이 학교/학급에서 비장애중심주의에 관련한 문제들을 아직 판별하지 않았다면, 비장애중심주의와 관련해 탐구할 문제들의 한 목록을 산출하기 위해

약간의 촉진은 아마도 다음과 같을 것이다:

- 장애학생과 비장애학생으로서 여러분이 우리 학교/학급에 소속감을 느끼는 방식은 무엇인가?
- 이 학교/학급에서 학생들이 그들의 학습에 대해 자랑스러워하고 당황해하는 때는 언제인가?
- 이 학교/학급에서 학생들이 그들의 학습에 대해 성공적이거나 비성공적이라고 느끼는 때는 언제인가?
- 장애학생과 비장애학생으로서 여러분이 학교에서 하루를 통해 장애 혹은 장애인에 대해 인지하게 되는 때는 언제인가?

또한 만약 불평등성 혹은 장애와 관련된 "문제들"에 대해 인지한다면, 문제들은 장애에 대한 학교 통계를 연구함으로써 혹은 학교에서 다른 사람들에게 질문함으로써 산출될 수 있다. 반응과 아이디어가 제공됨에 따라, 집단은 장애와 비장애중심주의와 관련하여 학급/학교에서 한 문제를 수립하기 위해 함께 일할 수 있다. 문제들은 구별되거나/분리되는 것에 관련될 수 있고, 장애나 장애학생의 부재 혹은 인지되지 않는 것, 학습에서 비성공적 혹은 부끄러운 느낌이 드는 것, 그리고/혹은 학교에서 소속감의 다른 측면과 관련될 수 있다.

공유하기와 대화

한 집단이 한 문제에 도달하면, 구성원들은 그것에 대한 그들의 생각, 관점 및 경험을 공유한다. 대화는 어떤 방식으로든 형성될 수 있는데, 원하는 모든 사람이 참여할 수 있는 것을 확실히 하기 위해 집단이 동의하는 참여 프로토콜을 사용하는 것을 권장한다.

대화의 목적은 문제의 성격과 원인을 식별하기 위해서 서로 경청하는 것이다. 대화가 몇 주와 몇 달 진전되면서, 집단은 가능성을 검토할 "왜"를 계속해서 질문할 수 있다. 실재하는 문제의 "왜"에 대한 아이디어가 밝혀지면서, 집단 구성원들은 그것과 관련해서 그들의 개인적 위치와 책임에 대해 생각하기 위해 촉진될 수 있다. 그들은 그 문제로부터 혜택을 받는가? 그것 때문에 손해를 보는가?

대화는 토론의 형태로만 일어날 필요는 없다. 집단은 아마:

- 한 학급 혹은 학교에서 관계들을 보여주는 목록, 그림 혹은 도표를 만들어라.
- 게시될 수 있는 그들의 아이디어와 경험에 대한 글 혹은 삽화를 준비하라.
- 구성원들이 생각과 아이디어를 추가할 수 있는 공유되는 페이퍼 혹은 전자일지를 마련하라

보고를 듣고 체크하기

비판교육학에서는 과정에 대해 서로 보고를 듣고 체크하는 것이 필수적이다. 기여를 원하는 사람들이 참여가 얼마나 안전한지에 대해 성찰하는 것을 확실히 하기 위해 그리고 참여 프로토콜이 얼마나 잘 되어가고 있는지 성찰하기 위해 고정된 시간과 공간이 마련되어야 한다.

실천하기

한 집단이 학급/학교 안에서의 문제의 성격을 점점 명확히 함에 따라, 그들은 불평등성의 조건을 변화시킬 행동을 취하는 것을 계획할 수 있다. 개인과 그

리고 집단 전체로서 실천할 행동이 많이 있다. 비판교육학에서 행동은 착수해서 완결해야 하는 과제 혹은 프로젝트와 유사하지 않다. 오히려, 제기된 문제에 대해 반응하는 행동은 지속적이다. 비판적 성찰, 대화 및 목적이 있는 행동에 참여는 한 집단과 계층의 사회적 활동을 정의하는 한 사이클이다. 비판교육학은 교육과정 "안으로" 통합되는 그 무엇보다 더 많은 학급 활동을 이끌고 틀을 잡는다. 비장애중심주의를 해체하는 것과 통합적으로 사는 것은, 우리가 사는 공간과 장소에 대한 의도적이고 지속적인 변화를 통하여 모습을 드러낸다.

생각을 마치며: 여러 말에 대한 한 단어

우리는 이 책을 러시아어의 한 단어, **오브체니**(obuchenie)를 생각하면서 마치려 한다. 그것은 이 책의 정신을 반영한다고 우리는 믿고, 사회정의 교육자로서 우리 작업의 틀을 세우기 위한 한 유용한 렌즈를 제공한다. 선견지명이 있는 심리학자, Lev Vygotsky(1987)는 "목적의 상호성에 의해 지배되는 협력적 상호작용"(p.212)으로서 **오브체니**를 묘사한다. 이 용어는 교수하고 학습하는 행동과 의도를 한 단어로 담아낸다(van der Veer & Valsiner, 1991). 교수하는 행동에서, 한 사람은 동시에 그리고 필수적으로 역시 학습을 하며, 그 역도 마찬가지이다. Vygotsky는 교훈적인 교육 실제에 대한 공개 비평가로서, 교사-학습자의 이분법을 거부하였다. 전통적인 심리학으로부터 한 주요한 파기(a major break)에서, 그는 오브체니는 성장을 형성하는 조건들을 만들어가기 위한 교류, 공유된 주의력 및 상호 조정을 통한 결정적인 인지적 발달과 새로운 이해의 출현을 위해 전문가와 초보자가 만들어가는 과정임을 논의하였다. 다른 말로는, "교사"는 "학생"으로부터 배움으로써 학습을 위한 조건들을 어떻게 만들 것인가를 학습한다. "학생"은 그들이 어떻게 배우는지를 보여줌으로써 "교사"를 이끈다. 상호적인 교수-학습을 통하여, 개인은 협력적인 파트너

십에 의해, 그리고 그것을 통하여 변모될 수 있다(Stetsenko, 2010).

오브체니는 직접적인 영어 번역이 불가능하다. 그것은 때때로 교수하는 행동으로서, 다른 때는 학습의 행동으로, 그런데 다른 때는 교수와 학습 양측의 행동으로서 번역되어왔다. 저자들의 전문적인 맥락에서의 링구아 프랑카(lingua franca)에서는, 우리는 교수를 위해 한 단어를, 학습을 위해 한 단어를 가지고 있다. 언어의 제한성은 이것들을 다른 기대와 성과를 가진 두 가지 분리된 활동들로 제시한다. 두 단어들의 바로 실재 자체가 비판교육학에서는 한 문제임을 분명히 보여준다. 우리는 교수와 학습을 구별되는 행동으로, 교사와 학생을 구별되는 정체성으로 지각하는 것으로 문화에 동화되고 적응되었다. 이러한 언어를 통하여, 교사와 학습자, 그리고 성인과 아동의 위계와 역할들은 구조화되고 유지된다. 영어란 언어는 우리를 저버린다.

아마 그것은 교수와 학습의 이분법의 중단과 학교와 학급을 통해 흐르는 힘의 위계의 방해를 허용할 교육을 상상하기 위해 우리가 사용하는 바로 그 언어의 거부이다. 아마도 아동이 그들 자신의 학습에 주인공이 되고 학교는 불의를 질문하기 위한 장소가 되는 공간을 창출하기 위해 요구되는 것은 이 수준의 불안정성이다. 이러한 공간에서 학생들은 정의, 공평성 및 통합성의 이미지를 통하여 사회적 관계의 세계를 만들고 다시 만들기 위한 태세를 취할 수 있다. 오브체니에 참여하기 위해 노력하는 것에서 우리는 세계를 변모하기 위해 노력하며, 그것을 통하여 우리 자신이 변모된 것을 발견하게 될 수 있다.

참고문헌

Artiles, A., Harris-Murri, N., & Rostenberg, D. (2010). Inclusion as social justice: Critical notes on discourses, assumptions, and the road ahead. *Theory Into Practice*, 45(3), 260–268.

Artiles, A., & Trent, S. C. (1994). Overrepresentation of minority students in special education: A continuing debate. *Journal of Special Education*, 27(4), 410–437.

Beratan, G. D. (2008). The song remains the same: Transposition and the disproportionate representation of minority students in special education. *Race, Ethnicity, and Education*, 11(4), 337–354.

Blanchett, W. J. (2006). Disproportionate representation of African American students in special education: Acknowledging the role of white privilege and racism. *Educational Researcher*, 35(6), 24–28.

Brantlinger, E. (2003). *Dividing classes: How the middle class negotiates and rationalizes school advantage*. New York: Routledge.

Brantlinger, E. (2009). Impediments to social justice: Hierarchy, science, faith, and imposed identity (disability classification). In W. Ayers, D. Stovall, & T. Quinn (Eds.), *Handbook of social justice education* (pp. 400–416). New York: Routledge.

Broderick, A. A., & Leonardo, Z. (2016). What a good boy: The deployment and distribution of "goodness" as ideological property in schools. In D. J. Connor, B. A. Ferri, & S. A. Annamma (Eds.), *DisCrit: Disability studies and critical race theory in education* (pp. 55–67). New York: Teachers College Press.

Connor, D. J., & Gabel, S. L. (2013). "Cripping" the curriculum through academic activism: Working toward increasing global exchanges to reframe (dis)ability and education. *Equity & Excellence in Education*, 46(1), 100–118.

Ferri, B. A., & Connor, D. J. (2005). In the shadow of Brown: Special education and overrepresentation of students of color. *Remedial and Special Education*, 26(2), 93–100.

Fierros, E., & Conroy, J. (2002). Double jeopardy: An exploration of restrictiveness and race in special education. In D. Losen & G. Orfield (Eds.), *Racial inequity in special education* (pp. 39–70). Cambridge, MA:

The Civil Rights Project, Harvard Education Press.

Harkavy, I. (2006). The role of universities in advancing citizenship and social justice in the 21st century. *Education, Citizenship and Social Justice*, 1(1), 5–37.

Harry, B., Hart, J. E., Klingner, J., & Cramer, E. (2009). Response to Kauffman, Mock, & Simpson (2007): Problems related to underservice of students with emotional or behavioral disorders. *Behavioral Disorders*, 34(3), 164–171.

Harry, B., & Klingner, J. K. (2006). *Why are so many minority students in special education? Understanding race and disability in schools*. New York: Teachers College Press.

Hulsebosch, P. (2009). Bodies, disability, and the fight for social justice in education. In W. Ayers, D. Stovall, & T. Quinn (Eds.), *Handbook of social justice education* (pp. 373–376). New York: Routledge.

Kliewer, C., Biklen, D., & Kasa-Hendrickson, C. (2006). Who may be literate? Disability and resistance to the cultural denial of competence. *American Educational Research Journal*, 43(2), 163–192.

Klingner, J. K., & Boardman, A. G. (2011). Addressing the "research gap" in special education through mixed methods. *Learning Disability Quarterly*, 34(3), 208–218.

Kohn, A. (1999). *Punished by rewards: The trouble with gold stars, incentive plans, A's, praise, and other bribes*. Boston, MA: Houghton Mifflin Harcourt.

Kohn, A. (2006). *Beyond discipline: From compliance to community*. Alexandria, VA: ASCD.

Kurth, J. A., Morningstar, M. E., & Kozleski, E. B. (2014). The persistence of highly restrictive special education placements for students with low-incidence disabilities. *Research and Practice for Persons with Severe Disabilities*, 39(3), 227–239.

Ladson-Billings, G. (2014). Culturally relevant pedagogy 2.0: a.k.a. the remix. *Harvard Educational Review*, 84(1), 74–84.

Lalvani, P. (2013). Privilege, compromise, or social justice: Teachers' conceptualizations of inclusive education. *Disability & Society*, 28(1), 14–27.

Lalvani, P., Broderick, A. A., Fine, M., Jacobowitz, T., &Michelli, N. (2015). Teacher education, inexclusion, and the implicit ideology of separate but equal: An invitation to a dialogue. *Education, Citizenship, and Social Justice*, 10(2), 168–183.

Lalvani, P., & Hale, C. (2015). Squeaky wheels, mothers from hell, and CEOs of the IEP: Parents, privilege, and the "fight" for inclusive education. *Understanding and Dismantling Privilege*, 5(2), 21–41.

Leonardo, Z., & Broderick, A. (2011). Smartness as property: A critical exploration of intersections between whiteness and disability studies. *Teachers College Record*, 113(10), 2206–2232.

Losen, D., & Orfield, G. (Eds.) (2002). *Racial inequality in special education*. Cambridge, MA: Harvard University Press

Meier, D. (2004). *Many children left behind: How the No Child Left Behind Act is damaging our children and our schools*. Boston, MA: Beacon Press.

Odom, S. L., Brantlinger, E., Gersten, R., Horner, R. H., Thompson, B., & Harris, K. R. (2005). Research in special education: Scientific methods and evidence-based practices. *Exceptional Children*, 71(2), 137–148.

Reid, D. K., & Knight, M. G. (2006). Disability justifies exclusion of minority students: A critical history grounded in disability studies. *Educational Researcher*, 35(6), 18–23.

Reschly, D. J. (1988). Special education reform: School psychology revolution. *School Psychology Review*, 17(3), 459–475.

Rice, N. (2006). "Reining in" special education: Constructions of "special education" in *New York Times editorials*, 1975–2004. *Disability Studies Quarterly*, 26(2).

Rogers, R. (2002). Through the eyes of the institution: A critical discourse analysis of decision making in two special education meetings. *Anthropology & Education Quarterly*, 33(2), 213–237.

Rossetti, Z., Redash, A., Sauer, J. S., Bui, O., Wen, Y., & Regensburger, D. (2018). Access, accountability, and advocacy: Culturally and linguistically diverse families' participation in IEP meetings. *Exceptionality*, 1–16.

Sarason, S. B., & Doris, J. (1979). *Educational handicap, public policy, and social history: A broadened perspective on mental retardation*. New York: Free Press.

Seuss, Dr. (1971). *The lorax*. New York: Random House.

Skiba, R. J., Simmons, A. B., Ritter, S., Gibb, A. C., Rausch, M. K., Cuadrado, J., & Chung, C. G. (2008). Achieving equity in special education: History, status, and current challenges. *Exceptional Children*, 74(3), 264–288.

Skrtic, T. M. (1991). *Behind special education: A critical analysis of professional culture and school organization.* Denver, CO: Love.

Slee, R. (2001). Social justice and the changing directions in educational research: The case of inclusive education. *International Journal of Inclusive Education*, 5(2/3), 167–177.

Slee, R. (2011). *The irregular school: Exclusion, schooling and inclusive education.* London: Taylor & Francis.

Smith, P. (Ed.). (2010). *Whatever happened to inclusion? The place of students with intellectual disabilities in education* (Vol. 7). New York: Peter Lang.

Stetsenko, A. (2010). Teaching-learning and development as activist projects of historical becoming: Expanding Vygotsky's approach to pedagogy. *Pedagogies: An International Journal*, 5(1), 6–16.

Taylor, S. J. (1988). Caught in the continuum: A critical analysis of the principle of the least restrictive environment. *Journal of the Association for Persons with Severe Handicaps*, 13(1), 41–53.

Valle, J. W., & Aponte, E. (2002). IDEA and collaboration: A Bakhtinian perspective on parent and professional discourse. *Journal of Learning Disabilities*, 35(5), 469.

van der Veer, R., & Valsiner, J. (1991). *Understanding Vygotsky: A quest for synthesis.* Cambridge, MA: Blackwell.

Varenne, H., Goldman, S., & McDermott, R. (2018). Racing in place. In H. Varenne & R. McDermott (Eds.), *Successful failure* (pp. 106–128). New York: Routledge.

Voulgarides, C. K. (2018). *Does compliance matter in special education? IDEA and the hidden inequities of practice.* New York: Teachers College Press.

Vygotsky, L. S. (1987/1934). Thinking and speech. In R. W. Rieber & A. S. Carton (Eds.), *The collected works of L. S. Vygotsky* (Vol. 1) (pp. 39–285). New York: Plenum Press.

Yell, M. L., & Drasgow, E. (1999). A legal analysis of inclusion. *Preventing School Failure: Alternative Education for Children and Youth*, 43(3), 118–123.

학교에서 문제 제기

문제 제기는 우리 주변에 있는 모든 불평등성이나 불의의 문제를 판별하고 이해하기 위해 그룹들이 할 수 있는 한 과정이다.

집단으로서 문제 제기 아이디어는 다른 사람들로부터 배우는 것이다. 사람들은 경험에 따라 다른 반응을 보일 것 같다. 비록 우리가 같은 교실, 학교 및 지역사회에 있지만 우리는 모두 다른 경험을 한다. 다른 사람들이 세상을 어떻게 다르게 보는지에 대해 (심지어 같은 공간에 있더라도) 배우는 것은 우리가 어떻게 우리 자신의 믿음, 가정 및 행동에 대해 더 잘 인지할 수 있는지를 보여준다.

다음은 장애, 비장애중심주의, 그리고/또는 학교나 학급에서 다른 종류의 통합과 배제와 관련이 있는 문제들의 종류를 고려하기 위해 우리가 생각할 수 있는 몇 가지 질문들이다.

1) 학교생활을 통해서 장애나 장애인에 대해 알게된 때는 언제인가?

2) 장애가 있는 학생들과 없는 학생들이 우리 학교/반에서 소속감을 느끼는 방법은 무엇인가?
   - 우리 학교/반에서 여러분이 소속감을 느끼는 방법은 무엇인가?
   - 여러분이 우리 학교/반에 소속하거나 맞지 않는다고 느끼는 방식은 무엇인가?

3) 이 학교/반 학생들이 그들의 학습에 대해 자랑스러워하고 당황할 때가 언제인가?
   - 여러분이 자신의 학습에 자부심을 느낄 때가 언제인가?
   - 여러분이 자신의 학습에 대해 당황스러울 때가 언제인가?

4) 이 학교/반 학생들이 그들의 학습에 대해 성공적 및 비성공적이라고 느낄 수 있는 때는 언제인가?
   - 여러분이 학습에서 성공했다고 느낄 때는 언제인가?
   - 여러분이 학습에서 실패했다고 느낄 때는 언제인가?

〈그림 12.1〉 학교에서 문제 제기

Copyright material from Susan Baglieri and Priya Lalvani (2020), *Undoing Ableism: Teaching About Disability in K-12 Classrooms*, Routledge

찾아보기

#세이더워드(#SayTheWord) 283, 302
14c 자격 292

A
ABA 학급 342

G
GED 205
Goffman 27, 38

I
ICF 106, 109
IDEA 39, 107, 219, 240, 282, 332, 358
IDEIA 121

J
Judith Heumann 20, 228, 238

R
RISP 200, 202

S
Sesame Streets 25, 125

T
The Arc 232, 282, 295, 302
TTY 시스템 130

W
WHO 89, 106, 109, 121, 128

ㄱ
강제불임수술 216
개별화교육프로그램(IEP) 339
건축물편의법(Architectural Barriers Act) 226
계층차별주의(classism) 22, 340
고정관념 21, 23, 32, 36, 154, 185, 188, 240, 253, 260, 266, 268, 277
공유하기와 대화 351
교육에서의 장애학(DSE: Disability Studies in Education) 41, 50, 51, 53~55, 57
구성주의 71
구조적 억압(systematic oppression) 22, 34
국제장애인접근성표지 119
궁정 광대 183, 194
권한박탈(disempowerment) 73
권한부여(empowerment) 28, 34, 73, 223
기본적인 시민권 20, 53

ㄴ
낙인 22, 26, 27, 31, 51, 57, 58, 75, 140, 144, 145, 150, 154, 244, 282, 283, 299, 301, 314, 344
농문화(Deaf culture) 232, 262, 269, 280
능력 19~21, 26, 28, 45, 47, 55, 74, 89, 95, 96, 110, 113, 120, 141, 143~145, 148, 152, 217, 227, 249, 250, 254, 299, 301, 317, 331, 343~347

ㄷ
다양성의 이해 27
대상화 179, 180, 183, 188, 193, 194, 248, 255, 308
더 나은 아기 215
데프 게인(Deaf gain) 280
도로시아 딕스 192, 196

디자이너 베이비 205, 206

ㄹ
로사의 법 108

ㅁ
마이클 올리버(Michael Oliver) 108
매드 프라이드(mad pride) 249, 311
먹황새 아기 215
먼지차별(Microaggressions) 322, 323
문화 비평 245, 246, 252~254, 265, 271
문화 자본(cultural capital) 340
문화적 변화 28, 145, 244, 298, 300
문화적 서사(cultural narratives) 23, 25, 30, 73
물리적 근접성 28
미국식품의약국 205
미국장애인법(Americans with Disabilities Act) 74, 107, 163, 166, 219, 228~236, 238, 241~243, 282, 285, 288~291, 310, 326, 342
미국장애인법의 개정법(ADA Amendments Act) 107, 232
미국장애인협회 290

ㅂ
반문화 운동(countercultural movements) 243, 245, 272
반-비장애중심주의(anti-ableism) 156, 166, 252
반인종차별주의 56
반편견 교수 144
반편견교육 55, 69, 72, 77, 206
반편견교육과정(anti-bias curricula) 55, 77
발달 센터 196, 200

백인우월주의 340
병원 195~201, 203, 224~228
보기 흉한 거지 181
보철 330
보청기 96, 126, 130
보편적 설계 331, 332
보편적 학습 설계 34
보호시설 44, 179, 182, 183, 187, 193, 195~199, 203, 214, 216, 224
분리 23, 26~31, 34, 35, 47, 49~53, 56, 74, 75, 142, 179, 180, 182, 184, 187, 188, 217, 219, 225, 262, 317, 338, 339, 341, 342, 344, 345, 351, 354
분리는 합리적 논쟁 341
분리된 시스템 344
분리된 학습환경 26
불공평(inequity) 29, 34, 35, 66, 67, 69, 75, 313, 320, 341
불구 26, 33, 35, 55, 113, 181, 183, 250, 298, 314, 342, 344
불구자 113, 298
불평등(inequality) 66, 69, 75, 81, 183, 285, 317, 338, 349, 351, 352, 359
비극 21, 23, 24, 28, 46, 96, 117, 180, 181, 185, 186, 227, 255, 258, 267, 273, 274, 276, 277
비장애중심주의 19~26, 28~34, 36, 41, 51, 53~57, 65, 69, 70, 72~76, 79, 80, 87~89, 91, 95, 97, 109, 110, 112, 113, 119, 139~142, 144~158, 160, 162, 165~168, 170, 177, 178, 184, 185, 187~189, 196, 197, 243~247, 249, 251~256, 258, 260, 265~268, 271, 274, 282, 285, 298, 300, 313~315, 317, 318, 320~322, 324~327, 332, 333, 335, 337~340,

342~347, 350, 351, 353, 359
비장애중심주의자(ableist) 22, 23, 30, 34, 141, 144, 160, 187, 246, 255, 268, 285, 298
비장애중심주의자 신념(ableist beliefs) 144, 246, 255
비정상(abnormal) 24, 26, 43~45, 48~50, 58, 65, 73, 89, 110, 115, 140, 248
비판교육학 54, 56, 67~69, 71, 81, 88, 337, 349, 350, 352~354
비판교육학의 주요 전제 350
비판이론 67, 68, 80, 178
비판적 문해력 89, 91
비판적 탐구 65, 69~72, 80, 82, 87, 88, 98, 154, 171, 338
빈민구제법 181
빈민구호소(almshouses) 179, 182

ㅅ

사람이 먼저 언어(people-first language) 299, 302, 303
사회 개혁가 195, 197, 247
사회적 모델(social model) 41, 42, 46~48, 50, 51, 53, 56~58, 65, 68, 108~112, 116, 120~122, 142, 149, 150, 247, 252
사회적 상호성(reciprocity) 65, 81
사회적 위계 26, 49, 66, 343, 344
사회적 유동성(social mobility) 182, 343
사회정의교육(social justice education) 29, 54, 55, 65~67, 69, 71, 72, 79~82, 313, 314, 319, 337
사회차원적 가정 142
산전 유전 검사 24, 207
상호교차성(Intersectionality) 75, 76, 82, 168, 316

상호교차 시스템(intersecting systems) 56
선입견 56, 66, 87, 123, 139~141, 144, 145, 147, 148, 150, 151, 154, 155, 167, 168, 322, 323
성차별주의(sexism) 22, 140, 145
성찰 동아리 101, 131, 167, 211, 238, 271, 308, 333
소속감 29, 54, 338, 351, 359
소수자모델 47~49
소수집단모델(minority group model) 47
손상(impairment) 22, 24, 31, 34, 45~51, 56, 57, 74, 94, 106~109, 111~113, 116~118, 120~123, 129, 139~143, 147~151, 157, 179, 188, 208, 224, 232, 247, 248, 252, 254, 267, 278, 292, 301, 308, 338, 341
수어(ASL) 42, 96, 143, 158, 176, 262, 269
수용시설 44, 179, 182, 183, 187, 195, 198~202, 214~216, 218, 219, 222, 224
시민권리운동(civil rights movement) 225, 235, 240
신경다양성(neurodiversity) 95, 162, 248~250, 264, 265, 280, 291, 298, 304, 305, 311
신경다양성 운동 248, 305
신화(myth) 31, 58, 108, 146
실천주의 55, 56, 156, 157, 165, 166, 197, 217, 227, 228, 236, 284, 313, 316, 319, 321, 335

ㅇ

안락사 33, 96, 246, 326
억압(oppression) 19~22, 29, 33, 34, 49, 53~58, 66~76, 79~81, 89, 106,

117, 142, 145, 178, 184, 188, 207, 223, 244, 251, 282, 300, 314, 316, 337, 340, 346, 349, 350
억압된 사람 349
억압자 70, 73, 349
억압체계 53, 57, 69, 70, 75, 81, 89, 316
엘리자베스 패커드(Elizabeth Packard) 196
오브체니(obuchenie) 353, 354
오해 21, 24, 57, 140, 144, 145, 150~152, 154, 282, 344
옴스테드 판결(Olmstead Decision) 294, 295
옹호자 165, 196, 227, 236, 247, 248, 288, 304, 315, 316, 322, 326, 335, 336
완곡어법 23
우리 없이 우리에 대한 것은 없다(nothing about us, without us) 229, 247, 314, 316, 335
우생학(eugenics) 33, 43, 44, 90, 182, 183, 195, 205~208, 215, 217, 218, 222, 344
위치성(positionality) 349, 350
유색인종 아동 75, 344
유아 살해 213
유전공학 206
유전자 선별 검사 206
의료적 모델(medical model) 42, 45, 46, 48, 50, 51, 53, 57, 58, 70, 108, 109, 120, 122, 142, 224, 227, 341, 342, 344
의식화 80
이성애주의(heterosexism) 22, 75, 140
이원화된 체계(a bifurcated system) 26
인간 차이 19, 32, 36, 50, 56
인종불문주의 이데올로기(color blind ideology) 35

인종차별주의(racism) 22, 34, 35, 56, 145, 340

ㅈ

자기옹호운동 247, 294
자기옹호자 227, 247, 248, 304, 315, 322, 326, 336
자립생활운동(independent living movement) 225, 226, 227, 229, 247, 294
자막 191, 194, 231, 263, 328
자원의 부족 논쟁 340
자폐 25
자폐스펙트럼장애(ASD) 303
작업장 74, 293
장애 교육과정(disability curriculum) 30
장애권리운동(disability rights movement) 33, 34, 47, 54, 89, 216, 223, 225, 229, 230, 233~238, 240~243, 253, 326
장애 낙인(disablility stigma) 26, 140
장애를 극복 29, 96, 255, 270
장애 모의체험 116
장애 문화 34, 54, 91, 95, 243~247, 251~253, 255, 256, 258, 259, 262, 265, 271, 273, 274
장애비유 255, 282, 305, 308
장애에 대한 거대 서사(master narrative) 21, 28
장애 역사 33, 55, 89, 187, 190~193, 199, 210, 213, 217, 218, 220~222, 230, 235, 240
장애의 문화적 모델(cultural model of disability) 248
장애이해교육의 날(disability awareness day) 32
장애인 보조동물(service animals) 25
장애 인식 116, 161, 251, 252, 266, 325

장애평등인덱스(Disability Equality Index, DEI) 293, 294
장애 표찰(disability label) 22, 26, 29, 345
장애 프라이드(disability pride) 34, 54, 229, 243, 244, 247, 250, 251, 253, 255~257, 274, 280, 282, 283
장애학 28, 30, 32, 49, 53, 111, 152, 240, 246, 252, 253, 274, 339, 351
장애화(disablement) 50, 51, 97, 142, 149, 150, 179, 180, 208, 209, 232, 254, 255, 300~302, 315, 318, 338
재활법(Rehabilitation Act) 227, 228, 240
저가치화 21, 27, 298
적응적 공학(adaptive technology) 23
적합한 교육 342, 344
전두엽 절제술 203, 204
전미장애인사법지원센터(National Center on Criminal Justice and Disability, NCCJD) 282, 296
전인성(the whole) 342
전일제 특수학급 23, 26, 29, 52
전장애아교육법 226, 240
전장애아교육법(Education for All Handicapped Children Act) 226, 240
점자 22, 149, 153, 175, 245
접근성 22, 25, 28, 47, 48, 90, 118, 119, 139, 147~149, 151, 162, 163, 174, 231, 286, 288, 309, 322, 325, 332, 338, 342, 346
정상성(normalcy) 20, 23, 26, 42~44, 48~50, 52, 57, 58, 74, 95, 142, 156, 158, 165, 166, 246, 331, 338, 346, 347
정상성의 헤게모니 74, 338
정상적(normal) 21, 23, 24, 26, 45, 48, 50, 51, 57, 58, 89, 93, 96, 105, 107, 110, 115, 120, 122, 131, 136, 139, 140, 142~144, 168, 232, 246, 248, 249, 262, 270, 292, 338, 342, 346
정신지체 108, 225~227, 233, 298, 301
정신질환(mental illness) 44, 45, 96, 200, 201, 204, 213, 214, 224, 230, 249, 298
정체성 25, 27, 31, 32, 34, 36, 52, 56, 70, 75, 82, 85, 91, 96, 97, 108, 110~113, 117, 125~127, 145, 155, 156, 166, 168, 188, 223, 229, 230, 243~245, 247, 251~253, 256, 257, 261, 262, 268, 271, 272, 281, 283, 298~301, 303, 309, 311, 315, 316, 322, 335, 339, 341, 346, 354
정체성 먼저 언어(identity-first language) 300, 303
제거 21, 36, 41, 43, 46, 57, 73, 179, 180, 182, 184, 188, 218, 231, 232, 248
존 길모어(John Gilmour) 197, 198
주의(ism) 19
증거기반 실제 341
지적장애 26, 27, 29, 106, 108, 146, 180, 185, 201, 202, 227, 249, 262, 298, 300, 317, 342, 343
집단 간 편견 28
집단 규준(group norms) 350

ㅊ

차별 20~22, 24, 28, 34~36, 47, 48, 52, 54~56, 66, 75, 76, 87, 98, 107, 108, 123, 139~141, 144, 145, 147, 148, 150, 151, 153~155, 157, 165, 167, 168, 170, 213, 219, 225, 227, 228, 231, 232, 240, 241, 247, 274, 281,

282, 285, 291, 300, 302, 311, 322, 323, 326, 338, 340
차이 19, 32, 41, 43, 46, 47, 49, 50, 56, 58, 66, 72, 94, 97, 110, 112, 116, 141, 144, 145, 147, 152, 180, 231, 244, 247, 248, 252, 270, 295, 299, 302, 304, 316, 317
참여 프로토콜(protocol) 351, 352
처치 44~46, 52, 95, 179, 182, 183, 186, 203, 204, 215, 222, 342

ㅋ

캐나다 원주민 188
캐피톨 크롤(Capitol Crawl) 228
크라이튼 왕립 시설 197
크리핑 업(cripping up) 306, 311
크립더보트(Crip the Vote) 283

ㅌ

타인성(otherness) 23, 26
탈시설수용화(deinstitutionalization) 199, 227, 229, 294, 342
탈학습(unlearning) 72
통합교육 26, 34, 53~55, 337
통합성(inclusivity) 28, 30, 53, 57, 65, 314, 320, 327, 345, 354
통합학교(inclusive school) 28
특권 53, 55, 67, 68, 74~76, 81, 82, 121, 139, 142, 143, 158, 159, 163, 168, 315, 316, 349
특수교육 26, 27, 29~31, 50~53, 56, 107, 108, 142, 195, 226, 303, 338~342, 344
특수교육요구(special needs) 31
특수교육 프라이드(Sped pride) 29

ㅍ

파울로 프레리(Paulo Freire) 68
페다고지(Pedagogy) 68, 69, 99
편견 19, 22, 24, 27~29, 31, 36, 47, 55~57, 66, 69, 72, 77, 87, 91, 93, 139~141, 144~155, 158, 167, 168, 170, 206, 240, 241, 244, 311, 321~323
평행시스템 31
포토보이스(photovoice) 347
표찰(label) 22, 26, 27, 29, 31, 49, 52, 53, 142, 148, 236, 247, 252, 299, 318, 326, 342, 345
프란시스 골턴(Francis Galton) 42
프릭쇼 180, 193, 195, 218

ㅎ

학대 34, 74, 77, 141, 155, 196, 199, 203, 213, 214, 218, 220, 225, 240, 323
합리적 조정 231, 232
핸디캡 120, 121
허위의식 67
헤게모니(hegemony) 72~75, 338
혐오법 182, 215, 222
협력자(ally) 225, 240, 309, 315, 316, 320, 322, 335, 336
홀로코스트 43, 44, 194, 205, 206, 217
후기 구조주의 67, 68
훈련 센터 195
휴식의자 203, 204

역자 소개

박승희(Seung Hee Park)

이화여자대학교 특수교육과 교수로 재직 중이다. 이화여대 교육학과에서 학사학위를 받은 후 미국 시라큐스(Syracuse) 대학교의 특수교육 및 재활학과에서 지적장애, 특수교육 및 장애학을 공부하며 석사와 박사학위를 받았다. 미국 장애학 1세대 교수들을 멘토로 두어 장애의 의료적 모델이 우세한 시절부터 사회학적 관점의 장애 연구의 기초를 쌓았다. 2003년엔 장애학 고전인 『마서즈 비니어드 섬사람들은 수화로 말한다: 장애수용의 사회학』(노라 엘렌 그로스 저)을 한국연구재단 학술명저번역총서 서양편10으로 출판하였는데, 전문가 및 일반대중에게까지 널리 읽히는 책이 되었다. 2013년 이후 국내 대학 최초로 장애학 입문 교양과목 '장애와 사회'를 개발해 장애학을 가르친다. AAIDD(미국지적장애 및 발달장애학회)의 '지적장애 개념화 매뉴얼'을 9판(1992/1994)부터 12판(2021/2022)까지 번역서로 출판하여 장애의 사회학-생태학적 모델과 지원 패러다임의 진전을 알려왔다. 통합교육, 기능적 교육과정, 삶의 질, 평생학습, 지원고용 등에 대해 다수 연구논문을 출판해왔다. 2018-2020년엔 한국특수교육학회장으로 봉사하였고, AAIDD의 '2022 International Award'를 146번째 연차학술대회에서 수여받았다.

이효정(Hyo Jung Lee)

동국대학교 사범대학 교육학과 교수로 재직 중이다. 숙명여자대학교 교육심리학과 학사, 이화여자대학교 특수교육과 석사를 거쳐 파라다이스복지재단 장애아동연구소 선임연구원으로 재직하다 캔자스대학교(Univerisy of Kansas) 특수교육과에서 자폐성장애 전공으로 박사학위를 받았다. 한국자폐학회 대표 학술지인 『자폐성장애연구』 편집위원장을 역임했으며, 통합교육과 긍정적 행동지원에 초점을 둔 연구와 활동을 하고 있다. 서울시교육청에서 운영하는 긍정적 행동지원단으로 참여한 바 있으며, 현재 민주시민자문위원으로 활동 중이다. 예비교사들이 교원양성과정을 통해 '모든 학생'에게 좋은 교사인 '통합교육교사'로 성장하도록 돕는 수업을 고민하며 함께 배우고 있다.

한경인(Kyung In Han)

이화여자대학교에서 초등교육과 특수교육을 복수전공하고, 2007년부터 4년간 이대

부속 초등학교에서 통합학급 담임교사로 재직하였다. 이화여대 대학원에서 특수교육 전공 석사학위와 지적장애 전공 박사학위를 취득하였다. 대학원 수학 중 장애학적 관점에서 특수교육의 가치와 실제에 대한 탐구력과 통찰력을 기를 수 있었다. 석사 및 박사논문은 통합교육 환경의 모든 학생에게 다양성 이해에 요구되는 '공감능력' 향상 프로그램을 개발, 실시하여 긍정적 효과를 발표하였다. 통합학급 교사와 특수교사의 장애이해교육 실시 경험에 대한 질적 연구를 수행하여 장애학 기반 장애이해교육의 중요성을 피력하였다. 현재 이화여대와 경북대학교의 강사로 재직하며 예비교사의 장애에 대한 균형 잡힌 이해를 위해 교사양성교육에 참여하고 있다.

이성아(Seong Ah Lee)
이화여자대학교에서 특수교육, 지적장애를 전공하여 학사학위와 동 대학원에서 석사·박사학위를 취득하였다. 대학원 과정 중 지도교수로부터 장애학을 수학하여 장애학 쟁점들과 과제를 탐구할 기회를 가졌다. 2009년부터 서울 소재 공립 고등학교의 특수학급 교사로 재직하면서 중등 통합교육 관련 여러 쟁점들을 탐구하며, 장애를 포함한 다양성의 이해와 수용에 관한 교육을 실천해오고 있다. 현재 이화여자대학교에서 강의를 하며, 주요 관심 분야는 통합교육, 장애학, 전환교육, 중등이후교육이다. 대표 논문으로 「발달장애 청소년을 위한 자기장애 수용을 포함한 자기이해 프로그램 개발」이 있으며, 지도교수의 「전국 로스쿨 학생의 지적장애인에 대한 다차원적 태도 분석: 로스쿨의 법조인 양성교육에 대한 함의」 연구에 참여하였다.

양여경(Yeo Kyung Yang)
2007년부터 현재까지 공립 초등학교에서 특수학급 교사로 재직하며 다양한 초등학생들을 가르친다. 이화여자대학교에서 특수교육과 초등교육 전공의 학사학위를, 동 대학원에서 특수교육 석사학위를 받았고, 지적장애 전공으로 박사과정을 수료하였다. 장애와 비장애, 특수와 일반으로 이분되는 통합교육 현장 모순에 대한 문제의식을 가지고, 학생의 다양성이 수용되는 교육과정과 학교문화에 대해 공부하는 교사이다. 2012년 장애학생과 비장애학생을 위한 지역사회 봉사학습 프로그램을 개발, 실행하여 교육과학기술부장관 표창을 받았다. 「직장인 대상 장애인식개선교육의 질적 지표 개발: 장애에 대한 긍정적 인식의 구체적 기준」, 「전국 로스쿨 학생의 지적장애인에 대한 다차원적 태도 분석: 로스쿨의 법조인 양성교육에 대한 함의」 등의 연구에 참여하였다.